Stata

统计分析与实验指导

◀视频教学版▶

杨维忠 编著

清華大學出版社

北 京

内 容 简 介

本书精选了 52 个专业范例和 3 个综合案例，以实验教程的形式讲解如何以 Stata 为工具进行各种数据分析与应用。本书内容包括：数据的基本处理、图形绘制、统计分析、回归分析与建模、编程等基础知识，有关 Stata 15.0 版本的新增功能，全书力求细致全面，使读者能够熟练掌握 Stata 15.0 的各种功能操作。本书不仅立足于用典型范例进行教学安排，还补充了所有范例所蕴含的模型和原理，方便读者在动手实践的同时巩固理论知识。本书在每章的后面附有习题，可以让读者在实践练习的过程中快速提高应用水平。本书还配套制作了可供下载的多媒体教学文件，方便读者参照本书进行"虚拟课堂"的学习。

本书面向大中专院校经济管理专业及相关的社会科学专业的学生，特别是具有一定统计学和计量经济学基础知识的学生，以及企事业单位和其他相关领域的科研工作人员。

图书在版编目（CIP）数据

Stata 统计分析与实验指导：视频教学版 / 杨维忠编著.—北京：清华大学出版社，2020.2（2022.6重印）
ISBN 978-7-302-54950-5

Ⅰ. ①S… Ⅱ. ①杨… Ⅲ. ①统计分析－应用软件 Ⅳ. ①C819

中国版本图书馆 CIP 数据核字（2020）第 025505 号

责任编辑：夏毓彦
封面设计：王　翔
责任校对：闫秀华
责任印制：刘海龙

出版发行：清华大学出版社
　　　　网　　　址：http://www.tup.com.cn，http://www.wqbook.com
　　　　地　　　址：北京清华大学学研大厦 A 座　　　　邮　　编：100084
　　　　社 总 机：010-83470000　　　　邮　　购：010-62786544
　　　　投稿与读者服务：010-62776969，c-service@tup.tsinghua.edu.cn
　　　　质 量 反 馈：010-62772015，zhiliang@tup.tsinghua.edu.cn
印 装 者：三河市铭诚印务有限公司
经　　销：全国新华书店
开　　本：190mm×260mm　　　　印　　张：26　　　　字　　数：666 千字
版　　次：2020 年 4 月第 1 版　　　　印　　次：2022 年 6 月第 5 次印刷
定　　价：79.00 元

产品编号：084888-01

前　言

Stata 与 SAS、SPSS 统称为三大权威统计软件，被广泛应用于统计学、经济学、生物学、医药学、社会学、人口学等领域，功能十分强大。与其他软件相比，Stata 具有以下优势：操作简单，方便掌握；系统开放，及时更新；数据处理，功能强大；图形制作，精美优良等。Stata 软件具有 5 大功能，分别为数据的基本处理、图形绘制、统计分析、回归分析与建模、编程等。现在普遍流行使用的版本为 Stata 15.0，本书所介绍的功能主要是通过 Stata 15.0 来实现的。

本书精选 52 个专业范例和 3 个综合案例进行分析，以实验教程的形式讲解如何以 Stata 为工具进行各种数据分析。全书共分 17 章：

第 1 章是 Stata 软件概述，主要介绍 Stata 软件的窗口、基本操作及主要功能模块。

第 2 章主要介绍数据的类型、压缩、转化、导入及整理。

第 3 章主要介绍 Stata 的图形制作，主要包括图形制作的基本命令与相关操作，直方图、散点图、曲线标绘图、条形图、饼图、箱线图的绘制方法，以及图形的保存、合并和修改。

第 4 章主要介绍单因素方差分析、多因素方差分析、协方差分析的相关实验内容。

第 5 章主要介绍单个总体的假设检验和两个总体的假设检验等相关内容。

第 6 章主要介绍小样本、大样本的 OLS 估计原理、操作方法和结果的解读，然后介绍约束回归和非线性最小二乘的相关实验内容。

第 7 章主要介绍虚拟变量的处理、经济结构变动的 Chow 检验、遗漏变量的检验、自变量数量的选择、极端数据的诊断与处理等。

第 8 章主要介绍多重共线性与逐步回归法、异方差检验与处理、内生性与 2SLS 等。

第 9 章主要介绍二值选择模型、多值选择模型、排序选择模型、条件和嵌套 Logit 模型等内容。

第 10 章主要介绍泊松回归模型、负二项和广义负二项回归模型、零膨胀回归模型等。

第 11 章主要介绍断尾回归模型、截取回归模型及样本选择模型。

第 12 章主要介绍时间序列的定义与扩展、相关图绘制与白噪声检验、移动平均滤波与指数平滑法、ARIMA 模型、SARIMA 模型、ARIMAX 模型、单位根检验、向量自回归模型、协整与向量误差修正模型、ARCH 族模型。

第 13 章主要介绍面板数据的基本操作、固定效应与随机效应模型等。

第 14 章主要介绍似不相关回归、多元回归模型、联立方程模型。

第 15 章主要介绍随机数的生成、重复抽样及自助法。

第 16 章是 Stata 编程基础，主要介绍基本概念与工具、程序文件的基本格式和程序控制语句。

第 17 章是 Stata 综合案例分析，包括社会保障与经济增长关系的实证研究、外部竞争环境不同的企业公司治理对绩效影响的实证研究、农民焚烧秸秆意愿的实证研究。

本书由杨维忠主持编写，书中保留了已出版的早期版本的成果，延续作者周广肃的写作特点与风格，基于 Stata 15.0 新版本，以理论讲解和案例指导相结合的方式深入浅出地介绍 Stata 的主要功能和实际应用。除此之外，还将着重介绍 Stata 15.0 相对于以前版本的新增功能，包括扩展回归模型、潜在类分析、使用贝叶斯前缀的贝叶斯回归模型、线性动态随机一般均衡模型等，这些分析方法无论是对于学习研究，还是工作实践，使用频率都很高，也广为大众用户接受，大大便利了读者的使用。

本书内容丰富，语言叙述清晰，结构简洁明了，通俗易懂，是一本较为实用的 Stata 实验教程。书中各章不仅有详细的理论和案例讲解，还提供与之配套的所有数据，在每章最后还附有与之内容相关的上机练习题，供读者自行练习和应用，因此，读者只需按照书中介绍的步骤一步一步地实际操作，就能完全掌握本书的内容。

本书面向大中专院校经济管理专业及相关的社会科学专业的学生，特别是具有一定统计学和计量经济学基础知识的学生，以及企事业单位和其他相关领域的科研工作人员。由于本书编者尽量做到难易结合，因此本书既可以作为教材由老师负责讲解使用，又可以供读者自学使用。

本书提供原始数据文件及多媒体教学视频，可以扫描下面的二维码下载：

由于作者水平有限，书中出现错误或不当之处在所难免，诚恳各位同行专家和广大读者批评指正，提出宝贵的意见。

编　者

2020 年 1 月

目　录

第1章　Stata 软件概述

Stata 软件作为现阶段较为流行的统计软件，其应用已经深入经济科学、社会科学、行为科学、生物统计等各个学科领域。本章作为全书第 1 章，主要介绍 Stata 入门的相关知识：首先介绍 Stata 软件的基本情况，让用户对将要学习的软件有一个较为宏观的认识；然后介绍 Stata 软件的窗口和基本操作命令，以熟悉基本操作；最后简要介绍 Stata 的主要功能模块，这里我们将对本书的内容进行一个概览，读者可借此对本书的章节安排和 Stata 的具体功能有一个直观的了解。

1.1　Stata 软件简介

Stata 软件具有强大的数据处理和分析功能，是现今较为流行的统计计量分析软件，它由 Stata 公司在 1985 年研制开发成功之后面市，到现在已经有 30 多年的历史了。在升级本书时，其最新的版本为 2017 年 6 月推出的 Stata 15.0。

Stata 15.0 在安装时主要有 4 个版本，分别为 Small（小型版）、IC（标准版）、SE（特殊版）和 MP（多处理器版）。用户可以在安装过程中自主进行选择。一般而言，SE 版已经能够实现 Stata 的所有功能，MP 版与 SE 版的功能一致，但是运算速度更快。

Stata 与 SAS、SPSS 统称为三大权威统计软件，被广泛地应用于统计学、经济学、生物学、医药学、社会学、人口学等领域，功能十分强大。与其他软件相比，Stata 具有以下明显优势。

1. Stata 操作较为简单，方便掌握

Stata 为窗口编辑和程序操作的双操作方式软件，其操作的实现既可以通过单击菜单选项完成，又可以通过输入命令完成。Stata 的命令语句简洁明快，逻辑清晰，灵活方便，用户可以结合自身实际情况熟练应用。

2. Stata 是一个开放的软件系统

Stata 与其他统计软件相比，最大的优势就是可以不断地接收统计学和计量经济学的最新研究成果，保证与时俱进。众所周知，现在是一个知识爆炸的时代，计量和统计学发展迅速，新成果层出不穷。Stata 软件可以通过多种途径及时实现更新，保证用户可以将最新的理论成果应用于自身的实践。这种开放性主要体现在 3 个方面：

- 用户可以到 Stata 官方网站（http://www.stata.com）下载相关模块更新，或直接在命令窗口中输入"update"，在连网的情况下也可以实现更新。
- 使用 findit 命令找到所需要的功能模块，并实现下载和安装。
- 下载由其他用户编写的 Stata 模块，通过菜单选项 Help→SJ and User-written Programs 进行

下载更新。当然，用户也可以自己编写程序，从而实现所需要的功能。

3. Stata 具有强大的数据分析功能

Stata 软件基本可以实现所有的统计与计量分析的功能。例如，在统计方面，可以实现数据的描述分析、方差分析、假设检验、主成分分析、聚类分析等；在计量分析方面，可以实现多种计量模型的应用，如单方程模型回归、联立方程模型回归、离散被解释变量模型、受限因变量模型、时间序列模型、面板数据模型、分位数回归模型等。Stata 软件这种统计与计量分析功能的有机结合使得用户可以完成复杂性、综合性较强的分析和研究。

4. Stata 具有强大的图形制作功能

目前，图形分析仍然是各种分析必不可少的部分，具有强大的图形制作功能是 Stata 被广泛接受的原因之一。利用 Stata 软件可以完成散点图、直方图、折线图、条形图、函数图等各种图形的制作。此外，用户可以根据自身需要对图形进行修改，图形也可以直接被图形处理软件和文字处理软件调用。这些功能使得 Stata 的画图功能方便有效，便于使用。

1.2　Stata 窗口及基本操作

本节将介绍 Stata 的窗口组成和基本操作，读者在这里将逐渐熟悉 Stata 的操作界面与方法。

1.2.1　Stata 窗口说明

Stata 软件安装完成后，运行 Stata，将会看到如图 1.1 所示的操作界面。

图 1.1　Stata 15.0 操作界面

从图 1.1 中可以看出，Stata 菜单栏主要包括 File、Edit、Data、Graphics、Statistics、User、Window、Help 这 8 个子菜单。由于 Stata 主要是通过命令进行操作的，因此这里只是简要介绍各个菜单的功能。

- File 的下拉菜单包括打开、保存、浏览、输入、输出以及打印等功能，如图 1.2 所示。
- Edit 的下拉菜单包括数据的复制、粘贴等有关数据管理和设置的功能，如图 1.3 所示。
- Data 的下拉菜单包括数据描述、数据编辑器、数据浏览、变量设置、矩阵运算等方面的内容，如图 1.4 所示，具体操作案例将在本书第 2 章中详细介绍。

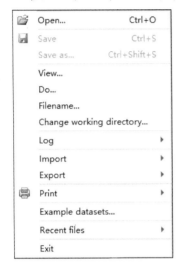

图 1.2　File 的下拉菜单　　　　图 1.3　Edit 的下拉菜单　　　　图 1.4　Data 的下拉菜单

- Graphics 是制图菜单，制图种类主要包括散点图、点状图、柱状图、饼图等各种图形，如图 1.5 所示，具体内容将在本书的第 3 章中详细介绍。
- Statistics 是用来进行各种统计和计量分析的菜单，如图 1.6 所示，主要包括线性回归模型分析、时间序列分析、面板数据分析等方面的内容。这部分内容是本书的重点，将会在第 4 章以后详细介绍，由于统计和计量分析时通常采用命令操作，因此此部分菜单一般不使用。
- User 主要用来构建用户自己的菜单，包括数据、图表和统计等方面的设置和操作，如图 1.7 所示。
- Window 是对显示界面的操作，包括对 Review、Results、Variables、Command 4 大窗口的操作，如图 1.8 所示。
- Help 为帮助菜单，对用户未知的功能提供简单的帮助，如图 1.9 所示。

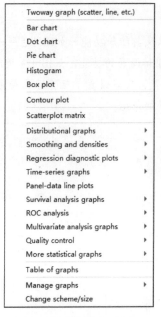

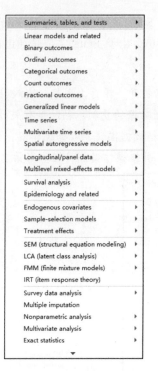

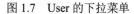

图 1.5　Graphics 的下拉菜单　　　图 1.6　Statistics 的下拉菜单　　　图 1.7　User 的下拉菜单

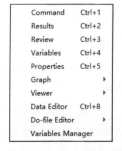

图 1.8　Window 的下拉菜单　　　　图 1.9　Help 的下拉菜单

在 Stata 操作界面中，主要由 4 大窗口组成，分别是命令回顾（Review）窗口、结果（Results）窗口、变量（Variables）窗口和命令输入（Command）窗口。

- 命令回顾窗口：用于临时性存储已经执行过的命令语句。这些执行的命令语句主要包括两种：一种是直接从命令窗口中输入的命令；另一种是通过窗口菜单操作转化而成的命令。Review 窗口可以临时性存储自 Stata 本次运行到结束的所有命令，若 Stata 中途或最终被关闭，则所有的命令语句将会自动消失，若想永久保存这些命令，则可以通过使用 log 命令或右击实现存储。在 Stata 运行过程中，可以重复使用显示在 Review 窗口中的命令，只需要单击命令，该命令将会重新显示在 Command 窗口中。

- 结果窗口：用于显示命令执行结果的窗口。若命令执行的结果过长，则会在命令窗口的底端出现 more 字样，按空格键或者回车键，可以浏览下面的内容；要想停止浏览，按 Q 键或者工具栏中的 ⊗ 图标即可。

- 变量窗口：用来显示变量名称和类型的窗口。同样，单击某个变量名称就可以将其显示在右方的命令窗口中。如果想要删除某个变量，那么在命令窗口中输入 drop 命令，单击相应的变量名称，然后按回车键即可完成操作。

● 命令输入窗口：用户进行交互式程序操作的主要实现场所。在此可输入相关命令，然后按回车键即可。各种功能的相应命令将会在后面的章节中详细介绍。

1.2.2　Stata 帮助系统

Stata 为用户提供了强大的帮助系统，新用户可以通过帮助系统更好地利用 Stata 完成自己所需要的功能和操作。Stata 的帮助系统主要由 Stata 手册、Stata 自带帮助和 Stata 网络帮助 3 部分组成。下面一一进行介绍。

1. Stata 手册

Stata 手册是一本学习 Stata 使用的权威图书，它按字母顺序排列了 Stata 所有相关的命令。每一条命令不仅包括其基本语法，还有具体操作实例、参考文献的说明，十分详细。但是对于中国用户来说，其缺点也不言而喻，Stata 手册数量庞大、价格昂贵，且用英语书写，对于英语欠佳的读者来说使用极为不方便。

2. Stata 自带帮助

使用 Stata 自带帮助系统是最方便，也是最常用的方法。有两种方法可打开其自带的帮助系统：一种是从菜单栏中选择 Help 中的 Stata Command 选项，然后在弹出的对话框中输入所要查询的命令语句；另一种是更为常用的方法，即使用 help 命令，语法格式为：

```
help [所要查询命令]
```

例如，我们想要知道非线性检验语句 testnl 的使用方法，就可以在命令窗口中输入 help testnl 命令，然后按回车键即可显示如图 1.10 所示的结果。

图 1.10　help 命令执行结果

从图 1.10 中可以看出：命令执行结果包括 Title（查询内容）、Syntax（命令格式（语法））、Description（命令描述）、Options（选项）、Examples（示例）等主要内容，通过对查询结果的阅读即可了解该命令的使用方法。

3. Stata 网络帮助

Stata 的网络帮助系统更为强大，用户可以在网上查找 Stata 还没有内置化的命令，实现自行安装。执行命令有两个，功能一致，具体如下：

```
findit [所查找命令], net
search [所查找命令], net
```

之后就可以按照提示命令进行下载安装了。

此外，用户还可以利用一些网站资源对 Stata 进行更好的使用。以下是一些极好的资源：

- http://www.stata.com，Stata 公司的官方网站。在此网站上，用户可以看到各种资源链接、新技术公告等各种各样有用的信息。
- http://www.stata-press.com，Stata 出版社的单独网站，提供有关 Stata 出版物的信息。
- http://www.stata-journal.com，Stata 电子杂志的官方网站。

1.2.3　Stata 语法和命令

掌握 Stata 的基本语法和命令是熟练应用 Stata 进行统计或计量分析的基础。首先来了解 Stata 基本命令语句的格式，具体形式如下：

```
[byvarlist:] command [varlist] [=exp] [if exp] [in range] [weight]
[using filename] [, options]
```

"[]" 中的内容表示可以省略的部分，由此可以看出，只有 command 是必不可少的，其他部分的内容可以根据自己的需要进行选择。下面详细介绍主要部分所代表的含义。

1. varlist

varlist 代表一个或多个变量，如果想表示多个变量，各个变量中间就必须用空格隔开。对于已经存在的变量，在调用时用户可以使用一定的规则起到简化的作用，如使用 "？" 代表单个字符，使用 "*" 代表任意字符，使用 "-" 代表两个变量间的所有变量。然而对于新生成的变量来说，变量的名称不能进行简化。变量名称可以由字母、数字、下画线的组合构成，但是长度不能超过 32位，当然名称不能以数字开头，也不能以单独的数字组合命名。

2. by varlist

by varlist 是分类操作的命令，表示对分类变量中不同的类别分别进行操作。下面将通过一个简单的例子演示这个命令的使用方法。

例题：利用美国 1978 年的汽车数据计算美国汽车价格的总体平均值，以及进口车价格的平均值和国产车价格的平均值（数据文件：usaauto）。

计算总体价格的平均值较为简单，只需输入如下命令：

```
use auto, clear
```

```
summarize price
```

执行之后可以得到如图 1.11 所示的结果。

```
. summarize price

    Variable |       Obs        Mean    Std. Dev.       Min        Max
-------------+--------------------------------------------------------
       price |        74    6165.257    2949.496       3291      15906
```

图 1.11　总体价格均值

从结果显示中可以看出，这个命令求出了所有 74 个样本的价格均值为 6165.257（单位：美元）。

现在分别计算进口车与国产车的价格均值，此时就可以用到刚才讲解的分类操作命令了，具体的命令语句如下：

```
by foreign: summarize price
```

这个语句的意思就是按照 foreign 这一分类变量将所有汽车划分为国产车与进口车，然后分别求出其价格的均值，结果如图 1.12 所示。

```
. by foreign: summarize price

-> foreign = Domestic
    Variable |       Obs        Mean    Std. Dev.       Min        Max
-------------+--------------------------------------------------------
       price |        52    6072.423    3097.104       3291      15906

-> foreign = Foreign
    Variable |       Obs        Mean    Std. Dev.       Min        Max
-------------+--------------------------------------------------------
       price |        22    6384.682    2621.915       3748      12990
```

图 1.12　分类价格均值

从结果可以看出：国产车样本有 52 个，价格均值为 6072.423；进口车样本有 22 个，价格均值为 6384.682。

3. command

command 命令应用较多，也是本书介绍的主要内容，我们将在后面的章节一一介绍。需要注意的一点是，在输入命令时可以在不产生歧义的前提下尽量简写前几个字母。例如上面例题中的 summarize 命令可以简写为 sum。

4. "=exp" 和 "if exp"

"=exp" 是赋值语句，"if exp" 是条件表达式。所涉及的函数有多种，在相关章节中将详细介绍。

5. in range

in range 主要用来表示观测值的区间，先筛选出相应的样本，再执行相应的命令。表 1.1 列出了 in range 命令的使用方法。

表 1.1 in range 命令的使用方法

表达式	含义	例子
in #	第#个观测值	in 6（第 6 个观测值）
in #$_1$/#$_2$	从第#$_1$个观测值到第#$_2$个观测值	in 2/6（第 2~6 个观测值）
in f/#	从第一个观测值到第#个观测值	in f/6（第 1~6 个观测值）
in #/l	从第#个观测值到最后一个观测值	in 6/l（第 6 至最后一个观测值）

6. weight

weight 表示的是观测值的权重，在加权最小二乘法中应用较多。权数的类型主要有抽样权数、重要性权数、频率权数、解析权数等。

7. options

options 选项在很多命令中都有，但是根据不同的命令其 options 选项不尽相同，所以这一部分的具体内容将会在相关命令中介绍。

1.3 Stata 主要功能模块

Stata 软件主要有数据处理、绘图、统计分析、回归与建模分析、编程 5 大功能，其相互配合可以完成系统完整的数据分析和处理任务。

1.3.1 数据处理

在得到第一手数据之后要做的就应该是对数据进行基本的处理，数据处理功能主要包括数据的读入、类型转换、压缩等。此外，还可以对数据进行基本的描述分析，包括频数、离散趋势、集中趋势的分析等。以上内容将在第 2 章中具体讲述。

1.3.2 绘图

图形是帮助数据分析的一个有力工具。Stata 提供了强大的绘图功能，主要包括散点图、曲线标绘图、条形图、直方图、饼图、箱线图等图形的绘制和相应设定，在第 3 章中将具体讲述。

1.3.3 统计分析

Stata 具有强大的统计分析功能，本书将要介绍的内容主要有方差分析（包括单因素方差分析、双因素与多因素方差分析、协方差分析等）和假设检验（包括单个总体均值的检验、两个总体均值的检验、总体方差的假设检验、拟合优度的检验等），以上这些内容将会在第 4 章和第 5 章中具体讲述。

1.3.4　回归与建模分析

回归与建模分析是应用 Stata 进行经济计量分析的重中之重，也是本书的主要内容，包括基本回归分析、模型的设定与修正、离散被解释变量模型、计数模型、样本选择模型、时间序列分析、面板数据分析、系统方程模型、蒙特卡罗模拟与自助法等方面的内容。在第 6~15 章中将详细介绍回归与建模分析。

1.3.5　编程

Stata 还可以实现用户自己编写的程序，极大地方便了用户的使用。第 16 章将讲述有关 Stata 编程的基础内容。

1.4　Stata 15.0 新功能概述

Stata 15.0 于 2017 年 6 月正式发布，这是 Stata 有史以来最大的一次版本更新，其中新增加的重要功能已经在其官方网站（https://www.stata.com/new-in-stata/）发布，主要包括：

- 扩展回归模型（ERMs）
- 潜在类分析（LCA）
- 使用贝叶斯前缀的贝叶斯回归模型
- 线性动态随机一般均衡（DSGE）模型
- 使用 dyndoc 将动态标记文档转换为 HTML
- 有限混合模型（FMMs）
- 空间自回归模型
- 区间删失数据的参数生存模型
- 非线性混合效应模型
- 选择性混合 Logit 回归
- 非参数回归
- 贝叶斯多级模型
- 门限回归模型
- 具有随机系数和截断的面板数据 tobit 模型
- 轻松导入美联储经济数据
- 多级混合效应区间回归
- 面板数据协整检验
- 参数稳定性累积和检验
- 多组广义结构方程模型（SEM）
- 线性回归的幂分析

- Heteroskedastic 线性回归
- 具有样本选择的泊松模型
- 其他，支持瑞典语、对 DO 文件编辑器的改进、流随机数生成器、对于 Java 插件的改进、Stata/MP 更多的并行化等。

需要特别说明和解释的是，本书关于 Stata 15.0 新功能的介绍都源于 Stata 官方网站，网站上的新功能介绍与说明均为英文，本书截取了其中的关键部分进行翻译，并注明了英文版引用地址。

1. 扩展回归模型（ERMs）[①]

Stata 15.0 新增了扩展回归模型（ERMs）功能，该功能非常强大，包括 4 个模型新命令，分别是：

- 线性模型
- 具有区间审查结果的线性模型，包括 tobit 模型
- probit 模型
- 有序 probit 模型

在 4 个基本模型命令的基础上，还可以增加如下选项，

- endogenous ( )：解决内生变量问题。
- select( )：解决样本选择问题。
- entreat( )：解决非随机处理任务问题。
- extreat( )：解决内源性（Heckman-Style）样本的选择问题。

上述命令及选项组合可以用来较好地解决如下问题：由于未测量的混淆造成的偏差、具有信息丢失的试验、因果推论、平均因果效应（ACE）、平均处理效果（ATEs）、线性模型中同时存在的因果关系、非随机缺失的结果（MNAR）、不可忽略的无响应、不可观测的选择、Heckman 选择等。事实上，以上所有问题都可以归于一个或多个内生变量、样本选择（缺失）和非随机处理分配。

简单来说，ERMs 不是黑科技，ERMs 允许用户对数据存在的问题建模。ERMs 的语法是一个命令，例如 eregress，后面跟着主方程，然后跟着一个或多个 endogenous( )、select( )和 entreat( )或 extreat( )选项。可以用任何组合指定选项。

例如，y 在 x1 和 x2 上的线性回归：

---

① https://www.stata.com/new-in-stata/extended-regression-models/

```
                    Linear regression of y on x1 and x2
. eregress y x1 x2
                    Make covariate x2 endogenous
. eregress y x1   ,  endogenous(     x2 = x3 x4)
                    Add sample selection
. eregress y x1   ,  endogenous(     x2 = x3 x4)
                        select(selected = x2 x6)
                    Add exogenous treatment & drop sample selection
. eregress y x1   ,  endogenous(     x2 = x3 x4)
                        extreat(treated)
                    Replace exogenous with endogenous treatment
. eregress y x1   ,  endogenous(     x2 = x3 x4)
                        entreat( treated = x2 x3 x5)
                    Add sample selection
. eregress y x1   ,  endogenous(     x2 = x3 x4)
                        entreat( treated = x2 x3 x5)
                        select(selected = x2 x6)
```

　　仔细看，用户会发现我们在选择和处理方程中都指定了内生协变量。ERMs 能够适应这样的模型是非常了不起的。ERMs 有一个语法和 4 个选项。endogenous( )选项可在必要时重复，比如使 x2 和 x3 是内生的：

```
                    Make x2 and x3 endogenous
. eregress y x1, endogenous(x2 = x3 x4)
                 endogenous(x3 = x1 x5)
```

　　在这个例子中，内生变量 x3 出现在 y 和 x2 的方程中。如果不让 x3 出现在主方程中，就会输入：

```
                    Remove x3 from the main equation
. eregress y x1, endogenous(x2 = x3 x4)
                 endogenous(x3 = x1 x5, nomain)
```

　　即使指定 nomain，也可以在主方程中包含变量，只要明确地这样做：

```
. eregress y x1 x2 x3, endogenous(x2 = x3 x4, nomain)
                       endogenous(x3 = x1 x5, nomain)
```

　　与用回溯法来拟合线性回归模型相同的语法也适用于用 eintreg 来拟合区间回归模型、用 eprobit 来拟合 probit 模型、用 eoprobit 来拟合有序 probit 模型，例如：

```
                    y is binary, model is probit
. eprobit  y x1, endogenous(x2 = x3 x4)
                 endogenous(x3 = x1 x5, nomain)
```

还有一点要知道，内生方程本身可以是 probit 或有序 probit。在以下模型中，内生协变量 x3 是二元的，采用 probit 建模。

x3 现在是二元内生协变量：

```
                         x3 is now a binary endogenous covariate
. eprobit  y x1, endogenous(x2 = x3 x4)
                  endogenous(x3 = x1 x5, nomain probit)
```

2. 潜在类分析（LCA）[①]

我们相信在整个群体中有一些子群体，而在这些子群体中个体的行为是不同的，但是我们没有一个变量来标识这些子群体。这些子群体可能是具有不同购买偏好的消费者、具有不同行为模式的青少年或健康状况分类。LCA 让我们识别和理解这些未观察到的子群体。它让我们知道谁可能在一个子群体中，以及这个子群体的特征与其他子群体有何不同。

在潜在类分析（LCA）模型中，使用一个分类的潜变量来表示子群体组。我们将子群体组称为类。

潜在类模型包含两部分：一部分是符合谁属于哪一类的概率；另一部分用于描述类和观察变量之间的关系。

Stata 可以适用的潜在类分析（LCA）经典模型包括：

- 类隶属概率模型
- 二项模型
- 扩展模型

3. 使用贝叶斯前缀的贝叶斯回归模型[②]

拟合贝叶斯回归模型与在 Stata 中引入新的贝叶斯前缀进行贝叶斯推理一样直观。bayes 前缀结合了 Bayesian 特性和 Stata 对回归模型的直观而优雅的规范。它可以让用户更容易地拟合贝叶斯回归模型，并拟合更多的模型。

比如用户可以用线性回归来拟合：

```
. regress y x1 x2
```

现在用户可以用简单的方法来拟合贝叶斯线性回归：

```
. bayes: regress y x1 x2
```

这种操作是很方便的，因为用户可以更加简单地应用贝叶斯线性回归。用户以前在很大程度上不能做的是适应贝叶斯回归模型，现在用户可以。

```
. bayes: streg x1 x2, distribution(weibull)
```

用户可以在许多回归模型中使用 bayes 前缀，包括 logistic、有序 probit、多项式逻辑、泊松、

[①] https://www.stata.com/new-in-stata/latent-class-analysis/

[②] https://www.stata.com/new-in-stata/bayes-prefix/

广义线性、条件逻辑、零膨胀、样本选择等。多层模型也是支持的模型之一，有关详细信息可参见 Stata 15.0 中的贝叶斯多层模型。

Stata 的所有贝叶斯特性都由新的贝叶斯前缀支持。用户可以从许多先前的发行版中选择模型参数，或者使用默认的先验，甚至可以定义用户自己的先验。用户可以使用默认的自适应 Metropolis–Hastings 抽样、Gibbs 抽样以及两种抽样方法的组合。用户还可以使用 bayesmh 命令（[BAYES] bayesmh）中包含的任何其他特性。

经过估计，用户可以使用 Stata 的标准贝叶斯后续估计工具，例如：

- 检验收敛性的贝叶斯图。
- bayesstats 摘要用于估计模型参数的函数。
- bayesstatsic 与 bayestest 模型进行比较。
- bayestest 区间进行区间假设检验。

4．线性动态随机一般均衡（DSGE）模型[①]

在宏观经济学中，动态随机一般均衡模型被用来描述经济结构。这些模型由经济理论导出的方程组组成。在这些模型中，对未来变量的预期在决定当前变量的值方面起着重要作用。与经济理论的紧密联系以及预期未来变量的存在使 DSGE 模型有别于向量自回归等多时间序列模型。

不同的 DSGE 模型关注经济的不同部分，宏观经济学家使用这些模型来评估政策对经济结果的影响，如产出增长、通货膨胀和利率。DSGE 模型可以嵌套多种理论，其估计的参数值能够说明哪些理论更适用于数据。

Stata 的新 dsge 命令估计 dsge 模型的参数，这些参数在变量中是线性的，但在参数中可能是非线性的。

比如 DSGE 模型可能提出通货膨胀、利率和产出缺口等经济变量之间的关系。其中一些变量是可以观察到的，比如通货膨胀，其他的将是不可观测的，比如产出缺口。这些变量将由一个方程组联系起来。不同的理论提出了不同形式的方程，参数估计可以帮助我们区分不同的理论。其中一些方程具有前瞻性因素，因此对未来经济发展的预期会影响当期变量。模型将由冲击驱动，这些冲击将通过状态变量输入模型。

5．使用 dyndoc 将动态标记文档转换为 HTML[②]

用户是否曾经想要创建 Word、PDF 或 HTML 文件来报告用户所做的工作？Stata 15.0 提供了 3 个新命令，如表 1.2 所示。

表 1.2　Stata 15.0 用于创建文件的新命令

Stata 15.0 新命令	目的
dyndoc	从 Markdown 创建 HTML 文件
putdocx	创建 Word 文件
putpdf	创建 PDF 文件

[①]https://www.stata.com/new-in-stata/linearized-dsge/

[②]https://www.stata.com/new-in-stata/markdown/

下面介绍 dyndoc。

首先创建一个文件，其中包含要使用 Markdown 文本格式化语言和 Stata 命令进行格式化的文本，Stata 命令将生成用户希望在最终文档中得到的输出。Markdown 是一种简单的、标准化的文本格式语言，用户可以在 Wikipedia 上阅读它。用户可以将 Markdown 与 Stata 命令混合使用以创建用户想要的输出。

用户还可以运行 dyndoc 生成一个 Web 页面——一个 HTML 文件。生成的 HTML 文件将包含格式化的文本以及 Stata 输出和命令生成的图形。

6．有限混合模型（FMMs）[①]

人口通常分为群体或子群体、年龄群体、收入阶层、教育水平。这些组之间的回归模型或分布可能有所不同。但有时我们没有一个变量来识别这些组，也许只是缺少了标识变量，也许很难收集，如诚实的关于药物使用、金鱼性别的报告等，也许它本质上是不可观察的，如对冒险行为的偏好、存钱的高倾向等。在这种情况下，我们可以使用有限混合模型（FMMs）来建模属于每个未观察组的概率，估计回归模型的不同参数或在每个组中的分布，将个体分类到组中，并对每个组的行为进行推断。

例如，我们可能想要基于年龄和医疗条件来模拟一个人每年看医生的次数。然而，对于倾向于在出现问题的第一个迹象时就安排预约的人和等到情况更严重时才安排预约的人来说，这种模式可能有所不同。汽车保险公司可能希望将驾驶员分为风险类别。这些类别可能是高、低风险，也可能是高、中、低风险。使用 FMMs 可以估计出属于一个组的概率，并适合组特定的模型。

继续以保险公司为例。如果对拟合线性回归模型感兴趣：

```
regress y x1 x2 x3
```

相信有两个风险类别，可以加上 fmm:前缀：

```
. fmm 2: regress y x1 x2 x3
```

并拟合两种回归模型的混合。

fmm: 也可以与其他估计模型一起使用。在上面的例子中，y 是一个连续的结果。如果 y 是二进制的，就可能代表发生意外或者没有发生意外，我们可以输入：

```
. fmm 2: logit y x1 x2 x3
```

或者

```
. fmm 2: probit y x1 x2 x3
```

如果 y 是计数结果，我们可以输入：

```
. fmm 2: poisson y x1 x2 x3
```

如果我们认为有 3 种风险类别，我们可以输入：

```
. fmm 3: poisson y x1 x2 x3
```

fmm:前缀可与以下 17 个估计模型一起使用：

---

① https://www.stata.com/new-in-stata/finite-mixture-models/

- regress
- tobit
- intreg
- truncreg
- ivregress
- poisson
- tpoisson
- nbreg
- streg

- logit
- ologit
- mlogit
- probit
- oprobit
- cloglog
- betareg
- glm

7．空间自回归模型[①]

邻镇之间的相互影响大于远镇之间的相互影响。对于彼此关系密切的国家和社交媒体上关系密切的朋友来说，情况也是如此。

空间自回归模型适用于包含地理区域观测数据的数据集。观测被称为空间单位，可以是国家、州、县、邮政编码或城市街区。或者，它们可能根本不是基于地理位置的，它们可以是社交网络的节点。

数据集包含一个连续的结果变量，如发病率、农场产量或犯罪率，以及预测结果的其他变量。对于横断面数据，每个变量在每个空间单元上都有一个值。对于面板数据，不同时间点通常有多个值。

Stata 15.0 新的 spregress、spivregress 和 spxtregress 命令允许因变量的空间滞后、自变量的空间滞后和空间自回归误差。空间滞后是时间序列滞后的空间模拟。时间序列滞后近年来成为变量值。空间滞后是附近地区的值。

空间自回归模型参考手册完全致力于 SAR 模型的拟合、空间数据的处理以及空间权重矩阵的创建和管理。这些新命令集合被称为 Sp 命令。

拟合 SAR 模型有 3 个步骤：

（1）准备好数据以便分析。
（2）创建模型所需的空间加权矩阵。
（3）运行 SAR 模型。

Stata 的 Sp 命令可以使用或不使用 shapefile，这些文件通常用于定义映射。它们可以处理其他位置的数据，甚至可以处理完全没有位置的数据，比如社交网络数据。

8．区间删失数据的参数生存模型[②]

删失数据是生存分析的一个主要特征。删失数据不是缺失数据，它是可以观察到的，但是数据常常由于各种原因而被截断。在生存分析中，时间对感兴趣的事件并不总是观察到的。它可以是右删失、左删失或间隔删失。一项医学研究可能包括对乳腺癌患者的随访，定期对患者进行复发检

[①]https://www.stata.com/new-in-stata/spatial-autoregressive-models/

[②]https://www.stata.com/new-in-stata/parametric-survival-models-for-interval-censored-data/

测。如果发现癌症，复发的时间就不能准确测量。如果癌症在第一次就诊前复发，时间就会被保留。如果在两次访问之间重复出现，时间就会受到间隔删失。如果最后一次检查没有复发，检查时间就是正确的。

这同样适用于许多其他例子，如经济数据中的失业持续时间、人口数据中的断奶时间或流行病学数据中的肥胖时间。

Stata 15.0 中用于拟合参数生存模型的新 stintreg 命令考虑了所有类型的删失。它可以分析当前状态的数据，在这些数据中，所关心的事件只在观察到的时间之前或之后发生。它可以分析包括所有类型删失的数据。

9. 非线性混合效应模型[①]

Stata 现在适用于非线性混合效应模型，也被称为非线性多级模型和非线性分层模型。可以从两方面考虑这些模型。用户可以把它们看成包含随机效应的非线性模型，或者线性混合效应模型其中一些或所有的固定效应和随机效应都是非线性的。无论用户怎么想，总的误差分布都是高斯分布。

这些模型之所以流行，是因为它们所在领域的科学认为有些问题的参数不是线性的。这些模型在人群药代动力学、生物测定以及生物和农业生长过程的研究中很流行。例如，非线性混合效应模型已经被用来模拟药物在体内的吸收、地震的强度和植物的生长。

Stata 15.0 中新的评估命令是 menl。它实现了在实际应用中很流行的 Lindstrom-Bates 算法。该算法是基于非线性平均函数对固定和随机效应的线性化，支持极大似然估计和有限极大似然估计两种方法。

10. 选择性混合 logit 回归[②]

Stata 已经拟合多项 Logit 模型。Stata 15.0 能使它们拟合混合形式，包括随机系数。有很多方法可以表示替代特定的混合 logit 回归。其中 3 个是：

- 混合多项式 logit 模型
- 混合离散选择模型
- 随机系数离散选择模型

Stata 以前适合多项式模型。新的是混合随机系数部分。混合的意思是随机系数。

随机系数对于拟合这些模型的人特别有意义，因为它们是一种绕过多项模型的 IIA 假设的方法。IIA 代表"无关选择的独立性"。如果用户要在步行、公共交通或汽车之间做出选择，而用户选择步行，那么一旦用户做出了选择，其他选择应该是无关紧要的。如果我们拿走另一种选择，用户还是会选择步行，是吗？也许不是。人类有时会违反 IIA 的假设。

从数学上讲，在协变条件作用后，IIA 使可选项独立。如果违反了 IIA，那么替代方案将是相关的。随机系数允许选择项相互关联。

混合 logit 模型常用于随机效用模型和离散选择分析。

Stata 15.0 中的新 asmixlogit 命令支持各种随机系数分布，并方便地允许包含特定大小写的变量。

[①]https://www.stata.com/new-in-stata/nonlinear-multilevel-mixed-effects-models/

[②]https://www.stata.com/new-in-stata/mixed-logit-regression/

11．非参数回归[①]

与线性回归一样，非参数回归估计给定协变量集的平均结果。与线性回归不同，非参数回归对结果和协变量之间的函数形式是不可知的，因此不受错误说明的影响。

在非参数回归中，不指定函数形式。用户指定因变量、结果和协变量。用户指定 y、$x1$、$x2$、$x3$ 满足：

$$y = g(x1, x2, x3) + \in$$

该方法不假设 g( ) 是线性的。也可能是这样的：

$$y = \beta_1 x_1 + \beta_2 x_2{}^2 + \beta_3 x_1{}^3 x_2 + \beta_4 x_3 + \in$$

该方法甚至没有假设函数在参数中是线性的。也可能是这样的：

$$y = \beta_1 x_1{}^{\beta_2} + \cos(x_2 x_3) + \in$$

也可以是其他的。

结果不会以代数形式返回给用户，但是可以计算预测值和导数。为了适应任何模型，用户输入：

```
. npregress kernel y x1 x2 x3
```

当然，与线性回归相比，Stata 15.0 中的 npregress 需要更多地观察数据来产生一致的估计，但可能没有用户预期的那么多。像这样的模型可以很容易地适用于 500 次观察。

12．贝叶斯多级模型[②]

多级模型是包含组特异性效应的回归模型。组可以表示不同层次的层次结构，例如医院、嵌套在医院中的医生和嵌套在医院中的医生中的患者。根据某种先验分布（通常是正态分布），假设群体特异性效应在群体间随机变化。这一假设使得多层模型成为贝叶斯分析的自然候选模型。此外，贝叶斯多层模型还假设回归系数和方差分量（群体特异性效应的方差）等其他模型参数也是随机的。

为什么使用贝叶斯多层模型？除了贝叶斯分析的标准原因外，贝叶斯多层建模通常用于组数较少或存在许多层次结构的情况。贝叶斯信息准则（如偏差信息准则，DIC）是比较多层模型的常用方法。当群体间的比较是主要的兴趣时，贝叶斯多层建模可以提供群体特异性效应的整体分布。

现在用户可以在 Stata 15.0 中使用贝叶斯多级模型，并且用户可以很容易地做到这一点，只需在多级命令前面加上贝叶斯：

```
. bayes: mixed y x1 x2 || id:
```

当然，当我们说"容易"时，指的是模型规范"容易"，而不是模型公式"容易"。与其他建模任务一样，贝叶斯多层建模的公式需要仔细考虑。

贝叶斯多层建模支持连续、截尾、二进制、序数、计数、GLM 和生存结果，用户可参见支持的多级命令的完整列表，如表 1.3 所示。所有多级特性，如多级层次结构、嵌套和交叉随机效应、

[①] https://www.stata.com/new-in-stata/nonparametric-regression/

[②] https://www.stata.com/new-in-stata/bayesian-multilevel-models/

随机截取和系数以及随机效应协方差结构都是可用的。当用户在多级命令中使用 BAYES 前缀时，[BAYES] bayesmh 命令提供的所有 BAYES 特性都受到支持。

表 1.3　支持的多级命令的完整列表

模型分类	模型子分类	一般命名	贝叶斯命令
线性回归模型	线性回归	regress	bayes: regress
	异方差线性回归	hetregress	bayes: hetregress
	Tobit 回归	tobit	bayes: tobit
	区间回归	intreg	bayes: intreg
	截断回归	truncreg	bayes: truncreg
	多元回归	mvreg	bayes: mvreg
二元响应回归模型	Logistic 回归、报告优势比	logistic	bayes: logistic
	Logistic 回归，报告系数	logit	bayes: logit
	概率回归	probit	bayes: probit
	互补对数回归	cloglog	bayes: cloglog
	异方差概率回归	hetprobit	bayes: hetprobit
	二项族 GLM	binreg	bayes: binreg
	双变量概率回归	biprobit	bayes: biprobit
有序响应回归模型	有序 Logistic 回归	ologit	bayes: ologit
	有序概率回归	oprobit	bayes: oprobit
	异方差序概率回归	hetoprobit	bayes: hetoprobit
	零膨胀有序概率回归	zioprobit	bayes: zioprobit
分类响应回归模型	多元 Logistic 回归	mlogit	bayes: mlogit
	多项式概率回归	mprobit	bayes: mprobit
	条件 Logistic 回归	clogit	bayes: clogit
计数响应回归模型	泊松回归	poisson	bayes: poisson
	负二项回归	nbreg	bayes: nbreg
	广义负二项式回归	gnbreg	bayes: gnbreg
	截断 Poisson 回归	tpoisson	bayes: tpoisson
	截断负二项回归	tnbreg	bayes: tnbreg
	零膨胀泊松回归	zip	bayes: zip
	零膨胀负二项回归	zinb	bayes: zinb
广义线性模型	广义线性模型	glm	bayes: glm
零膨胀回归模型	零膨胀有序概率回归	zioprobit	bayes: zioprobit
	零膨胀泊松回归	zip	bayes: zip
	零膨胀负二项回归	zinb	bayes: zinb
分数响应回归模型	分数响应回归	fracreg	bayes: fracreg
	β 回归	betareg	bayes: betareg
生存回归模型	参数生存模型	streg	bayes: streg

（续表）

模型分类	模型子分类	一般命名	贝叶斯命令
样本选择回归模型	Heckman 选择模型	heckman	bayes: heckman
	带样本选择的 Probit 模型	heckprobit	bayes: heckprobit
	带样本选择的有序概率模型	heckoprobit	bayes: heckoprobit
多级回归模型	多级线性回归	mixed	bayes: mixed
	多级 Tobit 回归	metobit	bayes: metobit
	多级区间回归	meintreg	bayes: meintreg
	多水平 Logistic 回归	melogit	bayes: melogit
	多级概率回归	meprobit	bayes: meprobit
	多级互补对数回归	mecloglog	bayes: mecloglog
	多级有序 Logistic 回归	meologit	bayes: meologit
	多级有序概率回归	meoprobit	bayes: meoprobit
	多级泊松回归	mepoisson	bayes: mepoisson
	多级负二项式回归	menbreg	bayes: menbreg
	多级广义线性模型	meglm	bayes: meglm
	多级参数生存回归	mestreg	bayes: mestreg

13. 门限回归模型[①]

门限又称阈值，将一种状态与另一种状态区分开来。有一个效应（一组系数）达到阈值，另一个效应（另一组系数）低于阈值。

Stata 的新阈值命令适合阈值模型。

阈值模型通常应用于时间序列数据。阈值可以是一个时间。例如，如果用户认为投资策略在某个未知日期发生了变化，那么用户可以对一个模型进行拟合，以获得该日期的估计值，并获得该日期前后不同系数的估计值。

阈值也可以用另一个变量表示。例如，超过一定水平的通货膨胀，央行就会提高利率。用户可以对模型进行拟合，以获得阈值及其两侧系数的估计值。

Stata 官网上提供的案例是，一个虚构的城市的市长想要减少城市公共汽车造成的空气污染。他们有旧公共汽车和新公共汽车。旧公共汽车的污染更多。他们正在用新公共汽车替换旧公共汽车，但这需要一段时间。与此同时，市长想知道是否可以通过在一天中产生污染最少的时段使用旧公共汽车来减少污染。

她已委托顾问调查此事。她的顾问将污染物浓度建模为旧公共汽车、新公共汽车和路上汽车数量的函数。他们允许这些数字的影响随时间而变化，符合阈值模型。他们输入：

```
. threshold pollution, threshvar(hour) regionvars(oldbusnewbus car)
```

此命令适用于 regionvars( ) 上的污染模型，即旧总线、新总线和 car。

变量 oldbus、newbus 和 car 包含路上车辆的数量和变量。

[①] https://www.stata.com/new-in-stata/threshold-regression/

19

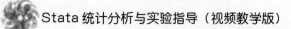

pollution 包括测量的污染。

threshvar(hour)是输入内容的重要部分，它指示阈值查找 regionvars( )上的系数发生变化的时间。

14. 具有随机系数和截断的面板数据 tobit 模型[1]

具有随机效果的面板数据模型可以使用 Stata 15.0 的 me 命令进行多级建模。新的 metobit 命令可以使面板数据 tobit 模型适合经过审查的结果。例如，如果 y 左截尾数为 10，那么可以输入：

```
. metobit y x1 x2, ll(10) || id:
```

使用 id 随机截取来匹配模型。实际上，用户可以使用现有的 xttobit 命令来匹配该模型。

使用 xttobit 不能做的是允许斜率根据 id 变化。使用 metobit 时，除了输入随机截取的数据外，还包括 x1 的随机斜率

```
. metobit y x1 x2, ll(10) || id: x1
```

用户可以在 Stata 15.0 的多级 tobit 模型中了解更多关于 metobit 的信息。

15. 轻松导入美联储经济数据[2]

圣路易斯联邦储备局向注册用户提供超过 47 万的美国和国际经济和金融时间序列。注册是免费的并且很容易做，这项服务叫 FRED。它包括来自 84 个来源的数据，包括美联储、宾州世界表、欧统局和世界银行。

Stata 15.0 中，用户可以使用 Stata 的 GUI 来访问和下载 FRED 数据。可以按类别、发布或来源进行搜索或浏览和下载，当用户单击"下载"时，Stata 将下载它们并将它们合并到一个内存的单个自定义数据集中。

Stata 命令行界面也提供了这些相同的功能，命令是 import fred。

Stata 还可以访问 FRED 和 ALFRED。ALFRED 是 FRED 的历史档案数据。

16. 多级混合效应区间回归[3]

Stata 15.0 新的 meintreg 命令适用于这样的模型：结果是间隔测量（间隔审查）的，并且观察结果是集群的。

时间间隔测量意味着，不是结果（y）被精确观察到，而是结果（y）被部分或全部观测到 $y_l \leqslant$ y $\leqslant y_u$ 区间中。也可以观察删失数据，包括向左删失 left-censored（$y \leqslant y_l$）或向右删失 right-censored（$y \geqslant y_u$）。间隔测量的结果可能是收入，记录在收入等级中，或者每周锻炼的分钟，记录为少于 30 分钟、31~59 分钟、60~89 分钟等。

多级混合效应是指拟合模型考虑了聚类问题，例如人们住得很近、学生上同一所学校、学生被反复测试等。

---

[1] https://www.stata.com/new-in-stata/panel-data-tobit-models/

[2] https://www.stata.com/new-in-stata/import-fred/

[3] https://www.stata.com/new-in-stata/multilevel-interval-regression/

17. 面板数据协整检验[1]

研究人员在时间序列非平稳时可以选择进行协整检验，以确定它们是否具有稳定的长期关系。Stata 15.0 新的 xtcointtest 命令实现了对包含许多长面板的数据的各种测试，称为 large-N-large-T。比如一长串针对大量购买者的超市购物数据，或者某网站的订阅者对该网站的多次访问数据。

当时间序列具有随时间变化的均值或方差时，称为非平稳时间序列。如果用户首先对它们进行差分，就会使得一些非平稳的时间序列变得平稳。非平稳时间序列容易漂移。协整表示它们在一起游荡，意味着级数之间存在长期均衡关系。在 Stata 15 中，我们现在可以使用 xtcointtest 命令测试协集成。xtcointtest 测试是否存在这种长期的协集成关系。有 3 种测试可用：Kao、Pedroni 和 Westerlund。

18. 参数稳定性累积和检验[2]

当用户拟合一个时间序列回归时，通常假设系数是稳定的。Stata 15.0 新的 estatsbcusum 命令可以用来验证这一假设。它的结果是基于时间序列是否以模型没有预测到的方式突然变化。更严格地说，它测试残差中的结构断裂。

estatsbcusum 使用递归残差的累加和或 OLS 残差的累加和来确定是否存在结构中断。零假设下，残差的累加和均值为零。

该命令还用置信区间绘制累积和图，这允许用户查看该序列的行为是否如零假设所预测的那样。

19. 多组广义结构方程模型（SEM）[3]

在 Stata 15.0 中，广义结构方程模型（SEM）命令现在可以方便地对包含组的数据进行模型拟合。

有了 gsem 的新特性，用户可以执行验证性因素分析（CFA），并允许男性和女性之间的差异，通过输入：

```
. gsem (nveg@1 nfruitngrainncandy<- H), poisson
                      group(female)
                      ginvariant(none)
                      mean(H@0)
```

新的语法特性是 group( ) 和 ginvariant( ) 选项。它们一起工作。

假设用户想要匹配路径模型，例如：

```
. gsem (y1 <- y2 x1, poisson) (y2 <- x1 x2)
```

如果用户希望拟合相同的模型，但是在变量子集为 1、2 和 3 所标识的数据中，为每 3 组分别获得参数估计值，那么用户可以将模型拟合 3 次：

```
. gsem (y1 <- y2 x1, poisson) (y2 <- x1 x2) if subset==1
```

---

[1] https://www.stata.com/new-in-stata/panel-data-cointegration-tests/

[2] https://www.stata.com/new-in-stata/cumulative-sum-test/

[3] https://www.stata.com/new-in-stata/multiple-group-generalized-sem/

```
. gsem (y1 <- y2 x1, poisson) (y2 <- x1 x2) if subset==2
. gsem (y1 <- y2 x1, poisson) (y2 <- x1 x2) if subset==3
```

但是用户不能比较拟合的参数或者限制一些参数在组间是相等的。

在 Stata 15 中，用户可以输入：

```
. gsem (y1 <- y2 x1, poisson) (y2 <- x1 x2),
       group(subset) ginvariant(none)
```

用户可以为每个组指定一个单独的模型：

```
. gsem (1: y1 <- y2 x1,  poisson) (1: y2 <- x1 x2  )
       (2: y1 <- y2 x1 x3, poisson) (2: y2 <- x1 x2  )
       (3: y1 <- y2 x1,  poisson) (3: y2 <- x1 x2 x4),
       group(subset) ginvariant(none)
```

ginvariant( )选项指定在组之间将哪些拟合参数约束为相等。gsem 配合的参数类型如图 1.13 所示。

```
fitted                   ginvariant() suboption
intercepts               cons
coefficients             coef
loadings                 loading
error variances          errvar
scalar parameters        scale
latent means             means
latent covariances       covex

                         none
                         all
Note: Loadings area also known as latent variable
      coefficients.
```

图 1.13　gsem 配合的参数类型

因此，如果用户输入：

```
. gsem (y1 <- y2 x1, poisson) (y2 <- x1 x2),
       group(subset) ginvariant(cons)
```

只有常数项被限制在组之间是相等的。

20. 线性回归的幂分析[①]

Stata 的 power 命令执行 power 和 sample-size 分析（PSS）。它的特点现在包括用于线性回归的 PSS。

与所有其他 power 方法一样，新方法允许指定多个参数值，并自动生成表格和图形结果。

Stata 15.0 中的 power 命令为线性回归提供了 3 种新的 PSS 方法。

power oneslope 对简单线性回归中的斜率测试执行 PSS。在给定其他两个和其他研究参数的情况下，它计算其中一个样本大小、幂或目标斜率。

[①] https://www.stata.com/new-in-stata/power-analysis-for-linear-regression-models/

power rsquared 对多元线性回归中的 R^2 测试执行 PSS。R^2 检验是决定系数（R^2）的 F 检验。该检验可以用来检验所有系数的显著性，也可以用来检验其中的一个子集。在这两种情况下，在给定其他两个和其他研究参数的情况下，power rsquared 计算样本容量、幂或目标 R^2 中的一个。

power pcorr 在多元线性回归中执行偏相关检验的 PSS。偏相关检验是平方偏多相关系数的 F 检验。该命令计算给定其他两个和其他研究参数的样本大小、幂或目标平方部分相关系数中的一个。

21. Heteroskedastic 线性回归[①]

当我们使用普通最小二乘（回归）拟合模型时，假设残差的方差是常数。若它不是常数，则 regress 报告有偏差的标准错误，从而导致不正确的推论。在 Stata 15.0 中，hetregress 让用户处理异质性回归，允许用户对异方差建模，其中方差是协变量的指数函数。

如果正确地指定了方差模型，那么将方差建模为指数函数还可以产生更有效的参数估计。

hetregress 对方差进行了两种估计：最大似然（ML）估计和两步 GLS 估计。如果正确地指定了均值和方差函数，并且误差是正态分布的，那么 ML 估计比 GLS 估计更有效。如果方差函数不正确或误差不正常，那么两步 GLS 估计更可靠。

22. 具有样本选择的泊松模型[②]

在统计学中，泊松回归通常被用于计算结果的模型，如 XX 公司获得专利的数量、人们去看医生的次数、不幸的普鲁士士兵被马踢死的次数等。

通过观察数据，我们并不总是能够看到所有受试者的结果。当然这完全不同于零事件的观测：我们对结果一无所知。为什么？调查 nonresponse（无回应）。与高调的专利申请相比，被调查的企业可能更喜欢保守自身商业秘密。我们期望可能会观察到的结果和我们实际没有观察到的结果是不同的。这种缺失被称为样本选择，或者更准确地说，内生样本选择，它也被称为失踪非随机（MNAR）。

Stata 15.0 中新的命令 heckpoisson 适用于计算数据的模型并生成估计，就像没有进行样本选择一样。也就是说，这个新命令符合让用户对整个群体做出推断的模型，而不仅仅是那些被观察到的。

复习与习题

本章回顾

1. Stata 在现今统计软件中的地位和发展简史。

2. Stata 软件的菜单选项和 4 大窗口 Review、Results、Variables、Command。

3. Stata 的 3 大帮助系统。

4. Stata 的基本命令语句格式：[by varlist:] command [varlist] [=exp] [if exp] [in range] [weight] [using filename] [, options]，以及每一部分的具体含义。

[①]　https://www.stata.com/new-in-stata/heteroskedastic-linear-regression/

[②]　https://www.stata.com/new-in-stata/poisson-models-with-sample-selection/

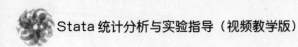

5. Stata 的主要功能与本书内容结构。

习题

1. 熟悉 Stata 的界面，了解菜单选项的主要内容。
2. 使用 Stata 帮助系统了解常用命令的使用方法。
3. 熟记 Stata 的基本命令语句格式，掌握相关部分的具体含义。

第2章 Stata中的数据处理

数据是整个 Stata 软件处理系统的基石，没有数据就没有操作的对象，就无法进行各种统计和计量分析。所以，得到原始数据后，如何进行初步的处理使之成为 Stata 能够识别的数据类型和格式显得尤为关键。在现实研究分析中，我们不仅使用自己收集整理的第一手数据，有时还利用其他机构或个人提供的二手数据，这些数据在很多情况下不能直接被使用，需要进行一定程度的转换和重构。因此，本章就围绕数据处理这一中心，通过案例分别讲解数据的类型/压缩/转化、数据的导入、数据的整理等方面的内容。

2.1 数据的类型、压缩和转化

数据是进行实证研究的基础，也是运用 Stata 进行分析的基石。本节主要讲解基本的数据打开、Stata 中的数据类型以及数据压缩与转化等相关操作内容。

2.1.1 数据的打开

Stata 一般能够识别的数据文件的后缀名为.dta，打开这些数据文件的命令为 use。use 命令的基本语法格式如下：

```
use [varlist] [if] [in] using filename [, clear nolabel]
```

在这个命令中，use 是打开数据的命令语句，varlist 代表变量名称，if 是条件语句，in 是范围语句，using filename 代表数据文件路径。

下面将详细介绍常用的 5 种情形，所使用到的数据文件名称为 usaauto.dta，是根据统计资料得到的美国汽车产业的横截面数据（1978 年）。在本书下载资源的 data 文件夹中可以找到本章的流工作文件，表 2.1 显示了其中部分数据。

表 2.1 usaauto 部分数据

make	price	mpg	rep78	headroom	trunk	weight	length	···	foreign
AMC Concord	4099	22	3	2.5	11	2930	186	···	Domestic
AMCPacer	4749	17	3	3	11	3350	173	···	Domestic
AMC Spirit	3799	22		3	12	2640	168	···	Domestic
Buick Century	4816	20	3	4.5	16	3250	196	···	Domestic
Buick Electra	7827	15	4	4	20	4080	222	···	Domestic
Buick LeSabre	5788	18	3	4	21	3670	218	···	Domestic
···	···	···	···	···	···	···	···	···	···

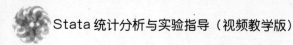

我们要利用这个数据文件进行各种打开文件的操作。

1. 打开数据文件中的全部数据

如果想要打开 usaauto 数据文件中的全部数据，输入的标准命令如下：

```
use "C:\data\usaauto.dta"
```

use 表示执行打开操作，引号中的 C:\data\usaauto.dta 表示数据文件的路径。这里的 usaauto.dta 文件放在了 C 盘的 data 文件夹下。如果数据文件位于 Stata 默认的 data 文件夹中，那么可使用如下简化命令：

```
use usaauto
```

此外，还可以使用 sysuse 命令打开所有本地计算机上的数据文件，无论其是否在 data 文件夹中，而且不需要注明文件路径。在这个例子中命令如下：

```
sysuse usaauto
```

打开数据文件以后会显示如图 2.1 所示的结果，Variables 窗口将显示所有的变量名称及存储类型等内容。

Variables	
Filter variables here	
Name	Label
make	Make and Model
price	Price
mpg	Mileage (mpg)
rep78	Repair Record 1...
headroom	Headroom (in.)
trunk	Trunk space (cu....
weight	Weight (lbs.)
length	Length (in.)
turn	Turn Circle (ft.)
displacement	Displacement (c...
gear_ratio	Gear Ratio
foreign	Car type

图 2.1　打开数据文件

2. 打开数据文件中的部分变量

有时并不需要将数据文件中的所有变量全部打开，因为原始数据可能内容丰富，含有很多变量，而研究只涉及其中的几个变量。例如，只用到 usaauto 文件中的 make 和 price 两个变量，可使用如下命令：

```
use make price using "C:\data\usaauto.dta"
```

use make price 部分表示需要打开 make 和 price 两个变量，using "C:\data\usaauto.dta" 部分表示打开的数据文件路径及名称。

3. 打开数据文件中的部分样本

此外，原始数据文件的样本数量有时过于庞大，例如人口普查的数据动辄千百万，可是一般的研究大部分不需要全部的样本，只需要部分样本即可。例如，只要打开 usaauto 文件中第 5~10 个样本的数据，可以使用如下命令：

```
use "C:\data\usaauto.dta" in 5/10
```

in 5/10 部分表示选取的样本序号，即第 5~10 个样本。

4. 打开数据文件中具有某些特征的样本

还有一种情形：原始数据将不同特征的样本混杂在一起，而在研究中却要求将不同的样本分开，例如分别研究男性、女性的情况，城市、农村的经济问题，等等。这时需要分别打开不同特征的样本数据进行分析，如打开 usaauto 文件中进口车样本数据的命令如下：

```
use "C:\data\usaauto.dta" if foreign=1
```

if 是条件命令参数，后面紧跟具体的条件，该命令执行的结果就是让 Stata 仅仅读入符合条件的样本数据。在本例中，foreign=1 表示是进口车，所以打开的数据就是进口车的数据。

5. 打开网络数据

在 Stata 官方网站或其他网站上会提供一些示例数据，如果你想使用这些数据而又没有直接下载到本地计算机上，那么 Stata 也有专门的命令以供使用。例如，nlswork 是 Stata 官方网站提供的有关美国年轻女性的年龄、工资等的数据，若想通过网络直接打开，则可以运行如下命令：

```
use http://www.stata-press.com/data/r9/nlswork
```

也可以打开由其他网站提供的数据文件，将路径修改成所需要的网址和数据名称即可。

还有一条更为简便的命令 webusenlswork，但是这个命令只能获取 Stata 官方网站的数据。

2.1.2　数据的类型与压缩

1. 数据的类型

Stata 常用的数据类型主要有 3 类：数值型、字符型和日期型。下面逐一进行介绍。

（1）数值型

数值型变量主要是由数字、正负号、小数点组成的数据，按其精度和存储大小不同又可分为 5 类，具体内容见表 2.2。

表 2.2　数值型数据

变量类型	最小值	最大值	字节	存储类型
byte	-127	100	1	integer
int	-32767	32740	2	integer
long	-2147483647	2147483620	4	integer
float	$-1.70141173319 \times 10^{38}$	$1.70141173319 \times 10^{36}$	4	real
double	$-8.9884656743 \times 10^{307}$	$8.9884656743 \times 10^{308}$	8	real

其中，double 是所有变量中所需存储空间最大的一个，相应的，其精度也最高。当用户使用的时候，应根据变量的特征来设置变量类型。在 Stata 中默认的数值型变量类型为 float 型。

（2）字符型

字符型变量通常用来说明样本的一些特征信息，可以由字母、特殊符号和数字组成，但这里的数字已经退化成一种符号，不再具有数值特征。字符型数据一般会被保存为 str#格式，str 后面的数字代表最大字符长度，如 str6 表示可容纳最大长度为 6 个字符的字符型变量。字符型变量一般用英文状态下的引号（""）进行标注，且引号一般不被视为字符型变量的一部分。

（3）日期型

Stata 软件中用来表示时间的变量有多种表达方式，例如 1987 年 8 月 15 日可以写为 19870815，也可以写为 15081987，等等。在 Stata 中将 1960 年 1 月 1 日看作分界线，为第 0 天，之前的天数都加上一个负号，例如 1959 年 12 月 30 日为第-2 天。

2. 数据的压缩

如果数据类型的设置不恰当，就会带来一系列的麻烦，若类型设置过小，则会使得一些数据无法正常输入，这一类问题较容易发现；反之，若类型设置过大，则会造成存储空间的浪费。对于这一问题的避免可使用 compress 命令对数据进行压缩。compress 命令能在很大程度上减少数据占用的存储空间，但不会改变数据的内容和精度，从而使用起来较为方便。数据压缩的命令语句为：

```
compress [varlist]
```

其中，varlist 是将要压缩的变量名称，若不指明要压缩的变量名称，则 Stata 默认将对整个数据文件进行相应的压缩。

例如，我们生成一个样本，变量的名称为 a，数值大小为 1，使用 Stata 默认的类型为 float。其命令如下：

```
clear
set obs 1
gen a=1
describe
```

在这组命令中，clear 用于清空内存；set obs 1 是指样本容量设置为 1（set obs 是进行样本容量设定的命令语句）；gen a=1 表示生成一个名称为 a 的变量，它的值为 1；describe 命令将用来描述变量的基本情况。上述命令执行后将显示如图 2.2 所示的执行结果。

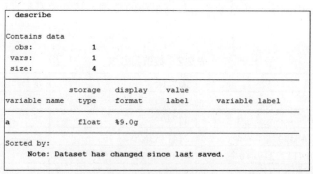

图 2.2　生成一个变量 a

从图 2.2 中可以看到，这时 a 的类型确实为 float。为了压缩变量 a 所占用的存储空间，可使用如下命令：

```
compress
describe
```

执行结果如图 2.3 所示，可以发现这时 a 的类型已经变成了 byte。

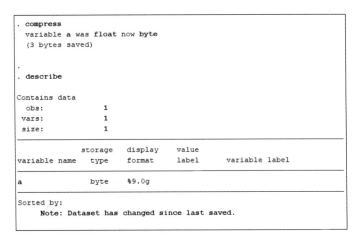

图 2.3　对变量 a 压缩

2.1.3　数据类型的转化

有时为了处理方便，需要实现不同数据类型的转化，这样可以极大地提高运用数据的效率。常用的转化命令有两个：一个是 destring，将字符型变量转化成数值型变量；另一个是 tostring，将数值型变量转化成字符型变量。

1. 将字符型变量转化成数值型变量

字符型变量之间不能进行数值计算，所以如果对字符型变量进行数值计算，Stata 就会提醒出现系统错误，这时必须将字符型变量转化成数值型变量。基本命令语句如下：

```
destring [varlist], [generate (newvarlist) | replace] [options]
```

varlist 是进行数据转化的变量名称，generate (newvarlist) | replace 表示生成新的变量或者替换原来的变量，options 是一些可选项，具体内容如表 2.3 所示。

表 2.3　destring 选项表

选项	含义
ignore ("chars")	删除字符型变量中的非数值型字符，如空格、特殊符号等
force	将非数值型字符转化为缺失值
float	定义新变量的类型为 float
percent	将百分数转化为分数

例如，打开数据文件 water，使用 describe 命令可发现所有的数据类型均为字符型，如图 2.4 所示。

```
. use "F:\20190308Stata统计分析与应用\data\第2章\water.dta"

. describe

Contains data from F:\20190308Stata统计分析与应用\data\第2章\water.dta
  obs:            18
  vars:            4                          7 Jan 2010 15:56
  size:          324

              storage   display    value
variable name   type    format     label      variable label

year            str4     %9s
production      str5     %9s
capital         str5     %9s
labor           str4     %9s

Sorted by:
```

图 2.4　water 数据文件

如果想要进行计算，就必须将所有数据转化成数值型，具体命令如下：

```
use c:\data\water, clear
destring year production capital labor, replace
```

第一条语句用于打开 water 数据文件，第二条语句 destring 是进行数据转化的命令语句，year、production、capital、labor 是被转化的变量名称，replace 表示用转化后的数据替换原有数据。

这个命令执行完之后，再用 describe 命令进行查看，可以得到如图 2.5 所示的结果，显示所有的字符型变量已经转化成数值型变量。

```
. destring year production capital labor, replace
year: all characters numeric; replaced as int
production: all characters numeric; replaced as int
capital: all characters numeric; replaced as long
labor: all characters numeric; replaced as int

. describe

Contains data from F:\20190308Stata统计分析与应用\data\第2章\water.dta
  obs:            18
  vars:            4                          7 Jan 2010 15:56
  size:          180

              storage   display    value
variable name   type    format     label      variable label

year            int      %10.0g
production      int      %10.0g
capital         long     %10.0g
labor           int      %10.0g

Sorted by:
      Note: Dataset has changed since last saved.
```

图 2.5　将 water 中的变量转化为数值型

如果字符型变量中含有空格（如表 2.4 所示的 date.dta 数据文件中的日期变量），想转化成如表 2.5 所示的格式，那么可使用如下命令：

```
use c:\data\date, clear
destring date, replace ignore("")
```

destring date 表示对 date 变量进行转化，replace 表示替换原有数据，ignore("")表示转化时忽略空格。注意，两个引号之间必须有一个空格，否则不能正确执行。

表 2.4　date 文件转化前

date		
1971	08	23
1980	02	12
2001	12	21
2009	11	30
1996	06	07

表 2.5　date 文件转化后

date
19710823
19800212
20011221
20091130
19960607

如果字符型变量中包含特殊字符，如货币单位"$""￥"或"%"符号，就不能实现顺利转化。例如，在 price.dta 数据文件中，price 变量中包含美元符号"$"（见表 2.6），要实现到表 2.7的转化就属于这一种情形。

表 2.6　price 文件转化前

price
$100
$32
$96
$66
$88

表 2.7　price 文件转化后

price	price_1
$100	100
$32	32
$96	96
$66	66
$88	88

实现这种转化不仅要消去"$"这一符号，还需要生成新的一列，具体命令如下：

```
use c:\data\price, clear
destring price, gen(price_1) ignore("$")
```

其中，destring price 表示对变量 price 进行转化；gen(price_1)这一部分的含义就是生成一个新的变量用来存储转化后的数据，新的变量名称为 price_1，这不同于 replace 命令直接用新数据替换旧数据；ignore("$")即在转化过程中忽略特殊符号"$"的影响。

2. 将数值型变量转化成字符型变量

其实这一部分的转换是上面内容的一个逆运算，只是命令语句不同，由 destring 转变成了 tostring，其他部分基本一致，语句如下：

```
tostring [varlist], [generate (newvarlist) | replace] [options]
```

例如，将 financevalue.dta 数据文件中的数据全部转化成字符型变量，所使用的命令语句为：

```
use c:/data/financevalue, clear
tostring year save financevaluegdp loan dummy dummy_gdp, replace
```

第一条命令语句用于打开数据文件，第二条命令语句用于将所有的数值型变量全部转化成字符型变量，前后都使用 describe 命令进行描述，可以看到由图 2.6 向图 2.7 的转化。

```
obs:            23
vars:            7                              7 Apr 2012 20:46
size:          690 (99.9% of memory free)

               storage   display    value
variable name    type    format     label      variable label

year             int     %8.0g
save             float   %9.0g
financevalue     float   %9.0g
gdp              float   %9.0g                  GDP
loan             float   %9.0g
dummy            float   %9.0g
dummy_gdp        float   %9.0g

Sorted by:
```

图 2.6　consumption_china 文件转化前

```
obs:            23
vars:            7                              7 Apr 2012 20:46
size:          667 (99.9% of memory free)

               storage   display    value
variable name    type    format     label      variable label

year             str4    %9s
save             float   %9.0g
financevalue     float   %9.0g
gdp              float   %9.0g                  GDP
loan             float   %9.0g
dummy            str1    %9s
dummy_gdp        float   %9.0g

Sorted by:
```

图 2.7　consumption_china 文件转化后

2.2　数据的导入

能够将不同形式的数据正确导入是运用 Stata 进行数据分析的第一步。本节将针对此来进行介绍。

2.2.1　输入数据

在现实的经济学研究中，大部分数据都是由用户自行输入创建的。本节首先介绍两种输入数据的方法：一种是通过菜单方式输入；另一种是通过命令方式输入。

1. 使用菜单方式输入数据

假定要创建一个成绩数据表（chengji.dta），内容如表 2.8 所示。

表 2.8　chengji 数据表的内容

name	remarks
Mike	98
John	78
Ryan	86
Tom	67
Kite	96

利用 Stata 的菜单操作的方法如下：

01 单击工具栏中的 ▤ 图标，弹出数据编辑器，在其中输入相应数据，如图 2.8 所示。需要注意的是，每当输入完一个单元格的内容之后，需要按回车键确认。

02 给变量命名。在所有数据输入完成之后，双击var1，将弹出如图 2.9 所示的对话框，在Name栏中填入变量的名称"name"，在Label栏中填入标签的内容"姓名"，单击OK按钮完成操作。同样将var2 命名为remarks。

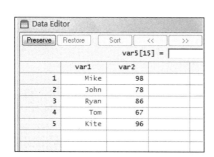

图 2.8　数据编辑器截图

图 2.9　变量属性设置图

03 保存已经创建的数据文件。单击工具栏中的 ▤ 图标，然后给文件命名和选择存储路径即可。

2. 使用命令方式输入数据

首先必须了解数据输入的基本命令，具体语句如下：

```
input [type] varname [[type] varname] …
```

[type]表示输入的变量类型，若省略，则为 Stata 默认的 float 型；varname 表示变量的名称。在这句命令之后，依次输入数据即可。

若要输入如表 2.8 所示的内容，则可输入命令如下：

```
clear
input str10 name remarks
Mike 98
John 78
```

```
Ryan 86
Tom 67
Kite 96
end
save chengji（将数据文件保存在默认文件夹 data 中，文件名为 chengji）
```

在以上命令语句中，clear 表示清除内存；input str10 name remarks 表示输入两个变量：name 和 remarks，其中要将变量的类型写在名称前面，如 str10 表示 name 的类型为长度为 10 的字符型，而 remarks 前面没写数据类型，表示其类型为默认的浮点型；Mike 98~Kite 96 表示数据的内容，一定要按照前面命令语句中变量 name 和 remarks 的顺序填写；end 表示结束数据输入；save chengji 将数据文件保存在默认文件夹 data 中，完整文件名为 chengji.dta。

通过比较可以看出，利用命令方式实现数据的输入较为烦琐，所以一般并不使用。

2.2.2 使用已经保存的 Stata 数据

Stata 默认的数据格式是.dta，这种格式的文件可以直接打开应用，命令为 use，具体内容已在本章 2.1.1 小节做了详细介绍，这里不再赘述。

2.2.3 导入其他格式的数据

当数据文件为其他格式时，也可以导入 Stata 软件中进行处理，常用的命令主要有 insheet、infile、infix。下面将通过实例进行详细介绍。

1. 使用 insheet 命令读取 ASCII 数据

ASCII 数据是指原始的文本数据，由电子表格和数据库程序生成的数据文件，每一行代表一个观测值（case），数值由逗号或制表符隔开，第一行可以包含变量名称。利用 insheet 读取时的基本命令语句如下：

```
insheet [varlist] using filename [,options]
```

在这个语句中，insheet 代表导入数据的命令，[varlist] using filename 代表数据文件中的某个变量，这里的 options 包括的选项及其含义如表 2.9 所示。

表 2.9 insheet_options 的内容

选项	含义
[no] double	设置变量的存储类型
tab	设置制表符为数值变量的分隔符
comma	设置逗号为数值变量的分隔符
delimiter ("char")	设置自定义的 char 为数值变量的分隔符
clear	清空内存
+ [no] names	设置变量的名称保留在文件中的第一行

例如，将数据 citywater.csv 导入 Stata 中，就不能直接使用 use 命令，.csv 数据类型表示使用逗号分隔的一种数据类型，具体格式如图 2.10 所示。

图 2.10　citywater 数据图

将其导入 Stata 的命令如下：

```
insheet using C:\data\citywater.csv
```

2. 使用 infile 命令读取没有固定格式的 ASCII 数据

infile 在某种程度上可以完成与 insheet 命令相同的功能，其与 insheet 命令的最大区别是前者必须指明变量名称，尤其是字符型变量。使用 infile 命令读取数据的基本命令语句如下：

```
infilevarlist [_skip[(#)] [varlist [_skip[(#)] ...]]] using filename [if]
 [in] [, options]
```

例如，同样将数据 citywater.csv 导入 Stata 中，我们可输入如下命令语句：

```
infile year production capital labor using C:/data/citywater.csv
```

这个命令的操作结果与 insheet 命令相同。

3. 使用 infix 命令读取固定格式的 ASCII 数据

这种固定格式的数据有固定的位数，当位数不够时，前面用 0 补齐。对于这种数据可用 infix 命令读入，其具体形式如下：

```
infix using dfilename [if] [in] [, using(filename2) clear]
infix specifications using filename [if] [in] [, clear]
```

例如，将一组数据（数据文件 chengji.csv）转化成如表 2.10 所示的数据形式。chengji 这组数据为用逗号隔开的数据类型，如图 2.11 所示。其中，gender（性别）由 0 和 1 两个数字组成，number（学号）这一栏必须由 3 位数组成，math 和 english 的成绩必须由两位数组成，所以这是一个固定格式的数据，应该使用 infix 命令。

表 2.10　chengji 输入后的数据图

gender	number	math	english
0	123	87	78
1	232	98	87
0	143	67	75
0	156	56	67
1	032	87	69

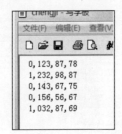

图 2.11 chengji.csv 格式图

具体的命令语句为：

```
infix gender 1 number 3-5 math 7-8 english 10-11 using C:/data/chengji.csv,
clear
```

在这个命令语句中，"infix gender 1"说明第 1 位数据为性别，"number 3-5"表示第 3~5 位为学号，"math 7-8"表示第 7~8 位为数学成绩，"english 10-11"表示第 10~11 位为英语成绩，"using C:/data/chengji.csv"表示原始数据文件的路径。

2.3　数据的整理

本节将介绍数据整理的相关内容，主要包括数据的标签与排序、数据拆分、数据合并和数据的长宽转换等内容。

2.3.1　数据的标签与排序

1. 数据标签

为了让用户更加清楚地了解数据来源、变量含义、观测值等相关内容，Stata 可以为数据、变量、观测值添加标签，其实标签就是对相关数据的解释。常用的添加标签的方法有 3 类：一是为数据库添加标签；二是为变量添加标签；三是为观测值添加标签。

为数据库添加标签的基本命令为：

```
label data ["label"]
```

["label"] 代表所要添加的标签内容。

为变量添加标签的基本命令为：

```
label variable varname ["label"]
```

varname 代表所要添加标签的变量名称，["label"]代表所要添加的标签内容。

对于数值型的分类变量，其含义并不直观，例如我们通常用 0 和 1 来区分性别，但如果缺乏上下文，其他用户就很难区分 0 是代表男性还是女性，这时如果给数值添加标签，就方便用户理解了。为数值添加标签是通过以下两步来完成的。

第一步是定义数值标签，基本命令为：

```
label define lblname # "label" [# "label" ...] [, add modify nofix]
```

在这个命令中，lblname 代表所要定义的数值标签名称，"#"代表所要定义的数值，"label"代表所要添加的标签内容。需要用户注意的是后方 options 的内容，其中 add 的作用是添加标签内容，modify 的作用是对已存在的标签内容进行修改，nofix 的作用是要求 Stata 不为标签的内容而改变原变量的存储容量。

第二步是将所定义的数据标签与相关变量结合，基本命令为：

```
label values varname [lblname] [, nofix]
```

varname 代表将要添加标签的变量名称，[lblname]代表刚刚定义的数据标签名称。

下面通过一个实例给 usaauto.dta 数据库添加 3 类标签，将详细介绍标签的使用方法。usaauto 数据文件如表 2.1 所示。

01 为整个数据库添加标签"1978 年美国汽车产业的横截面数据"，命令如下：

```
label data "1978 年美国汽车产业的横截面数据"
```

02 为变量make和mpg添加标签"品牌"和"每加仑油行使里程数"，命令如下：

```
label variable make "品牌"
label variable mpg "每加仑油行使里程数"
```

03 变量foreign为分类变量，0 代表国产，1 代表进口。为了便于观察，为 0 和 1 添加标签，具体命令为：

```
label define foreignlabel 0 "Domestic" 1 "Foreign"
label values foreign foreignlabel
```

其中，foreignlabel 表示标签的名称，0 "Domestic" 1 "Foreign"表示定义的规则，数字 0 的标签是 Domestic，数字 1 的标签是 Foreign。

执行完命令之后，可以看到在数据表中显示结果从图 2.12 变为图 2.13。

gear_ratio	foreign
3.08	0
2.73	0
3.20	1
3.70	1
3.64	1
3.89	1

图 2.12 未定义标签图

gear_ratio	foreign
3.08	Domestic
2.73	Domestic
3.20	Foreign
3.70	Foreign
3.64	Foreign
3.89	Foreign

图 2.13 定义标签图

标签添加完成以后，可以通过 label dir 命令查看已经建立标签的相关内容。

2. 排序数据

为了处理数据的方便，有时需要对数据进行排序处理。在 Stata 中，排序的命令主要有两个：一个是 sort 命令；另一个是 gsort 命令。

sort 命令的基本语句是：

```
sort varlist [in] [, stable]
```

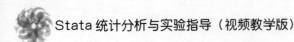

varlist 代表将要进行排序的变量名称，[in]代表排序的范围，[, stable]的含义是如果两个观测值相同，其顺序就保持与原数据相同。

gsort 命令的基本语句是：

```
gsort [+|-] varname [[+|-] varname ...] [, generate(newvar) mfirst]
```

其中需要说明的内容有两点：一，[+]表示按升序排列，这是 Stata 默认的排列方式，[-]表示按降序排列；二，generate(newvar)表示排序之后生成新的变量，mfirst 表示将缺失值排在最前面。

将 usaauto 数据文件中的观测值按变量 price 由小到大排列，这个操作可以用 sort 命令完成，具体操作如下：

```
sort price
```

当然，也可以用 gsort 命令完成，具体操作如下：

```
gsort + price
```

2.3.2　数据的拆分

1. 数据的横向拆分

原始数据有时包含过多的变量，但在实际应用中可能根据需要将原始数据拆分为不同的数据表，这时就要实现数据的横向拆分。数据的横向拆分用到的两个命令为 drop 和 keep。下面详细讲解。

drop 命令是用来删除某些变量和观测值的，基本命令如下：

```
drop varlist [if] [in]
```

keep 命令是用来保留某些变量和观测值的，基本命令如下：

```
keep varlist [if] [in]
```

例如，water 数据文件包含 4 个变量，分别是 year、capital、production、labor，将 water 数据文件拆分为两个数据文件：一个数据文件包含 year 和 production 两个变量，命名为 wateroutput；另一个数据文件包含 year、capital 和 labor 三个变量，命名为 waterinput。首先生成 wateroutput 文件：

```
use c:/data/water,clear
drop capital labor
save c:/data/wateroutput, replace
```

以上命令使用 drop 命令删除变量 capital 和 labor，然后对其进行保存。同样，我们可以用 keep 来决定保留变量。

```
use c:/data/water,clear
keep year capital labor
save c:/data/waterinput, replace
```

2. 数据的纵向拆分

原始数据有时包含过多的样本观测值，但在实际应用中可能根据需要将其按某种特征拆分为不同的数据表，这就是将要实现的数据的纵向拆分。数据的纵向拆分用到的主要命令还是 drop 和 keep。

例如，将 usaauto 数据文件拆分为两个数据文件：一个数据文件为 domesticauto，只包含国产车的相关内容；另一个数据文件为 foreignauto，只包含进口车的相关内容，具体操作如下：

```
use c:\data\usaauto,clear
drop if foreign==1
save c:\data\domesticauto, replace
```

以上命令完成了第一个数据文件的建立，将 foreign 变量为 1 的数据删除并重新命名。
第二个数据文件建立的命令如下：

```
use c:\data\usaauto,clear
keep if foreign==1
save c:\data\foreignauto, replace
```

2.3.3　数据的合并

1. 数据的横向合并

数据的横向合并是横向拆分的逆操作，但是其要比拆分复杂，因为合并时要实现同一个数据的对接，而不能出现对接错误的情况，所以在横向合并之前最好先对数据进行排序处理，然后实现合并。合并所使用的命令语句为 merge，具体语句如下：

```
merge [varlist] using filename [filename ...] [, options]
```

其中，[varlist]代表合并进去的新变量；using filename 指的是要与原文件合并的文件路径；可选项 options 包含较多的功能，表 2.11 显示了其具体内容。

表 2.11　merge 选项表

选项	含义
keep(varlist)	只保留 filename 中特定的变量
_merge(newvar)	合并之后生成新变量，默认名称为_merge
nolabel	不要复制 filename 中所定义的标签
nonotes	不要复制 filename 中所定义的注释
update	用 filename 中的数据代替内存中的缺失值
replace	用 filename 中的数据代替内存中的非缺失值
nokeep	删除数据库中不能匹配的观测值
nosummary	删除 summary 变量
unique	匹配变量在原文件与合并文件中都是唯一的
uniqmaster	匹配变量在原文件中必须是唯一的
uniqusing	匹配变量在合并文件中必须是唯一的
sort	合并前进行排序

例如，利用横向拆分示例中生成的数据文件 waterinput 和 wateroutput 实现数据的横向合并，匹配变量为 year，生成新的数据文件命名为 waternew。使用命令如下：

```
use c:\data\wateroutput, clear
sort year
save c:\data\wateroutput, replace
use c:\data\waterinput, clear
```

```
sort year
merge year using c:\data\wateroutput
save c:\data\waternew, replace
```

在以上命令语句中，第 1 个命令语句实现了 wateroutput 数据文件的打开，第 2 个命令语句将文件按年份变量进行排序，第 3 个命令语句保存了排序之后的数据文件，第 4 个命令语句实现了 waterinput 数据文件的打开，第 5 个命令语句将此数据按年份变量进行排序，第 6 个命令语句按年份变量将 wateroutput 文件合并到 waterinput 文件中，第 7 个命令语句保存合并之后的数据文件。

操作完成以后，我们发现多了一个名称为_merge 的变量，这个变量将显示合并的情况，如果数值为 3，那么合并成功，如果数值为 1 或 2，那么合并失败。

2. 数据的纵向合并

数据的纵向合并同样可视为数据纵向拆分的逆操作，使用的主要命令为 append，具体语句如下：

```
append using filename [, options]
```

[, options] 的内容与 merge 相似，但更为简化。

例如，利用纵向拆分示例中生成的数据文件 domesticauto 和 foreignauto 实现数据的纵向合并，生成的数据文件命名为 usaautonew。操作命令如下：

```
use c:\data\domesticauto, clear
append using c:\data\foreignauto
save c:\data\usaautonew, replace
```

2.3.4　数据的长宽转换

在面板数据中，如果包含两个以上的标识变量，数据就有两种表现形式：一种是长数据；另一种是宽数据。在长宽数据的转换中，所使用到的命令为 reshape 命令，具体命令语句为：

```
reshape long stubnames, i(varlist) [options]
reshape wide stubnames, i(varlist) [options]
```

long 表示将宽数据转化为长数据，wide 表示将长数据转化成宽数据，stubnames 表示需要转化的变量的名称前缀，i(varlist) 表示识别变量。options 常用的为 j(varname [values])，表示用于进行长宽变换的变量，通常为时间变量。

例如，实现表 2.12 和表 2.13 数据形式的转换，必须使用本小节讲述的 reshape 命令。

表 2.12　widedata 数据内容

number	name	english2009	english2010	science2009	science2010
1	wang lei	78	67	56	45
2	zhoujie	87	97	45	66
3	houxu	98	44	86	56
4	chen wen	66	67	87	86
5	yin hong	67	86	99	87
6	zhangxin	87	67	76	78
7	zhu lei	98	45	76	88
8	zhao min	76	87	78	90

表 2.13　longdata 数据内容

number	name	year	english	science
1	wang lei	2009	78	56
1	wang lei	2010	67	45
2	zhoujie	2009	87	45
2	zhoujie	2010	97	66
3	houxu	2009	98	86
3	houxu	2010	44	56
4	chen wen	2009	66	87
4	chen wen	2010	67	86
5	yin hong	2009	67	99
5	yin hong	2010	86	87
6	zhangxin	2009	87	76
6	zhangxin	2010	67	78
7	zhu lei	2009	98	76
7	zhu lei	2010	45	88
8	zhao min	2009	76	78
8	zhao min	2010	87	90

将表 2.12 中的宽数据转化为表 2.13 中的长数据的操作命令如下：

```
use c:/data/widedata, clear
reshape long english science, i(number name) j(year)
```

english 和 science 为将要转化的变量名称的前缀，即将要生成的变量名称，i(number name) 表示识别变量，即按学号 number 和名称 name 区分所有观测值，j(year) 表示按年份进行转化。

若要将上述长数据转化为宽数据，则可使用如下操作命令：

```
use c:/data/longdata, clear
reshape wide english science, i(number name) j(year)
```

复习与习题

本章回顾

1. 打开数据文件的基本命令：

```
use [varlist] [if] [in] using filename [, clear nolabel]
```

2. Stata 常用的数据类型主要有 3 类，即数值型、字符型和日期型。

3. 数据压缩的主要命令：

```
compress [varlist]
```

4. 数据类型的转化主要有两类：

● 将字符型变量转化成数值型变量：

```
destring [varlist], [generate (newvarlist) | replace] [options]
```

● 将数值型变量转化成字符型变量：

```
tostring [varlist], [generate (newvarlist) | replace] [options]
```

5. 在 Stata 中创建数据库有两种方法：一种为菜单法；另一种为命令法。其命令为：

```
input [type] varname [[type] varname] …
```

6. 导入不同格式数据的 3 种命令：

```
insheet [varlsit] using filename [,options]
infilevarlist [_skip[(#)] [varlist [_skip[(#)] ...]]] using filename [if]
[in] [, options]
infix using dfilename [if] [in] [, using(filename2) clear]
```

7. 为数据添加标签的命令为：

```
label data ["label"]
label variable varname ["label"]
label define lblname # "label" [# "label" ...] [, add modify nofix]
```

8. 数据排序的命令为：

```
sort varlist [in] [, stable]
gsort [+|-] varname [[+|-] varname ...] [, generate(newvar) mfirst]
```

9. 数据拆分的相关操作和命令：

```
drop varlist [if] [in]
keep varlist [if] [in]
```

10. 数据合并的相关命令为：

```
merge [varlist] using filename [filename ...] [, options]
append using filename [, options]
```

11. 长宽数据转化的相关命令为：

```
reshape long stubnames, i(varlist) [options]
reshape wide stubnames, i(varlist) [options]
```

习题

1. 将如表 2.14 所示的数据内容输入 Stata 中，命名为 zuoye2.1，并将此数据文件进行压缩。

表 2.14   zuoye2.1 内容表

number	name	gender	math	chinese
1	Han	1	89	78
2	Zhao	1	77	75
3	Zhou	0	68	85
4	Li	0	78	79
5	Wang	0	98	90

（续表）

number	name	gender	math	chinese
6	Peng	1	87	98
7	Hou	0	66	70

2. 将数值型变量 math 和 chinese 转换成字符型变量，再将其转换成数值型变量。

3. 为数据库 zuoye2.1 添加标签"学生成绩"，为 math 变量添加标签"数学成绩"，为分类变量 gender 添加标签，1 为 male，0 为 female。

4. 使用两种命令将数据库 zuoye2.1 按照数学成绩进行排序。

5. 将 zuoye2.1 数据库横向拆分为如表 2.15 和表 2.16 所示的两个数据表，再将其横向合并。

表 2.15 zuoye1 内容表

number	name	gender
1	Han	1
2	Zhao	1
3	Zhou	0
4	Li	0
5	Wang	0
6	Peng	1
7	Hou	0

表 2.16 zuoye2 内容表

number	math	chinese
1	89	78
2	77	75
3	68	85
4	78	79
5	98	90
6	87	98
7	66	70

6. 将 zuoye2.1 数据库纵向拆分为如表 2.17 和表 2.18 所示的两个数据表，然后将其纵向合并。

表 2.17 zuoye3 内容表

number	name	gender	math	chinese
1	Han	1	89	78
2	Zhao	1	77	75
6	Peng	1	87	98

表 2.18 zuoye4 内容表

number	name	gender	math	chinese
3	Zhou	0	68	85
4	Li	0	78	79
5	Wang	0	98	90
7	Hou	0	66	70

7. 将如表 2.19 所示的数据内容输入 Stata 中，命名为 zuoye2.2，并将其转换成长数据，然后将其转回宽数据。

表 2.19　zuoye2.2 内容表

id	gender	eco2007	eco2008	eco2009
1	0	78	78	97
2	0	87	79	68
3	1	97	97	99
4	0	89	90	94
5	1	47	55	65

第3章 Stata中的图形制作

在现实的经济学研究过程中，数据一般较为庞杂，虽然使用一些统计量可以初步了解数据的特征，但是仍然不如图形更能全面地展现数据的信息。统计图形可利用点的相对位置、线段的升降、面积的大小等方法来表现观测数据的数值大小、时间趋势、分布情况和相互关系等信息。Stata 提供了强大的图形制作功能，它使用户不仅可以通过命令方式直接生成图形，还可以通过菜单方式绘制图形。本章将介绍 Stata 中的图形制作，着重介绍常用的散点图、折线图、直方图、饼图等图形的绘制方法。

3.1 图形制作的基本命令与相关操作

一个完整的图形（见图 3.1）主要包括以下几部分：标题、副标题、坐标轴刻度与标题、图例说明、注释语句等。在 Stata 制图中，这些部分的设置均可以通过命令方式进行操作。常用的操作流程即通过命令方式画出主体图形，细节的修改则通过菜单方式进行。

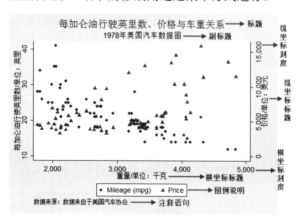

图 3.1　一个完整的图形应包含的基本要素

3.1.1 图形制作的基本命令

图形的制作可以通过命令的方式完成，基本命令形式如下：

```
graph-command (plot-command, plot-options) (plot-command , plot-options), …
graph-options
```

在这个命令语句中，graph-command 是用来定义图的类型的命令语句，plot-command 是用来定义曲线类型的命令语句，不同的曲线之间用括号隔开，曲线有自身的 options 选项，整个图形也有统一的 options 选项。

在 Stata 中常用的图形总共有 7 种，具体内容如表 3.1 所示。

表 3.1　图形分类表

图形	说明
histogram	直方图
graph twoway	双变量的散点图、曲线标绘图等图形
graph matrix	散点图矩阵
graph box	箱线图
graph pie	饼状图
graph bar	条形图
graph dot	点图

3.1.2　图形制作的菜单选项

Stata 有关制图的菜单都在菜单栏 Graphics 选项下面，具体内容如图 3.2 所示。我们可以看到，Stata 可以实现双变量图、条形图、点图、饼状图、直方图、箱线图、散点图矩阵、分布图、平滑曲线和密度图、回归图、时间序列图、面板数据图等各种图形的绘制。

以双变量图的选项为例，单击 Twoway graph(Scatter,line,etc.)，可以看到如图 3.3 所示的对话框。

图 3.2　菜单栏 Graphics 选项图　　　　　图 3.3　twoway-Twoway graphs 对话框

在该对话框中有 8 个选项卡，对主要选项卡的说明如下。

- Plots 选项卡的功能是用来选择横、纵坐标所代表的变量，从而生成初步的图形。在这个选项卡中，只要单击 Create 按钮，就可以进行绘图变量的选择和设置。
- if/in 选项卡的功能是筛选绘制图形部分的数据，例如只选择数据文件中具有某种特征的数据进行绘图，而不是使用全部数据。
- Y axis 选项卡的功能是设置纵轴的相关内容，包括坐标轴的标题、刻度、显示样式等。与此相对应的 X axis 选项卡用于设置横轴的相关内容。

- Titles 选项卡用于设置与标题相关的内容，主要包括标题的设置、副标题的设置、注释文字的设置等。
- Legend 选项卡用于设置与图例相关的内容，主要包括图例显示与否、图例的样式、图例的位置等内容。
- Overall 选项卡用于设置与总体图形相关的内容，包括整个图形的大小设置、风格设置等内容。

3.1.3　与图形绘制相关的基本操作

本节简要介绍图形绘制所要使用的部分命令，具体的使用方法将在后面的图形绘制中详细介绍。

1. 设置标题与副标题

标题的设置命令为：

```
title()
```

副标题的设置命令为：

```
subtitle()
```

在命令中，只需在括号内输入副标题的名称即可。

例如，如果设置图 3.1 中的标题、副标题，就需要在绘图命令的后面添加如下的命令语句：

```
Title（每加仑油行使英里数、价格与车重关系） subtitle（1978 年美国汽车数据图）
```

2. 设置坐标轴

坐标轴的设置包括坐标轴命名、坐标轴刻度设定、坐标轴刻度值设定、坐标轴样式设定等。

（1）坐标轴命名

坐标轴命名分为横坐标命名和纵坐标命名，与图形的标题命名相似，只需在括号中填入相关的坐标轴名称即可，具体命令如下。

横坐标命名的命令：

```
xtitle()
```

纵坐标命名的命令：

```
ytitle()
```

例如，设置图 3.1 中的横、纵坐标标题，使用命令语句：

```
xtitle(重量/单位：千克)ytitle(每加仑油行使英里数/单位：英里)
```

（2）坐标轴刻度设定

所用到的命令如下：

```
xtick(#₁ (#₂) #₃)
ytick(#₁ (#₂) #₃)
```

其中，$\#_1$ 代表起始刻度，$\#_3$ 代表结束刻度，$(\#_2)$代表间隔刻度，即单位刻度。例如，为使得横坐标的起始刻度为 10，结束刻度为 20，间隔刻度为 2，要在绘图命令之后输入如下命令：

```
xtick(10(2) 20)
```

（3）坐标轴刻度值设定

所用到的命令如下：

```
xlabel(#₁ (#₂) #₃)
ylabel(#₁ (#₂) #₃)
```

同样，$\#_1$ 代表起始刻度，$\#_3$ 代表结束刻度，$(\#_2)$代表间隔刻度，即单位刻度。当然，用户也可以在括号中直接输入所要显示的刻度值。

（4）坐标轴样式设定

命令如下：

```
xscale()
yscale()
```

如果用户不使用坐标轴，那么只需要在绘图命令之后输入如下命令：

```
xscale(off)
ysclae(off)
```

3. 设置图例

图例一般会自动生成，若要自己设定图例，则常用的是内容的设定和位置的设定。

设定图例内容可使用如下命令：

```
legend(label(# "text")…)
```

实现时，只需要将图例的代号填入"#"处，然后将内容写在"text"中即可。例如，若要设置如图 3.1 所示的图例内容，则在绘图命令之后输入如下命令：

```
legend(label(1"Mileage(mpg)") label(2"Price"))
```

用户可将图例放置在图中的 12 个位置，对应于钟表的 12 个时刻，使用命令语句：

```
legend(position())
```

设置时，将位置所对应时刻的数字填入括号中即可。例如，对于如图 3.1 所示的图例位置，可在绘图命令之后输入如下命令：

```
legend(position(6))
```

4. 设置脚注

脚注内容大部分是用来对整个图形进行说明介绍的，或者说明画图的数据来源，所用到的命令语句为：

```
note()
```

将脚注内容写在括号中即可。例如，设置如图 3.1 所示的脚注内容，在绘图命令之后输入如下命令：

note(数据来源：数据来自于美国汽车协会)

3.2　直方图、散点图和曲线标绘图的绘制

直方图、散点图与曲线标绘图是较为常用的 3 种统计图形，常用来表示数据的分布和变化趋势。本节将通过例子介绍这 3 种图形的基本绘制方法。

3.2.1　直方图的绘制

直方图是用矩形的面积（长度和宽度）来表示频数分布的图形，在平面直角坐标系中，一般用纵轴表示频数或频率，用横轴表示数据的分组。通过该种图形，用户可以较为直观地了解数据的整体情况，如分布类型、中心位置、分散程度等。

在 Stata 中绘制直方图的基本命令语句为：

```
histogram varname [if] [in] [weight] [, [continuous_opts | discrete_opts] options]
```

varname 是将要绘制图形的变量，if 是条件语句，in 是范围语句，weight 是权重语句。表 3.2 将着重介绍 histogram 的选项。

表 3.2　histogram 的选项

选项	英文名称	含义
连续变量可用选项	bin(#)	设置条柱的数目为#
	width(#)	设置条柱的宽度为#
	start(#)	设置第一个条柱最低起始数值#
分类变量可用选项	discrete	设置分类变量
	width(#)	设置条柱的宽度为#
	start(#)	设置第一个条柱最低起始数值#
连续、分类变量共用选项	density	按密度绘制直方图
	fraction	按比例绘制直方图
	frequency	按频数绘制直方图
	percent	按百分比绘制直方图
	bar_options	设定条柱细节的选项
	addlabels	为条柱添加高度标签
	addlabopts	设定高度标签显示细节的选项

例如，利用 usaauto 文件绘制一个关于 mpg 变量的基本的直方图。此数据是根据统计资料得到的美国汽车产业的横截面数据（1978 年），完整的数据位于本书下载资源\data\第 3 章\usaauto.dta 工作文件中。

输入命令：

```
histogram mpg
```

这个命令语句只告诉 Stata 为变量 mpg 绘制直方图的基本命令，而不进行任何设定，这时 Stata 将绘制出如图 3.4 所示的直方图。

但是这个图形过于简单和粗糙，我们可以对图形进行以下优化设置：

- 为图形添加标题"mpg 直方图"。
- 把直方条的数目由现在的 8 个增加到 10 个。
- 增加脚注"数据来源于美国汽车协会"。
- 横轴刻度范围为 10~45，刻度单位为 5，名称为"每加仑油行使英里数/单位：英里"。
- 为图形添加一条正态曲线。
- 标注直方条的高度。

完成以上设置后，可重新输入绘制图形的命令：

```
histogram mpg, title(mpg直方图) bin(10) note(数据来源于美国汽车协会) xtick(10(5)45)
xtitle(每加仑油行使英里数/单位：英里) norm addlabels
```

在上述命令语句中，"title(mpg 直方图)"的作用是对图形添加标题；"bin(10)"的作用是设置直方条数目为 10；"note(数据来源于美国汽车协会)"用于设定脚注的内容；"xtick(10(5)45)"用于设定横轴刻度起始值为 10，终止值是 45，间隔是 5；"xtitle(每加仑油行使英里数/单位：英里)"部分完成了横轴标题的设定；"norm"表示进行正态曲线的绘制，"addlabels"可标注直方条的高度。命令执行的结果显示在图 3.5 中。

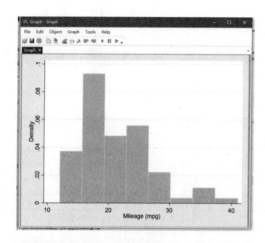
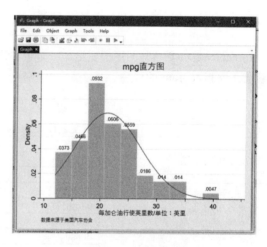

图 3.4　默认直方图　　　　　　　　　　图 3.5　改进后的直方图

将国产车与进口车的图形分开展示，并作对比，可以在以上命令之后再添加如下命令语句：

```
by (foreign)
```

所以，这时需要输入的完整命令语句为：

```
histogram mpg, title(mpg直方图) bin(10) note(数据来源于美国汽车协会) xtick(10(5)45)
xtitle(每加仑油行使英里数/单位：英里) norm addlabels by (foreign)
```

可以看到如图 3.6 所示的结果，这时图形按照分类变量 foreign 对数据分别绘制直方图进行显示，方便用户的对比分析。

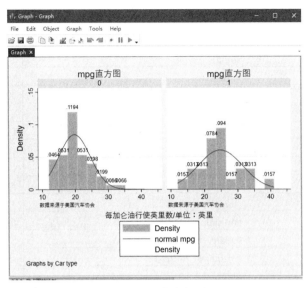

图 3.6　分类直方图

3.2.2　散点图的绘制

散点图是双向关系图的一种，常用来反映两个或多个变量之间的关系。散点图中通常用纵轴来表示因变量，用横轴来表示自变量，用图形来反映纵轴的数值是否随横轴数值的变化而变化。

绘制散点图的基本命令语句为：

```
[twoway] scatter varlist [if] [in] [weight] [, options]
```

[twoway] scatter 表示绘制散点图；varlist 是将要绘制图形的变量，注意 x 变量要放置在 y 变量之后；if 是条件语句；in 是范围语句；weight 是权重语句。需要注意散点图特有的数据标记设定和组群划分选项。

1. 数据标记的设定

数据标记的设定包括数据标记形状的设定、颜色的设定、大小的设定、散点标签的设定 4 部分。

（1）数据标记形状的设定

数据标记形状的设定是通过 msymbol()命令选项来进行的，在括号中输入所需要的形状代号即可。形状命令代号参见表 3.3。

表 3.3　散点图的数据标记形状及其代号缩写

形状	代号全称	代号缩写
实心大圆圈	circle	O
实心小圆圈	smcircle	o
实心大菱形	diamond	D
实心小菱形	smdiamond	d
实心大三角	triangle	T
实心小三角	smtriangle	t

（续表）

形状	代号全称	代号缩写
实心大方形	square	S
实心小方形	smsquare	s
大写字母 X	x	X
小写字母 x	smx	x
空心大圆圈	circle_hollow	Oh
空心小圆圈	smcircle_hollow	oh
空心大菱形	diamond_hollow	Dh
空心小菱形	smdiamond_hollow	dh
空心大三角	triangle_hollow	Th
空心小三角	smtriangle_hollow	th
空心大方形	square_hollow	Sh
空心小方形	smsquare_hollow	sh
很小的点	point	p
无形状	none	i

（2）数据标记颜色的设定

数据标记颜色的设定是通过 mcolor()命令选项实现的，将所需要的颜色名称输入括号中即可。例如设定标记的颜色为红色，可使用如下命令：

```
mcolor(red)
```

（3）数据标记大小的设定

数据标记大小的设定是通过 msize()命令选项实现的，将适当大小的数字输入括号中即可。例如设定标记的大小为 5 号，使用命令：

```
msize (5)
```

（4）散点标签的设定

散点标签的设定是通过 mlabel()和 mlabposition()命令选项实现的，将标签的内容输入 mlabel 后的括号中，将代表位置的数字输入 mlabposition 后面的括号中即可。例如设定散点的内容为变量 city，位置在 3 点钟处，可使用如下命令：

```
mlabel (city) mlabposition(3)
```

2. 群组划分选项

如果在数据中存在分类变量，那么可以将数据分类以后再绘制散点图，所使用的命令为 by()，括号中需要填入分类变量。例如，按照性别变量分类绘图，可在绘图命令之后添加：

```
by(gender)
```

下面通过一个实际例子来加深理解，运用 usaauto 数据文件中的数据绘制 mpg 和 weight 关系的最为基本的散点图。输入如下命令语句：

```
twoway scatter mpg weight
```

这时 Stata 将绘制出如图 3.7 所示的散点图。

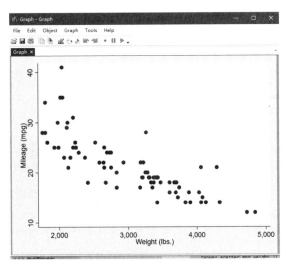

图 3.7　默认散点图

根据本节讲到的命令对图形进行以下优化设置：

- 为图形添加标题"mpg 与 weight 散点图"和副标题"1978 年美国汽车数据图"。
- 为图形添加图例，位置在钟表 2 点钟处。
- 绘制一条拟合的趋势曲线。

为此，重新输入绘制图形的命令如下：

```
twoway scatter mpg weight || lfit mpg weight, title(mpg 与 weight 散点图)
subtitle(1978 年美国汽车数据图) legend(position(2))
```

在这个命令语句中，"twoway scatter mpg weight || lfit mpg weight"部分完成了两个主体图形的绘制，其中符号"||"表示在同一个坐标系内展示两个图形，lfit 表示拟合曲线；"title(mpg 与 weight 散点图) subtitle(1978 年美国汽车数据图)"部分完成了标题与副标题的设定；"legend(position(2))"部分完成了图例位置的设定，位置在 2 点钟处。绘制的图形如图 3.8 所示。

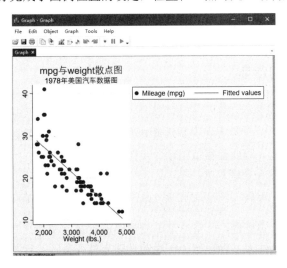

图 3.8　改进散点图

此外，我们可以进一步将图 3.8 进行如下改进：

- 将散点的形状设置为实心大三角，颜色为黑色。
- 为每个散点添加标签，内容为汽车的品牌（make），位置为 9 点钟处，颜色为黑色。
- 按照变量 foreign 分成两个图形进行绘制。

完成以上设置后，用户需要重新输入绘制图形的命令如下：

```
twoway scatter mpg weight, title(mpg 与 weight 散点图) subtitle(1978 年美国汽车数据图)
msymbol(T) mcolor(black) mlabel(make) mlabcolor(black) mlabposition(9) by(foreign)
```

在这个命令语句中，新加入的命令语句 "msymbol(T)mcolor(black)" 表示设定散点的形状、颜色，msymobl(T) 表示实心大三角，mcolor(black) 表示颜色为黑色；"mlabel(make) mlabcolor(black) mlabposition(9)" 部分设置了散点标签内容为 make 生产商，颜色为黑色，位置在 9 点钟处；"by(foreign)" 将数据分为两幅图形进行绘制。完成后的散点图如图 3.9 所示。

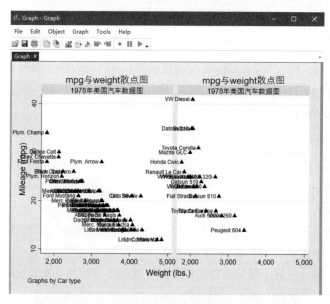

图 3.9　分类散点图

3.2.3　曲线标绘图的绘制

曲线标绘图是双向关系图的一种，它是用线段的升降趋势来说明现象变化或变量之间关系的一种图形。它与散点图类似，实际上它就是将连续型的数值变量点连接起来的一种图形，但由于它还可以用于回归曲线的绘制，因此使用范围较散点图来说更为广泛。

绘制曲线标绘图的基本命令语句为：

```
[twoway] line varlist [if] [in] [, options]
```

varlist 是将要绘制图形的变量，一定注意 x 变量要放置在 y 变量之后；if 是条件语句；in 是范围语句。关于 options 选项内容，曲线标绘图与散点图大部分一致，这里着重介绍不同的内容，即有关曲线内容的设定方式。

1. 连接样式的设定

由于曲线标绘图就是将散点连接起来的图形，因此连接样式尤为重要，其设定的语句为 connect()，其中括号中需要填入样式代码（具体内容见表 3.4），默认的样式为直线连接。

表 3.4　connect()选项表

样式	样式代码	代码缩写
无连接	none	i
直线连接	direct	l
笔直线，是适合 x[j+1]>x[j]的情况	ascending	L
水平，然后垂直	stairstep	J
垂直，然后水平	stepstair	

2. 线条样式的设定

线条样式的设定主要是通过 clpattern()语句实现的，使用时需要将样式的代码填入括号中，代码内容如表 3.5 所示。

表 3.5　clpattern()选项表

样式名称	样式代码
实线	solid
虚线	dash
点线	dot
点划线	dash_dot
短划线	shortdash
短划点线	shortdash_dot
长划线	longdash
长划点线	longdash_dot
空白线	blank
自定义线	"formula"

例如，运用 financevalue.dta 数据绘制曲线标绘图，此数据是中国 1988 年～2010 年金融业增加值的数据，变量主要包括：year=年份，financevalue=金融业增加值（单位：亿），gdp=国内生产总值（单位：亿）。完整的数据位于本书下载资源\data\第 3 章\financevalue.dta 工作文件中。

利用文件中的数据绘制金融业增加值 financevalue 和国内生产总值 gdp 随时间变化的曲线标绘图，所有设置均使用默认设置，需要输入的命令语句为：

```
twoway line financevaluegdp year
```

在这个命令语句中，twoway line 是绘制曲线标绘图的命令，即告诉 Stata 为变量 financevalue 和 gdp 绘制随时间变化的曲线标绘图，但不进行任何设定，这时 Stata 将绘制出如图 3.10 所示的曲线标绘图。

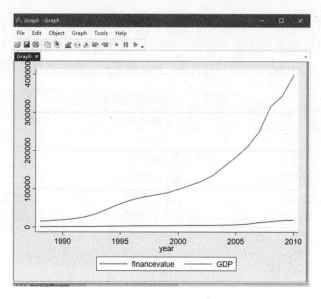

图 3.10　曲线标绘图

从图 3.10 中可以看到这个默认设置的许多弊端，例如图例是一行排列，线条用色彩区分，在黑白打印时无法区分等。因此，用户可以对此图形进行以下优化：

- 将图例分成两行设计，图例内容为"金融业增加值"和"国内生产总值"，并让图例位于图形内部的 11 点钟位置。
- 线条中的一条为实线连接，另一条为虚线连接。
- 线条中的一条为直线连接，另一条为 stairstep 方式连接。

完成以上设置后，用户需要重新输入绘制图形的命令如下：

```
twoway line financevaluegdp year, legend(label(1 "金融业增加值") label(2 "国内生产
总值") position(11) ring(0) row(2)) clpattern(solid dash) connect(l J)
```

在这个命令语句中，"label(1 "金融业增加值") label(2 "国内生产总值")"部分实现了图例内容的设定，表示第 1 个图例为"金融业增加值"，第 2 个图例为"国内生产总值"；"position(11)"部分实现了图例位置的设定；"ring(0)"部分的作用是使图例显示在图形内部；"row(2)"部分的作用是使图例分两行显示；"clpattern(solid dash)"部分实现了实线和虚线的设定，表示第 1 条为实线，第 2 条为虚线；"connect(l J)"部分实现了直线连接和 stairstep 方式的连接。上述命令的执行结果如图 3.11 所示。

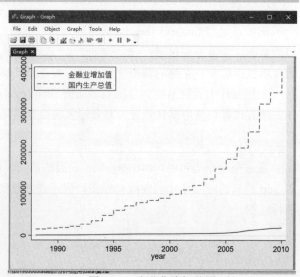

图 3.11　改进曲线标绘图

3.3　条形图、饼图和箱线图的绘制

条形图、饼图与箱线图是较为基本的统计图形。本节将利用 zichan.dta 数据讲解这 3 种图形的绘制。

3.3.1　条形图的绘制

条形图是用矩形的长度来表示相互独立的变量大小取值的统计图形，它与直方图虽然看着相似，但是含义和用法相差甚远。条形图主要有两种：一种是横向的条形图；另一种是纵向的条形图。

绘制条形图的基本命令语句为：

```
graph baryvars [if] [in] [weight] [, options]
graph hbaryvars [if] [in] [weight] [, options]
```

在这两个命令语句中，第一个命令语句用于绘制纵向条形图，第二个命令语句用于绘制横向条形图。yvars 是将要绘制图形的变量，if 是条件语句，in 是范围语句，weight 是权重语句。

在绘制条形图的过程中，需要指明所要展示的统计量，如果不指明统计量，就会默认显示均值（mean）统计量。绘制条形图可使用的统计量如表 3.6 所示。

表 3.6　条形图统计量

选项	功能
mean	平均数
median	中位数
sd	标准差
sum	算术和
count	观测值数
max	最大值
min	最小值
p	分位数
iqr	四分位距

下面着重讲述条形图的 options 选项的内容。

（1）stack 选项

在绘制条形图时，默认采用并排形式，然而有时可将具有多个 y 变量的统计量上下堆积而形成堆积条形图。Stack 选项通常与 percentage 选项连用，这时纵轴的统计量默认是比例，总和通常为 100%，即百分比堆积条形图。

（2）blabel 选项

blabel 选项有两个作用：一个是通过为条柱增添数值标签增加图形所显示的信息量；另一个是可以改变 bar 的名称和组合。blabel 选项的命令语句如下：

```
blabel(what [, where_and_how])
```

其中，what 表示 blabel 选项定义的内容，详细内容显示在表 3.7 中；[, where_and_how]定义 blabel 选项的位置和显示方式，具体如表 3.8 所示。

表 3.7　what 内容

选项	含义
none	没有 label，为默认格式
bar	标签的数值为条柱的高度
total	标签的数值为条柱的累积高度
name	描述 y 变量，即条柱的内容
group	标签为 over 选项中第一个分组变量的每个组的名称

表 3.8　whereandhow 内容

选项	含义
position(outside)	将标签放置在条柱的上方或右边
position(inside)	将标签放置在条柱内部的顶端或最右边
position(base)	将标签放置在条柱内部的底部
position(center)	将标签放置在条柱内部的中间
gap(relativesize)	放置位置之间的距离
format(%fmt)	显示格式
textbox_options	设置标签的外观

例如，利用 zichan.dta 数据进行条形图的绘制。此数据为根据中国某市历年统计年鉴得到的自来水产业资产构成数据（2000—2007 年）。其中，year 代表年份，current 代表流动资产，solid 代表固定资产，gross 代表资产总额。完整的数据位于本书下载资源\data\第 3 章\zichan.dta 工作文件中。

图 3.12 是运用 zichan.dta 数据文件中的数据绘制的流动资产 current、固定资产 solid 和资产总额 gross 随时间变化的条形图，所有设置均使用默认设置。命令语句为：

```
graph bar current solid gross, over(year)
```

over(year)表示图形按时间 year 进行分组绘制。

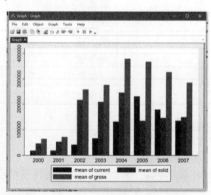

图 3.12　默认条形图

为了改观图表的阅读性及突显主题，我们可以对图 3.12 进行一些改进：

- 将纵向条形图改成横向条形图。
- 为每个条柱增加标签，内容为条柱的高度，位置在条柱的右方。
- 在 300 000 数值处画一条标识线。

重新输入绘制图形的命令如下：

```
graph hbar current solid gross, over(year) blabel(bar, position(outside))
yline(300000)
```

在这个命令语句中，"graph hbar"表示绘制横向条形图，"blabel(bar, position(outside))"表示给条柱添加标签，位置在条柱的右方，"yline(300000)"用于绘制一条标识线。绘制完成后的图形如图 3.13 所示。

为了更加清楚地看到资产的结构，我们也可以将条形图绘制成层叠的形式，命令如下：

```
graph bar current solid gross, over(year)blabel(bar, position(outside)) stack
```

这个命令与前面命令的最大不同就是加了 stack 选项，生成的层叠条形图如图 3.14 所示。

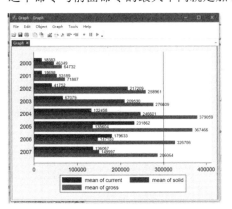

图 3.13　横向条形图

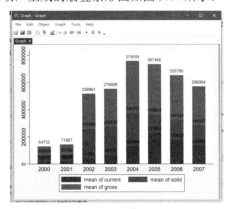

图 3.14　层叠条形图

3.3.2　饼图的绘制

饼图是用圆形及圆内扇形的大小表示总体中各部分所占比例的统计图，通常用来表示各部分在总体中所占的份额。绘制饼图的基本命令为：

```
graph pie varlist [if] [in] [weight] [, options]
graph pie varname [if] [in] [weight], over(varname) [options]
graph pie [if] [in] [weight], over(varname) [options]
```

这 3 个命令语句表达的含义基本是一致的，只是在饼图具体绘制时有所区别。varlist/varname 表示将要绘制图形的变量，if 是条件语句，in 是范围语句，weight 是权重语句，options 选项的具体内容显示在表 3.9 中。

表 3.9　options 选项的具体内容

选项	含义
*over(varname)	每个扇面所代表的变量的特殊数值
missing	不要忽视变量的缺失值
allcategories	包含数据库中的所有类别
cw	对于缺失值按 casewise 处理
noclockwise	按逆时针排列的饼图
angle0(#)	第一块扇面的角度，默认为 90°

（续表）

选项	含义
sort	按面积大小排列扇面的顺序
sort(varname)	按变量名称排列扇面的顺序
descending	与默认或先前设定的顺序相反的排序
pie(...)	扇面的外观，包括突出显示的设定
plabel(...)	显示在扇面上的标签的设定
ptext(...)	显示在扇面上的文本的设定
intensity([*]#)	设置扇面的色彩强度
line(line_options)	设置扇面的轮廓
legend(...)	设置扇面的图例解释
std_options	设置标题和存储

例如，运用 zichan.dta 数据文件中的数据绘制资产构成的饼图，所有设置均使用默认设置，需要输入的命令语句为：

```
graph pie current solid,by(year)
```

current、solid 是饼图的变量，by(year)是将饼图按时间分类绘制。命令执行以后，将绘制出如图 3.15 所示的资产构成饼图。

默认的饼图不仅美观性较差，而且反映的信息也不是特别清楚，用户可以进行以下修饰和改进：

● 添加图形名称为"资产构成图"。
● 在每一个扇面上加上所占比例的标签。
● 将代表流动资产的扇面突出显示，且颜色设置为黄色。

重新输入绘制图形的命令如下：

```
graph pie current solid,plabel(_all percent, gap(9)) pie(1, explode
color(yellow)) title(资产构成图) by(year)
```

plabel(_all percent, gap(9))为每个扇面添加比例标签，同时设定了相对位置；pie(1, explode color(yellow))使得第一个扇面向外凸出，且颜色设定为黄色；"title(资产构成图)"命名了标题。改进后的饼图如图 3.16 所示。

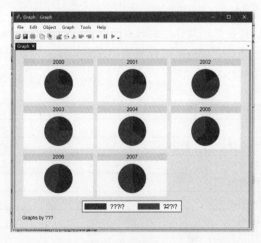

图 3.15　饼图

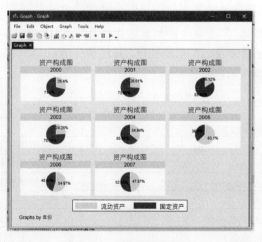

图 3.16　改进后的饼图

3.3.3　箱线图的绘制

顾名思义，箱线图是由箱子和线段组成的图形，用一条线段的两端分别代表变量的最小值和最大值，中间一个箱子分别标明第 1 个四分位数、中位数和第 3 个四分位数，因此一个箱线图是 5个统计量的汇总。箱线图反映了数据的中心、分布、极端值的情况，所以在比较不同的数据集时较为常用。箱线图有两种：一种是纵向的箱线图；另一种是横向的箱线图。绘制箱线图的基本命令如下：

```
graph box yvars [if] [in] [weight] [, options]
graph hboxyvars [if] [in] [weight] [, options]
```

graph box 用来绘制纵向箱线图，graph hbox 用于绘制横向箱线图。yvars 是将要绘制箱线图的变量，if 是条件语句，in 是范围语句，weight 是权重语句。

例如，运用数据文件 usaauto 中的数据绘制价格（Price）和重量（Weight）的箱线图，所有设置均使用默认设置，需要输入的命令语句为：

```
graph box price weight
```

命令执行以后，将绘制出如图 3.17 所示的反映 Price 和 Weight 情况的箱线图。

我们可以进行以下修饰和改进：

● 按国产车和进口车分别显示这两个变量的信息。

● 将分组后 x 轴的组名分别命名为"国产车"和"进口车"。

重新输入绘制图形的命令如下：

```
graph box price weight,over(foreign,relabel(1"国产车" 2"进口车"))
```

"over(foreign, relabel(1 "国产车" 2 "进口车"))"实现了按 foreign 变量分组，且将组命名，显示的结果如图 3.18 所示。

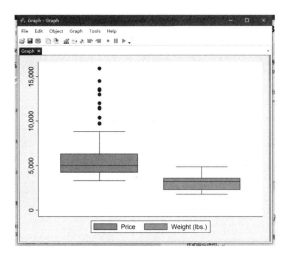

图 3.17　箱线图

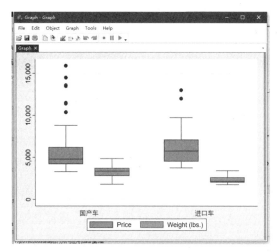

图 3.18　改进箱线图

3.4　图形的保存、合并及修改

绘制完图形之后，你可能需要对图形进行保存、合并、修改等操作。本节介绍与之相关的具体操作和命令语句。

3.4.1　图形的保存和已存图形的打开

图形绘制完成以后，需要对其进行保存，保存的命令语句是：

```
graph save [graphname] filename [, asis replace]
```

[graphname]为图形保存的名称，filename 为保存的路径，特别需要强调的是[, asis replace]选项，它的作用是冻结图形，使其不能再被修改。

已保存图形打开的命令语句是：

```
graph use filename
```

filename 是文件保存的路径名称。一般在应用的过程中，用户输入 graph use 命令，然后输入图形存储路径即可。

图形的显示所使用的命令语句是：

```
graph display [name] [, options]
```

其中，name 为图形的名称。

3.4.2　图形的合并

为了研究需要，有时我们需要将绘制的几张不同的图形整合到一张图形中以便进行观察，这时就要用到 Stata 提供的图形合并功能。其基本命令语句如下：

```
graph combine name [name ...] [, options]
```

例如，我们使用 usaauto 数据库，首先生成 3 幅图形，并依次保存。

生成 mpg 与 weight 的散点图，保存名称为 pic1，命令如下：

```
twoway scatter mpg weight, saving(pic1)
```

生成 price 与 weight 的散点图，保存名称为 pic2，命令如下：

```
twoway scatter price weight, saving(pic2)
```

生成 rep78 与 weight 的散点图，保存名称为 pic3，命令如下：

```
twoway scatter rep78 weight, saving(pic3)
```

我们发现这 3 幅图形的 x 轴相同，所以可以合并成 x 轴对应的一幅图形，命令为：

```
graph combine pic1.gph pic2.gph pic3.gph, imargin(vsmall) row(3) saving(pic4)
```

在上述命令语句中，graph combine pic1.gph pic2.gph pic3.gph 是告诉 Stata 实现哪些图形的合并，imargin(vsmall)的作用是使得每个图形独立的边缘区域不要留过多的空间，row(3)表示让这 3 幅图形排成 3 行。合并后的结果如图 3.19 所示。

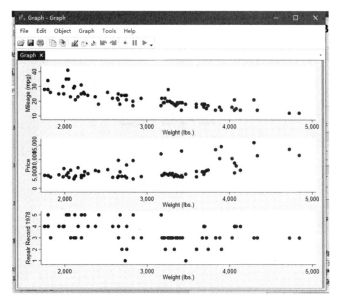

图 3.19　3 个散点图的合并

3.4.3　图形的修改

图形绘制完成以后，可以使用图形编辑器来对图形的细节进行修改。

在 File 菜单项下选择 Start Graph Editor 或者在工具栏中单击 🔳 图标，就可以打开图形编辑器。图形编辑器的界面如图 3.20 所示，与普通的操作界面差别不大，也是由标题栏、菜单栏、工具栏、主界面等部分组成的。

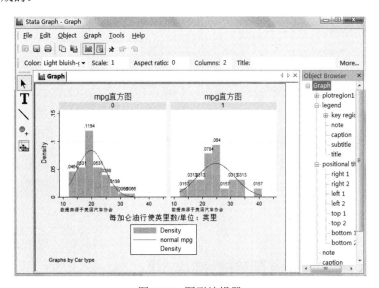

图 3.20　图形编辑器

其中最为常用的功能分布在左右两侧，左侧为编辑工具，与 Tools 菜单下的选项一致，主要包括 Pointer、Add Text、Add Line、Add Marker、Grid Edit 五个功能。Pointer 负责选择、移动对象和修改对象的特征，Add Text 负责添加文本，Add Line 负责添加线条，Add Marker 负责添加标记，Grid Edit 负责编辑网格线。

右侧为 Object Browser，这里展现了在图形中添加的各种设置的名称，单击时图形中相应的部分就会显示出来，并且工具栏随之发生变化。用户可以通过随之产生的对话框进行各种修改和设置。

复习与习题

本章回顾

1. Stata 图形的构成部分、Stata 图形的种类以及 Stata 的基本操作。

2. 绘制直方图的命令：

```
histogram varname [if] [in] [weight] [, [continuous_opts | discrete_opts]
options]
```

3. 绘制散点图的命令：

```
[twoway] scatter varlist [if] [in] [weight] [, options]
```

4. 绘制曲线标绘图的命令：

```
[twoway] line varlist [if] [in] [, options]
```

5. 绘制条形图的命令：

```
graph baryvars [if] [in] [weight] [, options]
graph hbaryvars [if] [in] [weight] [, options]
```

6. 绘制饼图的命令：

```
graph pie varlist [if] [in] [weight] [, options]
graph pie varname [if] [in] [weight], over(varname) [options]
graph pie [if] [in] [weight], over(varname) [options]
```

7. 绘制箱线图的命令：

```
graph box yvars [if] [in] [weight] [, options]
graph hboxyvars [if] [in] [weight] [, options]
```

8. 图形保存、打开、合并和修改的方法以及相关命令。

习题

1. 使用 usaauto.dta 数据绘制如图 3.21 所示的直方图。

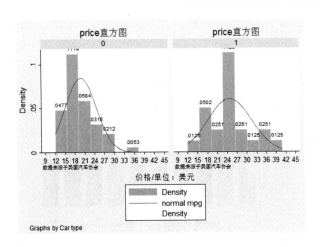

图 3.21　作业 1

2. 使用 financevalue 数据绘制如图 3.22 所示的散点图。

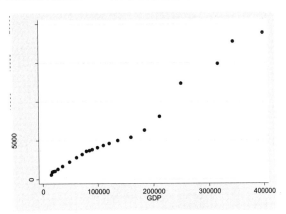

图 3.22　作业 2

3. 使用 zichan.dta 数据绘制如图 3.23 所示的曲线标绘图。

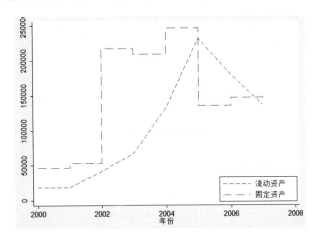

图 3.23　作业 3

4. 使用 womenwork.dta 数据绘制如图 3.24 所示的条形图。

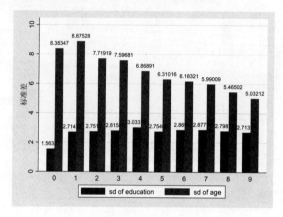

图 3.24　作业 4

5. 使用 gas.dta 数据绘制如图 3.25 所示的饼图。

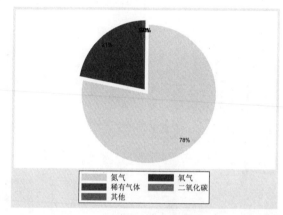

图 3.25　作业 5

6. 使用 financevalue 数据绘制如图 3.26 所示的箱线图。

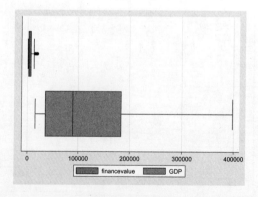

图 3.26　作业 6

第4章　Stata与方差分析

方差分析是统计分析的一个重要方法，始于 20 世纪 20 年代的统计学家 R.A. Fisher。方差分析是根据样本方差对总体均值进行统计推断的方法，能够解决多个均值是否相等的检验问题。方差分析有两个优点：一是效率较高，节省了时间；二是增加了稳定性，因为分析将所有的样本资料结合在了一起。本章将分别介绍运用 Stata 进行单因素方差分析、多因素方差分析与协方差分析的相关内容。

实验 4-1　单因素方差分析

▶ 实验基本原理

方差分析的目的是检验各个水平的均值是否相等，实现这个目的的手段是通过方差的比较。

观察值之间的差异来自于两个方面：一个是由不同水平造成的系统性差异；另一个是由抽选样本的随机性而产生的差异。这两个方面产生的差异可以用两个方差来衡量：一个称为水平之间的方差，是由系统性因素和随机性因素共同造成的；另一个称为水平内部的方差，仅由随机性因素造成。如果不同的水平对结果没有影响，在水平之间的方差中就只有随机因素的差异，而没有系统性的差异，所以两个方差的比值应接近于 1；否则两个方差的差异较大。

一般情况下，单因素方差分析的数据如表 4.1 所示排列。

表 4.1　单因素方差分析表

观测值 i	水平				
	1	2	3	⋯	j
1	x_{11}	x_{12}	x_{13}	⋯	x_{1j}
2	x_{21}	x_{22}	x_{23}	⋯	x_{2j}
3	x_{31}	x_{32}	x_{33}	⋯	x_{3j}
⋯	⋯	⋯	⋯	⋯	⋯
i	x_{i1}	x_{i2}	x_{i3}	⋯	x_{ij}
水平均值	$\overline{x_1}$	$\overline{x_2}$	$\overline{x_3}$	⋯	$\overline{x_j}$

注：在这里水平均值的计算方法为 $\overline{x_j} = \sum_{i=1}^{n_j} x_{ij} \big/ n_j$，总均值的计算方法为 $\overline{x} = \sum \sum x_{ij} \big/ n$。

方差分析的过程如下：

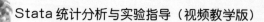

01 提出原假设是"水平对结果没有影响"，备择假设是"水平对结果有影响"。
02 所使用的统计量是：

$$F = \frac{MSA}{MSE} = \frac{SSA/(r-1)}{SSE/(n-r)} \sim F(r-1, n-r)$$

这个统计量的功能是用来衡量是否具有系统性差异，即水平对结果是否有影响。其中，MSA 称为组间均方，其值包括系统性差异和随机性差异，SSA 是水平项离差平方和，其计算公式为：

$$SSA = \sum\sum(\bar{x}_j - \bar{\bar{x}})^2 = \sum n_j(\bar{x}_j - \bar{\bar{x}})^2$$

MSE 称为组内均方，其值只包括随机性差异，SSE 是误差项离差平方和，其计算公式为：

$$SSE = \sum_j\sum_i(x_{ij} - \bar{\bar{x}})^2$$

03 分析结论：若 $F > F_\alpha$，则拒绝原假设，认为存在系统性差异，即水平对结果有影响；否则，接受原假设。

实验目的与要求

（一）实验目的

1. 熟悉单因素方差分析的基本原理。
2. 熟悉单因素方差分析的命令语句和显示结果的含义。

（二）实验要求

1. 熟练掌握单因素方差分析的方法和命令语句。
2. 熟练掌握单因素方差分析的输出结果所代表的含义，并对原假设做出合理的判断。

实验内容及数据来源

实验数据来源于对某种饮料的销售调查，这种饮料有 4 种颜色，在 5 家超市进行销售，其中变量 sales 代表销售量（单位：百瓶），变量 color 代表颜色。完整的数据位于本书下载资源\data\第 4 章\sales.dta 工作文件中，数据如表 4.2 所示。

表 4.2　sales.dta 部分数据

sales	color	sales	color
26.5	1	27.9	3
28.7	1	25.1	3
25.1	1	28.5	3
29.1	1	24.2	3
27.2	1	26.5	3

（续表）

sales	color	sales	color
31.2	2	30.8	4
28.3	2	29.6	4
30.8	2	32.4	4
27.9	2	31.7	4
29.6	2	32.8	4

利用数据分析颜色是否对销售量有显著影响，即分析不同颜色的销售量总体均值是否相等。

⊙ 实验操作指导

单因素方差分析的基本命令语句如下：

```
Oneway response_var factor_var [if] [in] [weight] [, options]
```

其中，response_var 代表将要测量的变量名称；factor_var 代表分类变量名称，即水平名称；if 是条件语句；in 是范围语句；weight 是权重语句。单因素方差分析中的 options 选项较多，内容如表 4.3 所示。

表 4.3　单因素方差分析命令的可选项

选项	含义
bonferroni	Bonferroni 多重比较检验
scheffe	Scheffe 多重比较检验
sidak	Sidak 多重比较检验
tabulate	产生汇总表
[no]means	显示或不显示均值
[no]standard	显示或不显示标准差
[no]freq	显示或不显示频数
[no]obs	显示或不显示观测值数
noanova	不显示方差分析表
nolabel	以数值形式而非标签形式显示
wrap	不要将宽表分开
missing	将缺失值作为一个种类

sales.dta 数据反映的是一种饮料的销售情况，除颜色之外，其他条件全部相同，因此可利用单因素方差分析法来分析饮料的颜色是否对销售量有影响。

在 Stata 中打开数据文件时输入如下命令语句：

```
oneway sales color, tabulate
```

sales（销量）是将要分析的变量；color 是分类变量，也就是水平变量；tabulate 的作用是产生有关数据的汇总表。显示结果如图 4.1 所示。

```
. oneway sales color, tabulate

                         Summary of □□□□□
      □□½           Mean    Std. Dev.      Freq.

        1          27.32   1.6346255           5
        2          29.56   1.4638992           5
        3          26.44   1.8160393           5
        4          31.46   1.2876336           5

      Total       28.695   2.4701321          20

                        Analysis of Variance
      Source           SS         df        MS            F      Prob > F

Between groups    76.8454953       3    25.6151651     10.49      0.0005
Within groups     39.0840006      16    2.44275004

      Total        115.929496      19    6.10155242

Bartlett's test for equal variances:  chi2(3) =     0.4656  Prob>chi2 = 0.926
```

图 4.1　单因素方差分析结果图

用户不难发现，这个结果显示了两个数据列表：第一个数据列表是 tabulate 选项的执行结果，即汇总表，反映了数据的整体情况；第二个数据列表是方差分析的结果显示表。

- 第一个表格中反映了每一个颜色种类的均值、标准差和频数，同时也累计了总体的这些统计特征值。
- 第二个表格是方差分析的结果列表，表格中反映了水平项离差平方和 SSA=76.85，自由度为 3，组间均方 MSA=25.62；误差项离差平方和 SSE=39.08，自由度为 16，组内均方 MSE=2.44；统计量 F=10.49，P 值为 0.0005，这意味着小概率事件发生，需要拒绝原假设，承认颜色对销售量是有影响的。

在进行方差分析时，需要注意方差分析法所需要满足的主要条件：随机变量相互独立，正态分布和同方差，所以在结果的最后一行 Stata 自动进行了同方差的检验，使用的方法为 Bartlett 检验。在本例中，检验的 P 值为 0.926，没有拒绝同方差的原假设，所以方差分析的结果可以采纳。如果 Bartlett 检验拒绝了同方差的原假设，那么方差分析的结果不可信。

除了上面的 oneway 命令之外，stata 的 anova 命令也可以完成这一过程，并且在运行完之后可以进行预测值和误差条形图的操作。如果用 stata 的 anova 命令完成这一过程，就需在命令窗口输入：

```
anova sales color
```

sales（销量）是将要分析的变量；color 是分类变量，也就是水平变量。显示结果如图 4.2 所示。

相对于 oneway 命令，anova 命令没有 tabulate 选项的执行结果，也没有在后续结果中自动进行同方差的检验，但是方差分析的结果是一致的。color 的方差分析 F 值为 10.49，显著性 P 值为 0.0005，意味着小概率事件发生，需要显著拒绝原假设，承认颜色对销售量是有影响的。

在使用 anova 命令进行方差分析之后，我们可以使用 predict 命令计算出预测值、残差、标准误以及各种统计量，还可以通过绘制误差条形图的方式来更加形象地观察模型的预测情况。

```
. anova sales color

                        Number of obs =         20    R-squared     =  0.6629
                        Root MSE      =   1.56293    Adj R-squared =  0.5997

        Source │   Partial SS      df        MS          F     Prob>F

        Model │   76.845495        3     25.615165    10.49    0.0005

        color │   76.845495        3     25.615165    10.49    0.0005

     Residual │   39.084001       16      2.44275

        Total │   115.9295        19     6.1015524
```

图 4.2　单因素方差分析结果图

在本例中，我们依次输入以下命令：

`predict salesmean`

本步旨在预测 sales 均值。

`label variable salesmean "mean sales scale"`

将预测形成的 sales 均值添加标签为"mean sales scale"。

`predict SEsales,stdp`

加上 stdp 选项，为了计算预测 sales 均值的标准误。

`serrbar salesmean SEsales color,scale(3) plot(line salesmean color, clpattern(solid)) legend(off)`

serrbar 命令是告诉 Stata 绘制误差条形图，误差条形图的基本操作要领是在 serrbar 之后第一个变量（本例中为 salesmean）往往是平均数变量，第二个变量（本例中为 SEsales）为标准误变量（也可为标准差），第三个变量（本例中为 color）为 X 轴。然后 scale(3)是告诉 Stata 要绘制正负 3 倍标准差的条形图，或者说是【salesmean-3*SEsales，salesmean+3*SEsales】。plot 选项可以指定另一个图，将其重叠显示到标准误差条形图上。输入上述命令以后，得到的结果如图 4.3 所示。

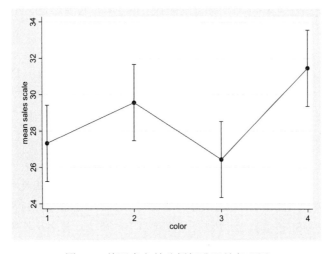

图 4.3　单因素方差分析标准误差条形图

需要说明的是，上面绘制的单因素方差分析标准误差条形图是基于预测数据的。从中可以非常明确地看出，各种颜色对于销售量的影响差异是非常显著的，而且非常直观地显示了这种差异。预测发现，第4种颜色代表的销售量均值最高，然后是第2种颜色，接着是第1种颜色，最后是第3种颜色。该结论对于饮料生产销售商的政策含义是积极生产销售第4种颜色的饮料。

实验 4-2　多因素方差分析

实验基本原理

在现实研究中，一个事件不可能仅受一个因素的影响，恰恰相反，一个事件是受多个因素综合作用的结果，所以多因素方差分析相比单因素方差分析有更广泛的应用空间。下面以双因素方差分析中无交互作用的情况为例介绍多因素方差分析的基本原理。

一般情况下，双因素方差分析的数据如表 4.4 所示排列，影响因素有 A 和 B 两个。

表 4.4　双因素方差分析表

		因素 A					$\overline{x_{1\cdot}}$
		A₁	A₂	A₃	⋯	A_r	
因素 B	B₁	x_{11}	x_{12}	x_{13}	⋯	x_{1r}	$\overline{x_{1\cdot}}$
	B₂	x_{21}	x_{22}	x_{23}	⋯	x_{2r}	$\overline{x_{2\cdot}}$
	B₃	x_{31}	x_{32}	x_{33}	⋯	x_{3r}	$\overline{x_{3\cdot}}$
	⋯	⋯	⋯	⋯	⋯	⋯	⋯
	B_k	x_{k1}	x_{k2}	x_{k3}	⋯	x_{kr}	$\overline{x_{k\cdot}}$
$\overline{x_{\cdot j}}$		$\overline{x_{\cdot 1}}$	$\overline{x_{\cdot 2}}$	$\overline{x_{\cdot 3}}$	⋯	$\overline{x_{\cdot j}}$	$\overline{\overline{x}}$

方差分析过程如下：

01 提出原假设是"因素A或B对结果没有影响"，备择假设是"因素A或B对结果有影响"。

02 所使用的统计量是：

$$F_A = \frac{MSA}{MSE} = \frac{SSA\big/(r-1)}{SSE\big/(n-r-k+1)} \sim F(r-1, n-r-k+1)$$

$$F_B = \frac{MSB}{MSE} = \frac{SSB\big/(k-1)}{SSE\big/(n-r-k+1)} \sim F(k-1, n-r-k+1)$$

MSA反映了A因素的组间差异，MSB反映了B因素的组间差异，MSE反映了随机误差。这两个F统计量的功能是用来衡量A或B因素对结果是否有影响，如果没有影响，组间差异就只由随机因素构成，MSA或MSB应与MSE的值接近，F统计量应该小于临界值。其中，各部分的计算公式如下：

$$SST = \sum\sum\left(x_{ij} - \bar{\bar{x}}\right)^2$$

$$SSA = \sum\sum\left(\overline{x_{.j}} - \bar{\bar{x}}\right)^2 = \sum k\left(\overline{x_{.j}} - \bar{\bar{x}}\right)^2$$

$$SSB = \sum\sum\left(\overline{x_{i.}} - \bar{\bar{x}}\right)^2 = \sum r\left(\overline{x_{i.}} - \bar{\bar{x}}\right)^2$$

$$SSE = SST - SSA - SSB$$

03 分析结论：若 $F_{A或B} > F_\alpha$，则拒绝原假设，认为因素 A 或 B 对结果有影响；否则，接受原假设。

⊙ 实验目的与要求

（一）实验目的

1. 熟悉多因素方差分析的基本原理。
2. 熟悉多因素方差分析的命令语句和显示结果的含义。

（二）实验要求

1. 熟练掌握多因素方差分析的方法和命令语句。
2. 熟练掌握多因素方差分析的输出结果所代表的含义，并对原假设做出合理的判断。

⊙ 实验内容及数据来源

实验数据来源于对某国男性工作情况的调查，其中变量 marriage 为是否结婚的分类变量，child 为是否拥有子女的分类变量，wage 代表工资水平（美元/每小时）。完整的数据位于本书下载资源\data\第 4 章\workdata.dta 工作文件中，部分数据显示如表 4.5 所示。

表 4.5　部分数据

educ	wage	child	marriage
4	5	2	0
3	4	3	0
3	5	1	1
2	4	2	0
5	6	2	1
4	5	2	0
3	4	3	0
3	5	1	1
2	4	2	0

利用数据进行分析：男性的工资会不会因结婚、有子女以及二者的互动而产生差异。

▶ 实验操作指导

多因素方差分析的模型构建是非常灵活的，如果存在 3 个或者 3 个以上的因素，我们要纳入任何一项变量间的交互效应，那么只需指定有关变量的名称，并且之间用"#"连接（注意，之前的很多 Stata 版本用的是"*"）即可。

多因素方差分析的命令语句如下：

```
anova varname [term [/] [term [/] ...]] [if] [in] [weight] [, options]
```

在这个命令语句中，anova 是进行多因素方差分析的命令语句；varname 是将要分析的变量名称；term 的形式是 varname[{#||}varname[...]]，主要是进行影响因素的设定，"#"表示交叉积，第一个"|"表示或者，第二个"|"表示条件运算，"#"的运算级高于"|"；if 是条件语句；in 是范围语句；weight 是权重语句；多因素方差分析的 options 选项的内容如表 4.6 所示。

表 4.6　多因素方差分析的 options 选项的内容

选项	说明
category(varlist)	分类变量
class(varlist)	category(varlist)的同义词
continuous(varlist)	连续变量
repeated(varlist)	重复观测变量
partial	使用边际平方和
sequential	使用序列平方和
noconstant	无常数项
regress	显示回归列表
[no]anova	显示或不显示 ANOVA 表
detail	显示详细结果

例如，利用 workdata.dta 数据进行双因素方差分析的练习，在这个数据中，反映了某国男性工资、婚姻状况、拥有子女状况的情况，利用这些数据分析婚姻、子女以及二者的交互项是否对工资有影响。

对此问题进行双因素方差分析的命令语句为：

```
anova wage marriage child child#marriage
```

在这个命令语句中，anova 是进行多因素方差分析的命令语句，wage 是因变量，child、marriage 和 child# marriage 是影响因素，执行的结果如图 4.4 所示。

从结果图 4.4 中可以看到：整个模型的 F 检验值为 5.45，P 值为 0.0027，通过了检验；child 变量的 P 值为 0.0111，通过了检验，所以可以认定孩子对工资的差异产生了影响；marriage 变量的 P 值为 0.0001，通过了检验，所以可以认定婚姻对工资的差异产生了影响；child#marriage 变量的 P 值为 0.0072，通过了检验，所以可以认定孩子和婚姻的交互效应对工资的差异产生了影响。

在使用 anova 命令进行方差分析之后，我们可以使用 predict 命令计算出预测值、残差、标准误以及各种统计量，还可以通过绘制其他合适图形的方式来更加形象地观察模型的预测情况。

```
. anova wage marriage child child#marriage

                         Number of obs =          30    R-squared     =  0.4657
                         Root MSE      =   1.11206    Adj R-squared =  0.3802

             Source |  Partial SS          df          MS          F      Prob>F

              Model |    26.95              4       6.7375       5.45    0.0027

           marriage |  25.522031           1    25.522031      20.64    0.0001
              child |  13.396057           2    6.6980287       5.42    0.0111
     child#marriage |  10.579502           1    10.579502       8.55    0.0072

           Residual |  30.916667          25    1.2366667

              Total |  57.866667          29    1.9954023
```

图 4.4　多因素方差分析结果图

在本例中，我们依次输入以下命令：

```
predict wagemean
```

本步旨在预测 wage 均值。

```
label variable wagemean "mean wage scale"
```

为预测形成的 wage 均值添加标签为"mean wage scale"。

```
predict SEwage,stdp
```

加上 stdp 选项，为了计算预测 wage 均值的标准误。

```
gen wagehigh=wagemean+3*Sewage
```

产生 wagehigh 变量，作为预测上限。

```
gen wagelow=wagemean-
3*Sewage
```

产生 wagelow 变量，作为预测下限。

```
graph twoway connected
wage
child||rcapwagehighwagelow
child||,by(marriage,legend(off)
note("")) ytitle("mean wage
scale")
```

输入上述命令以后，得到的结果如图 4.5 所示。

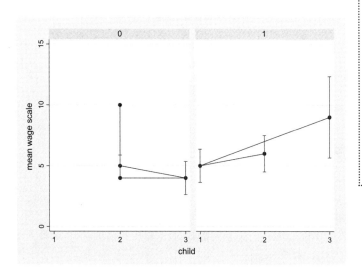

图 4.5　多因素方差分析标准误差条形图

实验 4-3　协方差分析

⊛ 实验基本原理

方差分析存在明显的弊端，因此无法控制分析中存在的某些随机因素，这也影响了分析结果的准确度。

协方差分析控制了这些干扰或调节因素，提高了实验的精确性和准确性，对实验以外的一切条件都采取了有效措施来严加控制，使它们在各个处理过程中尽量保持一致。协方差分析主要是在排除了协变量的影响后再对修正后的主效应进行方差分析，是将线性回归与方差分析结合起来的一种分析方法。例如，研究几种饲料对牛增重的影响，由于初始重量将会对增重造成影响，因此在这个实验中希望初始重量相同（排除初始重量对增重的影响），但是这个要求难以达到，所以必须通过增重与初始重量的线性关系进行调整，使之相同，然后进行实验，研究饲料对增重的影响。

协方差分析是对多因素方差分析的推进和拓展，不仅可以涵盖分类变量的情形，还可以将连续变量的情况包括在内。一般情况下，协方差分析将那些难以控制的因素作为协变量，从而在排除协变量影响的情况下，分析自变量、因变量的作用。当模型中只存在一个协变量时，叫作一元协方差分析，当有两个及以上的协变量时，叫作多元协方差分析。

⊛ 实验目的与要求

（一）实验目的

1. 熟悉协方差分析的基本原理。
2. 熟悉协方差分析的命令语句和显示结果的含义。

（二）实验要求

1. 熟练掌握协方差分析的方法和命令语句。
2. 熟练掌握协方差分析的输出结果所代表的含义，并对原假设做出合理的判断。

⊛ 实验内容及数据来源

实验数据来源于对某国男性工作情况的调查，其中变量 marriage 为是否结婚的分类变量，child 为是否拥有子女的分类变量，wage 代表工资水平（单位：美元/每小时），educ 代表受教育年限（单位：年）。完整的数据位于本书下载资源\data\第 4 章\workdata.dta 工作文件中，部分数据显示如表 4.7 所示。

表 4.7　部分数据

marriage	child	wage	educ
1	1	12.45676	10
1	0		20

（续表）

marriage	child	wage	educ
0	1	20.58636	12
1	1	21.30897	10
1	1	23.01045	20
1	0		12
1	1	35.09917	20
1	0	26.69695	12
1	0	27.48846	20

利用数据进行协方差分析：男性的工资会不会因结婚、有子女以及二者的互动和受教育年限的不同而产生差异。

❯ 实验操作指导

协方差分析的基本命令语句与多因素方差分析的命令语句基本一致，命令如下：

```
anova varname [term [/] [term [/] ...]] [if] [in] [weight] c.(varlist)
[options]
```

这个命令语句与多因素方差分析命令语句的唯一不同是"c.(varlist)"，即必须指明连续变量，若不指明，则 Stata 默认除因变量之外的所有变量均为分类变量。

例如，在实验 4-2 中利用 workdata.dta 数据进行多因素方差分析的练习中，如果用户认为除婚姻、子女以及二者的交互项对工资有影响之外，受教育年限对工资水平也存在影响，想进一步验证，这时就需要进行协方差分析了，因为受教育年限是连续变量而不是分类变量。

进行这个研究时需要输入的命令语句为：

```
anova wage child marriagechild#marriagec.educ
```

c.educ 的意义是：说明 educ 是一个连续变量，在一些 Stata 旧版本中，本例的命令应该是：anova wage child marriagechild#marriage, continuous(educ)，这个命令语句较之实验 4-2 中的命令语句多了变量 educ，并且指明 educ 是连续变量，这时协方差分析的结果如图 4.6 所示。

```
. anova wage child marriage child#marriage c.educ

                        Number of obs =        30    R-squared     =  0.9551
                        Root MSE      =  .328897    Adj R-squared =  0.9458

         Source |  Partial SS        df         MS          F     Prob>F

          Model |  55.270513          5   11.054103     102.19    0.0000

          child |  1.5881076          2   .79405379       7.34    0.0033
       marriage |  1.6743582          1   1.6743582      15.48    0.0006
 child#marriage |  4.8974414          1   4.8974414      45.27    0.0000
           educ |  28.320513          1   28.320513     261.81    0.0000

       Residual |  2.5961538         24   .10817308

          Total |  57.866667         29   1.9954023
```

图 4.6　协方差分析结果图

从结果图 4.6 中可以看到：整个模型的 F 检验值为 102.19，P 值为 0，通过了检验；child、educ 两个变量的 P 值分别为 0.0033 和 0.0000，都通过了检验，所以可以认定二者分别对工资的差异产生了影响；marriage 和 child#marriage 两个变量的 P 值分别为 0.0006 和 0.0000，也都通过了检验，所以同样可以认定二者分别对工资的差异产生了影响。

通过实验原理，我们知道协方差分析是借助回归分析完成的，所以可以通过添加 regress 选项的形式使回归的结果得到展示，使变量间的关系得到更清晰的展现。在做完前述协方差分析后，输入回归分析命令语句如下：

```
regress
```

这时得到的结果如图 4.7 所示。

```
. regress

      Source |       SS           df       MS      Number of obs   =        30
-------------+----------------------------------   F(5, 24)        =    102.19
       Model |  55.2705128          5  11.0541026   Prob > F        =    0.0000
    Residual |  2.59615385         24  .108173077   R-squared       =    0.9551
-------------+----------------------------------   Adj R-squared   =    0.9458
       Total |  57.8666667         29   1.9954023   Root MSE        =    .3289

------------------------------------------------------------------------------
        wage |      Coef.   Std. Err.      t    P>|t|     [95% Conf. Interval]
-------------+----------------------------------------------------------------
       child |
          2  |   1.903846   .4334928     4.39   0.000     1.009161    2.798531
          3  |   1.288462   .3927917     3.28   0.003     .4777793    2.099144
             |
  1.marriage |   2.288462   .3927917     5.83   0.000     1.477779    3.099144
             |
child#marriage|
        1 0  |          0  (empty)
        2 1  |  -2.711538   .4029867    -6.73   0.000    -3.543262   -1.879815
        3 1  |          0  (omitted)
             |
        educ |   .9038462   .0558603    16.18   0.000     .7885561    1.019136
       _cons |  -2.31e-14   .3797773    -0.00   1.000    -.7838217    .7838217
------------------------------------------------------------------------------
```

图 4.7 协方差分析回归图

在结果图 4.7 中，可以看到这个图形展示了回归分析的内容，有关此内容的详细解释将会在第6 章中给出，这里不再赘述。

实验 4-4 重复测量方差分析

▶ 实验基本原理

重复测量方差分析是由不同时间点上对同一个对象的同一个观察指标进行多次测量所得的。在研究中，我们经常需要对同一个观察对象重复进行多次观测，这样得到的数据称为重复测量资料；而对于重复测量资料进行方差分析需要采用重复测量方差分析方法。重复测量方差分析与前述的方差分析的最大差别在于：它可以考察测量指标是否会随着测量次数的增加而变化，以及是否会受时间的影响。

重复测量资料方差分析的前提条件包括以下几个方面：

- 参与重复测量资料方差分析的各样本是相互独立的随机样本。
- 参与重复测量资料方差分析的各样本来自正态总体。
- 参与重复测量资料方差分析的各处理组总体方差相等，即方差齐性。
- 参与重复测量资料方差分析需满足协方差阵的球形性或复合对称性。

实验目的与要求

（一）实验目的

1. 熟悉重复测量方差分析的基本原理。
2. 熟悉重复测量方差分析的命令语句和显示结果的含义。

（二）实验要求

1. 熟练掌握重复测量方差分析的方法和命令语句。
2. 熟练掌握重复测量方差分析的输出结果所代表的含义，并对原假设做出合理的判断。

实验内容及数据来源

某农村商业银行受不良激增、效益下降等因素影响，员工离职人数直线上升。总行人力资源部针对员工离职情况提出了一种激励约束方案，并随机选择了 20 个支行施行该留人策略。表 4.7 为所调查支行实施策略后一年内的员工离职人数（单位：人）。通过分析说明这种方案是否有效。在数据文件中，变量 number 为支行的编号，celue 为是否实施总行人力资源部制定的留人策略的分类变量（把不实施总行人力资源部制定的留人策略设定为 1，把实施总行人力资源部制定的留人策略设定为 2），lizhirenshu 为支行一年内的员工离职人数（单位：人）。完整的数据位于本书下载资源\data\第 4 章\workdata.dta 工作文件中，部分数据显示如表 4.8 所示。

表 4.8　部分数据

支行	留人策略	员工离职人数
1	实施前	63
2	实施前	45
3	实施前	31
4	实施前	53
5	实施前	33
…	…	…
19	实施后	76
20	实施后	64

实验操作指导

协方差分析的基本命令语句与多因素方差分析的命令语句基本一致，命令如下：

```
anova varname [termlist] [if] [in] [weight] [,repeated (varname)]
```

本例中，在主界面的 Command 文本框中输入如下命令，该命令旨在分析说明这种方案是否有效。

```
anova lizhirenshu  number celue,repeated(celue)
```

在 Stata 15.0 主界面的结果窗口可以看到如图 4.8 所示的分析结果。

```
. anova  lizhirenshu  number celue,repeated(celue)

                          Number of obs =        40    R-squared     =  0.7725
                          Root MSE      =  13.1755     Adj R-squared =  0.5331

            Source │  Partial SS         df          MS          F     Prob>F

             Model │  11202.7            20      560.135       3.23    0.0067

            number │  3165.475           19    166.60395       0.96    0.5352
             celue │  8037.225            1     8037.225      46.30    0.0000

          Residual │  3298.275           19    173.59342

             Total │  14500.975          39    371.81987


Between-subjects error term:   number
              Levels:   20         (19 df)
  Lowest b.s.e. variable:   number

Repeated variable: celue
                                    Huynh-Feldt epsilon       =   1.0000
                                    Greenhouse-Geisser epsilon =  1.0000
                                    Box's conservative epsilon =  1.0000

                                       ──────── Prob > F ────────
            Source │   df     F      Regular    H-F      G-G       Box

             celue │    1    46.30   0.0000    0.0000   0.0000   0.0000
          Residual │   19
```

图 4.8　分析结果图

通过观察分析结果，我们可以看出共有 40 个有效样本参与了方差分析。

- 可决系数（R-squared）以及修正的可决系数（Adj R-squared）在很大程度上可以说明模型整体的解释能力，本例中可决系数（R-squared）为 0.7725，修正的可决系数（Adj R-squared）为 0.5331，都在 50%以上，说明模型的解释能力还是可以的。
- Prob > F Model=0.0067，说明模型的整体是很显著的。
- Prob > F number =0.5352，说明变量 number 的效应是非常不显著的。
- Prob > F celue=0.0000，说明变量 celue 的效应是非常显著的。

也就是说，一年内的员工离职人数与支行是没有太大关系的，支行的差异对一年内的员工离职人数差异的影响程度是很不显著的。而是否实施总行人力资源部制定的留人策略却对一年内的员工离职人数有显著影响。

方差分析通常仅能确定实施总行人力资源部制定的留人策略对一年内的员工离职人数是否有显著影响，但是影响的大小和方向却难以获知，或者说，实施总行人力资源部制定的留人策略究竟是增加了还是减少了一年内的员工离职人数，这就需要用到其他的分析方法辅助验证。

通过实验原理，我们知道重复策略方差分析也是借助回归分析完成的，所以可以通过添加 regress 选项的形式使回归的结果得到展示，使变量间的关系得到更清晰的展现。在做完前述协方差分析后，输入回归分析命令语句如下：

```
regress
```

这时得到的结果如图 4.9 所示。

```
. reg

      Source |       SS           df       MS            Number of obs   =        40
-------------+------------------------------              F(20, 19)       =      3.23
       Model |   11202.7          20     560.135          Prob > F        =    0.0067
    Residual |  3298.275          19  173.593421          R-squared       =    0.7725
-------------+------------------------------              Adj R-squared   =    0.5331
       Total |  14500.975         39  371.819872          Root MSE        =    13.175


  lizhirenshu |     Coef.    Std. Err.      t    P>|t|     [95% Conf. Interval]
-------------+----------------------------------------------------------------
      number  |
          2  |      -14.5    13.17549     -1.10   0.285    -42.07661    13.07661
          3  |      -16.5    13.17549     -1.25   0.226    -44.07661    11.07661
          4  |       -3.5    13.17549     -0.27   0.793    -31.07661    24.07661
          5  |        -13    13.17549     -0.99   0.336    -40.57661    14.57661
          6  |         16    13.17549      1.21   0.239    -11.57661    43.57661
          7  |        -13    13.17549     -0.99   0.336    -40.57661    14.57661
          8  |      -10.5    13.17549     -0.80   0.435    -38.07661    17.07661
          9  |         -9    13.17549     -0.68   0.503    -36.57661    18.57661
         10  |      -20.5    13.17549     -1.56   0.136    -48.07661   7.076608
         11  |       -4.5    13.17549     -0.34   0.736    -32.07661    23.07661
         12  |         -7    13.17549     -0.53   0.601    -34.57661    20.57661
         13  |         -6    13.17549     -0.46   0.654    -33.57661    21.57661
         14  |         -1    13.17549     -0.08   0.940    -28.57661    26.57661
         15  |       -5.5    13.17549     -0.42   0.681    -33.07661    22.07661
         16  |        -25    13.17549     -1.90   0.073    -52.57661   2.576608
         17  |        3.5    13.17549      0.27   0.793    -24.07661    31.07661
         18  |        -11    13.17549     -0.83   0.414    -38.57661    16.57661
         19  |        -13    13.17549     -0.99   0.336    -40.57661    14.57661
         20  |      -16.5    13.17549     -1.25   0.226    -44.07661    11.07661
             |
     2.celue |      28.35    4.166454      6.80   0.000     19.62951    37.07049
       _cons |     65.325    9.546546      6.84   0.000     45.34385    85.30615
```

图 4.9　重复策略方差分析回归分析结果

从图 4.9 中的重复策略方差分析回归分析结果中可以非常明显地看出，变量 number 的各个系数的显著性 P 值都是大于 0.05 的，这在很大程度上验证了前述判断："支行的差异对一年内的员工离职人数差异的影响程度是很不显著的"。观察 2.celue 的系数，可以非常明显地看出为正，且显著性 P 值为 0.000。这同样在很大程度上验证了前述判断："是否实施总行人力资源部制定的留人策略却对一年内的员工离职人数有显著影响"，而且基于 2.celue 的系数为正，可以比较有把握地认为：实施总行人力资源部制定的留人策略可以显著地增加一年内的员工离职人数，或者说，总行人力资源部制定的留人策略是失效的，不仅没有起到留人的初衷，而且还起到了显著的反作用。总行需要对现有策略进行必要的调整。

复习与习题

本章回顾

1. 单因素方差分析的原理及基本命令语句：

```
onewayresponse_varfactor_var [if] [in] [weight] [, options]
```

2. 多因素方差分析的原理及基本命令语句：

```
anova varname [term [/] [term [/] ...]] [if] [in] [weight] [, options]
```

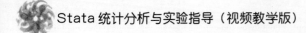

3. 协方差分析的原理及基本命令语句：

```
anova varname [term [/] [term [/] ...]] [if] [in] [weight], continuous(varlist)
[options]
```

习题

1. 利用 usaauto.dta 数据进行单因素方差分析，分析内容为美国汽车的价格 price 是否受进口还是国产的影响，即以 price 为因变量，以 foreign 为分类变量进行单因素分析，并且进行结果的解读，部分数据显示如表 4.9 所示。

表 4.9　部分数据

make	price	mpg	rep78	headroom	trunk	weight	length	…	foreign
AMC Concord	4099	22	3	2.5	11	2930	186	…	0
AMC Pacer	4749	17	3	3	11	3350	173	…	0
AMC Spirit	3799	22		3	12	2640	168	…	0
Buick Century	4816	20	3	4.5	16	3250	196	…	0
Buick Electra	7827	15	4	4	20	4080	222	…	0
Buick LeSabre	5788	18	3	4	21	3670	218	…	0
…	…	…	…	…	…	…	…	…	…

2. 利用 workdata.dta 数据进行多因素方差分析，分析内容为男性受教育水平（educ）是否受结婚（marriage）、是否有子女（child）以及二者交互项的影响，即以 educ 为因变量，以 marriage、child 和 marriage#child 为自变量进行多因素分析，并且进行结果的解读，部分数据显示如表 4.10 所示。

表 4.10　部分数据

marriage	child	wage	educ
1	1	12.45676	10
1	0		20
0	1	20.58636	12
1	1	21.30897	10
1	1	23.01045	20
1	0		12
1	1	35.09917	20
1	0	26.69695	12
1	0	27.48846	20

3. 利用第 1 题的 usaauto.dta 数据进行协方差分析，分析内容为美国汽车的价格（price）是否受进口车（foreign）、重量（weight）和长度（length）的影响，即以 price 为因变量，foreign 为分类变量，weight 和 length 为连续变量进行协方差分析，并且进行结果的解读。

第5章　Stata与假设检验

假设检验是统计分析中常用的一种重要方法。所谓假设，是指任何一个有关随机变量未知分布的统计假定。而假设检验是指对一个样本进行考察，从而决定它能否合理地被认为与假设相符的过程。假设检验的根本目的是区分系统差异和抽样误差。本章将分别介绍单个总体的假设检验和两个总体的假设检验等相关内容。

实验 5-1　单个总体的假设检验

❯ 实验基本原理

单个总体的假设检验是利用某些检验统计量对样本的均值、方差进行检验，主要分为 3 种情形。

1. 已知方差σ^2，检验假设$H_0: \mu = \mu_0$

在这种情形下，所用到的统计量如下：

$$U = \frac{\overline{X} - \mu_0}{\sigma_0 \big/ \sqrt{n}} \sim N(0,1)$$

在这个公式中，$\overline{X}$代表样本均值，μ_0代表检验均值，σ_0代表总体方差，n 代表样本数量。若$|U| > U_\alpha$，则否定原假设，否则接受原假设。

2. 未知方差σ^2，检验假设$H_0: \mu = \mu_0$

在这种情形下，所用到的统计量如下：

$$T = \frac{\overline{X} - \mu_0}{S \big/ \sqrt{n}} \sim t(n - 1)$$

在这个公式中，$\overline{X}$代表样本均值，μ_0代表检验均值，S 代表样本方差，其计算公式为$S = \sqrt{\frac{1}{n-1}\sum_{i=1}^{n}(X_i - \overline{X})^2}$。若$|T| > t_\alpha$，则否定原假设，否则接受原假设。

3. 未知期望μ，检验假设$H_0: \sigma^2 = \sigma_0^2$

在这种情形下，所用到的统计量如下：

$$\chi^2 = \frac{(n-1)S^2}{\sigma_0^2} \sim \chi^2(n-1)$$

在这个公式中，σ_0^2 代表检验方差，S 代表样本标准差，其计算公式为 $S = \sqrt{\frac{1}{n-1}\sum_{i=1}^{n}(X_i - \overline{X})^2}$。若 $\chi^2 > \chi_b^2$ 或者 $\chi^2 < \chi_a^2$，则拒绝原假设；若 $\chi_a^2 < \chi^2 < \chi_b^2$，则接受原假设。

◉ 实验目的与要求

（一）实验目的

1. 掌握单个总体均值检验和方差检验的基本原理和方法。
2. 掌握实验结果所代表的含义，并对原假设进行判别。

（二）实验要求

1. 熟练掌握单个总体均值检验和方差检验的命令语句和操作方法。
2. 理解均值检验和方差检验输出的结果，对检验的原假设做出合理的判断。

◉ 实验内容及数据来源

实验数据来源于某砖厂的生产车间对砖的抗断强度的测量，根据长期经验和观测，某砖厂砖的抗断强度服从正态分布，方差为 1.21，从中随机抽取 6 块砖的数据，完整的数据存储在本书下载资源\data\第 5 章\brick.dta 工作文件中，实验数据（数据单位：10pa）如表 5.1 所示。

表 5.1　实验数据

kdqd
32.56
29.66
31.64
30
31.87
31.03

利用此数据进行假设检验分析，分析其总体均值是否为 32.5。
利用此数据进行假设检验分析，分析其总体标准差是否为 1.1。

◉ 实验操作指导

1. 正态分布、方差已知的均值检验

对于这种情形，由于 Stata 没有提供直接的命令，因此需要用户自行构建正态分布的统计量进行检验，命令语句为：

```
quietly summarize
```

```
scalar z = (r(mean) − μ₀)/(σ/sqrt(n))
scalar crit=invnormal(1-0.05/2)
scalar p=(1-normal(abs(z)))/2
scalar list z crit p
```

第 1 个命令语句是为了求出样本的均值大小，不显示计算的结果；第 2 个命令语句是输入正态分布统计量的计算公式，目的是计算出正态分布统计量的大小；第 3 个命令语句用于求置信度为 95% 的正态分布临界值的大小；第 4 个命令语句用于求 P 值的大小；第 5 个命令语句用于列出这些统计量的计算结果，以便进行判断。

为了分析这批砖抗断强度的均值是否为 32.5，可输入如下命令：

```
quietly summarize
scalar z=(r(mean)-32.5)/(1.1/sqrt(6))
scalar crit=invnormal(1-0.05/2)
scalar p=(1-normal(abs(z)))/2
scalar list z crit p
```

实际上就是将假设均值 32.5、标准差 1.1 和样本容量 6 填入所对应的位置即可，得到如图 5.1 所示的结果。

```
. quietly summarize

. scalar z=(r(mean)-32.5)/(1.1/sqrt(6))

. scalar crit=invnormal(1-0.05/2)

. scalar p=(1-normal(abs(z)))/2

. scalar list z crit p
         z =  -3.05815
      crit =   1.959964
         p =  .00055677
```

图 5.1　正态分布方差已知检验结果

从图 5.1 中可以看到，$|z|>|crit|$，即检验值大于临界值，所以应当拒绝原假设，且 P 值为 0.00055677，这也告诉用户应该拒绝原假设，即不能认为这批砖的抗断强度为 32.5。

这种检验形式一般只在理论研究过程中存在，实际应用价值微乎其微，实际应用一般采用 t 检验形式。

2. 正态分布、方差未知的均值检验

当正态分布、方差未知时进行的均值检验应该使用 t 统计量，Stata 中有相应的命令，具体命令语句如下：

```
ttest varname== # [if] [in] [, level(#)]
```

ttest 表示进行 t 检验，"varname == #"用来设置某一变量的均值检验，if 是条件语句，in 是范围语句，level(#)用来设置置信水平。

有时 t 检验也能用到如下命令语句：

```
ttesti #obs #mean #sd #val [, level(#)]
```

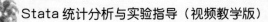

该命令语句用于在缺失样本具体数据的情况下，只通过样本的统计指标进行 t 检验。#obs 用来指明样本容量，#mean 用于指明样本均值，#sd 用于指明样本标准差，#val 用来进行检验的均值设定，level(#)则用于指明置信度。

在检验砖的抗断强度时，假设并不知道方差为 1.21，检验其均值是否为 32.5，这时就可使用命令：

```
ttestkdqd=32.5
```

将得到如图 5.2 所示的检验结果，可以看到结果表格中显示了样本的特性，主要包括样本容量、样本均值、标准误差、标准差、置信区间。表格下面是进行 t 检验的内容，其中最重要的是 "Ha: mean != 32.5" 部分，不难发现检验得到的 P 值为 0.0302，所以应当拒绝原假设，即不能认为这批砖的平均抗断强度为 32.5。

```
. ttest kdqd=32.5

One-sample t test

Variable |     Obs        Mean    Std. Err.   Std. Dev.   [95% Conf. Interval]

    kdqd |       6    31.12667    .4582699    1.122527    29.94865    32.30469

          mean = mean(kdqd)                                    t =  -2.9968
Ho: mean = 32.5                               degrees of freedom =        5

  Ha: mean < 32.5               Ha: mean != 32.5               Ha: mean > 32.5
Pr(T < t) = 0.0151       Pr(|T| > |t|) = 0.0302        Pr(T > t) = 0.9849
```

图 5.2   正态分布方差未知标准检验结果

假如并不知道这些样本的具体数值，而只知道以下信息：有 6 个样本，样本均值为 31.13，样本标准差为 1.12，依据这些信息检验总体均值是否为 32.5。这时就需要使用 ttesti 命令，可使用如下命令语句：

```
ttesti 6 31.13 1.12 32.5
```

ttesti 之后依次输入的是代表样本容量、样本均值、样本标准差、待检验均值的数字 6、31.13、1.12、32.5，这时将会得到如图 5.3 所示的结果图。根据这个结果，我们也可以拒绝原假设。

```
. ttesti 6 31.13 1.12 32.5

One-sample t test

         |     Obs        Mean    Std. Err.   Std. Dev.   [95% Conf. Interval]

       x |       6       31.13    .4572381        1.12    29.95463    32.30537

          mean = mean(x)                                    t =  -2.9963
Ho: mean = 32.5                           degrees of freedom =        5

  Ha: mean < 32.5           Ha: mean != 32.5           Ha: mean > 32.5
Pr(T < t) = 0.0151   Pr(|T| > |t|) = 0.0302    Pr(T > t) = 0.9849
```

图 5.3   检验结果

3. 期望未知、检验方差

方差检验一般只提供实验原理中所述的第 3 种情况的检验，并且方差检验所要检验的实际值为标准差而不是方差，使用命令语句为：

```
sdtest varname == # [if] [in] [, level(#)]
```

sdtest 表示进行标准差检验，"varname == #"是将所要检验的变量的标准差数值填入，if 是条件语句，in 是范围语句，level(#)用来设置置信水平。

如果不知道样本的具体数值，只有相关统计量，那么也可以进行标准差的检验，所使用的命令语句如下：

```
sdtesti #obs {#mean | . } #sd #val [, level(#)]
```

#obs 代表样本容量，"#mean | ."代表样本均值，若样本均值未知以"."代替，则#sd 代表样本标准差，#val 代表将要检验的标准差，level(#)代表置信度。

若要根据样本数据检验总体标准差是否为 1.1，则可使用如下命令语句：

```
sdtestkdqd=1.1
```

执行命令后，将得到如图 5.4 所示的结果。标准差检验的结果图与均值检验的结果图结构基本一致，从检验结果可以看到原假设"sd != 1.1"的检验 P 值为 0.7823，即不能拒绝原假设，可以认为总体的标准差为 1.1。

```
. sdtest kdqd=1.1

One-sample test of variance

Variable      Obs        Mean      Std. Err.    Std. Dev.    [95% Conf. Interval]

    kdqd        6     31.12667    .4582699     1.122527     29.94865     32.30469

     sd = sd(kdqd)                                      c = chi2 =     5.2069
Ho: sd = 1.1                                   degrees of freedom =         5

    Ha: sd < 1.1                   Ha: sd != 1.1                  Ha: sd > 1.1
 Pr(C < c) = 0.6088          2*Pr(C > c) = 0.7823           Pr(C > c) = 0.3912
```

图 5.4　期望未知方差标准检验结果

如果在检验中并没有 brick.dta 数据库，只知道样本的容量为 6，样本均值为 31.13，样本标准差为 1.12，以这些样本特征值来检验总体方差为 1.1，那么可使用如下的命令语句：

```
sdtesti 6 31.13 1.12 1.1
```

得到如图 5.5 所示的结果图。根据这个图形，我们也可以接受原假设。

```
. sdtesti 6 31.13 1.12 1.1

One-sample test of variance

             Obs        Mean      Std. Err.    Std. Dev.    [95% Conf. Interval]

      x        6       31.13     .4572381        1.12     29.95463     32.30537

     sd = sd(x)                                        c = chi2 =     5.1835
Ho: sd = 1.1                                   degrees of freedom =         5

    Ha: sd < 1.1                   Ha: sd != 1.1                  Ha: sd > 1.1
 Pr(C < c) = 0.6061          2*Pr(C > c) = 0.7878           Pr(C > c) = 0.3939
```

图 5.5　期望未知方差特征值检验结果

实验 5-2　两个总体的假设检验

⊙ 实验基本原理

在实际的研究工作中，有时会用到两个正态总体的假设检验，两个正态总体的假设检验通常有以下两种情形。

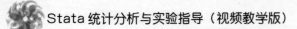
1. 未知μ_1和μ_2，检验假设$H_0: \sigma_1^2 = \sigma_2^2$

在进行这个检验时，所使用的统计量为：

$$F = \frac{S_1^2 \Big/ (n-1)}{S_2^2 \Big/ (m-1)} \sim F(n-1, m-1)$$

在这个公式中，S_1 和 S_2 分别是两个总体样本的标准差，n 和 m 分别是两个样本的容量。若 $F > F_\alpha$，则否定原假设，否则接受原假设。

2. 未知σ_1^2和σ_2^2，但知道$\sigma_1^2 = \sigma_2^2$，检验假设$H_0: \mu_1 = \mu_2$

在进行这个检验时，所使用的统计量为：

$$T = \frac{\overline{X_1} - \overline{X_2} - (\mu_1 - \mu_2)}{\sqrt{\frac{(n-1)S_1^2 + (m-1)S_2^2}{n+m-2}\left(\frac{1}{n} + \frac{1}{m}\right)}} \sim t(n+m-2)$$

在这个公式中，S_1 和 S_2 分别是两个总体样本的标准差，n 和 m 是两个样本的容量，$\overline{X_1}$和$\overline{X_2}$是两个样本的均值，μ_1和μ_2是两个样本的总体均值。若$|T| > t_\alpha$，则否定原假设，否则接受原假设。

⊙ 实验目的与要求

（一）实验目的

1. 掌握两个总体均值检验和方差检验的基本原理和方法。
2. 掌握实验结果所代表的含义，并对原假设进行判别。

（二）实验要求

1. 熟练掌握两个总体均值检验和方差检验的命令语句和操作方法。
2. 理解均值检验和方差检验的输出结果，对检验的原假设做出合理的判断。

⊙ 实验内容及数据来源

实验数据来源于某学校对两个班的某次英语成绩的记录，其中 score1 代表一班的英语成绩，score2 代表二班的英语成绩（数据单位：分）。完整的数据存储在本书下载资源\data\第 5 章\english.dta 工作文件中，部分成绩数据如表 5.2 所示。

表 5.2　部分成绩数据

score1	score2
46	53
57	62
62	63

（续表）

score1	score2
63	64
64	66
…	…

利用 english 数据进行两个正态总体的方差和均值检验，检验两个班英语成绩的方差和均值是否相等。

⊙ 实验操作指导

1. 两个正态总体的方差检验

两个正态总体的方差检验的命令与单个正态总体的方差检验较为相似，同样使用 sdtest 命令，具体格式有以下 3 种。

● 两个样本方差检验：

```
sdtest varname1 == varname2 [if] [in] [, level(#)]
```

● 两组样本方差检验：

```
sdtest varname [if] [in] , by(groupvar) [level(#)]
```

● 仅利用样本特征值进行方差检验：

```
sdtesti #obs1 {#mean1 | . } #sd1 #obs2 {#mean2 | . } #sd2 [, level(#)]
```

这些命令的具体参数含义与单个正态总体的基本一致，这里不再赘述。

利用 english.dta 数据库中的数据来分析两个班的英语成绩方差是否相等，可使用如下命令：

```
sdtest score1==score2
```

执行这一命令，可得到如图 5.6 所示的结果。这个图中的表格展示了数据的情况，包括两个变量及其总体的样本容量、均值、标准误、标准差、置信区间的信息。在表格的下方展示了方差检验的结果，从中不难看出，检验的 P 值为 0.3362，不能拒绝原假设，即认为两个班英语成绩的方差相等。

```
. sdtest score1==score2

Variance ratio test

Variable |     Obs        Mean    Std. Err.   Std. Dev.   [95% Conf. Interval]
---------+--------------------------------------------------------------------
  score1 |      40      79.375    1.807281    11.43025    75.71943    83.03057
  score2 |      40      78.025    1.547325    9.786143    74.89524    81.15476
---------+--------------------------------------------------------------------
combined |      80        78.7    1.184472    10.59424    76.34237    81.05763
------------------------------------------------------------------------------
    ratio = sd(score1) / sd(score2)                           f =     1.3642
Ho: ratio = 1                                 degrees of freedom =     39, 39

    Ha: ratio < 1                  Ha: ratio != 1                 Ha: ratio > 1
 Pr(F < f) = 0.8319        2*Pr(F > f) = 0.3362          Pr(F > f) = 0.1681
```

图 5.6　两个正态总体方差检验结果

2. 两个正态总体的均值检验

同样，两个正态总体的均值检验也是使用 ttest 命令，具体格式有以下 4 种。

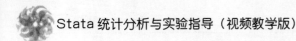

- 非配对样本的均值检验：

```
ttest varname1 == varname2 [if] [in], unpaired [unequal welch level(#)]
```

- 配对样本的均值检验：

```
ttest varname1 == varname2 [if] [in] [, level(#)]
```

- 分组的均值检验：

```
ttest varname [if] [in] , by(groupvar) [options]
```

- 仅利用样本特征值进行均值检验：

```
ttesti #obs1 #mean1 #sd1 #obs2 #mean2 #sd2 [, options]
```

需要解释的有两点：一，配对样本数据是指对同一部分样本进行追踪调查所取得的数据；二，其中 options 选项的具体说明参见表 5.3。

表 5.3　options 选项说明

选项	含义
unequal	非配对数据具有不同方差
welch	使用 Welch 近似法
level(#)	设定置信水平

利用 english.dta 数据库中的数据分析两个班的英语成绩均值是否相等，可使用如下命令：

```
ttest score1==score2, unpaired
```

因为是两个班的英语成绩，并不是对一个班英语成绩的追踪记录，所以是非配对数据，应当使用 unpaired 选项，执行的结果如图 5.7 所示。这个图中的表格展示了数据的情况，包括两个变量、二者总体和二者之差的样本容量、均值、标准误、标准差、置信区间的信息。在表格的下方展示了均值检验的结果，从中不难看出，检验的 P 值为 0.5721，不能拒绝原假设，即认为两个班的英语成绩均值相等。

```
. ttest score1==score2, unpaired

Two-sample t test with equal variances

Variable |    Obs       Mean    Std. Err.   Std. Dev.   [95% Conf. Interval]
---------+---------------------------------------------------------------
  score1 |     40     79.375    1.807281    11.43025    75.71943   83.03057
  score2 |     40     78.025    1.547325    9.786143    74.89524   81.15476
---------+---------------------------------------------------------------
combined |     80       78.7    1.184472    10.59424    76.34237   81.05763
---------+---------------------------------------------------------------
    diff |              1.35    2.379176               -3.386577   6.086577
---------+---------------------------------------------------------------
    diff = mean(score1) - mean(score2)                      t =   0.5674
Ho: diff = 0                             degrees of freedom =       78

    Ha: diff < 0              Ha: diff != 0              Ha: diff > 0
Pr(T < t) = 0.7140      Pr(|T| > |t|) = 0.5721      Pr(T > t) = 0.2860
```

图 5.7　两个正态总体均值检验结果

复习与习题

本章回顾

1. 单个总体假设检验的基本原理。

2. 单个总体均值检验的基本命令语句：

```
ttest varname == # [if] [in] [, level(#)]
ttesti #obs #mean #sd #val [, level(#)]
```

3. 单个总体方差检验的基本命令语句：

```
sdtest varname == # [if] [in] [, level(#)]
sdtesti #obs {#mean | . } #sd #val [, level(#)]
```

4. 两个总体假设检验的基本原理。

5. 两个总体方差检验的基本命令语句：

```
sdtest varname1 == varname2 [if] [in] [, level(#)]
sdtestvarname [if] [in] , by(groupvar) [level(#)]
sdtesti #obs1 {#mean1 | . } #sd1 #obs2 {#mean2 | . } #sd2 [, level(#)]
```

6. 两个总体均值检验的基本命令语句：

```
ttest varname1 == varname2 [if] [in], unpaired [unequal welch level(#)]
ttest varname1 == varname2 [if] [in] [, level(#)]
ttesti #obs1 #mean1 #sd1 #obs2 #mean2 #sd2 [, options]
ttest varname [if] [in] , by(groupvar) [options]
```

习题

1. 利用 usaauto.dta 数据库中的数据检验变量 price 的均值是否为 6300，部分数据显示如表 5.4 所示。

表 5.4　部分数据

make	price	mpg	rep78	headroom	trunk	weight	length	…	foreign
AMC Concord	4099	22	3	2.5	11	2930	186	…	0
AMC Pacer	4749	17	3	3	11	3350	173	…	0
AMC Spirit	3799	22		3	12	2640	168	…	0
Buick Century	4816	20	3	4.5	16	3250	196	…	0
Buick Electra	7827	15	4	4	20	4080	222	…	0
Buick LeSabre	5788	18	3	4	21	3670	218	…	0
…	…	…	…	…	…	…	…	…	…

2. 利用 usaauto.dta 数据库中的数据检验变量 price 的标准差是否为 4000，部分数据如第 1 题所示。

3. 利用 usaauto.dta 数据库中的数据检验进口车与国产车价格的方差是否相等，部分数据如第 1 题所示（提示：进行分类变量为 foreign 的两个总体方差的检验）。

4. 利用 usaauto.dta 数据库中的数据检验进口车与国产车价格的均值是否相等，部分数据如第 1 题所示（提示：进行分类变量为 foreign 的两个总体均值的检验）。

第6章 基本回归分析

回归分析是计量经济学分析中最基础、最核心的方法之一，为经济学的实证研究提供了重要手段。普通最小二乘估计方法（Ordinary Least Square，OLS）是单一方程线性回归模型最常用、最基本的估计方法。然而由于其假设过于严格，在现实经济生活中通常不能得到满足，因此经济计量学家又发展出了大样本理论以弥补小样本理论的不足。随着科技的发展，计量学家还研究了约束回归和非线性最小二乘的相关理论。本章将会首先介绍小样本 OLS、大样本 OLS 的原理及操作方法，然后介绍约束回归和非线性最小二乘的相关内容。

实验 6-1 小样本的普通最小二乘分析

⊙ 实验基本原理

小样本的 OLS 估计是建立在如下线性回归模型的基础上的：

$$\mathbf{y} = \mathbf{X}\boldsymbol{\beta} + \boldsymbol{\varepsilon}$$

其中，$\mathbf{y} = \begin{pmatrix} y_1 \\ \vdots \\ y_n \end{pmatrix}$，代表被解释变量；$\mathbf{X} = \begin{pmatrix} x_{11} & \cdots & x_{1K} \\ \vdots & \ddots & \vdots \\ x_{n1} & \cdots & x_{nK} \end{pmatrix}$，代表解释变量，这个数据矩阵表示

共有 n 个观测值，K 个解释变量；$\boldsymbol{\beta} = \begin{pmatrix} \beta_1 \\ \vdots \\ \beta_K \end{pmatrix}$，代表待估计的参数，是每个解释变量的边际效应；

$\boldsymbol{\varepsilon} = \begin{pmatrix} \varepsilon_1 \\ \vdots \\ \varepsilon_n \end{pmatrix}$，代表扰动项。

与此同时，小样本的 OLS 估计必须满足以下几个基本假设，主要包括线性假定、严格外生性假定、无多重共线性假定、球型扰动项假定等。

- 线性假定：被解释变量可表示为解释变量的线性函数。
- 严格外生性假定：$E(\varepsilon_i | \mathbf{X}) = 0$。
- 无多重共线性假定：数据矩阵 $\mathbf{X}$ 满列秩。
- 球型扰动项假定：$Var(\boldsymbol{\varepsilon} | \mathbf{X}) = \sigma^2 \mathbf{I}_n$，即扰动项满足同方差、无自相关假定。

OLS 的基本思想是通过让残差 e 的平方和最小，从而使得模型的估计成为可能。具体到这个

模型，就是使得 $\min \sum_{i=1}^{n} e_i^2 = \mathbf{e}'\mathbf{e}$ 成立，从而得到最小化的一阶条件，进而推导出最小二乘估计量的估计式如下：

$$\mathbf{b} = (\mathbf{X}'\mathbf{X})^{-1}\mathbf{X}'\mathbf{y}$$

$\mathbf{b}$ 是 $\boldsymbol{\beta}$ 估计量，是根据样本数据推测的 $\boldsymbol{\beta}$ 的值，最小二乘估计量 $\mathbf{b}$ 满足如下几条性质：

- 线性：OLS 估计量 $\mathbf{b}$ 是 $\mathbf{y}$ 的线性组合。
- 无偏性：OLS 估计量 $\mathbf{b}$ 是 $\boldsymbol{\beta}$ 的一致估计。
- 最小方差性：在所有线性无偏估计量中，OLS 估计量 $\mathbf{b}$ 的方差 $\mathrm{Var}(\mathbf{b}|\mathbf{X}) = \sigma^2(\mathbf{X}'\mathbf{X})^{-1}$ 最小。

实验目的与要求

（一）实验目的

1. 了解 OLS 方法的原理及其在实际数据分析中的应用。
2. 熟悉 Stata 中有关线性回归、检验、预测、画图等功能的命令语句，并用其进行简单的相关性分析。

（二）实验要求

1. 能够熟练使用 regress 命令进行一元或多元回归分析，并熟知各项回归结果所代表的含义。
2. 能够熟练使用 test 命令进行各项检验，并熟知检验结果的含义。
3. 能够熟练使用 predict 命令进行各种预测，并熟知预测结果的含义。
4. 能够熟练绘制散点图、拟合图、残差图等各种回归过程中的常用图形。

实验内容及数据来源

根据统计资料得到了美国汽车产业的横截面数据（1978 年），变量主要包括：price=汽车的价格（单位：美元），mpg=每加仑油所行驶的英里数（单位：英里/加仑），weight=汽车的重量（单位：磅），foreign 表示是否为进口车，如果 foreign=0 就代表是国产车，如果 foreign=1 就代表是进口车。完整的数据在本书下载资源\data\第 6 章\usaauto.dta 中，部分数据显示如表 6.1 所示。

表 6.1　部分数据

make	price	mpg	rep78	headroom	trunk	weight	length	...	foreign
AMC Concord	4099	22	3	2.5	11	2930	186	...	0
AMCPacer	4749	17	3	3	11	3350	173	...	0
AMC Spirit	3799	22		3	12	2640	168	...	0
Buick Century	4816	20	3	4.5	16	3250	196	...	0
Buick Electra	7827	15	4	4	20	4080	222	...	0
Buick LeSabre	5788	18	3	4	21	3670	218	...	0
...	...	...	...	...	...	...	...	...	...

利用 usaauto 数据对某市汽车价格的影响因素进行计量分析，分析 mpg、weight 和 foreign 对价

格的边际影响，包括进行 OLS 的估计、检验、预测和绘制图形等相关内容。本章主要是通过简单的例子介绍回归分析的操作方法，暂且不考察建立的经济模型是否具有准确的经济意义。

⊚ 实验操作指导

1. 打开数据文件，观测数据特征

（1）要进行各种对原始数据的操作，首先必须正确打开数据文件，在 Stata 中打开数据文件的方法有多种，其中较为常用的方法是通过命令直接打开或者使用菜单操作打开。我们在此使用命令方式，在命令窗口中输入如下命令：

```
sysuse usaauto,clear(无论数据文件是否在 Stata 默认的 data 文件夹中，都可用 sysuse 命令打开)
```

然后按回车键即可，这时数据文件已经调入 Stata 的内存中，可随时调用进行分析。

（2）在进行回归分析之前，可以先关注一下原始数据及其统计特征。在命令窗口中输入如下命令：

```
edit
```

Stata 就会显示出如图 6.1 所示的数据列表，用户可以看到 make、price、mpg 等变量的具体信息，这些是原始数据的信息，没有经过任何修改或处理。

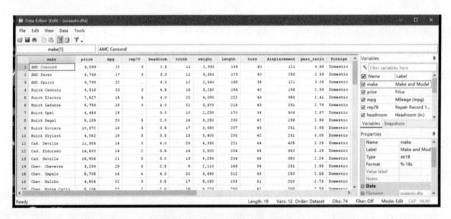

图 6.1 edit 命令显示结果

如果想得到数据的统计特征，就需要在命令窗口中输入如下命令：

```
describe
```

Stata 就会显示出如图 6.2 所示的原始数据统计特征，可以供用户进行初步的统计分析。

这个结果中显示了原始数据的基本情况，如样本个数 obs 为 74，变量个数 vars 为 12，并且显示了变量的名称、存储类型等相关情况。

```
. describe

Contains data from F:\stata配书文件\data\第6章\usaauto.dta
  obs:            74                          1978 Automobile Data
  vars:           12                          13 Apr 2007 17:45
  size:        3,182                          (_dta has notes)

              storage   display    value
variable name type      format     label    variable label

make          str18     %-18s               Make and Model
price         int       %8.0gc              Price
mpg           int       %8.0g               Mileage (mpg)
rep78         int       %8.0g               Repair Record 1978
headroom      float     %6.1f               Headroom (in.)
trunk         int       %8.0g               Trunk space (cu. ft.)
weight        int       %8.0gc              Weight (lbs.)
length        int       %8.0g               Length (in.)
turn          int       %8.0g               Turn Circle (ft.)
displacement  int       %8.0g               Displacement (cu. in.)
gear_ratio    float     %6.2f               Gear Ratio
foreign       byte      %8.0g      origin   Car type

Sorted by: foreign
```

图 6.2 describe 命令显示结果

2. 利用最小二乘法进行模型的估计

在本实验中，目的是建立一个多元回归模型，探索一下美国的汽车价格是由哪些影响因素决定的，所以方程的具体形式暂且设置如下：

$$price = \beta_0 + \beta_1 mpg + \beta_2 weight + \beta_3 foreign$$

对模型进行回归的命令基本格式如下：

```
regress depvar [indepvar] [if] [in] [weight] [,options]
```

其中，depvar 代表被解释变量（或称因变量）的名称，indepvar 代表解释变量（或称自变量）的名称，if 代表条件语句，in 代表范围语句，weight 代表权重语句，options 代表其他可选项。

表 6.2 的内容显示了 options 可选择的其他选项的具体内容及其说明。

表 6.2 回归中 options 的内容表

选项	含义
noconstant	模型不包含常数项
hascons	用户自定义常数项
level(#)	设置置信区间，默认值为 95%
beta	标准化系数
vce(type)	设置估计量的标准差，常用的主要有 ols、robust、bootstrap、hc2 等

若想得到 OLS 的回归结果，则只需根据本实验的模型在命令窗口中输入如下命令：

```
regress price mpg weight foreign
```

表示以 price 作为因变量，mpg、weight、foreign 作为自变量建立线性回归模型，运用 OLS 方法进行回归分析。于是，我们就得到了如图 6.3 所示的回归结果。这个结果是回归分析中常见的显示形式，包含回归分析最重要的结果。

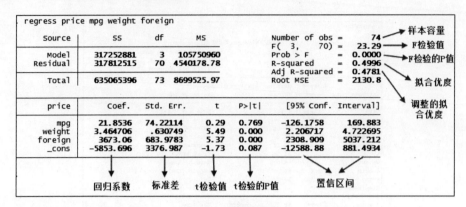

图 6.3　回归结果图

因此，我们得到了多元回归方程：

$$price = -5853.70 + 21.85mpg + 3.46weight + 3673.06foreign$$

具体的回归结果解释如下（主要从回归方程的整体情况和每个系数的具体情况两方面进行介绍）。

（1）回归方程的整体情况

以上的数据指标体现了对于回归方程整体情况的描述：其中"Number of obs=74"表示样本容量的大小为 74 个；"F(3,70)=23.29"表示 F 统计量的值为 23.29，自由度为 3 和 70；"Prob>F"表示 F 统计量大于临界值的概率；"R-squared"表示 R^2 值的大小，说明 3 个变量解释了价格差异的 49.96%；"Adj R-squared"表示 $\overline{R}^2$ 值的大小，它在一定程度上避免了 R^2 的缺陷，能为研究提供更为有用的信息。

因此，可以看出，本例题中的模型通过了 F 检验，但是拟合优度这一指标并不是太高。我们这个实验的目的只是为了给大家展示如何应用 Stata 进行 OLS 设计，并不具有十分重要的现实意义和经济意义。

（2）回归系数的具体情况

如图 6.3 所示的标注内容：Coef.表示回归系数的值具体为多少；Std. Err.表示该回归系数的标准差是多少，主要用来进行 t 检验；t 表示 t 检验的值为多少；P>|t|表示原假设（回归系数为 0）成立的情况下，小概率事件发生的可能性是多少，在 0.05 的显著性水平下，P 值小于 0.05 表示通过了显著性检验。

因此，可以看出，本例题模型中 weight 和 foreign 的系数都通过了 t 检验，但是 mpg 的系数和常数项都没有通过 t 检验。

3. 模型的检验

基本回归分析之后，还要对模型的整体和系数进行检验，以求证其是否符合经济理论或现实情况的要求。用户可以发现刚才的回归结果中已经给出了基本的 F 检验和 t 检验的结果。下面将介绍其他检验的相关命令，这些检验均为 Wald 检验。

（1）线性检验

线性检验的基本格式如下：

```
test (spec) [(spec) …] [, test_options]
```

其中，(spec)表示线性检验的形式，主要包括以下 5 种：

● 第 1 种检验所设定的系数都为 0，命令形式如下：

```
test coeflist
```

● 第 2 种检验所设定的系数表达式都为 0，命令形式如下：

```
test exp=exp[=…]
```

● 第 3 种检验方程 eqno 中的变量 varlist 的系数都为 0，命令形式如下：

```
test [eqno] [: varlist]
```

● 第 4 种检验不同方程中变量 varlist 的系数相同，命令形式如下：

```
test [eqno=eqno[=…]] [: varlist]
```

● 第 5 种检验方程 eqno 中的变量 varlist 系数相同，命令形式如下：

```
test parmvarlist [, equal equation(eqno)]
```

（2）非线性检验

如果检验为非线性检验，就需要将命令的基本格式调整如下：

```
test nlexp=exp[=exp...] [, options]
```

其中，exp=exp[=exp...]表示系数之间的非线性关系式。

在本实验中，为检验 weight、foreign 的系数是否同时显著不为零，输入如下命令：

```
test weight foreign（也可以输入 test (weight=0) (foreign=0)命令，效果相同）
```

在 Stata 中，多个系数的联合检验所使用的统计量为 F 统计量，结果如图 6.4 所示。

图 6.4　检验结果图

实验原假设为 weight=foreign=0，而实际的检验结果是小概率事件发生的可能性为 0，所以拒绝原假设，weight 和 foreign 的系数均显著不为零。

4. 模型的预测

经济计量模型设定的最终目的是使其能够对社会经济生活有一定的预测功能，所以一个模型在估计和检验之后，就可以用其进行预测了。

线性预测的基本命令格式如下：

```
predict [type] newvar [if] [in] [, options]
```

其中，newvar 代表将要进行预测的变量；if 代表条件语句；in 代表范围语句；options 代表其他可选项，在预测中起重要作用。表 6.3 显示了 options 的选项及其含义。

表 6.3　预测中 options 的内容

选项	含义
xb	线性预测拟合值
residual 或者 score	残差
rstandard	标准化的残差
rstudent	学生化的残差
stdp	样本内预测标准差
stdf	样本外预测标准差
stdr	残差的标准差
cooksd	Cook 的 D 影响统计量
covratio	COVRATIO 影响统计量
dfits	DFITS 影响统计量
welsch	Welsch 距离
dfbeta(varname)	变量 varname 的 DFBETA

利用本实验的数据，若要得到线性预测拟合值，则可输入如下命令：

```
predict yhat, xb
```

生成的变量名称为 yhat。

若要得到残差序列的预测值，则需要输入如下命令：

```
predict e, residual
```

表示对残差值进行预测，生成的变量名称为 e。

但是这时预测值并不直接显示在命令结果窗口中，需要再次输入 edit 或 list 命令才能显示出预测值。如图 6.5 所示为使用 list 命令显示的部分因变量预测值结果。在未进行预测之前，list 命令只显示原始数据的信息，在执行 predict 命令之后，用户不难发现在每个观测值信息的最后出现了新变量 yhat，这个变量就显示了因变量预测值的信息。

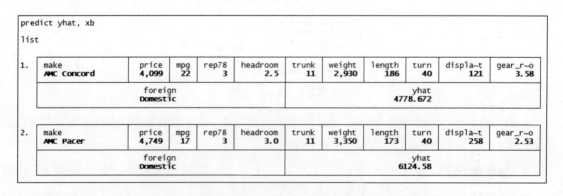

图 6.5　使用 list 命令显示的部分因变量预测结果

5. 基本回归图形的绘制

在回归分析中，图形是一种十分重要的分析工具，其不仅具有直观的视觉优势，且能包含巨大的信息量。基本的制图命令在前面的章节中已经介绍过了，这里不再赘述，且多元线性回归大部分为超平面图形，不宜用散点图和回归线表示，所以这里仅仅介绍简单的残差图形的画法。

残差对预测值标绘图提供了较为有用的诊断工具，在回归分析之后，在命令窗口中输入如下命令语句，我们就可以画出如图 6.6 所示的残差对预测值的标绘图。

```
rvfplot, yline(0)
```

在这个命令中，rvfplot 表示自动生成残差 e 和因变量预测值 yhat 的散点图，并标识出纵轴值为零的直线。

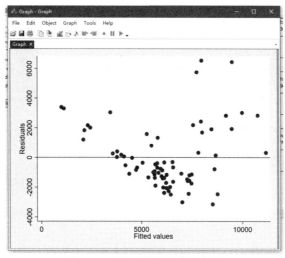

图 6.6　残差对预测值的标绘图

当然，图 6.6 也可以通过更为基本的 graph 命令得到，命令如下：

```
graph twoway scatter e yhat, yline(0)
```

这个命令还能绘制一个两轴的散点图：一个轴是残差预测值 e；另一个轴是因变量预测值 yhat。同时，还要标出纵轴值为零的直线。

图 6.6 显示了模型的预测值和实际值的分布模式，一开始残差为正值，说明预测值大于实际值；接下来残差变成负值，说明预测值小于实际值；最后残差又变成正值，说明预测值再次大于实际值。这表示模型并不是最优的，在后面的章节中还会继续介绍优化模型的方法。

实验 6-2　大样本的普通最小二乘分析

⊙ 实验基本原理

相对小样本 OLS，大样本 OLS 放宽了假定，适用性更强。具体而言，其假定如下：

（1）线性

$$y_i = x_i'\beta + \varepsilon_i \quad (i = 1, ..., n)$$

（2）遍历平稳过程（Ergodic Stationary）

$$y_i = x_i'\beta + \varepsilon_i \quad (i = 1, ..., n)$$

$\{y_i, x_i\}$ 为联合平稳的遍历过程。遍历性意味着，当两个随机变量相距足够远时，可近似认为它们相互独立。平稳性意味着随机变量的联合分布仅与下标间的距离有关，与其绝对位置无关，例如 $\lim_{n \to \infty} E(x_i x_{i+n}) = E(x_i)E(x_{i+n})$。平稳性要求随机变量的联合分布仅依赖于下标间的距离，而不依赖其绝对位置。与在小样本情况下要求变量独立同分布相比，这个假定要弱得多。

（3）前定解释变量

要求解释变量与扰动项同期不相关。和小样本 OLS 情况下严格外生性的假定相比，这个假定要弱得多。

（4）秩条件

$E(x_i x_i')$ 为非奇异矩阵。

（5）g_i 为鞅差分序列，且具有有限二阶矩

这里，$g_i \equiv x_i \varepsilon_i$。$g_i$ 为鞅差分序列，意味着 $E(g_i | g_{i-1}, \dots, g_1) = 0$。

在大样本下，我们只需要考察统计量的渐近分布即可。相比小样本情况下要探讨变量的精确分布要容易很多。在实际应用大样本理论时，样本容量通常至少为 30。$E(x_{ik}\varepsilon_i)=0, \forall i, k$，且其协方差矩阵非奇异 $g_i \equiv x_i \varepsilon_i = \begin{pmatrix} x_{i1} \\ \dots \\ x_{in} \end{pmatrix} \varepsilon_i$，$g_i$ 为鞅差分序列意味着 $E(g_i | g_{i-1}, \dots, g_1) = 0$。

可以证明，在大样本理论下，OLS 估计量 b 服从渐近正态分布，是真实参数的一致估计量，且其方差的一致估计量也可求出。

▶ 实验目的与要求

（一）实验目的

了解大样本 OLS 方法的原理及其在实际数据分析中的应用。

（二）实验要求

1. 能够熟练使用大样本理论进行一元或多元回归分析，能够进行模型的检验、预测和绘制相关图形，并熟知各项结果所代表的含义。

2. 了解大样本理论与小样本理论的区别。

▶ 实验内容及数据来源

本书下载资源\data\第 6 章\scaleffect.dta 工作文件给出了 104 家造纸企业的总成本（tc）、产量（q）、工资率（pl）、土地租金价格（pr）及资本借贷价格（pk）的数据。变量名前面加 ln 表示取自然对数以后的数值。有了这些数据，我们可以检验造纸业是否存在规模经济，部分数据显示如表6.4 所示。

表 6.4　部分数据

tc	q	pl	pr	pk	lntc	lnq	lnpl	lnpr	lnpk
2.344	333	2.2	29.1	157	.8518589	5.808143	.7884574	3.370738	5.056246
2.382	338	1.9	24.6	163	.8679405	5.823046	.6418539	3.202746	5.09375
2.657	353	2.2	29.1	143	.9771977	5.866468	.7884574	3.370738	4.962845
1.705	353	2.1	10.7	167	.5335652	5.866468	.7419373	2.370244	5.117994
3.23	416	1.5	26.2	217	1.172482	6.030685	.4054651	3.265759	5.379897
…	…	…	…	…	…	…	…	…	…

利用 scaleffect 的数据，我们分别用大样本理论和小样本理论进行回归分析，以比较二者的不同，从而更加深刻地理解这两个理论。

⊙ 实验操作指导

1. 模型的建立

我们假设第 i 个企业的生产函数遵循最为常用的 Cobb-Douglas（柯布-道格拉斯）形式，Cobb-Douglas 生产函数的基本形式如下：

$$Q_i = A_i L_i^{\alpha_1} K_i^{\alpha_2} F_i^{\alpha_3}$$

假设企业追求成本最小化，可以证明其成本函数也为 Cobb-Douglas 形式，具体证明过程较为复杂，暂不列出。方程如下：

$$tc_i = \delta_i q_i^{\frac{1}{r}} (pl)_i^{\frac{\alpha_1}{r}} (pk)_i^{\frac{\alpha_2}{r}} (pr)_i^{\frac{\alpha_3}{r}}$$

对两边同时取对数可得如下方程：

$$\log tc_i = \beta_1 + \frac{1}{r} \log q_i + \frac{\alpha_1}{r} \log(pl)_i + \frac{\alpha_2}{r} \log(pk)_i + \frac{\alpha_3}{r} \log(pr)_i + \varepsilon_i$$

为了简单起见，我们将回归模型的方程设定为如下简化形式：

$$lntc = \beta_1 + \beta_2 lnq + \beta_3 lnpl + \beta_4 lnpk + \beta_5 lnpr + \varepsilon$$

2. 使用小样本理论进行回归

首先，我们假设数据符合小样本理论的严格假设，所以直接运用小样本理论进行回归。使用 use 命令打开数据，在命令窗口中输入如下回归命令：

```
regress lntc lnq lnpl lnpk lnpr
```

即以 lntc 作为因变量，以 lnq、lnpl、lnpk、lnpr 作为自变量建立线性回归模型。之后，我们就可以得到如图 6.7 所示的小样本理论下的回归结果了。根据回归结果得到模型方程为：

$$lntc = -4.18 + 0.93lnq + 0.11lnpl - 0.39lnpk + 0.49lnpr$$

这个模型的拟合优度较高，为 0.9681，但是 lnpl 的系数并没有通过置信度为 10% 的 t 检验。

```
. regress lntc lnq lnpl lnpk lnpr

      Source |       SS       df       MS              Number of obs =     104
-------------+------------------------------           F(  4,    99) =  750.71
       Model | 80.1610925      4  20.0402731           Prob > F      =  0.0000
    Residual | 2.64282321     99  .026695184           R-squared     =  0.9681
-------------+------------------------------           Adj R-squared =  0.9668
       Total | 82.8039157    103  .803921512           Root MSE      =  .16339

------------------------------------------------------------------------------
        lntc |      Coef.   Std. Err.      t    P>|t|     [95% Conf. Interval]
-------------+----------------------------------------------------------------
         lnq |   .9263512   .0173745    53.32   0.000     .8918765    .960826
        lnpl |   .1077758   .1468957     0.73   0.465    -.1836972   .3992488
        lnpk |  -.3908628   .1748848    -2.23   0.028    -.7378722  -.0438535
        lnpr |   .4910962    .049462     9.93   0.000     .3929527   .5892396
       _cons |  -4.179623   .8845938    -4.72   0.000    -5.934849  -2.424397
------------------------------------------------------------------------------
```

图 6.7　小样本理论回归结果

3. 使用大样本理论进行回归

大样本 OLS 经常采用稳健标准差估计。稳健标准差是指其标准差对于模型中可能存在的异方差或自相关问题不敏感，基于稳健标准差计算的稳健 t 统计量仍然渐近服从 t 分布。在 Stata 中利用 robust 选项可以得到异方差稳健估计量。

在本实验中，可使用如下命令利用稳健标准差进行估计：

```
regress lntc lnq lnpl lnpk lnpr,robust
```

因此，我们就可以得到如图 6.8 所示的大样本理论下的回归结果。模型方程仍然为：

$$\text{lntc} = -4.18 + 0.93\text{lnq} + 0.11\text{lnpl} - 0.39\text{lnpk} + 0.49\text{lnpr}$$

同样，模型的拟合优度较高，为 0.9681，而只有 lnpl 的系数没有通过置信度为 10% 的 t 检验。

```
. regress lntc lnq lnpl lnpk lnpr, robust

Linear regression                                      Number of obs =     104
                                                       F(  4,    99) =  608.51
                                                       Prob > F      =  0.0000
                                                       R-squared     =  0.9681
                                                       Root MSE      =  .16339

------------------------------------------------------------------------------
             |               Robust
        lntc |      Coef.   Std. Err.      t    P>|t|     [95% Conf. Interval]
-------------+----------------------------------------------------------------
         lnq |   .9263512   .0195812    47.31   0.000     .8874979   .9652046
        lnpl |   .1077758   .1934545     0.56   0.579    -.2760798   .4916315
        lnpk |  -.3908628   .2224689    -1.76   0.082    -.8322894   .0505638
        lnpr |   .4910962   .0447677    10.97   0.000     .4022674    .579925
       _cons |  -4.179623   1.215867    -3.44   0.001    -6.592166   -1.76708
------------------------------------------------------------------------------
```

图 6.8　小样本理论回归结果

4. 大、小样本理论结果对比

从这两个结果可以看到：稳健标准差与普通标准差估计的系数相同，但标准差和 t 值存在一定的差别。

在现实社会的各种数据中，很少有数据能够满足小样本理论的严格假设，所以当样本数据足够大时，我们最好采用稳健标准差进行估计和检验，这样得到的结果将会更加准确。

实验 6-3 约束回归

⊙ 实验基本原理

我们在做回归分析时，有时会希望某些变量的系数相同或满足某种关系。约束回归通常可以通过对变量进行变换来实现。例如，对于回归模型：

$$y = \beta_0 + \beta_1 x_1 + \beta_2 x_2$$

我们要约束 x_1 和 x_2 的系数相等，其实质就相当于合并同类项，即设定一个新的变量 $x_3 = x_1 + x_2$，再对模型 $y = \beta_0 + \beta_1 x_3$ 进行回归。

如果希望系数 $\beta_0 = 0.5\beta_2$，就相当于进行变换，把 β_0 写成 $0.5\beta_2$，然后提出 β_2，等式变成 $y = \beta_2(0.5 + x_2) + \beta_1 x_1$。

这时，我们可以生成一个新变量 $x_3 = 0.5 + x_2$，然后 y 对新变量 x_3 和 x_1 进行回归，并设定 noconstant 就行。

对于有约束条件的回归，我们通常可以很方便地写出命令。但当约束比较多时，写命令会比较麻烦，而 Stata 提供了一种更便捷的方法，即约束回归。但这只是更便捷而已，其原理与手动合并同类项的方法一致。

⊙ 实验目的与要求

（一）实验目的

1. 了解线性回归中对约束的定义、列出和取消。
2. 熟练进行约束回归。

（二）实验要求

1. 能够熟练使用 constraint 系列命令进行约束的定义、列出和取消。
2. 能够熟练使用 cnsreg 命令进行约束回归。

⊙ 实验内容及数据来源

在本实验中，我们将利用与实验 6-1 相同的数据，即本书下载资源\data\第 6 章\usaauto.dta 文件中的数据，来研究回归系数存在约束的情况下，价格、汽车重量等因素对每加仑汽油所行驶的路程的影响。我们将学习如何定义约束、列出已定义的约束、取消已定义的约束以及在定义好约束后如何进行约束回归。

⊙ 实验操作指导

1. 约束的定义、列出和取消

要进行约束回归，首先应对约束进行定义。其语法格式如下：

```
constraint [define] n 约束条件
```

其中，define 可以省略，n 必须是位于 [1,1999] 的整数，用于表明这是第几个约束。

例如，我们想拟合以下的模型：

$$\text{mpg} = \beta_0 + \beta_1 \text{price} + \beta_2 \text{weight} + \beta_3 \text{displ} + \beta_4 \text{gear\_ratio} + \beta_5 \text{foreign} + \beta_6 \text{length} + u$$

且该模型有这样的约束：$\beta_1 = \beta_2 = \beta_3 = \beta_6$，$\beta_4 = \beta_5 = \beta_0/20$，那么，我们可以定义约束如下：

```
constraint 1 price=weight
constraint 2 displ =weight
constraint 3 displ =length
constraint 4 gear_ratio=foreign
constraint 5 foreign=_cons/20
```

若要显示已定义的约束，则可以使用如下的语句：

```
constraint dir[numlist|_all] 或者 constraint list[numlist|_all]
```

constraintdir 或 constraint list 表示显示约束，numlist 指明要显示的约束，_all 表示显示所有约束。当我们不指定要显示的约束为哪几个时，默认显示所有的约束条件。

例如，对于上面定义的约束，输入命令：

```
constraint dir
```

即得到如图 6.9 所示的结果。

```
constraint dir
    1:   price=weight
    2:   displ =weight
    3:   displ =length
    4:   gear_ratio=foreign
    5:   foreign=_cons/20
```

图 6.9　constraint dir 结果图

若要删除某个或几个已定义的约束，则可使用以下语句：

```
constraint drop[numlist|_all]
```

2. 进行约束回归

定义完约束之后，就可以进行约束回归了。约束回归使用 cnsreg 命令，基本语法格式如下：

```
cnsreg depvar indepvars [if] [in] [weight], constraints(constraints)options
```

其中，constraints 可简写为 c。depvar 代表被解释变量的名称，indepvars 代表解释变量的名称，if 代表条件语句，in 代表范围语句，weight 代表权重语句，options 代表其他可选项。例如在 options 中，我们可以使用异方差稳健标准差（r）或汇报其他水平的置信区间等。

下面通过例子来加深对 cnsreg 命令的理解。

拟合前面的约束回归：

```
cnsreg mpg price weight displgear_ratio foreign length, c(1-5)
```

mpg 是被解释变量的名称，price weight displgear_ratio foreign length 为各个解释变量的名称，c(1-5)表示在 1~5 个约束之下进行回归。

我们得到如图 6.10 所示的结果。

```
. cnsreg mpg price weight displ gear_ratio foreign length, c(1-5)

Constrained linear regression                    Number of obs   =        74
                                                 F(  2,    72)   =    948.32
                                                 Prob > F        =    0.0000
                                                 Root MSE        =    4.2768

 ( 1)   price - weight = 0
 ( 2)   - weight + displacement = 0
 ( 3)   displacement - length = 0
 ( 4)   gear_ratio - foreign = 0
 ( 5)   foreign - .05*_cons = 0

         mpg |      Coef.   Std. Err.      t    P>|t|     [95% Conf. Interval]
-------------+----------------------------------------------------------------
       price |  -.0009207   .0001381    -6.67   0.000    -.0011961   -.0006454
      weight |  -.0009207   .0001381    -6.67   0.000    -.0011961   -.0006454
displacement |  -.0009207   .0001381    -6.67   0.000    -.0011961   -.0006454
  gear_ratio |   1.293198   .0602856    21.45   0.000     1.173021    1.413375
     foreign |   1.293198   .0602856    21.45   0.000     1.173021    1.413375
      length |  -.0009207   .0001381    -6.67   0.000    -.0011961   -.0006454
       _cons |   25.86396   1.205712    21.45   0.000     23.46042    28.2675
```

图 6.10　cnsreg 回归结果

对回归结果的系数进行观察，可以看到，各变量的系数满足我们前面定义的约束，即有 $\beta_1 = \beta_2 = \beta_3 = \beta_6$，$\beta_4 = \beta_5 = \beta_0/20$。

另外需要说明的一点是：constraints() 中所指定的约束可以有多种表达形式。例如，c(1-3,5) 表明使用第 1~3 个约束以及第 5 个约束，直接输入 c(1,2,3,5) 也表达了相同的意思。

实际上，我们也可以手动进行约束回归。例如，对于回归模型：

$$mpg = \beta_0 + \beta_1 price + \beta_2 weight + \beta_3 displ + \beta_4 gear\_ratio + \beta_5 foreign + \beta_6 length + u$$

我们有约束 $\beta_1 = \beta_2$，这实质相当于合并同类项，即进行如下回归：

$$mpg = \beta_0 + \beta_1 (price + weight) + \beta_3 displ + \beta_4 gear\_ratio + \beta_5 foreign + \beta_6 length + u$$

这样，可以通过产生一个新的变量来得到与 cnsreg 相同的结果，即：

```
gen pw=price+weight
reg mpg pwdisplgear_ratio foreign length
```

上述命令的第一行表示生成一个新变量 pw，其值为变量 price 与变量 weight 之和。命令第二行表示进行 OLS 回归，被解释变量为 mpg，解释变量包括 mpg、pw、displ、gear_ratio、foreign、length。得到如图 6.11 所示的回归结果。

```
. reg mpg pw displ gear_ratio foreign length

      Source |       SS           df       MS            Number of obs   =        74
-------------+----------------------------------         F(5, 68)        =     27.39
       Model |  1632.74965         5   326.54993         Prob > F        =    0.0000
    Residual |   810.70981        68  11.9222031         R-squared       =    0.6682
-------------+----------------------------------         Adj R-squared   =    0.6438
       Total |  2443.45946        73  33.4720474         Root MSE        =    3.4529

         mpg |      Coef.   Std. Err.      t    P>|t|     [95% Conf. Interval]
-------------+----------------------------------------------------------------
          pw |  -.0002205   .0001775    -1.24   0.218    -.0005748    .0001337
displacement |   .0021409    .011107     0.19   0.848    -.0200229    .0243046
  gear_ratio |   2.619058   1.776203     1.47   0.145    -.9253002    6.163415
     foreign |  -1.640485   1.433938    -1.14   0.257    -4.501864    1.220894
      length |  -.1762039   .0343286    -5.13   0.000    -.2447057   -.1077022
       _cons |   48.60642   8.013023     6.07   0.000     32.61669    64.59616
```

图 6.11　手动约束回归结果

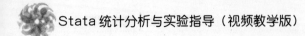

根据该结果，我们可以写出回归的方程为：

mpg = 48.6064 − 0.0002pw + 0.0021displ + 2.6191gear_ratio − 1.6405foreign − 0.1762length

另一方面，如果使用约束回归命令：

```
cnsreg mpg price weight displgear_ratio foreign length, c(1)
```

那么可以得到相同的回归结果，如图 6.12 所示。

```
. cnsreg mpg price weight displ gear_ratio foreign length, c(1)

Constrained linear regression              Number of obs   =       74
                                           F(  5,   68)    =    27.39
                                           Prob > F        =   0.0000
                                           Root MSE        =   3.4529

 ( 1)  price - weight = 0

         mpg |     Coef.   Std. Err.      t    P>|t|     [95% Conf. Interval]
-------------+----------------------------------------------------------------
       price |  -.0002205   .0001775    -1.24   0.218    -.0005748    .0001337
      weight |  -.0002205   .0001775    -1.24   0.218    -.0005748    .0001337
displacement |   .0021409    .011107     0.19   0.848    -.0200229    .0243046
  gear_ratio |   2.619058   1.776203     1.47   0.145    -.9253002    6.163415
     foreign |  -1.640485   1.433938    -1.14   0.257    -4.501864    1.220894
      length |  -.1762039   .0343286    -5.13   0.000    -.2447057   -.1077022
       _cons |   48.60642   8.013023     6.07   0.000     32.61669    64.59616
```

图 6.12　约束回归结果

这里，c(1)表示使用之前定义的第一个约束"price=weight"，即令变量 price 与变量 weight 的系数相同。

结果重新显示了在回归中所使用的约束："price=weight"。根据这个结果，我们可以写出回归的方程：

mpg = 48.6064 − 0.0002 price − 0.0002weight + 0.0021displ + 2.6191gear_ratio − 1.6405foreign
　　　　− 0.1762length

比较这两个结果，不难看到，手动回归中 price 及 weight 的系数与 cnsreg 回归中 price 及 weight 的系数是一样的，且其他系数和统计量也没有差别。

实验 6-4　非线性最小二乘

⊙ 实验基本原理

如果将自变量与因变量的关系设定为线性关系加一个误差项，我们就设定了一个线性模型。同样，如果将自变量与因变量的关系设定为非线性关系加上一个误差项，我们就得到了非线性模型。这里介绍的是没有办法转化为线性回归的回归模型。

对于非线性模型，可以通过非线性最小二乘（Nonlinear Least Square，NLS）来求出模型估计量。与普通最小二乘法类似，非线性最小二乘法也要选择估计量$\tilde{\beta}$，使得残差平方和最小。通常情况下，非线性最小二乘没有解析解，故一般使用数值方法求解。

实验目的与要求

（一）实验目的

1. 了解 NLS 方法的原理及其在实际数据分析中的应用。
2. 熟悉 Stata 中有关非线性回归的命令语句，并用其进行非线性回归分析。

（二）实验要求

1. 能够熟练使用 nls 命令进行非线性回归分析。
2. 能对回归结果进行准确解读。

实验内容及数据来源

使用本书下载资源\data\第 6 章\profunc.dta 工作文件，研究劳动投入和资本投入对产量的影响，即进行一个生产函数的回归。变量包括产出的对数（lnoutput）、劳动（labor）和资本（capital）。部分数据如表 6.5 所示。

表 6.5　部分数据

	capital	labor	lnoutput
1	0.3123746	3.163565	2.933451
2	2.257087	1.698008	4.613716
3	0.1247439	0.2749307	1.654005
4	0.1289948	1.720745	2.025361
5	3.814328	0.2600043	3.165065
...	...	...	...

设定函数形式为不变替代弹性（CES）生产函数，即有：

$$\ln Q_i = \beta_0 - \frac{1}{\rho}\ln(\delta K_i^{-\rho} + (1-\delta)L_i^{-\rho}) + \epsilon_i$$

其中，$\ln Q_i$ 为公司 i 的产量对数，K_i 为公司 i 的资本，L_i 为公司 i 所使用的劳动数量。显然，函数形式为非线性。利用上面的数据进行 NLS 回归。

实验操作指导

1. 利用非线性最小二乘法进行模型的估计

NLS 回归的命令格式为：

```
nl (depvar = <sexp>) [if] [in] [weight], options
```

其中，depvar 代表被解释变量的名称，sexp 代表可替代表达式，if 代表条件语句，in 代表范围语句，weight 代表权重语句，options 代表其他可选项。其中，可替代表达式与普通的数学表达式基本一致，但要求将参数用大括号括起来。此外，在可替代表达式中，参数都可以被赋予初值，格式是{参数=初始值}。当不赋予初值时，系统默认使用 0 作为初值。需要注意的是，待回归模型表达式需要用小括号括起来。

下面进行 CES 生产函数的估计。

观察该生产函数，参数ρ在分母上，显然 0 不是一个合适的初值。对于 CES 生产函数而言，ρ=1是一个合理的选择。此外，我们设定δ的初始值为 0.5，即资本和劳动对产出有同等的影响。对于β_0，我们使用系统默认的初始值，不再另设。这样，我们可以写出该 nls 回归的命令：

```
nl (lnoutput={b0}-1/{rho=1}*ln({delta=0.5}*capital^(-1*{rho}) + (1 -
{delta})*labor ^(-1*{rho})))
```

该命令中的可替代表达式虽长，但实质就是把模型中所有的参数都加上大括号，并设定了几个初始值。这样，我们得到如图 6.13 所示的回归结果。

```
. nl (lnoutput={b0}-1/{rho=1}*ln({delta=0.5}*capital^(-1*{rho}) + (1 -{delta})*labor ^(-1*{rho})))
(obs = 100)

Iteration 0:  residual SS =  29.38631
Iteration 1:  residual SS =  29.36637
Iteration 2:  residual SS =  29.36583
Iteration 3:  residual SS =  29.36581
Iteration 4:  residual SS =  29.36581
Iteration 5:  residual SS =  29.36581
Iteration 6:  residual SS =  29.36581
Iteration 7:  residual SS =  29.36581
```

Source	SS	df	MS			
Model	91.1449924	2	45.5724962	Number of obs =		100
Residual	29.3658055	97	.302740263	R-squared =		0.7563
				Adj R-squared =		0.7513
				Root MSE =		.5502184
Total	120.510798	99	1.21728079	Res. dev. =		161.2538

lnoutput	Coef.	Std. Err.	t	P>|t|	[95% Conf. Interval]	
/b0	3.792158	.099682	38.04	0.000	3.594316	3.989999
/rho	1.386993	.472584	2.93	0.004	.4490443	2.324941
/delta	.4823616	.0519791	9.28	0.000	.3791975	.5855258

```
Parameter b0 taken as constant term in model & ANOVA table
```

图 6.13 非线性最小二乘回归结果

可以看出，经过 7 步迭代，最终得到的估计结果为：β_0=3.792，ρ=1.387，δ=0.4824，因此估计方程可写为：

$$\ln Q_i = 3.792 - \frac{1}{1.387}\ln\{0.4824K_i^{-1.387} + (1 - 0.4824)L_i^{-1.387}\} + \epsilon_i$$

回顾前面的 nls 命令，我们可以发现，对于待估计的参数，只要设定一次初始值即可。事实上，如果在多个大括号内对同一参数设定初始值，系统就会使用最后一次设定作为实际估计的初始值。另外要注意的是，参数每一次出现时都要被放到大括号内，这样系统才能识别其为参数。此外，模型较复杂时，括号会比较多，注意左右括号的对应；而且，字符一定要使用半角字符。

2. NLS 的选项设定与结果分析

（1）利用选项 initial()设定参数初始值

对于 initial()选项，可以使用一个 1*k 向量（其中，k 为待估计的参数个数）来表示所有的初始值，也可以采用"nl… ,initial(参数名 1 初始值参数名 2 初始值…)"的格式。

例如，对于上面的 CES 生产函数的回归可以采用如下形式：

$$nl\ (lnoutput = \{b0\} - 1/\{rho\} * ln(\{delta\} * capital\hat{\ }(-1 * \{rho\}) + (1 - \{delta\}) *$$
$$labor\ \hat{\ }(-1 * \{rho\}))), initial(b0\ 0\ rho\ 1\ delta\ 0.5\ )$$

需要注意的是，当使用了 initial 选项后，如果开始设定了参数的初始值，那么 stata 会忽略开始设定的初始值，而以 initial 选项的设定为准。

（2）利用 xb 命令简化"变量线性组合"的设定

当要估计的非线性方程中包含变量的线性组合时，可以使用 xb 命令。例如，我们要估计以下模型的参数：

$$y_i = \beta_0\left\{1 - e^{-(\beta_1 x_{1i} + \beta_2 x_{2i} + \beta_3 x_{3i})}\right\} + \epsilon_i$$

其中，$\beta_1 x_{1i} + \beta_2 x_{2i} + \beta_3 x_{3i}$ 是变量的线性组合，这样可以采用如下的命令：

```
nl (y={b0=1}*(1-exp(-1*{xb: x1 x2 x3})))
```

注意：xb 命令是在大括号中的。

当然，要实现如上的回归也可以采取前面所讲的形式，即使用命令：

```
nl (y = {b0=1}*(1 - exp(-1*({b1}*x1 + {b2}*x2 + {b3}*x3))))
```

（3）利用 nlcom 命令估计回归统计量的非线性组合

仍以前面 CES 生产函数的估计为例，我们知道，CES 生产函数的替代弹性 $\sigma = 1/(1+\rho)$，可以通过命令 nlcom 进行估计。

输入如下的命令：

```
nlcom (1/(1+_b[/rho]))
```

我们可以得到如图 6.14 所示的结果。

```
. nlcom (1/(1+_b[/rho]))

     _nl_1:  1/(1+_b[/rho])

  lnoutput       Coef.   Std. Err.      z    P>|z|     [95% Conf. Interval]

     _nl_1    .4189372   .0829424     5.05   0.000     .256373    .5815014
```

图 6.14　nlcom 估计结果

可见该 CES 生产函数的替代弹性的估计值为 0.4189，且统计显著。

对于如上的 nlcom 命令，需要读者注意的是，nlcom 命令后的内容需要加小括号。另外，_b[] 的作用在于提取前面回归的系数。

当然，nlcom 不只可以用于 nls 之后，对于普通的 OLS 回归等，要估计统计量的非线性组合，也可以使用 nlcom 命令。

nlcom 命令的基本语法格式为：

```
nlcom ([name:]exp) [([name:]exp) ...] [, options]
```

即我们可以给统计量的非线性组合命名，并可以同时估计多个非线性组合。

例如，进行回归 regress y x1 x2 x3 之后，我们要检验 x1 与 x2 的系数之比是否等于 x2 和 x3 的系数之比，可以通过如下步骤实现：

01 估计 x1 与 x2 的系数之比，并命名为 ratio1，同时估计 x2 和 x3 的系数之比，命名为 ratio2。命令为：

```
nlcom (ratio1: _b[x1]/_b[x2]) (ratio2: _b[x2]/_b[x3]),post
```

其中，选项 post 的作用在于，可以像保存回归系数一样保存 nlcom 的结果，方便后面的检验使用。

02 对 ratio1= ratio2 进行检验，可以通过 test 命令实现：

```
test _b[ratio1] = _b[ratio2]
```

当然，对于上面的问题，我们可以使用前面学过的非线性检验命令 testnl 更加快捷地实现：

```
testnl _b[x1]/_b[x2]= _b[x2]/_b[x3]
```

读者可自行操作一下，所得结果是一样的。

对于比较复杂或需要重复使用的非线性回归模型，可以采用 nls 语句自己编写程序，详见 Stata 手册。

复习与习题

本章回顾

1. 小样本 OLS 的基本命令为：

```
regress depvar [indepvar] [if] [in] [weight] [,options]
```

2. 对大样本 OLS，可通过设定 options 选项为 r 来获得异方差稳健标准差，其回归系数值与普通 OLS 一样，但系数的标准差以及其他统计量则不同。在应用大样本理论时，样本数量至少为 30。

3. 对模型的线性假设进行检验的基本命令为：

```
test (spec) [(spec) …] [, test_options]
```

4. 对模型的非线性假设进行检验可通过命令 testnl 实现。

5. 线性预测的命令格式为：

```
predict [modelspec] newvar [if] [in] [, options]
```

6. 约束回归时，定义约束的命令为：

```
constraint [define] n 约束条件
```

显示已定义的约束，命令为：

```
constraint dir [numlist|_all] 或者 constraint list [numlist|_all]
```

删掉已定义的约束，命令为：

```
constraint drop [numlist|_all]
```

约束回归的命令为：

```
cnsreg depvar indepvars [if] [in] [weight], constraints(constraints) options
```

7. NLS 回归的命令格式为：

```
nl (depvar = <sexp>) [if] [in] [weight], options
```

进行 NLS 回归时，参数要写到大括号中。可以设定参数的初始值，默认的初始值为 0。另有
选项 initial()可用来设定初始值。

当非线性方程中包含变量的线性组合时，还可以使用 xb 命令。

nlcom 命令可以用来对回归统计量的非线性组合进行估计。

习题

1. 利用本书下载资源\exercises\第 6 章\production.dta 工作文件进行生产函数的回归分析，主要
变量包括：output=产量，labor=劳动投入，capital=资本投入，lny=产量的对数，lnl=劳动投入的对
数，lnk=资本投入的对数。图 6.15 列出了数据的基本情况。

```
. list in 1/5

     obs   output   labor   capital       lnl        lnk        lny
1.     1   657.29  162.31    279.99   5.0895081  5.6347539  6.4881253
2.     2   935.93  214.43     542.5   5.3679833  6.2961881  6.8415407
3.     3  1110.65  186.44    721.51   5.2281095  6.5813463  7.0127007
4.     4  1200.89  245.83   1167.68   5.5046402  7.0627742  7.0908182
5.     5  1052.68   211.4    811.77    5.353752  6.6992171  6.9590946
```

图 6.15　production.dta 数据的基本情况

以 lny 为因变量，以 lnl、lnk 为自变量进行回归分析，并对结果进行解读。

2. 重复习题 1 中的回归，使用稳健标准差。比较使用异方差稳健标准差、不使用时的系数及
其他统计量的异同。

3. 在习题 1 的回归之后，检验 lnl 和 lnk 的联合显著性。

4. 在习题 1 的回归之后，对 lny 进行预测。

5. 在约束 lnl+lnk = 1 下，进行习题 1 中的回归。

6. 利用本书下载资源\exercises\第 6 章\consfunc.dta 工作文件进行指数形式消费函数的估计，
主要变量包括：year=年度，qtr=季度，realgdp=实际 GDP，realcons=实际消费额。图 6.16 列出了数
据的基本情况。

要估计的函数形式为 realcons=$\alpha+\beta*realgdp^{\gamma}+\mu$。先使用默认初始值，再设定 γ 的初始值为 1 进
行重新估计。

7. 利用本书下载资源\exercises\第 6 章\reg.dta 工作文件进行回归分析，主要变量包括 y、x1、
x2、x3。图 6.17 列出了该文件的部分数据。

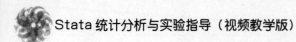

```
list in 1/5

      year    qtr    realgdp    realcons
1.    1950     1     1610.5     1058.9
2.    1950     2     1658.8     1075.9
3.    1950     3      1723       1131
4.    1950     4     1753.9     1097.6
5.    1951     1     1773.5     1122.8
```

图 6.16　consfunc.dta 数据的基本情况

```
. list in 1/5

       y     x1    x2    x3
1.    22    3.58    0    2930
2.    17    2.53    0    3350
3.    22    3.08    0    2640
4.    20    2.93    0    3250
5.    15    2.41    0    4080
```

图 6.17　reg.dta 部分数据

以 y 为因变量，x1、x2、x3 为自变量进行回归分析，检验 x1 与 x2 的系数之比是否等于 x2 和 x3 的系数之比。

第7章 Stata与模型的设定

虽然 OLS 方法给用户提供了建立基本计量模型的途径，但是由于其过于简单，并不能适合复杂的经济问题分析，这就要求我们寻求方法对模型进行重新设定和修正。模型形式的正确设定是进行精确计量计算的前提和基础，模型形式的设定与"正确"形式之间的偏差会使估计产生偏误。本章主要介绍模型设定的相关内容，包括虚拟变量的使用、经济结构变动的检验、遗漏变量的检验、自变量数量的选择、极端数据的诊断与处理等方面的内容。

实验 7-1　虚拟变量的处理

▶ 实验基本原理

对于定性数据，通常不能将其直接纳入模型中进行回归分析，因为这样的分析并不符合经济学理论，所以这时需要引入虚拟变量进行处理。一般情况下，如果分类变量总共有 N 类，为了避免多重共线性的出现，通常只引入 N-1 个虚拟变量。下面将会通过一个简单的例子来介绍引入虚拟变量后模型的实际变化。

例如，在如下的时间序列模型中：

$$y_t = \beta_0 + \beta_1 x_t + \varepsilon_t$$

假设在 t_1 时刻，回归方程发生了变化，这时就可以引入如下的虚拟变量 D 进行分析。

$$D = \begin{cases} 1 & \text{如果 } t \geqslant t_1 \\ 0 & \text{如果 } t < t_1 \end{cases}$$

引入虚拟变量后的时间序列模型变为如下形式：

$$y_t = \beta_0 + \beta_1 x_t + \gamma D_t + \delta D_t x_t + \varepsilon_t$$

为了便于观察和比较，可以将此模型变化一下形式，即将虚拟变量的取值代入，得到如下两个方程：

$$y_t = \begin{cases} \beta_0 + \beta_1 x_t + \varepsilon_t & \text{如果 } t < t_1 \\ (\beta_0 + \gamma) + (\beta_1 + \delta) x_t + \varepsilon_t & \text{如果 } t \geqslant t_1 \end{cases}$$

由此可以看出，当 $\delta = 0$，即只引入虚拟变量本身时，只会改变模型的截距；当 $\gamma = 0$，即只引入虚拟变量与其他解释变量的互动项时，只会改变模型的斜率；当 $\delta \neq 0$ 且 $\gamma \neq 0$，即两个部分都引入时，斜率和截距都会发生显著变化。虚拟变量就是通过这种方式使模型更加接近现实情况的。

实验目的与要求

（一）实验目的

1. 通过本次实验掌握设置虚拟变量的基本原理。
2. 熟练掌握使用 Stata 进行添加虚拟变量的操作过程。

（二）实验要求

1. 理解虚拟变量的基本原理和基本思想。
2. 理解虚拟变量设置后的输出结果和经济含义。

实验内容及数据来源

根据金融年鉴得到了中国 1988~2011 年金融业增加值的数据，变量主要包括：year=年份，financevalue=金融业增加值（单位：亿元），gdp=国内生产总值（单位：亿元）。完整的数据在本书下载资源\data\第 7 章\financevalue.dta 工作文件中，部分数据显示如表 7.1 所示。

表 7.1　部分数据

year	financevalue	gdp
1988	585.3533811	15042.82301
1989	964.2872402	16992.31911
1990	1017.501756	18667.82238
1991	1056.292721	21781.49941
1992	1306.221032	26923.47645
1993	1669.745438	35333.92471
1994	2234.843707	48197.85644
1995	2798.502998	60793.72921
1996	3211.685045	71176.59165
...	...	...

利用此数据估计中国金融业增加值，并引入虚拟变量，考虑 2003 年的银行业改革对金融业增加值的影响，使得在 2003 年前后的模型截距和斜率都不相同。

实验操作指导

为了便于比较，首先生成整个时期不含虚拟变量的消费函数方程，所使用的命令为：

```
regress financevalue gdp
```

得到如图 7.1 所示的回归结果，这个回归所形成的模型为：

$$financevalue = -432.648 + 0.04752gdp$$

```
. reg  financevalue gdp

    Source |      SS       df       MS              Number of obs =      23
-----------+------------------------------           F(  1,    21) =  736.66
     Model |  606704207      1   606704207           Prob > F      =  0.0000
  Residual |  17295432.9    21   823592.043           R-squared     =  0.9723
-----------+------------------------------           Adj R-squared =  0.9710
     Total |  623999640    22   28363620              Root MSE      =  907.52

------------------------------------------------------------------------------
financevalue |    Coef.   Std. Err.     t     P>|t|    [95% Conf. Interval]
-------------+----------------------------------------------------------------
        gdp |  .0475168   .0017507    27.14   0.000     .043876    .0511576
      _cons | -432.648    290.45      -1.49   0.151   -1036.672   171.3759
------------------------------------------------------------------------------
```

图 7.1 金融业增加值函数回归结果

如果认为在 2003 年，银行业改革导致了金融业经营的变动，这时就需要引入虚拟变量将模型分成两段进行回归，步骤如下。

01 生成虚拟变量，使用命令：

```
generate dummy=0
replace dummy=1 if year>=2003
```

首先生成虚拟变量dummy，初值全部为 0；然后将 2003 年以后的dummy值替换为 1，这时就完成了虚拟变量的设置。

02 生成虚拟变量dummy和解释变量gdp的互动项，使用命令：

```
generate dummy_gdp=dummy*gdp
```

互动项dummy_gdp的值为变量dummy和变量gdp的乘积。

03 将虚拟变量纳入回归方程进行估计，输入命令：

```
reg financevalue gdp dummy dummy_gdp
```

执行结果如图 7.2 所示，这时得到的模型为：

$$\text{financevalue} = \begin{cases} 300.2796 + 0.03847\text{gdp} & \text{如果 year} < 2003 \\ (300.2796 - 3963.083) + (0.03847 + 0.0205)\text{gdp} & \text{如果 year} \geqslant 2003 \end{cases}$$

```
. reg  financevalue gdp dummy dummy_gdp

    Source |      SS       df       MS              Number of obs =      23
-----------+------------------------------           F(  3,    19) =  653.27
     Model |  618008133      3   206002711           Prob > F      =  0.0000
  Residual |  5991506.64    19   315342.455           R-squared     =  0.9904
-----------+------------------------------           Adj R-squared =  0.9889
     Total |  623999640    22   28363620              Root MSE      =  561.55

------------------------------------------------------------------------------
financevalue |    Coef.   Std. Err.     t     P>|t|    [95% Conf. Interval]
-------------+----------------------------------------------------------------
        gdp |  .0384702   .0041302     9.31   0.000    .0298256    .0471147
      dummy | -3963.083   661.9489    -5.99   0.000   -5348.558   -2577.608
  dummy_gdp |  .0205421   .0047051     4.37   0.000    .0106942    .0303899
      _cons |  300.2796   286.4372     1.05   0.308   -299.2403    899.7994
------------------------------------------------------------------------------
```

图 7.2 虚拟变量回归结果

这里没有考虑某些系数不能通过检验的情况，是为了讲解虚拟变量的实际使用方法。通过引入虚拟变量可以发现，模型的截距和斜率都发生了变化。在实际研究过程中，读者可以根据需要引入虚拟变量，进行变斜率、变截距以及二者相结合的模型变化。

实验 7-2　经济结构变动的 Chow 检验

实验基本原理

在时间序列模型中，需要十分注重模型系数的稳定性， Chow 检验提供了一个较为严谨的检验经济结构变动的方法。

例如，在 t_1 和 t_2 中，认为存在 t_3 时刻为一个经济结构变动点，这时可以通过 3 个回归来确定该点是否是结构变动点。

- 首先，回归整个样本 $t\_1 \leqslant t \leqslant t\_2$，得到残差平方和 $\sum e_i^2$。
- 其次，回归前半部分子样本 $t\_1 \leqslant t \leqslant t\_3$，得到残差平方和 $\sum e_{1i}^2$。
- 最后，回归后半部分子样本 $t\_3 \leqslant t \leqslant t\_2$，得到残差平方和 $\sum e_{2i}^2$。

由于对整个样本进行回归，相当于添加了约束条件，因此对整个样本的回归拟合优度更差，因此 $\sum e_i^2 > \sum e_{1i}^2 + \sum e_{2i}^2$。但是如果原假设 H_0 无经济结构变动成立，则 $\sum e_i^2 - \sum e_{1i}^2 - \sum e_{2i}^2$ 应该不大。经证明，这个检验服从如下统计量：

$$F = \frac{(\sum e_i^2 - \sum e_{1i}^2 - \sum e_{2i}^2)/K}{(\sum e_{1i}^2 + \sum e_{2i}^2)/(n - 2K)} \sim F(K, n - 2K)$$

在这个统计量公式中，n 为样本容量，K 为解释变量的个数。若 $F > F_\alpha(K, n - 2K)$，则拒绝原假设，认为存在经济结构的变动；否则接受原假设。

实验目的与要求

（一）实验目的

1. 通过本次实验，掌握 Chow 检验的基本原理。
2. 熟练掌握使用 Stata 进行 Chow 检验的操作过程和分析方法。

（二）实验要求

1. 理解经济结构变动检验的基本原理和基本思想。
2. 理解 Chow 检验的输出结果，能根据检验结果做出合理的判断。

实验内容及数据来源

根据金融年鉴得到了中国 1988~2011 年金融业增加值的数据，变量主要包括：year=年份，financevalue=金融业增加值（单位：亿元），gdp=国内生产总值（单位：亿元）。完整的数据在本书下载资源\data\第 7 章\financevalue.dta 工作文件中，部分数据显示如实验 7-1 所示。

利用此数据估计中国金融业的增加值，并引入虚拟变量，考虑 2003 年的银行业改革对金融业增加值的影响，使得在 2003 年之后发生了结构变化。

▶ 实验操作指导

1. 手动进行 Chow 检验

了解了 Chow 检验的基本原理之后，就可以进行检验了，检验的方法是分别进行 3 次回归。检验中国金融业增加值函数是否在 2003 年以后发生了结构变化的操作过程如下：

01 生成整个时期的回归方程，计算出这时的残差平方和，输入命令：

```
regress financevalue gdp
predict e, residual
gen a=e^2
egen b=sum(a)
```

第 1 个命令生成关于金融业增加值的函数 $financevalue = \alpha + \beta gdp$；第 2 个命令生成残差序列；第 3 个命令生成序列 a，使其值为残差平方；第 4 个命令的作用是生成变量 b，使其值为序列 a 的和，即残差平方和，也就是实验原理中所指的 $\sum e_i^2$。

02 生成 2003 年以前序列的回归方程，计算出前半段时期的残差平方和，输入命令：

```
regress financevalue gdp if year<2003
predict e1 if year<2003, residual
gen a1=e1^2
egen b1=sum(a1)
```

命令生成 2003 年之前的金融业增加值函数 $financevalue = \alpha_1 + \beta_1 gdp$、残差序列 e1 以及相应的残差平方和，也就是实验原理中所指的 $\sum e_{1i}^2$。

03 生成 2003 年以后序列的回归方程，然后计算出这后半段时期的残差平方和，输入命令：

```
regress financevalue gdp if year>=2003
predict e2 if year>=2003, residual
gen a2=e2^2
egen b2=sum(a2)
```

04 计算 F 统计量的值，并与临界值进行比较，输入命令：

```
gen f=((b-b1-b2)/(2))/((b1+b2)/(29-2*2))
sum f
```

将所有计算的数值代入公式 $F = \dfrac{(\sum e_i^2 - \sum e_{1i}^2 - \sum e_{2i}^2)/K}{(\sum e_{1i}^2 + \sum e_{2i}^2)/(n-2K)}$，计算出 F 统计量的值，命令执行的结果如图 7.3 所示。

| . sum f | | | | | |
Variable	Obs	Mean	Std. Dev.	Min	Max
f	23	23.58323	0	23.58323	23.58323

图 7.3　Chow 检验结果

我们知道在 95% 的置信水平下，自由度为 2 和 23 的 F 值为 3.42，所以检验值大于临界值，拒绝原假设，应当认为存在结构变化。

2. 自动进行 Chow 检验

在一般的 Stata 默认安装程序中没有 Chow 检验的命令程序，但是有些用户编写了相应的程序，我们可以通过下载来获得。在命令窗口中输入：

```
findit chow
```

这时，你将获得许多链接，一般情况下选择第一个安装就可以了。Chow 检验的命令语句为：

```
chow varlist [weight] [if exp] [in range] [, chow(sample-list)]
```

其中，varlist 是指将要进行 Chow 检验的变量名称，weight 是权重语句，if exp 是条件语句，in range 是范围语句，chow(sample-list)需要指明检验的区间，也就是结构变化点所在的位置。

利用 financevalue.dta 数据检验 2002 年是否为结构变化点，可使用命令：

```
Chow financevalue gdp, chow(year>2002)
```

在这个命令语句中，chow financevaluegdp 说明要对变量 financevalue 和 gdp 进行检验，chow(year>2002)说明结构变动可能出现在 2003 年，命令执行的结果同手动法一致。

实验 7-3　遗漏变量的检验

⊛ 实验基本原理

遗漏变量属于解释变量选取错误的一种，因为某些数据确实难以获得，但是有时这种遗漏将会大大降低模型的精确度。假设正确模型如下：

$$Y = \beta_0 + X_1\beta_1 + X_2\beta_2 + u_i$$

如果在模型设定中遗漏了一个与被解释变量相关的变量X_2，即所设定的模型为：

$$Y = \beta_0 + X_1\beta_1 + u_i$$

通过这两个方程的对比不难发现，在实际研究过程中，将遗漏变量$X_2\beta_2$纳入了新的扰动项u_i中。遗漏变量的影响有 3 种情况：

- 一是遗漏的变量X_2只影响被解释变量Y，而不影响解释变量X_1，或与解释变量X_1不具有相关性，则不存在内生问题，这时在大样本理论的支撑下，OLS 方法仍然可以得到β_1的一致估计，只是估计的精确度有所下降。
- 二是遗漏的变量X_2同时影响被解释变量，也影响解释变量，这时产生内生变量问题，根据大样本理论，OLS 方法将得不到一致估计，这种偏差被称为遗漏变量偏差，可能会导致实证研究的较大偏差与谬误。
- 三是遗漏的变量X_2只影响解释变量，而不影响被解释变量，这时模型估计不存在内生问题，但有利于捕捉直接效应与间接效应。

为了避免这种情况的出现，Stata 提供了两种检验是否存在遗漏变量的方法：一种是 Link 检验；另一种是 Ramsey 检验。Link 检验的基本思想是：如果模型的设定是正确的，那么 y 的拟合值的平方项将不应具有解释能力。Ramsey 检验的基本思想是：如果模型设定无误，那么拟合值和解释变量的高阶项都不应再有解释能力。

⊗ 实验目的与要求

（一）实验目的

1. 通过本次实验，掌握遗漏变量检验的基本原理和主要途径。
2. 熟练掌握使用 Stata 进行遗漏变量检验的操作过程和分析方法。

（二）实验要求

1. 理解遗漏变量检验的基本原理，了解 Link 检验和 Ramsey 检验的基本思想。
2. 理解遗漏变量检验的输出结果，能根据检验结果对原假设做出合理的判断。

⊗ 实验内容及数据来源

根据统计资料得到了中国工资的横截面数据，变量主要包括：wage=工资（单位：元/小时），educ=受教育年限（单位：年），exper=工作经验年限（单位：年），tenure=任职年限（单位：年），lwage=工资的对数值。完整的数据位于本书下载资源\data\第 7 章\chinawage.dta 工作文件中，部分数据如表 7.2 所示。

表 7.2　部分数据

educ	exper	tenure	lwage
16	5	2	1.467874
13	7	0	1.477049
16	7	0	1.477049
8	29	11	1.490654
12	3	0	1.490654
14	5	0	1.504077
14	16	0	1.504077
12	36	6	1.504077
12	2	1	1.504077
9	22	5	1.504077
12	35	0	1.504077
12	3	0	1.504077

针对该数据，分别利用 Link 方法和 Ramsey 方法检验模型 $lwage = \beta_1 educ + \beta_2 exper + \beta_3 tenure$ 是否遗漏了重要的解释变量。

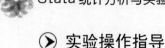

⊙ 实验操作指导

1. 使用 Link 方法检验遗漏变量

Link 方法进行检验的基本命令语句为：

```
linktest [if] [in] [, cmd_options]
```

if 是表示条件的命令语句；in 是范围语句；cmd_options 选项应该与所使用的估计方法的选项一致，例如检验之前使用的回归 regress 命令，则此处应与 regress 的选项一致。

为检验模型 $lwage = \beta_0 + \beta_1 educ + \beta_2 exper + \beta_3 tenure$ 是否遗漏了重要的解释变量，输入以下命令：

```
usec:\data\chinawage.dta,clear
reg lwage educ exper tenure
linktest
```

首先打开数据文件 chinawage.dta，然后对模型 $lwage = \beta_0 + \beta_1 educ + \beta_2 exper + \beta_3 tenure$ 进行回归估计。Link 检验的结果如图 7.4 所示。

```
. reg lwage educ exper tenure

      Source |       SS       df       MS              Number of obs =     231
-------------+------------------------------           F(  3,   227) =    6.48
       Model |  .950491163     3  .316830388           Prob > F      =  0.0003
    Residual |  11.0940303   227  .04887238            R-squared     =  0.0789
-------------+------------------------------           Adj R-squared =  0.0667
       Total |  12.0445215   230  .052367485           Root MSE      =  .22107

-------------+----------------------------------------------------------------
       lwage |      Coef.   Std. Err.      t    P>|t|     [95% Conf. Interval]
-------------+----------------------------------------------------------------
        educ |   .0206799   .0069057     2.99   0.003     .0070725    .0342873
       exper |  -.0009432   .0014476    -0.65   0.515    -.0037957    .0019093
      tenure |   .0090263   .0025779     3.50   0.001     .0039467    .0141059
       _cons |   1.514732   .1027955    14.74   0.000     1.312177    1.717287

. linktest

      Source |       SS       df       MS              Number of obs =     231
-------------+------------------------------           F(  2,   228) =    9.94
       Model |  .966306337     2  .483153169           Prob > F      =  0.0001
    Residual |  11.0782152   228  .048588663           R-squared     =  0.0802
-------------+------------------------------           Adj R-squared =  0.0722
       Total |  12.0445215   230  .052367485           Root MSE      =  .22043

-------------+----------------------------------------------------------------
       lwage |      Coef.   Std. Err.      t    P>|t|     [95% Conf. Interval]
-------------+----------------------------------------------------------------
        _hat |   4.719182   6.522855     0.72   0.470    -8.133604    17.57197
      _hatsq |  -1.00684    1.764777    -0.57   0.569    -4.484198    2.470517
       _cons |  -3.42958    6.025375    -0.57   0.570    -15.30212    8.442958
```

图 7.4　Link 检验结果图

图 7.4 的第 1 个表格显示的是回归结果，可以看到虽然模型整体通过了 F 检验，但是拟合优度并不高，导致这种情况出现的一个重要原因就是有可能遗漏了某些重要的解释变量。第 2 个表格则是 Link 检验的结果图。在实验原理中，介绍了 Link 检验的基本思想：如果模型的设定是正确的，那么 y 的拟合值的平方项将不应具有解释能力。从第 2 个表格中可以看到 hatsq 项的 P 值为 0.569，没有拒绝 hatsq 系数为零的假设，说明被解释变量 lwage 的拟合值的平方项不太具有解释能力，所以可以得出结论：原模型可能没有遗漏重要的解释变量。

为了进一步验证添加变量是否会改变 Link 检验的结果，生成受教育年限 educ 和工作经验年限 exper 的平方项，重新进行回归并进行检验，输入的命令如下：

```
gen educ2=educ^2
gen exper2=exper^2
reglwageeducexper tenure educ2 exper2
```

```
linktest
```

检验结果如图 7.5 所示。

```
. reg lwage educ exper tenure educ2 exper2

      Source |       SS       df       MS              Number of obs =     231
-------------+------------------------------           F(  5,   225) =    5.17
       Model |  1.24139315     5   .24827863           Prob > F      =  0.0002
    Residual |  10.8031284   225  .048013904           R-squared     =  0.1031
-------------+------------------------------           Adj R-squared =  0.0831
       Total |  12.0445215   230  .052367485           Root MSE      =  .21912

-------------+----------------------------------------------------------------
       lwage |      Coef.   Std. Err.      t    P>|t|     [95% Conf. Interval]
-------------+----------------------------------------------------------------
        educ |  -.0373284   .0482355    -0.77   0.440    -.1323795    .0577226
       exper |   .0088912   .0045225     1.97   0.051    -.0000207    .0178031
      tenure |   .0087983   .0025661     3.43   0.001     .0037416    .0138551
       educ2 |   .0022802   .0018494     1.23   0.219    -.0013641    .0059245
      exper2 |  -.0002264   .0000981    -2.31   0.022    -.0004197   -.0000332
       _cons |    1.80713   .3144222     5.75   0.000     1.187541    2.426719

. linktest

      Source |       SS       df       MS              Number of obs =     231
-------------+------------------------------           F(  2,   228) =   13.15
       Model |  1.24590343     2  .622951714           Prob > F      =  0.0000
    Residual |  10.7986181   228   .04736236           R-squared     =  0.1034
-------------+------------------------------           Adj R-squared =  0.0956
       Total |  12.0445215   230  .052367485           Root MSE      =  .21763

-------------+----------------------------------------------------------------
       lwage |      Coef.   Std. Err.      t    P>|t|     [95% Conf. Interval]
-------------+----------------------------------------------------------------
        _hat |   2.902591   6.168684     0.47   0.638    -9.252328    15.05751
      _hatsq |  -.5214713   1.689895    -0.31   0.758     -3.85128    2.808337
       _cons |  -1.732579   5.625877    -0.31   0.758    -12.81794    9.352279
```

图 7.5　修正后的 Link 检验结果图

从图 7.5 中可以看出，经过添加解释变量后的模型拟合优度有了一定程度的提高，而且通过 Link 检验可以看出此时 hatsq 项的 P 值为 0.758，无法拒绝 hatsq 系数为零的假设，说明被解释变量 lwage 的拟合值的平方项不再具有解释能力，所以可以得出结论：新模型基本没有遗漏重要的解释变量。

2. 使用 Ramsey 方法检验遗漏变量

Ramsey 方法进行检验的基本命令语句为：

```
Estat ovtest [, rhs]
```

若设定 rhs，则在检验过程中使用解释变量；若不设定 rhs，则在检验中使用被解释变量的拟合值。

现在，使用 Ramsey 方法来检验模型$lwage = \beta_0 + \beta_1 educ + \beta_2 exper + \beta_3 tenure$是否遗漏了重要的解释变量，输入以下命令：

```
usec:\data\chinawage.dta,clear
reg lwage educ exper tenure
estat ovtest
```

检验结果如图 7.6 所示。

在图 7.6 中，第 1 个图表仍然是回归结果，第 2 个图表是 Ramsey 检验的结果，不难发现 Ramsey 检验的原假设是模型不存在遗漏变量，检验的 P 值为 0.5762，没有拒绝原假设，即认为原模型不存在遗漏变量。

121

```
. reg lwage educ exper tenure

      Source |       SS       df       MS              Number of obs =     231
-------------+------------------------------           F(  3,   227) =    6.48
       Model |  .950491163      3  .316830388           Prob > F      = 0.0003
    Residual |  11.0940303    227  .04887238            R-squared     = 0.0789
-------------+------------------------------           Adj R-squared = 0.0667
       Total |  12.0445215    230  .052367485           Root MSE      = .22107

-------------+----------------------------------------------------------------
       lwage |      Coef.   Std. Err.      t    P>|t|     [95% Conf. Interval]
-------------+----------------------------------------------------------------
        educ |   .0206799   .0069057     2.99   0.003     .0070725    .0342873
       exper |  -.0009432   .0014476    -0.65   0.515    -.0037957    .0019093
      tenure |   .0090263   .0025779     3.50   0.001     .0039467    .0141059
       _cons |   1.514732   .1027955    14.74   0.000     1.312177    1.717287
-------------+----------------------------------------------------------------

. estat ovtest

Ramsey RESET test using powers of the fitted values of lwage
       Ho:  model has no omitted variables
                 F(3, 224) =      0.66
                 Prob > F  =    0.5762
```

图 7.6　Ramsey 检验结果图

为了进一步验证添加变量是否会改变 Ramsey 检验的结果，同样采取 Link 检验中的方法，生成受教育年限 educ 和工作经验年限 exper 的平方项，重新进行回归并进行检验，命令如下：

```
gen educ2=educ^2
gen exper2=exper^2
reg lwage educ exper tenure educ2 exper2
estat ovtest
```

调整之后的检验结果如图 7.7 所示，可以发现此时检验的 P 值为 0.6326，无法拒绝原假设，即认为模型不再存在遗漏变量。

```
. reg lwage educ exper tenure educ2 exper2

      Source |       SS       df       MS              Number of obs =     231
-------------+------------------------------           F(  5,   225) =    5.17
       Model |  1.24139315      5  .24827863            Prob > F      = 0.0002
    Residual |  10.8031284    225  .048013904           R-squared     = 0.1031
-------------+------------------------------           Adj R-squared = 0.0831
       Total |  12.0445215    230  .052367485           Root MSE      = .21912

-------------+----------------------------------------------------------------
       lwage |      Coef.   Std. Err.      t    P>|t|     [95% Conf. Interval]
-------------+----------------------------------------------------------------
        educ |  -.0373284   .0482355    -0.77   0.440    -.1323795    .0577226
       exper |   .0088912   .0045225     1.97   0.051    -.0000207    .0178031
      tenure |   .0087983   .0025661     3.43   0.001     .0037416    .0138551
       educ2 |   .0022802   .0018494     1.23   0.219    -.0013641    .0059245
      exper2 |  -.0002264   .0000981    -2.31   0.022    -.0004197   -.0000332
       _cons |    1.80713   .3144222     5.75   0.000     1.187541    2.426719
-------------+----------------------------------------------------------------

. estat ovtest

Ramsey RESET test using powers of the fitted values of lwage
       Ho:  model has no omitted variables
                 F(3, 222) =      0.57
                 Prob > F  =    0.6326
```

图 7.7　修正后的 Ramsey 检验结果图

实验 7-4　自变量数量的选择

▶ 实验基本原理

人们总是希望建立具有经济意义而又简洁的模型，在现实的经济研究过程中，通常使用信息准则来确定解释变量的个数，较为常用的信息准则有两个。

（1）赤池信息准则

又称为 AIC 准则，基本思想是通过选择解释变量的个数使得如下目标函数最小。

$$\min_{K} \text{AIC}(K) = \ln\left(\frac{1}{n}\sum_{i=1}^{n} e_i^2\right) + \frac{2K}{n}$$

在这个公式中，e 代表残差序列，n 代表样本数量，K 代表解释变量的个数。

（2）贝叶斯信息准则

又称为 BIC 准则，其基本思想与 AIC 准则相同，比较不同的模型，选择使得如下目标函数最小的模型。

$$\min_{K} \text{BIC}（K） = \ln\left(\frac{1}{n}\sum_{i=1}^{n} e_i^2\right) + \frac{K\ln(n)}{n}$$

在这个公式中，e 代表残差序列，n 代表样本数量，K 代表解释变量的个数。

实验目的与要求

（一）实验目的

1. 通过本次实验，掌握解释变量个数选择的基本原理和主要途径。
2. 熟练掌握使用 Stata 进行解释变量个数选择的操作过程和分析方法。

（二）实验要求

1. 理解解释变量个数选择的基本原理，了解 AIC 和 BIC 准则的基本思想。
2. 理解解释变量个数选择的输出结果，根据结果对模型解释变量的个数做出合理的判断。

实验内容及数据来源

根据统计资料得到了中国工资的横截面数据，变量主要包括：wage=工资（单位：元/小时），educ=受教育年限（单位：年），exper=工作经验年限（单位：年），tenure=任职年限（单位：年），lwage=工资的对数值。完整的数据位于本书下载资源\data\第 7 章\chinawage.dta 工作文件中，部分数据如实验 7-3 所示。

利用 chinawage 的数据，通过实验来确定模型 $lwage = \beta_0 + \beta_1 educ + \beta_2 exper + \beta_3 tenure$ 和模型 $lwage = \beta_0 + \beta_1 educ + \beta_2 exper + \beta_3 tenure + \beta_4 educ2 + \beta_5 exper2$ 哪个更为合理（其中 educ2 和 exper2 分别为 educ 和 exper 的平方项）。

实验操作指导

在 Stata 中，使用信息准则对模型进行检验的命令如下：

```
estatic [, n(#)]
```

选项 n(#)的功能是指定 BIC 准则中的 n 值，一般使用默认值。

为了获得模型$lwage = \beta_0 + \beta_1 educ + \beta_2 exper + \beta_3 tenure$的 AIC 和 BIC 值，我们输入以下命令：

```
use c:\data\chinawage.dta,clear
reg lwage educ exper tenure
estat ic
```

计算结果如图 7.8 所示，AIC 值为-37.77，BIC 值为-24.00。

estat ic						
Model	Obs	ll(null)	ll(model)	df	AIC	BIC
.	231	13.39	22.88442	4	-37.76884	-23.99916
Note: N=Obs used in calculating BIC; see [R] BIC note						

图 7.8　简单模型信息准则值

生成受教育年限 educ 和工作经验年限 exper 的平方项，建立新的模型$lwage = \beta_0 + \beta_1 educ + \beta_2 exper + \beta_3 tenure + \beta_4 educ2 + \beta_5 exper2$，然后重新对其进行回归并计算，命令如下：

```
gen educ2=educ^2
gen exper2=exper^2
reg lwage educ exper tenure educ2 exper2
estat ic
```

调整之后的计算结果如图 7.9 所示，可以发现此时计算的 AIC 值为-39.91，BIC 值为-19.25。

estat ic						
Model	Obs	ll(null)	ll(model)	df	AIC	BIC
.	231	13.39	25.95341	6	-39.90683	-19.25232
Note: N=Obs used in calculating BIC; see [R] BIC note						

图 7.9　复杂模型信息准则值

通过这两个模型信息准则值的对比分析可以得出结论：第 2 个模型$lwage = \beta_0 + \beta_1 educ + \beta_2 exper + \beta_3 tenure + \beta_4 educ2 + \beta_5 exper2$的信息准则值更小，所以此模型优于第一个模型。

实验 7-5　极端数据的诊断与处理

➤ 实验基本原理

在全体观测值中，会有一些样本和总体样本距离较远，这些样本在回归中可能会对斜率或者截距的估计产生较大的影响，从而使得估计值和真值的差距较大。所以在实际应用中，首先应通过绘制散点图的方式观测是否有极端数值的存在，如果有，就应该去掉这些极端数值再进行回归分析。

如果解释变量过多或者是面板数据，那么绘图的方式并不直观，通常使用 leverage 影响力方法来判断该数据是否是极端数据。若数据的 leverage 影响力值高于平均值，则对回归系数影响较大，这时可能会产生极端数据的影响。

实验目的与要求

（一）实验目的

1. 通过本次实验掌握极端数据检验的基本原理和主要途径。
2. 熟练掌握使用 Stata 进行极端数据检验的操作过程和分析方法。

（二）实验要求

1. 理解极端数据检验的基本原理和基本思想。
2. 理解极端数据检验的输出结果，根据检验结果做出合理的判断。

实验内容及数据来源

根据统计资料得到了美国汽车产业的横截面数据（1978 年），变量主要包括：price=汽车的价格（单位：美元），mpg=每加仑油所行驶的英里数（单位：英里/加仑），weight=汽车的重量（单位：磅），foreign 表示是否是进口车，如果 foreign=0 就代表是国产车，如果 foreign=1 就代表是进口车。完整的数据位于本书下载资源\data\第 7 章\usaauto.dta 工作文件中，部分数据显示如实验 6-1 所示。

利用 usaauto 数据，以 price 为因变量，mpg、weight 和 foreign 为自变量建立回归模型，找出样本数据中存在的极端数据。

实验操作指导

进行极端数据的检验时通常会用到如下一组命令：

```
regress y x₁ x₂……
predict lev, leverage
gsort lev
sum lev
list in 1/i
```

在上述命令语句中，第 1 句是以 y 为因变量，x_1、x_2 等为自变量建立回归分析；第 2 句计算出所有观测数据的 lev 值；第 3 句将 lev 值降序排列；第 4 句的作用是计算出 lev 值的极值与平均值，从而便于比较；第 5 句从大到小列出第 1~i 个观测值，以便处理。

根据实验内容建立回归模型 $price = \beta_0 + \beta_1 mpg + \beta_2 weight + \beta_3 foreign$，为分析汽车数据中是否存在极端值，在 Stata 中输入如下命令：

```
regress price mpg weight foreign
predict lev, leverage
gsort lev
sum lev
list in 1/3
```

建立回归模型之后，计算 lev 值，并将由大到小前 3 位的数据显示出来，执行结果如图 7.10 所示。在结果中可以看到 lev 的均值为 0.0541，而最大的 lev 值为 0.3001，所以该观测值有可能为极端数据，可以采取进一步的方法进行处理，从而保证模型的精确性。处理的方法一般有两种：一种方法为直接去掉极端值；另一种方法则选择其他更为恰当的模型进行回归分析。

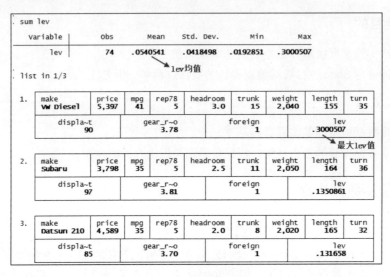

图 7.10　计算结果

复习与习题

本章回顾

1. Chow 检验的命令为：

```
chow varlist [weight] [if exp] [in range] [, chow(sample-list)]
```

2. 遗漏变量检验 Link 方法的基本命令语句为：

```
linktest [if] [in] [, cmd_options]
```

3. 遗漏变量检验 Ramsey 方法的基本命令语句为：

```
estatovtest [, rhs]
```

4. 使用信息准则进行解释变量个数检验的命令为：

```
estatic [, n(#)]
```

5. 进行极端数据检验的一组命令为：

```
regress y x₁ x₂···
predict lev, leverage
gsort-lev
sum lev
```

```
list in 1/i
```

习题

1. 利用 chinawage.dta 的数据，以模型 $lwage = \alpha + \beta educ + \gamma exper + \delta tenure$ 为基础，按照 exper 是否大于等于 10 建立虚拟变量，并将该变量以及与 educ 的交互项加入回归模型中进行重新估计。

2. 利用 water.dta 的数据建立模型 $\ln production = \beta_0 + \beta_1 \ln capital + \beta_2 \ln labor$，并利用 Chow 检验验证 2000 年自来水市场化改革后，自来水产业结构是否发生了变化，部分数据显示如表 7.3 所示。

表 7.3　部分数据

year	production	capital	labor
1990	1102	3396	1979
1991	1118	8013	2145
1992	1123	7523	2396
1993	3044	7020	2880
1994	2928	5922	2956
1995	2118	4733	3278
1996	3133	5550	3382
…	…	…	…

3. 利用 chinawage.dta 的数据，运用 Link 方法检验回归模型 $lwage = \alpha + \beta educ + \gamma exper$ 是否遗漏了重要的解释变量，部分数据如表 7.4 所示。

表 7.4　部分数据

educ	exper	tenure	lwage
16	5	2	1.467874
13	7	0	1.477049
16	7	0	1.477049
8	29	11	1.490654
12	3	0	1.490654
14	5	0	1.504077
14	16	0	1.504077
12	36	6	1.504077
12	2	1	1.504077
9	22	5	1.504077
12	35	0	1.504077
12	3	0	1.504077

4. 利用 chinawage.dta 的数据，运用信息准则的方法判断模型 $lwage = \alpha + \beta educ + \gamma exper$ 和模型 $lwage = \alpha + \beta educ + \gamma exper + \delta tenure$ 哪一个更为合适。

5. 利用 chinawage.dta 的数据建立回归模型 $lwage = \alpha + \beta educ + \gamma exper + \delta tenure$，并检验是否存在极端数据。

第8章 Stata与模型的修正

在计量经济学中，最为根本的回归方法就是普通最小二乘法（Ordinary Least Square，OLS），该方法中有一些最为根本的经典假设，如果这些假设条件不满足，就会影响模型估计的准确性和效率。本章将依次对不满足经典假设的情况进行分析，主要包括多重共线性、异方差和内生性问题的处理。

实验 8-1　多重共线性与逐步回归法

⊛ 实验基本原理

多重共线性问题在多元线性回归分析中是很常见的，其导致的直接后果是方程回归系数估计的标准误差变大、系数估计值的精度降低等。多重共线性的问题对于 Stata 软件来说并不显著，因为 Stata 会自动剔除完全的多重共线性，但是出于知识的完整性，这里还将介绍 Stata 对于多重共线性的识别和处理方法。

多重共线性的诊断方法如下。

- 当模型的拟合优度非常高且通过 F 检验，但多数解释变量都不显著，甚至解释变量系数符号相反时，可能存在多重共线性。
- 对由解释变量所组成的序列组进行相关分析时，如果有些变量之间的相关系数很高，就会反映出可能存在多重共线性。
- 使用命令 estatvif 对膨胀因子进行计算，当 VIF 的均值≥2 且 VIF 的最大值接近或者超过 10 时，通常认为有较为严重的多重共线性。

当确认模型存在多重共线性时，通常有两种解决方法来消除其影响：一种是收集更多的数据，增大样本容量；另一种是通过逐步回归改进模型的形式。在现实研究过程中，增大样本容量的操作不易执行，所以逐步回归法应用得更为广泛。

逐步回归法的基本原理是：先分别拟合被解释变量对于每一个解释变量的一元回归，并将各回归方程的拟合优度按照大小顺序排列，然后将拟合优度最大的解释变量作为基础变量，逐渐将其他解释变量加入模型中并同时观测 t 检验值的变化，如果 t 检验显著，就保留该变量，否则去除，不断重复此过程直到加入所有显著的解释变量。

⊙ 实验目的与要求

（一）实验目的

1. 通过本次实验掌握处理多重共线性的基本原理和主要方法。
2. 熟练掌握使用 Stata 进行多重共线性检验的操作过程和分析方法。
3. 熟练掌握使用 Stata 进行逐步回归的方法。

（二）实验要求

1. 理解多重共线性检验的基本原理，了解膨胀因子检验的基本思想。
2. 理解多重共线性检验的输出结果，根据检验结果做出合理的判断。
3. 理解逐步回归法的基本思想和操作步骤。

⊙ 实验内容及数据来源

根据统计资料得到了某市旅游业的相关数据，变量主要包括：Y=旅游收入（单位：万元），X1=某市旅游人数（单位：人），X2=城镇居民人均旅游支出（单位：元），X3=农村居民人均旅游支出（单位：元），X4=公路里程（单位：公里），X5=铁路里程（单位：公里）。完整的数据位于本书下载资源\data\第 8 章\lvyou.dta 工作文件中，数据显示如表 8.1 所示。

表 8.1　部分数据

YEAR	Y	X1	X2	X3	X4	X5
2000	1023.5	52400	414.7	54.9	11178	590
2001	1375.7	62900	464	61.5	11570	597
2002	1638.4	63900	534.1	70.5	11858	649
2003	2112.7	64400	599.8	145.7	12264	660
2004	2391.2	69450	607	197	12785	664
2005	2831.9	71900	614.8	249.5	13517	674
2006	3175.5	74400	678.6	226.6	14027	687
2007	3522.4	78400	708.3	212.7	16980	701
2008	3878.4	87800	739.7	209.1	17652	719
2009	3442.3	87000	684.9	200	18098	730

利用 lvyou 数据估计方程，判断是否存在多重共线性，若存在，则采用逐步回归法消除多重共线性。

⊙ 实验操作指导

1. 估计方程

要进行多重共线性的检验与修正，首先要建立基本的回归模型。按照第 6 章所讲述的内容，建立回归模型 $Y = \beta_0 + \beta_1 x_1 + \beta_2 x_2 + \beta_3 x_3 + \beta_4 x_4 + \beta_5 x_5$，命令如下：

```
use c:\data\lvyou.dta, clear
regress Y X1 X2 X3 X4 X5
```

可以得到如图 8.1 所示的回归结果，通过判断可以发现：整个模型的拟合优度较高，但是变量 X1 和 X5 未通过 t 检验，且 X5 的系数为负，与常理违背，因为在通常情况下，随着铁路里程的增加，交通更加方便，所以旅游收入应该增加。综上所述，可以初步认为该模型存在多重共线性。

```
regress Y X1 X2 X3 X4 X5

     Source |       SS       df       MS              Number of obs =      10
------------+------------------------------           F(  5,     4) =  173.35
      Model |  8692490.03      5  1738498.01          Prob > F      =  0.0001
   Residual |  40114.7684      4  10028.6921          R-squared     =  0.9954
------------+------------------------------           Adj R-squared =  0.9897
      Total |   8732604.8      9  970289.423          Root MSE      =  100.14

          Y |      Coef.   Std. Err.      t    P>|t|     [95% Conf. Interval]
------------+----------------------------------------------------------------
         X1 |   .0130876    .012692     1.03   0.361    -.022151    .0483263
         X2 |   5.438193   1.380396     3.94   0.017    1.605599    9.270787
         X3 |   3.271772    .944215     3.47   0.026    .6502112    5.893333
         X4 |   .1298623   .0417793     3.11   0.036    .0138644    .2458603
         X5 |  -5.631073   3.212831    -1.75   0.155   -14.55132    3.289176
      _cons |  -274.3788    1316.69    -0.21   0.845   -3930.097    3381.339
```

较高的拟合优度

X5的系数为负   X1和X5的系数未通过检验

图 8.1　旅游模型回归结果

2. 多重共线性检验

多重共线性的检验通常采取两种方法：一种是计算膨胀因子；另一种是计算变量之间的相关系数。下面将会详细介绍。

（1）计算膨胀因子

计算膨胀因子的命令为：

```
estatvif [, uncentered]
```

其中，uncentered 选项通常使用在没有常数项的模型中。

在本实验中的回归之后输入命令"estatvif"，就可以得到如图 8.2 所示的膨胀因子数值。结果显示该模型的膨胀因子的平均值为 14.50，远远大于经验值 2，且最大值为 20.06，远大于经验值 10，所以可以认为该模型存在严重的多重共线性。

```
estat vif

    Variable |       VIF       1/VIF
-------------+----------------------
          X5 |     20.06    0.049852
          X2 |     19.35    0.051668
          X1 |     17.87    0.055953
          X4 |     10.82    0.092383
          X3 |      4.40    0.227291
-------------+----------------------
    Mean VIF |     14.50
```

图 8.2　膨胀因子计算结果

（2）计算相关系数

计算相关系数的命令语句为：

```
pwcorr [varlist] [if] [in] [weight] [, pwcorr_options]
```

其中，varlist 为将要计算相关系数的变量，if 为条件语句，in 为范围语句，weight 为权重语句，options 选项如表 8.2 所示。

表 8.2　pwcorr 命令中的选项

选项	含义
obs	显示用来计算的观测值数目
sig	显示显著性水平
print(#)	打印用户设定的显著性水平 "#" 以上的相关系数
star(#)	#标注用户设定的显著性水平 "#" 以上的相关系数
bonferroni	使用 Bonferroni-Adjusted 显著性水平
sidak	使用 Sidak-Adjusted 显著性水平

在本实验中，可以通过计算变量 X1、X2、X3、X4 和 X5 之间的相关系数来判断模型是否存在多重共线性，使用命令：

```
pwcorr X1 X2 X3 X4 X5
```

得到的相关系数矩阵如图 8.3 所示，通过观察可以发现解释变量 X1 与 X2、X4、X5 之间，X2 与 X3、X4、X5 之间，以及 X4 与 X5 之间的相关系数非常高，因此可以认为解释变量之间存在较为严重的多重共线性。

```
pwcorr X1 X2 X3 X4 X5

                 X1        X2        X3        X4        X5

     X1      1.0000
     X2      0.9189    1.0000
     X3      0.7520    0.8651    1.0000
     X4      0.9480    0.8592    0.6649    1.0000
     X5      0.9417    0.9633    0.8181    0.8977    1.0000
```

图 8.3　相关系数计算结果

3. 逐步回归法

（1）手动逐步回归法

逐步回归法的第一步是要分别拟合 Y 对每一个变量的回归方程，从中选出拟合优度最高的方程作为基础方程。使用命令如下：

```
regress Y X1
regress Y X2
regress Y X3
regress Y X4
regress Y X5
```

经过这步操作可以得到各个一元方程的回归结果。表 8.3 是为了便于观察，根据 Stata 输出结果整理而成的。结果显示：拟合优度的大小排列顺序为 X2>X5>X1>X4>X3，所以这时应将 X2 作为基础解释变量，然后将 X5、X1、X4、X3 分别加入回归方程，进行逐步回归。

表 8.3　各个一元回归结果

项目	X1	X2	X3	X4	X5
回归系数	0.0842	9.0523	11.6673	0.3433	20.1415
P 值	0.000	0.000	0.001	0.000	0.000
拟合优度	0.9037	0.9558	0.7715	0.8394	0.9054

首先，将 X5 加入方程进行回归，输入命令：

```
regress Y X2 X5
```

结果如图 8.4 所示，通过观察可以发现：X5 的系数 P 值为 0.658，没有通过检验，所以删除解释变量 X5。

```
regress Y X2 X5

    Source |      SS       df       MS              Number of obs =      10
-----------+------------------------------           F(  2,     7) =   78.18
     Model | 8358433.63     2  4179216.81            Prob > F      =  0.0000
  Residual | 374171.176     7  53453.0251            R-squared     =  0.9572
-----------+------------------------------           Adj R-squared =  0.9449
     Total | 8732604.8      9  970289.423            Root MSE      =   231.2

-----------------------------------------------------------------------------
         Y |     Coef.   Std. Err.      t    P>|t|    [95% Conf. Interval]
-----------+-----------------------------------------------------------------
        X2 |  7.850635   2.699154     2.91   0.023    1.468149    14.23312
        X5 |  2.851778   6.170819     0.46   0.658   -11.73989    17.44345
     _cons | -4109.636   2582.991    -1.59   0.156   -10217.44    1998.167
-----------------------------------------------------------------------------
```

图 8.4　Y 与 X2、X5 回归结果

接下来，将 X1 加入基本方程进行回归，得到如图 8.5 所示的回归结果，结果显示：X1 系数的 P 值为 0.068，没有通过检验，所以删除。

```
regress Y X2 X1

    Source |      SS       df       MS              Number of obs =      10
-----------+------------------------------           F(  2,     7) =  128.17
     Model | 8500472.75     2  4250236.38            Prob > F      =  0.0000
  Residual | 232132.049     7  33161.7213            R-squared     =  0.9734
-----------+------------------------------           Adj R-squared =  0.9658
     Total | 8732604.8      9  970289.423            Root MSE      =   182.1

-----------------------------------------------------------------------------
         Y |     Coef.   Std. Err.      t    P>|t|    [95% Conf. Interval]
-----------+-----------------------------------------------------------------
        X2 |  6.194242   1.44593      4.28   0.004    2.775161    9.613323
        X1 |  .0297609   .0138348     2.15   0.068   -.0029533    .0624752
     _cons | -3326.393   394.5101    -8.43   0.000   -4259.261   -2393.524
-----------------------------------------------------------------------------
```

图 8.5　Y 与 X2、X1 回归结果

将 X4 加入基本方程进行回归，图 8.6 显示所有系数都通过了检验，所以基本方程得以扩展为 X2 和 X4 两个解释变量。

```
regress Y X2 X4

    Source |      SS       df       MS              Number of obs =      10
-----------+------------------------------           F(  2,     7) =  155.80
     Model | 8540733.75     2  4270366.88            Prob > F      =  0.0000
  Residual | 191871.048     7  27410.1498            R-squared     =  0.9780
-----------+------------------------------           Adj R-squared =  0.9718
     Total | 8732604.8      9  970289.423            Root MSE      =   165.56

-----------------------------------------------------------------------------
         Y |     Coef.   Std. Err.      t    P>|t|    [95% Conf. Interval]
-----------+-----------------------------------------------------------------
        X2 |  6.736536   1.01384      6.64   0.000    4.339185    9.133887
        X4 |  .1090789   .0410311     2.66   0.033    .0120557    .2061021
     _cons | -3059.972   321.4908    -9.52   0.000   -3820.177   -2299.767
-----------------------------------------------------------------------------
```

图 8.6　Y 与 X2、X4 回归结果

最后，将解释变量 X3 加入，以 X2、X4、X3 作为解释变量进行回归，最终结果如图 8.7 所示，所有变量都通过了检验。

```
regress Y X2 X4 X3

    Source  |      SS       df       MS              Number of obs =      10
------------+------------------------------          F(  3,     6) =  231.79
      Model | 8657901.25      3  2885967.08          Prob > F      =  0.0000
   Residual | 74703.556       6  12450.5927          R-squared     =  0.9914
------------+------------------------------          Adj R-squared =  0.9872
      Total | 8732604.8       9  970289.423          Root MSE      =  111.58

         Y |     Coef.   Std. Err.      t    P>|t|     [95% Conf. Interval]
-----------+----------------------------------------------------------------
        X2 |  4.215885   1.06867      3.94   0.008     1.600944    6.830826
        X4 |  .1362909   .0290416     4.69   0.003     .0652287    .207353
        X3 |  3.221965   1.050297     3.07   0.022      .65198     5.79195
     _cons | -2441.161   296.0387    -8.25   0.000    -3165.542   -1716.78
```

图 8.7　Y 与 X2、X4、X3 回归结果

经过逐步回归法，我们最终得到了较为合理、精确的回归模型，模型的形式为 $y = -2441.16 + 4.22x_2 + 0.14x_4 + 3.22x_3$。这个模型的含义也较为明确，即城镇居民人均收入和农村居民人均收入每增加 1 元，该市旅游业收入分别增加 4.22 万元和 3.22 万元，公路里程每增加 1 公里，该市旅游收入将增加 0.14 万元。

（2）自动逐步回归法

对于解释变量较多的计量模型，上述方法并不适用，所以 Stata 提供了直接进行分步回归的命令，命令格式为：

```
stepwise [, options ] : command
```

其中，command 为进行回归分析或建立其他模型的命令，options 选项显示在表 8.4 中。

表 8.4　stepwise 中的选项

选项	说明
* pr(#)	删除解释变量的显著性水平
* pe(#)	增加解释变量的显著性水平
forward	前向搜寻法
hierarchical	分层搜寻法
lockterm1	保留第 1 项
lr	使用似然比统计量代替 Wald 统计量

在运用 stepwise 命令时，需要特别注意搜寻的方法和顺序，具体内容如表 8.5 所示。表 8.5 较为详细地叙述了每种方法的内在含义和实际操作方法，所以用户使用该命令时应根据研究需要进行选择，或者通过几种方法结果的对比确定最终的模型。

表 8.5　搜寻顺序表

顺序选项	名称	功能和计算逻辑
pr(#)	后向搜寻法	首先建立包括所有解释变量在内的模型，当显著性水平最低的变量无法通过检验时，去除该变量并重新估计。这一过程不断重复，直到显著性水平最低的变量能够通过检验
pr(#) hierarchical	后向分层搜寻法	首先建立包括所有解释变量在内的模型，然后总是检验所有解释变量中的最后一个，当最后一个变量不显著时，去除该变量并重新估计。这一过程不断重复，直到模型中保留下来的解释变量中最后一个能够通过检验

（续表）

顺序选项	名称	功能和计算逻辑
pr(#) pe(#)	后向分步搜寻法	此方法的第一步和后向搜寻法完全一致，但执行结束之后，需要再将已经排除的显著性水平最高的解释变量重新加入进行估计，同时还要将没有排除的显著性水平最低的解释变量排除后重新估计，不断重复这一过程，直到这两种计算不能再进行
pe(#)	前向搜寻法	首先建立只含有常数项的原始模型，然后按显著性水平由高到低加入解释变量，只有当解释变量通过检验时，该变量才能被保留
pe(#) hierarchical	前向分层搜寻法	首先建立只含有常数项的原始模型，然后按排列顺序逐个加入解释变量，当下一个解释变量无法通过检验时，该过程停止，并形成最终的模型
pr(#) pe(#) forward	前向分步搜寻法	此方法的第一步和前向搜寻法完全一致，但执行结束之后，需要再将模型中显著性水平最低的未通过检验的解释变量排除后继续进行估计，同时还要将已经排除的显著性水平最高的且可以通过检验的解释变量加入后重新估计，不断重复这一过程，直到这两种计算不能再进行

重复旅游业分析的建模过程，如果采用前向搜寻法逐步回归，就可以输入如下命令：

```
stepwise,pe(0.05): regress Y X1 X2 X3 X4 X5
```

其中，pe(0.05)表示运用显著性水平为5%的前向搜寻法，regress Y X1 X2 X3 X4 X5 则是指要建立回归模型。由于前向搜寻法和手动逐步回归的计算方法一致，因此得到如图 8.8 所示的结果，与图 8.7 的结果基本一致。如果使用其他方法，就会得出不同的结果，所以读者应当根据自身研究的需要进行慎重的选择。

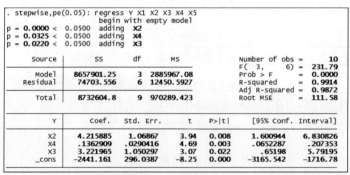

图 8.8　前向搜寻法结果

实验 8-2　异方差检验与处理

实验基本原理

所谓异方差，是指误差项 u 对不同的个体是不同的，从统计上讲，就是违反了球形误差的假设。

当数据有异方差问题时，会导致 test 命令得到的结果产生偏差。下面先介绍如何检验异方差。

异方差的检验通常有三种方法：第一种是较为直观的观察法，进行回归后画出残差图，如果残差的波动较大，就说明可能存在异方差，但是这种方法并不严谨，只能作为进行异方差检验的一种直观参考；第二种方法是 BP 检验（Breusch-Pagan 检验），该检验的思想是将残差平方和作为被解释变量，原有的解释变量仍然作为解释变量，如果这个回归的系数都不显著，就说明残差平方和不被解释变量所解释，不存在异方差的情况；第三种方法就是怀特检验，怀特检验的基本思想就是比较满足经典假设的普通标准差与异方差情况下稳健标准差的大小，如果二者差距过大，就说明存在异方差。

异方差的处理较为简单，因为异方差并不影响回归系数估计的一致性，最为常用的方法就是在进行检验的时候使用异方差稳健标准差进行修正。除此之外，如果对于回归方程 $Y = X\beta + \varepsilon$，知道其方差矩阵 V，就可以经过变形对满足经典假设的方程 $V^{-1/2}Y = V^{-1/2}X\beta + V^{-1/2}\varepsilon$ 进行回归估计，这种方法叫作广义最小二乘估计。如果方差矩阵未知，就可以首先得到方差矩阵的估计，然后使用上述方法进行回归，这种方法叫作可行广义最小二乘估计。

▶ 实验目的与要求

（一）实验目的

1. 了解异方差的产生、检验和处理方法的基本原理。
2. 使用 Stata 对样本数据的异方差进行检验，并学会用 Stata 对异方差进行处理。

（二）实验要求

1. 在实验中回顾前面章节所使用的有关回归和画图的命令。
2. 熟练掌握异方差检验的命令和检验结果的解读。
3. 熟练掌握异方差处理的有关命令。
4. 能够独立完成有关异方差检验和处理的操作。

▶ 实验内容及数据来源

数据来自中国某次对劳动力的调查，变量主要有 age（年龄）、age_square（年龄平方）、income（年收入）、lninc（年收入的对数值）、edu（教育级别）。完整的数据位于本书下载资源 \data\第 8 章\survey.dta 工作文件夹中，部分数据显示如表 8.6 所示。

表 8.6　survey.dta 部分数据

age	edu	income	lninc	age_square
25	5	60000	11.0021	625
56	3	0		3136
51	4	0		2601
81	1	0		6561
52	3	40200	10.6016	2704
34	3	20000	9.90349	1156
19	4	−8		361

（续表）

age	edu	income	lninc	age_square
27	5	24000	10.0858	729
61	3	0		3721
53	4	0		2809
29	4	8000	8.9872	841
...	...	...	...	...

在本实验中，运用 survey 数据分析各个解释变量对年收入对数的影响，并运用多种方法检验是否存在异方差，如果存在异方差，就对模型进行合理的修正，最终得到一个效果较好的模型。

◉ 实验操作指导

本节的重点是运用 Stata 对异方差进行检验和处理，在前面章节的基础上解读对于 survey 数据的实验。

1. 确定回归模型形式

根据明瑟方程，我们将工资的方程写为如下形式：

$$\text{lninc} = \beta_0 + \beta_1 \text{age} + \beta_2 \text{age}_{\text{square}} + \beta_3 \text{edu}$$

这就是本节分析所使用的基本模型。

2. 进行回归

打开文件的命令如下：

```
use c:\data\survey.dta,clear
```

或者直接从菜单栏 file 中选择 open，找到需要打开的数据文件 survey。
对回归方程进行估计的命令如下：

```
reg lninc age age_squareedu
```

得到回归结果如图 8.9 所示。

```
reg lninc age age_square edu

  Source |       SS       df       MS              Number of obs =      35
---------+------------------------------           F(  3,    31) =   27.26
   Model | 58.7293137     3  19.5764379           Prob > F      =  0.0000
Residual | 22.261239     31  .718104482           R-squared     =  0.7251
---------+------------------------------           Adj R-squared =  0.6985
   Total | 80.9905527    34  2.38207508           Root MSE      =  .84741

-------------------------------------------------------------------------
     lninc |     Coef.   Std. Err.      t    P>|t|    [95% Conf. Interval]
-----------+-------------------------------------------------------------
       age |  .1717413   .0598969     2.87   0.007    .0495807    .2939019
age_square | -.0022266   .0006743    -3.30   0.002   -.0036018   -.0008514
       edu |  .5153183   .1543694     3.34   0.002    .2004798    .8301569
     _cons |  4.891974   1.413231     3.46   0.002    2.00967    7.774278
-------------------------------------------------------------------------
```

图 8.9　回归结果图

根据实验结果图，回归方程可具体化为：$\text{lninc} = 4.89 + 0.17\text{age} - 0.002\text{age}_{\text{square}} + 0.52\text{edu}$；从结果图中给出的 P 值可以看出，在 10% 和 5% 的置信度下，模型所有系数和常数项都通过了 t 检验。

3. 异方差的检验

对模型进行回归并不是本章的知识，然而回归是一个基础，即在异方差检验之前必须进行回归。下面将详细介绍异方差检验的基本方法。

（1）残差图观察法

做完模型的基本回归后，运用 Stata 绘制残差图来观察异方差是否存在。

在命令窗口中输入如下两个命令中的任意一个即可：

```
rvfplot
rvpplot varname
```

第一个命令语句的作用是绘制默认形式的残差图，第二个命令语句的作用是绘制残差与某个解释变量的散点图，varname 可以更换为合理的解释变量。

在前面的章节中，已经介绍过绘制残差图的各种命令，所绘制出的各种图形虽然有些差异，但是所展示的信息基本是一致的。图 8.10 中显示残差的方差是变化的，从一开始分散程度就很大（方差大），然后逐渐变得紧凑（方差变小），这样一来很显然地否定了球形扰动项的假设，即通过残差图观察法得出的结论是此模型存在异方差问题。

通过绘制残差图可以直观地观察到是否存在异方差，但是观察残差图的方法标准较为模糊，会遇到模型残差图很难判断的情形，所以只采用残差图的方式判定模型的方差形式是不够严谨的，必须配合接下来介绍的几种正规的检验方法才有信服力。

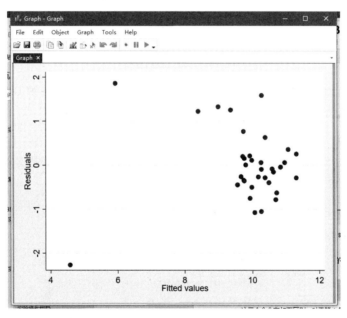

图 8.10　残差拟合值

（2）BP 检验法

BP 检验是一种常用的检验异方差的方法，在对模型的基本回归结束后，需要在命令窗口重新输入以下 3 个命令中的一个：

```
estat hettest, normal
estat hettest,rhs
```

```
estathettest [varlist]
```

这 3 个命令的区别：对于第 1 条命令，根据本章解释的 BP 检验原理，此命令程序默认用被解释变量的拟合值$\hat{y}$来解释异方差；第 2 条命令默认用模型右边的解释变量，不包括$\hat{y}$；第 3 条命令，在 varlist（变量名单）里可添加认为有用的解释变量进行检验，但是不能加入被解释变量 y。

在对 survey 数据进行回归后，BP 检验结果如图 8.11~图 8.13 所示。

```
. estat hettest, normal

Breusch-Pagan / Cook-Weisberg test for heteroskedasticity
        Ho: Constant variance
        Variables: fitted values of lninc

        chi2(1)    =      37.44
        Prob > chi2 =     0.0000
```

图 8.11   BP 检验结果 1

```
. estat hettest,rhs

Breusch-Pagan / Cook-Weisberg test for heteroskedasticity
        Ho: Constant variance
        Variables: age age_square edu

        chi2(3)    =      39.09
        Prob > chi2 =     0.0000
```

图 8.12   BP 检验结果 2

```
. estat hettest edu

Breusch-Pagan / Cook-Weisberg test for heteroskedasticity
        Ho: Constant variance
        Variables: edu

        chi2(1)    =      26.79
        Prob > chi2 =     0.0000
```

图 8.13   BP 检验结果 3

以上 3 图都是使用 survey 数据进行 BP 检验的结果，结果显示：在各种 BP 检验下均以 P=0 的概率拒绝原假设，即模型存在异方差，且 edu 是导致异方差的重要原因。

（3）怀特检验法

根据本章介绍的该方法的原理，Stata 可以直接得到检验结果。对模型基本回归结束后，需要在命令窗口输入如下命令：

```
estatimtest, white
```

怀特检验的结果如图 8.14 所示。

```
. estat imtest, white

White's test for Ho: homoskedasticity
        against Ha: unrestricted heteroskedasticity

        chi2(8)    =      27.64
        Prob > chi2 =     0.0005

Cameron & Trivedi's decomposition of IM-test
```

Source	chi2	df	p
Heteroskedasticity	27.64	8	0.0005
Skewness	8.37	3	0.0389
Kurtosis	1.74	1	0.1876
Total	37.75	12	0.0002

图 8.14 怀特检验结果

可见怀特检验的原假设是：模型同方差，备择假设是无约束异方差。怀特检验结果显示：模型以 P 值为 0.0005 的检验结果显著拒绝了原假设。结论与前面的残差图结果是一致的，但更具说服力。

此外，该检验还对异方差的形式（skewness（偏斜）、kurtosis（峰度））进行了检验，结果显示偏斜的程度在统计上更加显著。

4．异方差的处理

如果检测结果存在异方差，就要对异方差的问题进行处理。下面将会介绍 Stata 中存在异方差时修正模型的方法。

（1）稳健标准差加 OLS 法

此方法适用于大样本的情况，Stata 中所使用的命令语句是：

```
reg y x1 x2 …,robust
```

显然从命令语句上看，与普通最小二乘法的区别是后面添加了 robust，表示在模型估计中采用的是稳健标准差。在实验中，以 survey 数据为例查看这种修正的操作结果。

在命令窗口中输入：

```
reg lninc age age_squareedu, robust
```

这个命令语句的功能就是使用稳健标准差和 OLS 方法重新绘制出刚才的回归模型，结果如图8.15 所示。

```
. reg lninc age age_square edu, robust

Linear regression                              Number of obs =       35
                                               F(  3,   31) =     9.85
                                               Prob > F      =   0.0001
                                               R-squared     =   0.7251
                                               Root MSE      =   .84741

                         Robust
    lninc |    Coef.    Std. Err.      t     P>|t|    [95% Conf. Interval]

      age |  .1717413   .0890829    1.93    0.063    -.0099444    .353427
age_square | -.0022266   .0011043   -2.02    0.053    -.0044788    .0000256
      edu |  .5153183   .1336897    3.85    0.001     .2426563    .7879804
    _cons |  4.891974   2.002031    2.44    0.020     .8088044    8.975143
```

图 8.15　稳健标准差法回归结果图

与异方差处理之前的回归结果相比，系数的估计量没有发生变化，而估计量的置信区间和标准差发生了变化。在稳健标准差估计下，各估计量的 t 检验 P 值发生了很大变化，在 10%的置信度下系数通过检验。

（2）GLS 法（广义最小二乘法）

由于

$$\hat{\beta}_{GLS} = \left(X'V^{-1}X\right)^{-1}X'V^{-1}y$$

因此在估计模型时必须知道 V(X)，其操作方法与 FGLS 是相同的，因为加上 V(X)具体化的过程就是 FGLS 方法了。

（3）FGLS 法（可行广义最小二乘法）

GLS 法与 FGLS 法实际上是类似的，由于 GLS、WLS 使用到未知的 V(X)，使用时必须将 V(X)已知化，实际上就是 FGLS 了。现代计量经济学大多使用 FGLS 法。

在 Stata 中 FGLS 法的基本步骤如下：

01 使用Stata对原方程进行OLS估计后，得到残差项的估计值$\hat{u}_i$：

```
predict u, residuals
```

或者：

```
predict u, res
```

02 生成并计算出$\ln\hat{u}_i^2$：

```
gen lnu2=ln(u^2)
```

03 用$\ln\hat{u}_i^2$对所有独立解释变量进行回归，得到被解释变量的拟合值：

```
quietly reg lnu2 x1 x2 …
predict g, xb
```

04 计算$\hat{h}_i = \exp(\hat{g}_i)$（$\hat{h}$代表这个新变量的名称）：

```
gen h=exp(g)
```

05 以$\frac{1}{\hat{h}_i}$为权重，对模型进行WLS处理：

```
gen invvar=1/h
```

输入如下命令语句对模型加上得出的权重进行修正回归，这样就基本完成了 FGLS 法回归，可以得到一个修正回归后的结果。

```
reg y x1 x2… [aweight=invvar]
```

在本实验中，使用 FGLS 方法对模型进行修正回归的操作如下：

```
predict u, residuals
gen lnu2=ln(u^2)
```

然后进行回归，并得到拟合值：

```
quietly reg lnu2 age age_squareedu
predict g, xb
```

找到权重，对模型加上权重进行回归就可以得到如图 8.16 所示的回归结果图。

```
gen h=exp(g)
gen invvar=1/h
reg lninc age age_squareedu [aweight=invvar]
```

```
. reg lninc age age_square edu [aweight=invvar]
(sum of wgt is   5.2172e+02)
```

Source	SS	df	MS		
Model	7.64742972	3	2.54914324		
Residual	8.69638024	31	.280528395		
Total	16.34381	34	.480700293		

	Number of obs =	35
	F(3, 31) =	9.09
	Prob > F =	0.0002
	R-squared =	0.4679
	Adj R-squared =	0.4164
	Root MSE =	.52965

lninc	Coef.	Std. Err.	t	P>|t|	[95% Conf. Interval]	
age	-.0036872	.0807426	-0.05	0.964	-.1683629	.1609884
age_square	.0000604	.0011568	0.05	0.959	-.002299	.0024197
edu	.4543343	.093469	4.86	0.000	.263703	.6449656
_cons	8.272852	1.375113	6.02	0.000	5.468291	11.07741

图 8.16　FGLS 法修正后的回归结果

结果图显示 FGLS 方法可以使模型修正，但是修正后年龄和年龄平方两个系数不再显著，这说明模型设计存在问题，需要进行进一步的改进。

（4）Heteroskedastic 线性回归

Stata 15.0 中 hetregress 让用户处理异质性回归，允许用户对异方差建模，其中方差是协变量的指数函数。

如果正确地指定了方差模型，那么将方差建模为指数函数可以产生更有效的参数估计。

hetregress 对方差进行了两种估计：最大似然（ML）估计和两步 GLS 估计。如果正确地指定了均值和方差函数，并且误差是正态分布的，那么 ML 估计比 GLS 估计更有效。如果方差函数不正确或误差不正常，两步 GLS 估计更可靠。

就本例而言，相关的 stata 命令为：

```
Hetregress lninc age age_square edu
```

输入命令后，可以看到如图 8.17 所示的 Heteroskedastic 线性回归结果。

```
. hetregress lninc age age_square edu

Fitting full model:

Iteration 0:   log likelihood = -44.383353
Iteration 1:   log likelihood = -41.758228
Iteration 2:   log likelihood = -41.744086
Iteration 3:   log likelihood = -41.74408
Iteration 4:   log likelihood = -41.74408
```

Heteroskedastic linear regression	Number of obs =	35
ML estimation		
	Wald chi2(3) =	92.34
Log likelihood = -41.74408	Prob > chi2 =	0.0000

lninc	Coef.	Std. Err.	z	P>|z|	[95% Conf. Interval]	
lninc						
age	.1717413	.0563704	3.05	0.002	.0612573	.2822254
age_square	-.0022266	.0006346	-3.51	0.000	-.0034704	-.0009828
edu	.5153183	.1452808	3.55	0.000	.2305732	.8000634
_cons	4.891974	1.330026	3.68	0.000	2.285172	7.498776
lnsigma2						
_cons	-.4525011	.2390457	-1.89	0.058	-.9210221	.0160199

图 8.17　Heteroskedastic 线性回归结果

从 Heteroskedastic 线性回归结果中可以看出，Heteroskedastic 线性回归模型在经过 4 次迭代计算后得到最大似然统计量。模型中共有 25 个样本参与了分析，沃德卡方统计量为 92.24，模型显著性 P 值为 0.0000，整体非常有效。

从各个解释变量的系数来看，都非常显著。其中，age 的系数值为 0.1717413，标准误为 0.0563704，z 值为 3.05，显著性 P 值为 0.002，95%的置信区间的下限为 0.0612573，上限为 0.2822254；age_square 的系数值为-0.0022266，标准误为 0.0006346，z 值为-3.51，显著性 P 值为 0.000，95%的置信区间的下限为-0.0034704，上限为-0.0009828；edu 的系数值为 0.5153183，标准误为 0.1452808，z 值为 3.55，显著性 P 值为 0.000，95%的置信区间的下限为 0.2305732，上限为 0.8000634；常数项的系数值为 4.891974，标准误为 1.330026，z 值为 3.68，显著性 P 值为 0.000，95%的置信区间的下限为 2.285172，上限为 7.498776。通过对比不难看出，Stata 15.0 提供的 Heteroskedastic 线性回归分析结果相对于之前的估计模型，无论是普通最小二乘回归分析，还是两阶段最小二乘回归分析，解释变量系数的显著性水平都实现了较大程度的改进。

实验 8-3　内生性与 2SLS

⊚ 实验原理

在普通最小二乘法的经典假设中，条件期望零值假定 $E(\varepsilon|X) = 0$ 可以保证估计系数的一致性。如果这个假设无法成立，就无法保证估计的一致性。通常有 3 种原因可能会导致内生性的问题，主要有遗漏变量、反向因果和测量误差。

如果出现了内生性问题，那么通常的解决方法是使用工具变量，利用两阶段最小二乘方法进行解决。工具变量必须满足两个条件：一是工具变量与内生变量相关；二是工具变量与随机扰动项不相关。假设方程：$y = x_1'\beta_1 + x_2\beta_2 + \varepsilon$，模型中只有 x_2 是内生变量，设法找到工具变量 z_2，然后进行两阶段最小二乘法。

- 第一阶段回归：内生变量对所有解释变量进行回归分析，得到内生解释变量的估计值 $\hat{x}_2$。
- 第二阶段回归：执行被解释变量与外生解释变量、内生解释变量一阶段回归拟合值的回归。

若模型不存在内生性问题，则 IV 法估计量和 OLS 估计量是一致的，但是 OLS 估计量更有效率（OLS 估计量方差更小）。若存在内生性问题，则只有 IV 法是一致的。豪斯曼检验正是采用了这一基本思想。其原假设 H_0：所有解释变量都是外生的。在大样本下，若 $\hat{\beta}_{IV} - \hat{\beta}_{OLS}$ 依概率收敛到 0，则 H_0 成立，否则说明模型存在内生性。

⊚ 实验操作指导

（一）实验目的

1. 了解内生性产生和其检验解决方法的基本思想。
2. 学会运用 Stata 来解决处理内生性问题。

（二）实验要求

1．熟练掌握检验和处理内生性的相关命令。
2．能够独立对数据进行有关内生性的操作。

⊛ 实验内容及数据来源

根据中国劳动市场的统计资料得到的统计数据可用来估计教育投资的回报率。部分数据显示在表 8.7 中，完整的数据位于本书下载资源\data\第 8 章\china_labor.dta 工作文件夹中。

表 8.7　china_labor.dta 部分数据

fhukou	age	party	eduyears	logincome	age_square
0	22	0	11	6.82763	484
0	26	0	8	7.27932	676
0	21		9	6.19031	441
0	28	0	8	6.87109	784
0	39	0	2		1521
0	42	0	7		1764
0	48	0	7	7.34601	2304
0	58	0	7		3364
0	46	0	5	6.39693	2116
0	38	0	10		1444
0	61	0	7	7.31322	3721
…	…	…	…	…	…

重要变量说明：fhukou 是指父亲的户口状况，age 表示子女的年龄，age_square 表示子女年龄的平方项，party 表示子女是否是党员，eduyears 表示子女的受教育年限，logincome 表示子女收入的对数值。

本实验使用该数据建立合理的模型对教育投资回报率进行探究，并对模型可能存在的内生性问题进行检验和合理的处理。

⊛ 实验操作指导

本实验的重点在于使用 Stata 对模型进行内生性检验和处理。下面来解读这个实验。

1．确定回归模型形式

根据研究问题的意义和数据建立方程：

$$logincome = \beta_0 + \beta_1 age + \beta_2 age\_square + \beta_3 eduyears + \beta_4 party + \varepsilon$$

2．对模型进行回归

在 Stata 命令窗口中输入如下命令来打开所用的数据文件并对模型进行基本回归：

```
use china_labor.dta, clear
reg logincome age age_square eduyears party
```

通过图 8.18 的回归结果可以看出，只有 party 这个变量不是特别显著，年龄与收入的关系是倒 U 型的，教育对收入的贡献较大。

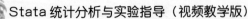

```
reg logincome age age_square eduyears party

    Source        SS        df      MS              Number of obs =      259
                                                    F(  4,   254) =    25.14
     Model   97.2562422       4  24.3140605         Prob > F      =   0.0000
  Residual    245.63642     254  .967072519         R-squared     =   0.2836
                                                    Adj R-squared =   0.2724
     Total   342.892662     258  1.32904133         Root MSE      =    .9834

   logincome      Coef.   Std. Err.      t    P>|t|     [95% Conf. Interval]

         age    .064146   .0219253     2.93   0.004     .0209674    .1073246
  age_square   -.0004194   .0002307    -1.82   0.070    -.0008738    .0000349
    eduyears    .1430627   .0191003     7.49   0.000     .1054477    .1806778
       party    .2340249   .1533187     1.53   0.128    -.0679129    .5359627
       _cons    5.266784   .5242031    10.05   0.000     4.234446    6.299122
```

图 8.18　模型的回归结果

3. 对建立的模型进行分析

由于能力因素无法被准确地测量，而被遗漏到扰动项中，因此教育这一解释变量就会与扰动项相关，从而使得教育的回报率估计不一致。在这个数据中，父亲的户口状况是一个相对外生的变量，且与子女的教育相关，所以可以考虑使用其作为工具变量。

4. 内生性处理

在内生性处理方法中，2SLS、GMM 和迭代 GMM 方法在 Stata 命令中的格式是统一的：

```
ivregress estimator y [varlist1] (varlist2 = varlist_iv) [if] [in] [weight]
[, options]
```

ivregress 表示对模型进行内生性处理的语句，其中 estimator 是指 2SLS 或者 GMM 两种方法，varlist1 表示模型不存在内生性的解释变量，varlist2 = varlist_iv 表示模型中存在内生性的变量和解释的工具变量，if 表示回归的条件，in 表示回归的范围，weight 表示在回归中加入权重，options 的内容如表 8.8 所示。

表 8.8　options 内容

options	描述
nonconstant	不包括常数项
hascons	用户自己设定常数项
wmatrix(wmtype)	wmtype 可能是 robust、cluster clustvar、hac kernel、unadjusted
center	权数矩阵采用中心距
igmm	采用迭代 gmm 估计法
eps(#)	指定参数的收敛标准，默认值为 eps(le-6)
weps(#)	权数矩阵的收敛标准，默认值为 wps(le-6)
optimization options	控制最优化的过程，很少使用
vce(vcetype)	Vcetype 可能是 robust、cluster clustvar、hac kernel、unadjusted
level（#）	设定置信区间
First	输出第一阶段的估计结果
Small	小样本下的自由度调整
noheader	仅显示估计系数表格

（续表）

options	描述
depname	显示替代变量的名称
Eform(string)	输出系数的指数形式并用 string 做其标签

下面介绍常用的内生性处理方法：2SLS 法。此方法在 Stata 中的命令语句格式如下：

```
ivregress 2sls y [varlist 1] (varlist2=instlist) [if] [in] [weight] [, options]
```

具体来说，常用的两个 2SLS 的命令语句如下。

- ivregress 2sls y x1 (x2 = z1 z2)：此命令表示 2SLS 法估计时使用的是默认普通的标准差，且默认结果只显示第二阶段的回归结果。
- ivregress 2sls y x1 (x2 = z1 z2), r first：此命令语句中，r 表示使用稳健标准差，first 表示在结果中显示第一阶段的回归。

在本实验中，使用 fhukou 作为内生解释变量 eduyears 的工具变量。使用 2SLS 法对模型进行估计，在 Stata 命令窗口中输入如下命令可以得到图 8.19 的估计结果：

```
ivregress 2sls logincome age age_square party (eduyears=fhukou)
```

此命令表示使用 2SLS 法对模型进行估计，使用 fhukou 作为 eduyears 的工具变量。

```
. ivregress 2sls logincome age age_square party  (eduyears=fhukou)

Instrumental variables (2SLS) regression        Number of obs  =     259
                                                 Wald chi2(4)   =   67.86
                                                 Prob > chi2    =  0.0000
                                                 R-squared      =       .
                                                 Root MSE       =  1.3406

   logincome |     Coef.   Std. Err.      z    P>|z|    [95% Conf. Interval]

    eduyears |  .4310365   .065029      6.63   0.000     .303582    .558491
         age |  .0697054   .0299111     2.33   0.020    .0110807   .1283301
  age_square | -.0002965   .0003155    -0.94   0.347   -.0009149   .0003219
       party | -.2798493   .2345003    -1.19   0.233   -.7394614   .1797628
       _cons |  1.882658   1.000507     1.88   0.060   -.0782999   3.843616

Instrumented:   eduyears
Instruments:    age age_square party fhukou
```

图 8.19　2SLS 估计法最终结果

在命令结果窗口中未显示第一阶段回归的结果，这里只是将最终结果列出来。在最终的结果图中列出了 instrumented（被使用工具变量解释的原解释变量）和 instruments（所使用的工具变量）。注意：工具变量不会在最终的估计结果中出现。从结果图中可以发现与原回归结果相比进行内生性处理后的估计值发生了很大变化，所以内生性处理是很有必要的。

5. 扩展回归模型（ERMs）在解决内生解释变量问题中的应用

Stata 15.0 新增了扩展回归模型（ERMs）功能，该功能非常强大，包括 4 个模型新命令，分别是：

- 线性模型。
- 具有区间审查结果的线性模型，包括 tobit 模型。
- probit 模型。
- 有序 probit 模型。

在 4 个基本模型命令的基础上，还可以增加如下选项。

- endogenous ( )：解决内生变量问题。
- select( )：解决样本选择问题。
- entreat( )：解决非随机处理任务问题。
- extreat( )：解决内源性（Heckman-Style）样本的选择问题。

上述命令及选项组合可以较好地解决的问题有：由于未测量的混淆造成的偏差、具有信息丢失的试验、因果推论、平均因果效应（ACE）、平均处理效果（ATEs）、线性模型中同时存在的因果关系、非随机缺失的结果（MNAR）、不可忽略的无响应、不可观测的选择、Heckman 选择等。事实上，以上所有问题都可以归于一个或多个内生变量、样本选择（缺失）和非随机处理分配。

就本例而言，在 Stata 中的命令语句为：

```
Eregress logincome  ageage_squareparty,endogenous(eduyears=fhukou)
```

输入完成后，得到如图 8.20 所示的检验结果。

```
. eregress logincome   age age_square party,endogenous(eduyears=fhukou)

Iteration 0:    log likelihood = -1003.2378
Iteration 1:    log likelihood = -1003.2359
Iteration 2:    log likelihood = -1003.2359

Extended linear regression                  Number of obs    =        259
                                            Wald chi2(4)     =      72.66
Log likelihood = -1003.2359                 Prob > chi2      =     0.0000
```

	Coef.	Std. Err.	z	P>|z|	[95% Conf. Interval]	
logincome						
age	.054136	.0198182	2.73	0.006	.0152931	.092979
age_square	-.0004181	.000208	-2.01	0.044	-.0008259	-.0000104
party	.2965684	.1385171	2.14	0.032	.0250798	.5680569
eduyears	.4983611	.089722	5.55	0.000	.3225093	.6742129
_cons	1.951401	1.013917	1.92	0.054	-.035839	3.938641
eduyears						
fhukou	2.88661	.5164601	5.59	0.000	1.874367	3.898853
_cons	8.108695	.468357	17.31	0.000	7.190733	9.026658
var(e.logincome)	2.484901	.7827328			1.340246	4.607166
var(e.eduyears)	10.09055	.8867062			8.494062	11.9871
corr(e.eduyears,e.logincome)	-.826771	.0611379	-13.52	0.000	-.9148532	-.663579

图 8.20　扩展回归模型（ERMs）结果

从图 8.20 中可以看出，扩展回归模型（ERMs）在经过两次迭代计算后得到最大似然统计量。模型中共有 259 个样本参与了分析，沃德卡方统计量为 72.66，模型显著性 P 值为 0.0000，整体非常有效。

从各个解释变量的系数来看，都非常显著。其中 age 的系数值为 0.054136，标准误为 0.0198182，z 值为 2.73，显著性 P 值为 0.006，95%的置信区间的下限为 0.0152931，上限为 0.092979；age_square 的系数值为-0.0004181，标准误为 0.000208，z 值为-2.01，显著性 P 值为

0.044，95%的置信区间的下限为-0.0008259，上限为-0.0000104；party 的系数值为 0.2965684，标准误为 0.1385171，z 值为 2.14，显著性 P 值为 0.032，95%的置信区间的下限为 0.0250798，上限为 0.5680569；eduyears 的系数值为 0.4983611，标准误为 0.089722，z 值为 5.55，显著性 P 值为 0.000，95%的置信区间的下限为 0.3225093，上限为 0.6742129；常数项的系数值为 1.951401，标准误为 1.013917，z 值为 1.92，显著性 P 值为 0.054，95%的置信区间的下限为-0.035839，上限为 3.938641。扩展回归模型（ERMs）回归分析结果相对于之前的估计模型，无论是普通最小二乘回归分析，还是两阶段最小二乘回归分析，解释变量系数的显著性水平都实现了较大程度的改进。

6. 内生性的检验

前面已经解读了 Stata 中对内生性问题的处理，有时仅从意义上观察不能确定内生性是否存在时，可以用豪斯曼检验方法检验模型是否存在内生性问题。

在 Stata 中的命令语句为：

```
hausman name-consistent [name-efficient] [,options]
```

hausman 语句表示豪斯曼检验。其中，语句 name-consistent 是指一致估计量的变量名，name-efficient 是指有效估计量的变量名，这两个变量的顺序是不能改变的。options 的内容说明如表 8.9 所示。

表 8.9　豪斯曼检验 options 的内容

选项	说明
constant	计算检验统计量时加入常数项，默认值是排除常数项
alleps	使用所有方程进行检验，默认只检验第一个方程
skipeps(eqlist)	检验时不包括 eqlist，此方程只能是方程名称，不能是序号
equations（matchlist）	比较设定的方程
force	即使假设条件不满足，仍进行检查
df(#)	使用 "#" 自由度，默认使用一致估计与有效估计的协方差矩阵的秩
sigmamore	协方差矩阵采用有效估计量的协方差矩阵
sigmaless	协方差矩阵采用一致估计量的协方差矩阵
tconsistent(string)	一致估计量栏的标题
tefficient(string)	有效估计量栏的标题

豪斯曼检验在检验一个模型是否存在内生性时的具体操作如下。

使用如下两个命令在对模型进行回归之后，存储 OLS 的估计结果为估计的有效估计量。

```
reg y x1 x2
estimates store ols
```

假设怀疑 x2 为内生解释变量，找到 x2 的工具变量进行 2sls 回归估计：

```
ivregress 2sls y x1 (x2=z1 z2)
```

使用如下命令存储 2SLS 估计的结果为估计的一致估计量。

```
estimates store iv
```

使用如下命令根据以上的存储结果进行豪斯曼检验，然后根据得到的结果图进行判断。

```
hausman iv ols[,options]
```

常用检验语句是：

```
hausman iv ols, constant sigmamore
```

其中，sigmamore 表示统一使用更有效的估计量（OLS）所对应的残差来计算$\hat{\sigma}^2$，这样有助于保证根据样本数据计算的 $Var(\hat{\beta}_{IV})$-$Var(\hat{\beta}_{OLS})$为正定矩阵。选择项 constant 表示$\hat{\beta}_{IV}$与$\hat{\beta}_{OLS}$都包括常数项（默认值不包含常数项）。

在本实验中，打开数据文件后，根据上面豪斯曼检验的操作步骤在命令窗口中输入如下命令，得到如图 8.21 所示的检验结果。

```
reg logincome age age_square party eduyears
estimates store ols
ivregress 2sls logincome age age_square party (eduyears=fhukou)
estimates store iv
hausman iv ols,constant sigmamore
```

```
. hausman iv ols,constant sigmamore

Note: the rank of the differenced variance matrix (1) does not equal the number of coefficients being
      tested (5); be sure this is what you expect, or there may be problems computing the test.
      Examine the output of your estimators for anything unexpected and possibly consider scaling your
      variables so that the coefficients are on a similar scale.

                 —— Coefficients ——
                   (b)          (B)            (b-B)      sqrt(diag(V_b-V_B))
                   iv           ols            Difference      S.E.

    eduyears     .4310365     .1430627        .2879737       .0437118
         age     .0697054     .064146         .0055593       .0008439
  age_square    -.0002965    -.0004194        .0001229       .0000187
       party    -.2798493    -.2340249       -.5138742       .0780014
       _cons    1.882658     5.266784        -3.384125       .5136795

                       b = consistent under Ho and Ha; obtained from ivregress
           B = inconsistent under Ha, efficient under Ho; obtained from regress

    Test:  Ho:  difference in coefficients not systematic

              chi2(1) = (b-B)'[(V_b-V_B)^(-1)](b-B)
                      =     43.40
              Prob>chi2 =     0.0000
              (V_b-V_B is not positive definite)
```

图 8.21　豪斯曼检验结果

从结果图可以看到：豪斯曼检验的原假设是所有解释变量都是外生的，Stata 检验结果显然表明模型以 P=0 的概率拒绝原假设，说明解释变量 eduyears 为内生解释变量。

复习与习题

本章回顾

1. 多重共线性检验中计算膨胀因子的命令为：

```
estatvif [, uncentered]
```

多重共线性检验中计算相关系数的命令为：

```
pwcorr[varlist] [if] [in] [weight] [, pwcorr_options]
```

进行逐步回归的命令为：

```
stepwise [, options ] : command
```

2. 异方差检验命令如下。

残差图观察法：

```
rvfplot
```

或者：

```
rvpplot varname
```

怀特检验：

```
estatimtest, white
```

BP 检验：

```
estat hettest, normal
estat hettest,rhs
estat hettest [varlist]
```

3. 异方差处理命令如下。

稳健标准差加 OLS 法：

```
reg y x1 x2 …, robust
```

FGLS 法：

```
predict u, res
gen lnu2=ln(u^2)
(quietly) reg lnu2 x1 x2 …
predict g, xb
gen h=exp(g)
gen invvar=1/h
reg y x1 x2 …[aweight=invvar]
```

4. 内生性处理命令：

```
ivregress estimator depvar [varlist1] (varlist2 = varlist_iv) [if] [in] [weight]
[, options]
```

5. 豪斯曼检验法：

```
reg y x1 x2
estimates store ols
ivregress 2sls y x1 (x2=z1 z2)
estimates store iv
hausman iv ols[,options]
```

习题

1. 使用本书下载资源\exercises\第 8 章\usaauto.dta 的数据，判断回归模型 price = β_0 + $\beta_1$weight + $\beta_2$length + $\beta_3$foreign + $\beta_4$mpg 是否具有多重共线性，如果具有，就运用逐步回归法进行修正，部分数据显示如表 8.10 所示。

表 8.10　部分数据

make	price	mpg	rep78	headroom	trunk	weight	length	…	foreign
AMC Concord	4099	22	3	2.5	11	2930	186	…	0
AMCPacer	4749	17	3	3	11	3350	173	…	0
AMC Spirit	3799	22		3	12	2640	168	…	0
…	…	…	…	…	…	…	…	…	…

2. 使用本书下载资源\exercises\第 8 章\production.dta 文件进行生产函数回归，然后运用本书介绍的残差图检验方法、怀特检验方法、BP 检验方法分别对模型进行异方差检验，如果存在异方差就进行处理。图 8.22 列出了该文件的部分数据。

```
. list in 1/5

        obs    output    labor    capital       lnl        lnk        lny
  1.      1    657.29    162.31     279.99   5.0895081   5.6347539   6.4881253
  2.      2    935.93    214.43      542.5   5.3679833   6.2961881   6.8415407
  3.      3   1110.65    186.44     721.51   5.2281095   6.5813463   7.0127007
  4.      4   1200.89    245.83    1167.68   5.5046402   7.0627742   7.0908182
  5.      5   1052.68     211.4     811.77    5.353752   6.6992171   6.9590946
```

图 8.22　production.dta 部分数据显示

3. 使用本书下载资源\exercises\第 8 章\china_labor.dta 数据文件，改用 2SLS 稳健标准差法解决内生性问题，与本章的实验结果进行比较。

第9章　Stata与选择模型

在计量分析中，如果遇到被解释变量用于描述人们的选择行为，那么往往是非连续的离散变量。例如，上学与辍学，跳槽与不跳槽，对一件事的态度有反对、中立、支持，等等。离散变量是指其数值只能用自然数或整数单位计算的变量。当被解释变量可选的值只有两个时，可以建立"二值选择模型"来分析问题；当被解释变量可选的值有多个时，可以建立"多值选择模型"来分析问题；或者根据分析问题的特点建立排序模型、条件或者嵌套 Logit 模型。本章的重点是使用实验案例对这些离散选择模型进行分析和应用。

实验 9-1　二值选择模型

⊗ 实验基本原理

当模型研究的问题是人们的选择行为时，如做某件事或者不做，选择 A 或者非 A，被解释变量的取值可以用 0 和 1 来代表两种选择。例如，在研究是否购买某只股票时，人们有两种选择：y=1（买）或者 y=0（不买），是否购买股票取决于单个股票的趋势、大盘的趋势、个人收入、信息可得性等影响因素，这些影响因素可作为解释变量 x。

处理这类问题最为直接的方式就是使用 $y_i = x_i'\beta + \varepsilon_i$ $(i = 1, \dots, n)$ 的线性模型，但是由于对被解释变量没有限制，因此会使得对于 y 的预测出现大于 1 或者小于 0 的情况。为了处理这类情况，就会对函数的形式产生限制，即本节将要介绍的 Probit 和 Logit 模型。

Probit 模型的表达形式如下：

$$\Pr(y = 1|x) = \emptyset(\beta'x)$$

其中，$\emptyset$ 为正态分布的概率密度。

Logit 模型的表达形式如下：

$$\Pr(y = 1|x) = \frac{e^{\beta'x}}{1 + e^{\beta'x}}$$

其中，Logit 模型的表达形式是根据"逻辑分布"函数推导得到的。

在二值模型应用中，Logit 模型具有逻辑分布的累积分布函数解析表达式，Probit 模型没有标准正态分布的表达式，在具体应用中应选择哪个模型，没有具体标准。根据上述概率表达形式可以得到估计适用的似然函数，然后就可以进行参数估计了。

另外，可以使用 Stata 计算两个模型的边际效应，然后进行比较。注意，在这个非线性模型估计中，$\hat{\beta}_{MLE}$ 并不表示边际效应，只是表示解释变量影响的方向。

由于标准的 Probit 模型或者 Logit 模型的扰动项是服从同方差假设的，但是很多回归模型存在异方差，因此可以使用 Stata 进行"似然比检验"（LR）来检测异方差的存在。LR 检验的结果若接受原假设，则使用同方差模型，否则使用异方差模型。

⊙ 实验目的与要求

（一）实验目的

1. 了解二值选择模型建立的原理和利用实际数据建立模型的方法。
2. 了解 Stata 中关于二值选择模型的回归方法。

（二）实验要求

1. 掌握 Stata 中建立和分析二值选择模型的有关命令语句。
2. 能够独立处理和建立二值选择模型进行数据分析。

⊙ 实验内容及数据来源

一个有关犯罪的调查数据，形成数据文件"jailed.dta"，用来研究影响产生犯罪的因素。被解释变量是 jailed（犯罪 jailed=1，不犯罪 jailed=0），解释变量是 unrate（逃税金额）、mormon（参与黑帮组织的程度）、salary（工资）。部分数据显示如表 9.1 所示，完整的数据位于本书下载资源\data\第 9 章\jailed.dta 工作文件中。

表 9.1　jailed.dta 部分数据

jailed	unrate	mormon	salary
0	14.4	0.32829	146
0	13.7	0.34341	154
0	11.1	0.35924	165
0	8.9	0.37579	146
0	9.8	0.39311	172
0	7.8	0.41123	181
0	7.2	0.43018	139
1	9.9	4.9191	131
1	9.1	4.83107	112
1	5	4.74461	149
1	6.5	4.65971	150
1	6.9	4.57632	173
1	6.2	4.49442	172
1	6.3	4.41399	136
0	9.8	0.32829	102
0	10.1	0.34341	88
...	...	...	...

利用以上数据建立合适的模型，并对犯罪的影响因素进行计量分析，由于被解释变量取值有两个，因此可以建立二值选择模型来分析问题。

▶ 实验操作指导

本章的重点是二值选择模型，为了研究犯罪的影响因素，可以建立合适的二值选择模型，运用 Stata 进行分析并对结果进行解读。

下面分别用 Logit 模型和 Probit 模型来分析这个问题。

1. 建立 Logit 模型分析

（1）使用 Logit 模型回归

使用 Logit 模型回归的命令语句格式如下：

```
logit y x1 x2 … [if] [in] [weight] [,options]
```

其中，y 表示模型的被解释变量，x 表示模型的解释变量，if 表示 Logit 的回归条件，in 表示回归的范围，weight 表示给观测值加入权重，options 的选项内容参见表 9.2。

表 9.2　Logit 回归的 options 内容

选项	说明
noconstant	无常数项
offset（varname）	约束 varname 的系数为 1
asis	保留完全预测变量
vce(vcetype)	vcetype 可能包括 oim、robust、cluster clustvar、bootstrap 或者 jackknife
level(#)	设置置信度，默认值是 95
or	输出机会比
maximize_options	控制最大化过程，很少用
nocoef	不输出系数表格栏，很少用

首先，在 Stata 命令窗口中输入如下命令：

```
use jailed.dta, clear
```

即可打开需要的数据文件，然后输入：

```
logit jailed mormon unrate salary
```

输入此命令对被解释变量为 jailed，解释变量为 mormon、unrate、salary 的模型使用 Logit 模型进行回归估计，得到的估计结果如图 9.1 所示。

在这个回归结果图中，log likelihood 为对数似然值，不断地试错迭代是 Logit 模型的估计方法，在逐步进行回归时，通过比较不同模型的 -2LL 判断模型的拟合优度，选择取值更小的模型。LR chi2(3) 是卡方检验的统计量，也就是回归模型无效假设所对应的似然比检验量，其中 3 为自由度，Prob>chi2 是其对应的 P 值，P=0 显著说明模型的有效性。其实这两个指标与线性回归结果中 F 统计量和 P 值的功能是大体一致的。另外，结果中的 Pseudo R^2 是准 R^2，虽然不等于 R^2，但可以用来检验模型对变量的解释力，因为二值选择模型是非线性模型，无法进行平方和分解，所以没有 R^2，但是准 R^2 衡量的是对数似然函数的实际增加值占最大可能增加值的比重，也可以很好地衡量模型的拟合准确度。此 Logit 模型中的拟合优度为 0.1051。

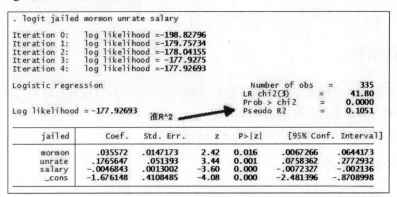

图 9.1　Logit 模型估计结果图

coef 是自变量对应的系数估计值，OLS 通过 t 检验来检验估计量是否显著，Logit 模型通过 z 检验来判断其显著性。通过 z 检验结果可以看到此模型中的系数均以 P=0 显著拒绝了系数为 0 的原假设。

由于系数是原始模型 $y_i = x_i'\beta + \varepsilon_i$ 的估计量，即此模型的 y 并不是样本中的被解释变量，因此系数估计值不能解释解释变量的边际效应。

（2）计算解释变量的边际效应

由于估计系数不像线性模型那样能够表示解释变量的边际效应，因此 Stata 中有额外的命令语句来计算解释变量的边际效应：

```
mfx [compute] [if] [in] [,options]
```

mfx 表示对回归之后的模型计算解释变量的边际效应，其中 options 内容参见表 9.3。

表 9.3　计算边际效应 mfx 命令的 options 内容

选项	说明
predict(predict_option)	为 predict_option 计算边际效应
varlist(varlist)	为 varlist 计算边际效应
dydx	计算边际效应，为默认设置
eyex	以 dlny/dlnx 形式计算弹性
dyex	以 dy/dlnx 形式计算弹性
eydx	以 dlny/dx 形式计算弹性
nodiscrete	把虚拟变量视为连续变量
nose	不计算标准差
at(atlist)	在这些值处计算边际效应

在本实验中，进行 Logit 模型回归估计后，在 Stata 命令窗口中输入如下命令即可得到如图 9.2 所示的结果。

```
mfx
```

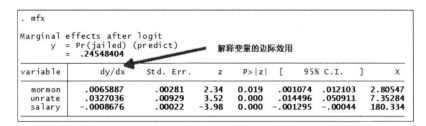

图 9.2　Logit 模型的 mfx 命令结果图

此输出结果显示了每一个解释变量的平均边际影响。另外，读者可以自己设定边际影响的点，也就是在命令语句中设置 options 为 at(atlist)，例如"mfx, at (x1=0)"表示计算 x1 取值为 0，其他解释变量取值在样本均值处的边际效应；而"mfx"默认取值在所有解释变量位于样本平均值处的边际效应。

（3）计算模型的拟合优度

如果发生概率的预测值$\hat{y} \geqslant 0.5$，那么认为$\hat{y}=1$；如果$\hat{y} < 0.5$，那么$\hat{y}=0$。将预测发生值与实际值进行比较就可以得到准确预测的百分比。当然，这里的门限值 0.5 为 Stata 中默认的，读者可以根据自己的需要进行特别设定。

在 Stata 中执行该命令的语句为：

```
estat classification [if] [in] [weight] [,all] [cutoff(#)]
```

此命令语句表示根据预测概率进行分类，if 表示分类时观测值的条件，in 表示取值的范围，weight 表示观测值的权重，all 表示忽略 if 和 in 的设定对所有观测值进行分类，cutoff 表示门限值（默认值为 0.5）。

在命令窗口中输入以下命令语句即可得到图 9.3 的运行结果：

```
estat clas
```

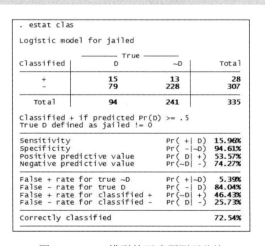

图 9.3　Logit 模型的正确预测百分比

在图 9.3 中，15 和 228 所在的位置是指正确预测所在类别的个数、分类依据也在结果中间显示，若 sensitivity（敏感性）=$pr(\hat{y}_i = 1|y_i = 1)$，则 15.96%=15/94；若 specificity（特异性）=$pr(\hat{y}_i = 0|y_i = 0)$，则 94.61%=228/241。

图 9.3 的最后一行显示正确预测百分比为 72.54%，这个数字刻画出了 Logit 模型的拟合优度。

我们在上述分析过程和结果分析中都用的是系统默认设置的 0.5 概率对模型估计有效性进行评价的。事实上，我们完全可以自由设定需要的概率水平对模型做出评价。例如，要求预测概率达到 80%，操作命令就是：

```
estat clas,cutoff(0.8)
```

在命令窗口输入命令并按回车键进行确认，结果如图 9.4 所示。

从上面的分析结果中可以看出在设置概率为 0.8 的时候，模型的预测正确性为 73.13%。

我们要求预测概率达到 70%，操作命令就是：

```
estat clas,cutoff(0.7)
```

在命令窗口输入命令并按回车键进行确认，结果如图 9.5 所示。

```
. estat clas,cutoff(0.8)

Logistic model for jailed

                    ------- True -------
Classified            D            ~D           Total
        +             5             1              6
        -            89           240            329
     Total           94           241            335

Classified + if predicted Pr(D) >= .8
True D defined as jailed != 0

Sensitivity                    Pr( +| D)      5.32%
Specificity                    Pr( -|~D)     99.59%
Positive predictive value      Pr( D| +)     83.33%
Negative predictive value      Pr(~D| -)     72.95%

False + rate for true ~D       Pr( +|~D)      0.41%
False - rate for true D        Pr( -| D)     94.68%
False + rate for classified +  Pr(~D| +)     16.67%
False - rate for classified -  Pr( D| -)     27.05%

Correctly classified                         73.13%
```

图 9.4　分析结果图

```
. estat clas,cutoff(0.7)

Logistic model for jailed

                    ------- True -------
Classified            D            ~D           Total
        +             7             1              8
        -            87           240            327
     Total           94           241            335

Classified + if predicted Pr(D) >= .7
True D defined as jailed != 0

Sensitivity                    Pr( +| D)      7.45%
Specificity                    Pr( -|~D)     99.59%
Positive predictive value      Pr( D| +)     87.50%
Negative predictive value      Pr(~D| -)     73.39%

False + rate for true ~D       Pr( +|~D)      0.41%
False - rate for true D        Pr( -| D)     92.55%
False + rate for classified +  Pr(~D| +)     12.50%
False - rate for classified -  Pr( D| -)     26.61%

Correctly classified                         73.73%
```

图 9.5　分析结果图

从上面的分析结果中可以看出在设置概率为 0.7 的时候，模型的预测正确性为 73.73%。设置概率分别为 0.5、0.7、0.8，模型的拟合优度是逐渐提升的。

读者可以自行设定其他的概率水平继续进行深入研究。

如果要检验这个分类的依据或者要获得每个预测值，那么可以利用此二值模型进行预测分析，二值选择模型的预测命令语句如下：

```
predict [type] newvar [if] [in] [,single_options]
```

其中，newvar 表示预测新变量的名称；type 表明设定新变量的类型；if 和 in 表示对此预测设定的条件和范围；single_options 的内容参见表 9.4。

表 9.4　预测命令的 options 内容

选项	说明
xb	线性预测
stdp	计算预测的标准差
score	似然函数对 xb 的一阶导数
pr	概率预测，此为默认选项
nooffset	预测值不包括 offset 和 exposure 选项所设定的变量

在命令窗口中输入如下预测命令，可得到如图 9.6 所示的预测结果。

```
predict p1, pr
```

此命令可以获得模型的个体估计的值，并记为新变量 p1：

```
list jailed p1
```

此命令可以将实际值与估计值对应，从中对比即可看到预测值和实际值的一致程度。

```
. list jailed p1

     +------------------+
     | jailed        p1 |
     |------------------|
  1. |      0  .5483858 |
  2. |      0  .5084039 |
  3. |      0  .3830993 |
  4. |      0  .3153412 |
  5. |      0  .3235437 |
     |------------------|
  6. |      0  .2437595 |
  7. |      0  .2610148 |
  8. |      1  .4093093 |
  9. |      1  .3959899 |
 10. |      1  .2104004 |
     |------------------|
 11. |      1  .2562845 |
 12. |      1    .24872 |
 13. |      1  .2266587 |
 14. |      1   .260409 |
 15. |      0  .3984478 |
     |------------------|
 16. |      0  .4273066 |
 17. |      0  .3842913 |
 18. |      0  .3849422 |
 19. |      0  .3470667 |
 20. |      0   .321558 |
     |------------------|
 21. |      0   .330893 |
 22. |      0  .0135137 |
 23. |      0  .0195714 |
 24. |      0  .0088112 |
```

图 9.6　Logit 模型的预测值

前面已经解释，在二值选择模型中，被解释变量的估计值是其取值 1 的概率。若实际值 jailed=1 且 p1≥0.5则说明预测是正确的，否则是错误的。读者可以手动从图 9.6 中数一下，然后得到正确预测的百分比，与图 9.5 的结果是相同的。

ROC 曲线（受试者操控曲线）是指图 9.7 提到的敏感性与特异性的散点图，即预测值等于 1 的准确率与错误率的散点图。Stata 中绘制该 ROC 曲线的命令语句为：

```
lroc [x] [if] [in] [weight] [,options]
```

命令中的自变量 x 不能单独使用，必须与 options 中的 beta(matname)同时使用，options 的内容参见表 9.5。

表 9.5　ROC 曲线命令中的 options 选项

选项	说明
all	对所有观测值制图
nograph	不显示图形
beta(matname)	模型估计量保存在行矩阵 matname 中

在命令窗口中输入如下命令，绘制 ROC 曲线，如图 9.7 所示。

```
lroc
```

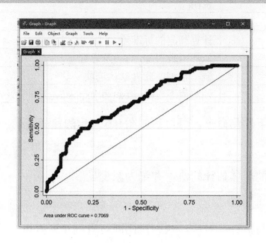

图 9.7　Logit 模型的 ROC 曲线图

因为准确率就是曲线下方部分的面积，从图中可以看到 ROC 曲线位于 45°直线上面，所以准确率高于错误率，即准确率大于 0.5。另外，由图左下可知曲线下方面积为 0.7069，也就是预测的准确率是 0.7069。

goodness-of-fit 拟合优度检验是指考察该模型对所用数据的拟合优度，在 Stata 中的命令语句为：

```
estat gof[if] [in] [weight] [,group(#) all outsample table]
```

其中，if 和 in 表示设定检测拟合优度时的条件和范围；weight 表示设定观测值的权重；group(#)表示使用合理的"#"分位数进行检验；all 表示对所有观测值进行检验，若无后面的可选项，则默认为 all；outsample 表示对估计区间外的样本调整自由度；table 表示各组列表。

输入如下命令检验模型的拟合优度，然后可以得到如图 9.8 所示的结果。

```
estat gof
```

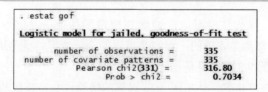

图 9.8　拟合优度检验

P 值越大，说明模型的拟合优度越好。

2. 建立 Probit 模型分析

前面是使用 Logit 模型进行分析，现在我们使用 Probit 模型对实验问题进行分析。两种方法在 Stata 中的操作基本一致。

在 Stata 命令窗口中输入如下命令进行 Probit 模型回归，得到如图 9.9 所示的结果。

```
use jailed.dta, clear
probit jailed unrate mormon salary
```

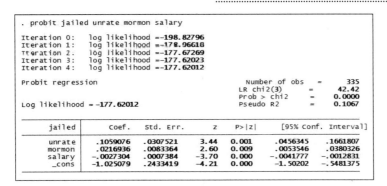

图 9.9　Probit 模型回归结果

图 9.9 中的 Probit 模型估计结果显示系数估计值相比 Logit 估计值发生了很大变化，且均通过了模型系数的显著性检验；另外，模型的准 R^2 是 0.1067，相比 Logit 模型稍有改进。

在实验原理部分，我们了解到 Logit 与 Probit 模型得出的参数估计值不可以直接比较，然而两个模型的边际效应可以比较。

在 Stata 命令窗口中输入如下命令计算 Probit 模型回归后解释变量在样本均值处的边际效应：

```
mfx
```

得到的结果如图 9.10 所示。

```
. mfx

Marginal effects after probit
      y  = Pr(jailed) (predict)
         = .24892421

variable |    dy/dx   Std. Err.    z    P>|z|  [   95% C.I.   ]      X

  unrate |  .0335779    .00962    3.49   0.000   .014733  .052423   7.35284
  mormon |  .0068779    .0027     2.55   0.011   .001592  .012164   2.80547
  salary | -.0008657    .00022   -3.95   0.000  -.001295 -.000436   180.334
```

图 9.10　Probit 模型的边际效应

可以看到与前面的 Logit 模型相比，两个模型分析的边际效应是大致相同的。下面来计算 Probit 模型的拟合优度，具体操作方法与 Logit 模型是一致的。

首先，计算准确预测百分比，在 Stata 命令窗口输入如下命令，得到的结果如图 9.11 所示。

```
estat clas
```

```
. estat clas

Probit model for jailed

                 ------ True ------
Classified |        D          ~D    |   Total
-----------+------------------------+----------
     +     |       13          12    |     25
     -     |       81         229    |    310
-----------+------------------------+----------
   Total   |       94         241    |    335

Classified + if predicted Pr(D) >= .5
True D defined as jailed != 0
-------------------------------------------------
Sensitivity                   Pr( +| D)    13.83%
Specificity                   Pr( -|~D)    95.02%
Positive predictive value     Pr( D| +)    52.00%
Negative predictive value     Pr(~D| -)    73.87%
-------------------------------------------------
False + rate for true ~D      Pr( +|~D)     4.98%
False - rate for true D       Pr( -| D)    86.17%
False + rate for classified + Pr(~D| +)    48.00%
False - rate for classified - Pr( D| -)    26.13%
-------------------------------------------------
Correctly classified                       72.24%
```

图 9.11　Probit 模型的准确预测百分比

此图的解读方法与前面 Logit 模型得到的完全一样，显然可以得到：Sensitivity（敏感性）=13.83%，Specificity（特异性）=95.02%，Correctly classified（正确预测百分比）=72.24%。

另外，为了检验这个结果，可以同样输入如下预测命令：

```
predict p2, pr
list jailed p2
```

若 jailed=1 且 p2≥0.5，则说明预测是正确的，否则是错误的。检测得到正确预测的百分比与图 9.11 的结果是否相同。

其次，使用 ROC 曲线来检测预测的准确度，在 Stata 命令窗口中输入：

```
lroc
```

生成的 ROC 曲线如图 9.12 所示。

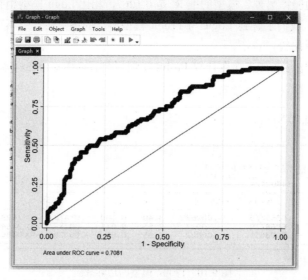

图 9.12　Probit 模型的 ROC 曲线

此图与 Logit 的 ROC 图完全一致，由于 Logit 模型与 Probit 模型的 Sensitivity 与 Specificity 是相同的，因此 ROC 曲线一定相同，且曲线下方的面积同样是 0.7081。

最后，进行 godness-of-fit 拟合优度检验，在 Stata 命令窗口中输入如下命令：

```
estat gof
```

得到的估计结果如图 9.13 所示。

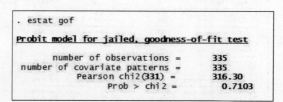

图 9.13　Probit 模型的 gof 检验

此检验显示 P 值是 0.7103，相比 Logit 模型，此检验结果 $p_{logit} > p_{probit}$，即 Logit 模型对样本

数据的拟合优度更好。

3. 二值选择模型的异方差问题

在 Stata 中使用 hetprob 命令对 probit 二值选择模型进行异方差检验和回归，语法形成如下：

```
hetprob y x1 x2 …[if] [in] [weight] , het (varlist [offset(varname)]) [,options]
```

其中，if 和 in 用于设定检测拟合优度时的条件和范围，weight 设定观测值的权重，选择项 het(varilist)是影响扰动项的变量清单。在该命令语句的输出结果里会汇报 LR 检验的结果，可据此判断是否应该使用此异方差模型。options 的选项内容参见表 9.6。

表 9.6　二值选择模型异方差检验命令的 options 内容

选项	描述
noconstant	无常数项
offset(varname)	约束此变量的系数为 1
Asis	保留完全预测变量
constraints(constraints)	应用特定的线性约束
collinear	保留多重共线性预测变量
vce(vcetype)	vcetype 可能包括 oim、robust、clusterclustvar、opgbootstrap、jackknife
level(#)	设置置信度，默认值为 95
noskip	进行似然比检验
nolrtest	进行 wald 检验

在本实验中，输入如下命令进行异方差模型的估计和检验，可以得到如图 9.14 所示的运行结果。

```
hetprob jailed unrate mormon salary, het (unrate mormon salary)
```

```
Heteroskedastic probit model                    Number of obs    =      335
                                                Zero outcomes    =      241
                                                Nonzero outcomes =       94

                                                Wald chi2(3)     =     4.39
Log likelihood = -153.6656                      Prob > chi2      =   0.2225

             |      Coef.    Std. Err.      z    P>|z|     [95% Conf. Interval]
-------------+----------------------------------------------------------------
jailed       |
      unrate | -1.040207    .8370317    -1.24   0.214    -2.680759    .600345
      mormon |  5.208066    2.768722     1.88   0.060    -.2185283   10.63466
      salary | -.0082381    .0063581    -1.30   0.195    -.0206999   .0042236
       _cons |  .0898275    2.185927     0.04   0.967    -4.194511   4.374166
-------------+----------------------------------------------------------------
lnsigma2     |
      unrate |  .2790312    .0716639     3.89   0.000     .1385726   .4194898
      mormon |  .1707567     .034496     4.95   0.000     .1031457   .2383676
      salary |  -.000794    .0009418    -0.84   0.399    -.0026399    .001052
-------------+----------------------------------------------------------------
Likelihood-ratio test of lnsigma2=0: chi2(3) =     47.91   Prob > chi2 = 0.0000
```

图 9.14　Probit 异方差回归与检验

结果显示 LR 检验的结果是拒绝原假设，即模型存在异方差问题，所以回归应使用异方差 Probit 模型进行估计。

实验 9-2　多值选择模型

实验基本原理

当选择为多个且互相独立时，如消费者选择不同品牌、旅游者选择不同的交通方式，这时可以选用多值选择模型，不同的选择利用不同的被解释变量值描述，如 y=1 代表乘坐火车、y=2 代表乘坐汽车、y=3 代表乘坐飞机。

那么具有x_i特质的个体选择 j 时的概率为：$P(y_i = j|x) = \dfrac{e^{x_i'\beta_j}}{\sum_{j=0}^{J} e^{x_i'\beta_j}}$，这个式子是根据二元 Logit 模型拓展得到的。

为估计多值 Logit 模型，将所有个体的对数似然函数加总即可得到整个样本的对数似然函数，然后最大化此函数值得到$\hat{\beta}_{MLE}$。在多值选择模型下，因为 Probit 模型需要对多元正态分布进行评价，所以应用受到限制，应用最多的是多值 Logit 模型。

实验目的与要求

（一）实验目的

1. 了解多值选择模型的原理及适用情况。
2. 学会使用 Stata 来处理多值选择模型。

（二）实验要求

1. 在本实验中回顾前面实验的相关命令。
2. 熟练掌握多值选择模型处理的基本方法。
3. 能够独立对数据进行建模分析。

实验内容及数据来源

例如研究本科毕业生去向的数据，研究毕业后所选择的出路与年龄、英语水平的关系。变量主要有 Y（出路，Y=1 代表工作，Y=2 代表读研，Y=3 代表出国）、age（年龄，单位：岁）和 level（英语水平）。完整的数据位于本书下载资源\data\第 9 章\choice.dta 中，部分数据如表 9.7 所示。

表 9.7　choice.dta 部分数据

Y	age	level
1	24	4
2	23	6
1	23	4
2	22	4

（续表）

Y	age	level
1	22	4
1	23	4
1	23	4
3	22	6
1	21	4
1	22	4
2	23	6
1	23	6
3	22	6
1	23	4
1	23	4
3	23	6
1	23	4
2	23	4
1	23	4
1	23	4
1	23	4
3	23	6
1	24	6
…	…	…

本实验用此数据来以 age 和 level 为解释变量，Y 为被解释变量，Y 的取值是离散的，且有 3 个取值，建立多值选择模型进行相关分析。

❯ 实验操作指导

1. 选择合理模型

打开数据文件并将数据按 y 取值分类，在 Stata 命令窗口中输入如下命令，可以得到如图 9.15 所示的结果。

```
use choice.dta,clear
tab y
```

```
. tab y

        Y |      Freq.     Percent        Cum.
----------+-----------------------------------
        1 |         36       37.50       37.50
        2 |         29       30.21       67.71
        3 |         31       32.29      100.00
----------+-----------------------------------
    Total |         96      100.00
```

图 9.15　将数据按 y 进行分类

在 Stata 中将数据按照某个或某几个变量进行分类并统计其频数分布的命令如下：

```
tab varlist
```

其中，varlist 表示按照其分类的变量或者变量组合。

由图可知，y 的取值有 3 个，分别是 1、2、3。由于要探究 level 和 age 对 y 的影响，且假定选择的各条出路之间是相互独立的，那么建立多值选择模型来分析问题是合理的。

2. 模型回归

在 Stata 中使用多值 Logit 和 Probit 模型的命令语句是：

```
mlogit y x1 x2 …[if] [in] [weight] [,options]    (multinomial logit 模型)
mprobit y x1 x2 …[if] [in] [weight] [,options]   (multinomial probit 模型)
```

其中，if 和 in 表示对检测拟合优度时的条件和范围的设定，weight 表示对观测值的权重设定，options 的选项内容参见表 9.8。

表 9.8　Logit 回归的 options 内容

选项	描述
noconstant	无常数项
baseoutcome(#)	设定基础类别
constraints(clist)	应用特定的线性约束
collinear	保留多重共线性预测变量
vce(vcetype)	vcetype 可能包括 oim、robust、cluster clustvar、opg bootstrap 或者 jackknife
level(#)	设置置信度，默认值是 95
rrr	输出相对风险比率
maximize_options	控制最优化过程，很少使用

经常使用的命令语句是"mlogit y x1 x2 …，base(#)"或者"mprobit y x1 x2 …，base(#)"，其中"#"是指被解释变量的某个取值，可以根据需要变动此参照组。由于 Logit 模型与 Probit 模型的操作相似，因此本实验以多值 Logit 为例进行介绍。

在 Stata 命令窗口中输入：

```
mlogit y age level, base(1)
```

此命令表示以 age 和 level 为解释变量，以 y 为被解释变量，以 y=1 为参照组的多值 Logit 模型回归，得到的结果如图 9.16 所示。

```
. mlogit y age level,base(1)

Iteration 0:    log likelihood =-105.06556
Iteration 1:    log likelihood =-85.281051
Iteration 2:    log likelihood =-83.746148
Iteration 3:    log likelihood =-83.685365
Iteration 4:    log likelihood =-83.685203

Multinomial logistic regression           Number of obs   =        96
                                          LR chi2(4)      =     42.76
                                          Prob > chi2     =    0.0000
Log likelihood = -83.685203               Pseudo R2       =    0.2035

         y |     Coef.    Std. Err.      z    P>|z|     [95% Conf. Interval]
-----------+----------------------------------------------------------------
2          |
       age | -1.404329   .4556543    -3.08   0.002    -2.297395   -.5112635
     level |  1.048212   .306477      3.42   0.001     .4475278    1.648896
     _cons |  26.36274   10.0372      2.63   0.009     6.690192    46.03529
-----------+----------------------------------------------------------------
3          |
       age | -1.736035   .4852674    -3.58   0.000    -2.687142   -.7849284
     level |  1.399319   .336124      4.16   0.000     .7405281    2.05811
     _cons |  31.89103   10.53363     3.03   0.002     11.2455    52.53657
-----------+----------------------------------------------------------------
(y==1 is the base outcome)
```

图 9.16　多值 Logit 回归结果

根据前面原理部分的介绍，多值 Logit 模型是由 3 个方程组成的。Stata 回归结果显示了 j=2 和 j=3 时对应的模型估计结果，由 3 种选择概率之和为 1 可得到 j=1 时的模型结果。

$\hat{\beta}_{MLE}$ 代表解释变量单位的增加引起的是相对风险比的边际变化，就可以对此结果进行解读了。例如 y=2 时，age 的系数是-1.4，说明若 age 增加 1，则样本中个体平均选择 2 的概率相对选择 1 的概率的对数（相对风险）减少 1.4，此时 level 的样本估计系数是 1.05，说明 age 增加 1，样本中个体平均选择 2 的概率相对选择 1 的概率的对数增加 1.05。

为得出在多值选择模型中个体选择被解释变量的每个取值的概率，可使用如下命令语句：

```
predict [type] {stub*|newvars} [if] [in] [,statistic outcome(#,#,…) nooffset]
```

在该预测命令语句中，type 表示预测设定新变量的类型，{stub*|newvars}表示预测的新变量名称，if 和 in 表示对检测拟合优度时的条件和范围的设定，outcome 表示需要对其指定的类别进行概率预测。如果不设定 outcome 选项，就需要设定 k 个新变量。如果是预测指数或者指数的标准差，就需要设定 1 个新变量。在 outcome()中，可以直接使用类别的取值，也可以使用#1、#2 等表示类别的序号，当然还可用数值标签来表示。nooffset 表示预测时的约束，statistic 的可取值内容参见表 9.9。

表 9.9　预测概率命令的 statistic 内容

选项	说明
pr	概率预测，此为默认值
xb	线性预测
stdq	计算预测的标准差

或者使用预测命令：

```
predict [type] {stub*|newvarlist}
[if] [in], scores
```

scores 表示计算对数似然函数对每个方程的一阶导数，第 1,2,3,…,k 个变量为对数似然函数对第 1,2,3,…,k 个方程的一阶导数。

在本实验中，预测 choice 三个取值的概率，在命令窗口中输入：

```
predict p1 p2 p3
list
```

得到的预测结果如图 9.17 所示，从此图可以看出很多时候根据模型预测选择某个出路的概率最大，但是实际上此个体未选择此出路，即预测失败了。

```
. predict p1 p2 p3
(option pr assumed; predicted probabilities)

. list
                                        显然三概率之和是1
       y    age   level        p1          p2          p3

  1.   1    24     4       .9449331    .0405606    .0145063
  2.   2    23     6       .2595247    .3691812    .3712942
  3.   1    23     4       .792431     .1385343    .0690348
  4.   2    22     4       .4532292    .3227054    .2240654
  5.   1    22     4       .4532292    .3227054    .2240654

  6.   1    23     4       .792431     .1385343    .0690348
  7.   1    23     4       .792431     .1385343    .0690348
  8.   3    22     6       .0670582    .3885125    .5444294
  9.   1    21     4       .1491343    .4324723    .4183983
 10.   1    22     4       .4532292    .3227054    .2240654

 11.   2    23     6       .2595247    .3691812    .3712942
 12.   1    23     6       .2595247    .3691812    .3712942
 13.   3    22     6       .0670582    .3885125    .5444294
 14.   1    23     4       .792431     .1385343    .0690348
 15.   1    23     4       .792431     .1385343    .0690348

 16.   3    23     6       .2595247    .3691812    .3712942
 17.   1    23     4       .792431     .1385343    .0690348
 18.   2    23     4       .792431     .1385343    .0690348
 19.   1    23     4       .792431     .1385343    .0690348
 20.   1    23     4       .792431     .1385343    .0690348
```

图 9.17　根据模型得到个体选择概率

165

实验 9-3　排序选择模型

实验基本原理

运用计量经济学建立多值选择模型去解释一个取值离散的变量时，这个变量的取值可能是有顺序的，例如大学的质量评级、空气质量评级等，这些选择的取值代表了一定的优劣，即数字是有顺序的。多值选择模型所能研究的问题是：变量选择的取值之间是无序的，排序对其无意义，所以对于有序数据的探究应该使用本节的排序数据模型。

选择的产生都是基于效用的比较，假设效用是按照$u^* = x'\beta + \varepsilon$（$u^*$是无法观测的隐变量）规则生成的，则选择的规则是：

$$y = \begin{cases} 0 & \text{if } u^* \leqslant 0 \\ 1 & \text{if } 0 < u^* \leqslant r_1 \\ 2 & \text{if } r_1 < u^* \leqslant r_2, \text{ 其中} r_1 < r_2 < \cdots < r_{j-1} \\ \vdots \\ J & \text{if } r_{j-1} \leqslant u^* \end{cases}$$

当ε_i是正态分布时，各选择的概率为：

$$\text{Prob}(y = 0 | x) == 1 - \varphi(x'\beta)$$

$$\text{Prob}(y = 1 | x) = \varphi(r_1 - x'\beta) + \varphi(x'\beta) - 1$$

$$\vdots$$

$$\text{Prob}(y = J | x) == 1 - \varphi(r_{J-1} - x'\beta)$$

这就是排序选择模型，如果ε服从正态分布，此模型就是排序 Probit 模型；如果ε服从逻辑分布，此模型就是排序 Logit 模型。

实验目的与要求

（一）实验目的

1. 了解排序选择模型的原理。
2. 学会用 Stata 对排序数据进行建模分析。

（二）实验要求

1. 对比前面章节的实验，在回顾中学习。
2. 熟悉 Stata 中有关排序数据模型分析的命令语句。
3. 能够独立对排序数据进行建模分析。

⊙ 实验内容及数据来源

根据 GSS 统计调查数据得到数据文件 ordwarm.dta，不同的家庭，母子（女）之间的关系是不同的，有的比较紧张，有的比较融洽。这种关系在数据文件 ordwarm.dta 中的变量 warm（关系融洽度）中体现。文件中其他的变量：educ=子女接受教育的程度，age=子女年龄（单位：岁），male=儿子，prst=职业威望，white=白人，yr89=89 年受调查与否。完整的数据位于本书下载资源 \data\第 9 章\ordwarm.dta 中，表 9.10 显示的是该数据文件的部分数据。

表 9.10　ordwarm.dta 部分数据

age	ed	male	prst	warm	white	yr89
33	10	0	31	0	1	0
74	16	1	50	0	1	0
36	12	1	41	0	1	1
73	9	0	36	0	1	0
59	11	0	62	0	1	0
33	4	1	17	0	1	1
43	7	0	40	0	1	0
48	12	0	48	0	1	0
…	…	…	…	…	…	…

变量 warm 的取值为 0、1、2、3，随着数字的增加，融洽度逐步上升。建立一个排序数据模型，分析不同因素对 warm 的影响。

⊙ 实验操作指导

1. 选择合理模型

warm 是模型的被解释变量，在 Stata 命令窗口中输入如下命令打开文件，并观察数据和其变量的特点：

```
use ordwarm, clear
tab warm
```

结果如图 9.18 所示。

```
. tab warm

   WARM │     Freq.     Percent      Cum.
────────┼───────────────────────────────
      0 │       297       12.95      12.95
      1 │       723       31.53      44.48
      2 │       856       37.33      81.81
      3 │       417       18.19     100.00
────────┼───────────────────────────────
  Total │     2,293      100.00
```

图 9.18　结果

由于 4 种取值是有顺序的，因此分析时应该使用排序数据模型。

2. 模型回归

排序选择模型也可分为排序 Logit 模型和排序 Probit 模型，在 Stata 中命令语句分别为：

```
oprobit y x1 x2 …[if] [in] [weight][,options]
ologit y x1 x2 …[if] [in] [weight][,options]
```

options 选项的内容参见表 9.11。

表 9.11　排序选择模型的 options 内容

选项	描述
offset（varname）	约束模型变量的系数为 1
vce(vcetype)	vcetype 可能包括 oim、robust、cluster clustvar、opg bootstrap 或者 jackknife
level(#)	设置置信度，默认值为 95
or	输出概率比
maximize_options	控制最优化过程，很少使用

本实验分别使用两种模型进行回归。首先使用排序 Probit 模型回归，在命令窗口中输入如下命令：

```
oprobit warm ed age male prst white yr89
```

解释变量为 ed age male prst white yr89，被解释变量是 warm，可以得到如图 9.19 所示的回归结果。

```
. oprobit warm ed age male prst white yr89

Iteration 0:   log likelihood = -2995.7704
Iteration 1:   log likelihood = -2848.7542
Iteration 2:   log likelihood =  -2848.611

Ordered probit regression                       Number of obs   =       2293
                                                LR chi2(6)      =     294.32
                                                Prob > chi2     =     0.0000
Log likelihood =  -2848.611                     Pseudo R2       =     0.0491

        warm |      Coef.   Std. Err.      z    P>|z|     [95% Conf. Interval]
-------------+----------------------------------------------------------------
          ed |   .0387234   .0093241     4.15   0.000     .0204485    .0569982
         age |  -.0122213   .0014427    -8.47   0.000    -.0150489   -.0093937
        male |  -.4170287   .0455459    -9.16   0.000    -.5062971   -.3277603
        prst |    .003283    .001925     1.71   0.088    -.0004899    .0070559
       white |  -.2265002   .0694773    -3.26   0.001    -.3626733   -.0903272
        yr89 |   .3188147   .0468519     6.80   0.000     .2269867    .4106427
-------------+----------------------------------------------------------------
       /cut1 |  -1.428578   .1387742               -1.700571   -1.156586
       /cut2 |  -.3605589   .1369219                -.6289209    -.092197
       /cut3 |   .7681637   .1370564                 .4995381    1.036789
```

图 9.19　Probit 估计结果

回归结果给出了排序 Probit 模型系数的估计值，为了保证参数的可识别性，Stata 对参数进行了标准化，因此不包含常数项。6 个系数估计值在 10%的置信度下均通过了显著性检验，还给出了 3 个分界点：cut1、cut2、cut3，所以当 y 估计值$y^* \leqslant -0.143$（cut1）时，y=0；当$-0.143 < y^* \leqslant -0.361$（cut2）时，y=1；当$-0.361 < y^* \leqslant 0.768$（cut3）时，y=2；当$y^* > 0.768$时，y=3。

下面使用排序 Logit 模型对此问题进行回归，在命令窗口中输入：

```
ologit warm ed age male prst white yr89
```

得到的回归结果如图 9.20 所示。

```
. ologit warm ed age male prst white yr89

Iteration 0:    log likelihood = -2995.7704
Iteration 1:    log likelihood = -2846.4532
Iteration 2:    log likelihood = -2844.9142
Iteration 3:    log likelihood = -2844.9123

ordered logistic regression                   Number of obs   =        2293
                                              LR chi2(6)      =      301.72
                                              Prob > chi2     =      0.0000
Log likelihood = -2844.9123                   Pseudo R2       =      0.0504

       warm |      Coef.   Std. Err.      z    P>|z|     [95% Conf. Interval]
------------+----------------------------------------------------------------
         ed |   .0671728    .015975     4.20   0.000     .0358624    .0984831
        age |  -.0216655   .0024683    -8.78   0.000    -.0265032   -.0168278
       male |  -.7332997   .0784827    -9.34   0.000    -.8871229   -.5794766
       prst |   .0060727   .0032929     1.84   0.065    -.0003813    .0125267
      white |  -.3911595   .1183808    -3.30   0.001    -.6231815   -.1591374
       yr89 |   .5239025   .0798988     6.56   0.000     .3673037    .6805013
------------+----------------------------------------------------------------
      /cut1 |  -2.465362   .2389126                     -2.933622   -1.997102
      /cut2 |   -.630904   .2333155                     -1.088194    -.173614
      /cut3 |   1.261854   .2340179                      .8031873    1.720521
```

图 9.20　Logit 回归结果

同样给出了重要的参数估计量，包括模型系数估计值和 3 个临界点。

利用多值选择模型同样可以预测样本个体选择 warm 每个取值的概率，在 Stata 命令窗口中输入如下命令，即可得到如图 9.21 所示的结果。

```
predict p1 p2 p3 p4
list p1 p2 p3 p4
```

```
. predict p1 p2 p3 p4
(option pr assumed; predicted probabilities)

. list p1 p2 p3 p4

              p1          p2          p3          p4
  1.    .0980375    .3069408    .4137853    .1812363
  2.    .2467438    .4255115    .2593212    .0684236
  3.    .1052787    .3189487    .4060106     .169762
  4.    .2115191    .4153165    .2908586    .0823058
  5.    .1288297    .3519578    .3792823    .1399302

  6.    .1792009    .3983401    .3231964    .0992626
  7.    .1352046    .3594842    .3719443    .1333668
  8.    .1060422    .3201599    .4051716    .1686263
  9.    .0897339    .2919445    .4221392    .1961823
 10.     .189387     .404597    .3126505    .0933655

 11.    .2638107    .4279156    .2453569    .0629167
 12.    .1550191    .3795985    .3494422    .1159402
 13.    .1585017    .3826647    .3455667    .1132669
 14.    .2077377    .4137439    .2944722    .0840462
 15.    .1260869     .348547    .3824412    .1429249

 16.    .0720764    .2551483    .4362805    .2364948
 17.     .202759    .4115162    .2992989    .0864259
 18.    .1406236    .3654606      .36573    .1281858
 19.    .2816863    .4289231    .2315837    .0578068
 20.    .2657567    .4280073    .2438163    .0623300
```

图 9.21　根据模型得到个体选择概率

图 9.21 中的 p1、p2、p3、p4 分别代表 warm 的 0、1、2、3 共 4 个取值的概率。

若要单独查看符合某些条件的个体 warm 取某个值的概率，则可在 Stata 命令窗口输入：

```
predict male_0 if (male==1&yr==89&white==1), pr outcome(0)
```

表示符合括号条件的个体取 warm=0 时的概率。读者可以根据自己的需要来定义条件，然后预测符合条件的被解释变量的取值。

实验 9-4　条件 Logit 模型

实验基本原理

前面分析人们在面临多个选择时，选择的依据是个体的特点，例如考察人们购物选择的品牌时，模型考虑的是个体的年龄和性别，但有时个体选择受外部因素，即选择特征（备选方案的特征变量）的影响很大，例如某个品牌在这个城市进驻的销售商数量等，此时用多值 Logit 模型会影响分析结果。本节介绍的条件 Logit 模型可以解决解释变量中存在选择特征的问题。

根据条件概率定义，多值选择 Logit 模型可以改写为：

$$P(y_i = j) = \frac{e^{x_i'\beta_j}}{\sum_{j=1}^{J} e^{x_i'\beta_j}} (j = 2, \dots, J)$$

这就是条件 Logit 模型。注意：模型表面只有公式分母不同。

类似于多值 Logit 模型的对数似然函数，此条件 Logit 模型的对数似然函数是：

$$\ln L_i(\beta_1, \dots, \beta_J) = \sum_{j=1}^{J} \mathbf{1}(y_i = j) * \ln P(y_i = j|\mathbf{x})$$

利用 Newton 迭代方法可以迅速得到方程组的解，得到模型的参数估计量。

实验目的与要求

（一）实验目的

1. 了解条件 Logit 模型的适用情况。
2. 学会使用 Stata 处理此类问题。

（二）实验要求

1. 在前面章节的基础上学习条件 Logit 模型。
2. 熟练掌握 Stata 中条件 Logit 模型的有关命令。
3. 能够独立对此类数据进行处理。

实验内容及数据来源

本实验的数据来自某统计资料中关于初生婴儿体重的影响因素研究的统计数据，完整数据位于本书下载资源\data\第 9 章\lowbirth.dta 中，部分数据显示在表 9.12 中。

表 9.12　lowbirth.dta 部分数据

parid	low	age	lwt	smoke	ptd	ht	ui	race1	race2	race3
1	0	14	135	0	0	0	0	1	0	0
1	1	14	101	1	1	0	0	0	0	1
2	0	15	98	0	0	0	0	0	1	0
2	1	15	115	0	0	0	1	0	0	1
3	0	16	95	0	0	0	0	0	0	1
3	1	16	130	0	0	0	0	0	0	1
4	0	17	103	0	0	0	0	0	0	1
4	1	17	130	1	1	0	1	0	0	1
5	0	17	122	1	0	0	0	1	0	0
5	1	17	110	1	0	0	0	1	0	0
…	…	…	…	…	…	…	…	…	…	…

数据中的变量有 parid（个体识别变量）、low（婴儿是否为低体重，若体重低，则取值为 1，否则为 0）、age（母亲的年龄，单位：岁）、lwt（母亲最近一个月的体重，单位：磅）、smoke（母亲怀孕期间是否吸烟，若吸烟，则为 1，否则为 0），ptd（母亲以前是否有早产经历，若有，则为 1，否则为 0）、ht（母亲是否患有高血压，若是，则取值为 1，否则为 0）、ui（母亲是否子宫敏感，若是，则取值为 1，否则取值为 0）、race1（母亲是否为白种人，若是，则取值为 1，否则为 0）、race2（母亲是否为黑种人，若是，则取值为 1，否则为 0）、race3（其他色种人，若是，则取值为 1，否则取值为 0）。

建立条件 Logit 模型，对研究数据进行回归。

⊙ 实验操作指导

1. 建立模型

首先观察变量的特点，发现解释变量是选择特征变量，被解释变量是 low，解释变量均是婴儿妈妈的因素。在 Stata 中输入如下命令：

```
use lowbirth, clear
tab low
```

结果如图 9.22 所示。

```
. tab low

   Baby has
       low
birthweight        Freq.       Percent        Cum.

          0           56         50.00        50.00
          1           56         50.00       100.00

      Total          112        100.00
```

图 9.22　按 low 变量将数据分类

由此可见，所有数据都在两个类别中，且解释变量均为选择特征变量，pairid 是个体识别变量，所以建立条件 Logit 模型来分析问题是合理的。

2. 模型回归

在 Stata 中使用 Logit 命令来进行条件 Logit 模型回归，语法格式如下：

```
clogit y x1 x2 …[if] [in] [weight] , group(varname) [options]
```

其中，if 和 in 表示回归的条件和范围，weight 表示观测值的权重值，group 设定个体识别变量，options 选项的内容参见表 9.13。

表 9.13　条件回归模型的 options 内容

选项	描述
*group（varname）	搭配组变量
offset（varname）	约束 varname 的系数为 1
constraints（numlist）	应用特定的线性约束
collinear	保留多重共线性预测变量
vce(vcetype)	包括 oim、robust、cluster clustvar、opg、bootstrap、jackknife
Nonnest	不检查嵌套类型的面板数据
level（#）	设置置信度，默认为 95
or	输出机会比
maximize_options	控制最大化过程，很少使用

对实验数据使用条件 Logit 模型回归，由于 race1、race2、race3 均做解释变量会产生完全的多重共线性，这里的解决方法是：

```
gen nonwhite = race2 + race3
```

然后选取 nonwhite 与 race1 中的一个加入模型，这样模型得到的结果是白种人和非白种人对婴儿体重的解释。

在 Stata 中输入如下命令，即可得到如图 9.23 所示的回归结果：

```
clogit low lwt nonwhite smoke ptd, group(pairid)
```

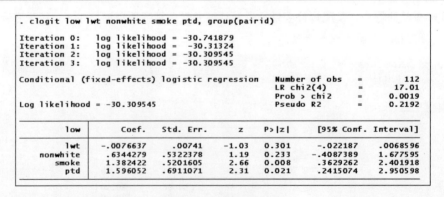

图 9.23　模型回归结果

回归结果给出了模型的拟合优度和模型系数估计值，不包含常数项。显然模型 lowt 与 nonwhite 估计系数的 P 值未通过显著性检验。若模型中引入的解释变量是 race1 而不是 nonwhite，则系数估计值是现在估计值的相反数。

由于 $\hat{\beta}_{MLE}$ 代表解释变量单位的增加引起的相对风险的边际变化（相对机会比），即 lwt 每增加

1 个单位，婴儿体重重的概率相对轻的概率的对数会减少 0.00766；nonwhite 每增加 1 个单位（race1），婴儿体重重的概率相对轻的概率的对数增加 0.6344。

另外，Stata 可以输出机会比，可将相对机会比换算成机会比，即将上面的系数取指数。clogit 命令语句中 options 中的 or 可以执行此任务。

在 Stata 命令窗口中输入：

```
Clogit,or
```

就可以看到此模型的机会比情况，如图 9.24 所示。

```
. clogit, or

Conditional (fixed-effects) logistic regression    Number of obs   =      112
                                                   LR chi2(4)      =    17.01
                                                   Prob > chi2     =   0.0019
Log likelihood = -30.309545                        Pseudo R2       =   0.2192

       low  Odds Ratio   Std. Err.       z    P>|z|    [95% Conf. Interval]
       lwt   .9923656    .0073534    -1.03    0.301    .9780573    1.006883
     race1   .5302387    .2822131    -1.19    0.233    .1868228    1.504919
     smoke   3.984541    2.072601     2.66    0.008    1.43753     11.04434
       ptd   4.933519    3.40959      2.31    0.021    1.273167    19.11737
```

图 9.24　模型机会比输出结果

结果可与图 9.23 比较，odds Ratio 等于后者中系数估计值取自然指数的值。其意义是 lwt 每增加 1 个单位，婴儿体重重的概率相对轻的概率会增加 0.99237，race1 每增加 1 个单位（nonwhite），婴儿体重重的概率相对轻的概率增加 0.53024。

同样，对条件选择模型预测样本个体选择每个取值的概率，命令语句格式如下：

```
predict [type] newvar [if] [in] [,statistic nooffset]
```

statistic 的主要内容可参见表 9.14。

表 9.14　概率预测命令 statistic 的内容

选项	说明
pc1	概率预测，默认选项
pu0	概率预测，假定固定效应为 0
xb	线性预测
stdq	计算预测标准差
score	对数似然函数对 xb 的一阶导数

在 Stata 命令窗口中输入如下命令，即可得到如图 9.25 所示的预测结果：

```
predict p1
list low p1
```

因此，得到婴儿初生时体重较重的概率，将被解释变量与预测的概率罗列，可以看到预测结果与实际结果的对比情况，即预测的准确度。

```
list low p1

        low         p1
 1.       0    .0203629
 2.       0    .9796371
 3.       0    .5325249
 4.       0    .4674751
 5.       0    .5666585

 6.       1    .4333415
 7.       1    .0588809
 8.       1    .9411191
 9.       1     .477025
10.       1     .522975

11.       0    .3330666
12.       0    .6669335
13.       0    .5134083
14.       1    .4865917
15.       0    .5439528

16.       1    .4560472
17.       1    .7532188
18.       1    .2467812
19.       0    .1113321
20.       1    .8886679
--more--
```

图 9.25　概率预测

实验 9-5　嵌套 Logit 模型

▶ 实验基本原理

多值选择模型和二值模型使用的一个重要前提就是被解释变量取值之间的无关独立性，这个前提使它们在实际分析问题中的使用受到很大限制。很多时候个体的选择是分层次的，下面层次的选择受到上面层次的限制，例如个体外出旅游时，首先选择去的地方，然后才能选择看的风景名胜。图 9.26 可用来说明这一选择过程。

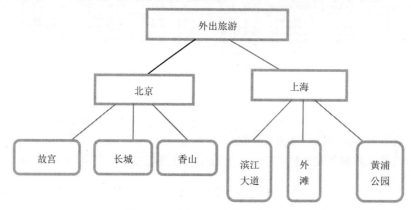

图 9.26　选择可以分为多个层次

显然在最终选择的过程中有两个层次。相同层次之间的选择是具有替代性的，而层次之间的选择又是不相关的。第一层决策为北京或者上海，这两个选择是相互替代的，第一层的选择与第二层的选择无关；第二层显然分为两组，每组内部的选择是不相关的，而组间具有相关性，也就是将条件 Logit 模型中隐含的齐次方差性条件放松，允许方差在组间可以不同，但在组内仍然是同方差的，这样的模型被称为 Nested Logit 模型。

利用 p_{ji} 表示最终选择是：第一层次选择 j 方案，第二层次选择 i 方案，利用 $x_{j|i}$ 表示在第 i 组内对选择 j 方案有影响的变量，z_i 表示影响个体选择 i 方案的变量。

于是有：

$$P\,(j, i)\,= p_{ji} = \frac{e^{x_{j|i}\beta + z_i\gamma}}{\sum_{i=1}^{I}\sum_{j=1}^{J} e^{x_{j|i}\beta + z_i\gamma}} = p_{j|i} * p_i$$

定义：

$$\Lambda = \ln\sum_{j=1}^{J} e^{x_{j|i}\beta}, \text{为第 i 组的内值}$$

根据上式 P（j, i）得到：

$$p_{j|i} = \frac{e^{x_{j|i}\beta}}{\sum_{j=1}^{J} e^{x_{j|i}\beta}}$$

$$p_i = \frac{e^{z_i\gamma + \Lambda\gamma}}{\sum_{i=1}^{I} e^{z_i\gamma + \Lambda\gamma}}$$

这两个表达式就是嵌套 Logit 模型。

嵌套 Logit 模型的参数估计方法有两种：一种是两阶段最大似然法；另一种是完全信息最大似然法。完全信息最大似然法是将对数似然函数写为：$lnL = \sum_{k=1}^{n} ln(p_{j|i} \times p_i)_k$，通过最大化此函数得到有关估计量，完全信息最大似然法相比两阶段最大似然法的估计更有效。

⊚ 实验目的与要求

（一）实验目的

1. 了解嵌套 Logit 模型的原理和适用情况。
2. 学会使用 Stata 处理此类数据。

（二）实验要求

1. 掌握前面章节的 Stata 命令，在此基础上学习嵌套 Logit 模型在 Stata 中的使用。
2. 熟练掌握 Stata 中关于嵌套 Logit 模型的有关命令。
3. 能够独立对此类数据进行建模分析。

⊚ 实验内容及数据来源

根据某统计资料，得到考察家庭选择酒店影响因素的数据文件 restaurant.dta。数据中的变量包括：family_id（家庭识别变量）、restaurant（酒店）、income（家庭收入，单位：百元）、cost（每人的平均餐饮费用，单位：百元）、kids（家庭小孩）、rating（酒店星级）、distance（家庭与酒店的距离，单位：千米）、chosen（选择餐厅的识别变量）。完整的数据文件位于本书下载资源 \data\第 9 章\restaurant.dta 数据文件中，部分数据显示如表 9.15 所示。

表 9.15　restaurant.dta 部分数据

family_id	restaurant	income	cost	kids	rating	distance	chosen
1	Freebirds	39	5.444695	1	0	1.245553	1
1	Mamaspizza	39	6.19446	1	1	2.82493	0
1	CafeEccell	39	8.182085	1	2	4.21293	0
1	Losnortenos	39	9.861741	1	3	4.167634	0
1	Wingsnmore	39	9.667909	1	2	6.330531	0
1	Christophers	39	25.95777	1	4	10.19829	0
1	Madcows	39	28.99846	1	5	5.601388	0
2	Freebirds	58	5.728618	3	0	4.162657	0
2	Mamaspizza	58	7.054855	3	1	2.865081	0

（续表）

family_id	restaurant	income	cost	kids	rating	distance	chosen
2	CafeEccell	58	10.78514	3	2	5.337799	0
2	Losnortenos	58	8.313948	3	3	4.282864	1
2	Wingsnmore	58	21.2801	3	2	8.133914	0
2	Christophers	58	25.87567	3	4	8.6646631	0
…	…	…	…	…	…	…	…

使用嵌套 Logit 模型来分析此问题。

▶ 实验操作指导

1. 选择合理的模型

在 Stata 中输入如下命令，打开所需数据文件：

```
use restaurant, clear
```

研究可知，餐厅选择包含两个水平：类型和餐馆，也就是说人们先决定去什么类型的餐馆就餐，再根据各种因素确定具体的餐馆。income、kids 是个体特征变量决定个体选择的第一水平——类型；cost、rating 为选择变量决定个体选择的第二水平——具体餐馆。类型可分为 3 种：fast、family 和 fancy。

2. 模型回归

首先生成水平变量，在 Stata 中生成水平识别变量的命令语句如下：

```
nlogitgen newvar = alvar(branchlist) [,nolog]
```

其中，newvar 为生成新变量的名称，alvar 表示被分类的变量名称，branchlist 表示各水平都包含怎样的取值，nolog 表示窗口不显示生成的水平识别变量结果。

- branchlist 的形式为：branch [,branch …]。
- branch 的形式为：[label:] alternative [| alternative [| alternative …]]。

在 Stata 窗口中输入如下命令：

```
nlogitgen type = restaurant (fast: Freebirds | MamasPizza , family: CafeEccell |
LosNortenos | WingsNmore, fancy: Christophers | MadCows)
```

此命令生成模型的第一水平变量 fast、family 和 fancy，结果如图 9.27 所示。

```
. nlogitgen type = restaurant (fast: Freebirds | MamasPizza , family: CafeEccell
> | LosNortenos | WingsNmore, fancy: Christophers | MadCows)
new variable type is generated with 3 groups
label list lb_type
lb_type:
           1 fast
           2 family
           3 fancy
```

图 9.27 生成水平变量

在设定了水平变量后，可以显示出其树状结构。在 Stata 中使用如下命令格式：

```
Nlogittree altervarlist [if] [in] [weight] [,choice(y) nloabel nobranches]
```

nlogittree 表示显示树状结构，altervarlist 为各层次变量的名称，if 和 in 表示显示的条件和范围，weight 表示对观测值加入的权重，choice(y)表示显示被解释变量在各个水平下出现的频数，nloabelnobranches 是对显示出图形形式的要求。

根据前面设定的水平变量，在 Stata 命令窗口中输入如下命令：

```
nlogittree restaurant type ,choice (chosen)
```

即可得到如图 9.28 所示的结果。

```
. nlogittree restaurant type ,choice (chosen)
tree structure specified for the nested logit model

type      N       restaurant       N     k

fast     600 ┬─── Freebirds      300    12
             └─── MamasPizza      300    15
family   900 ┬─── CafeEccell      300    78
             ├─── LosNortenos     300    75
             └─── WingsNmore      300    69
fancy    600 ┬─── Christophers    300    27
             └─── MadCows        300    24

                  total         2100   300

k = number of times alternative is chosen
N = number of observations at each level
```

图 9.28　显示树状结构

图中清晰地显示了选择的树状结构：二层选择变量是 restaurant，一层选择变量是 type，以及每一个餐馆在每一个水平上的选择数量。

进行嵌套 Logit 模型回归时可使用 nlogit 命令，语法形式如下：

```
nlogit y x1 x2 … [if] [in] [weight] [||| lev1_equation[|||lev2_equation…]]
|| altvar:[byaltvarlist] case(varname), [options]
```

其中，if 和 in 表示回归的条件和范围，weight 表示观测值加入的权重，case(varname)表示个体识别变量。levk_equation 的形式如下：

```
altvar:[byaltvarlist] [,base(#|label) estconst]
```

altvar 为每个水平上决策者选择的识别变量。

byaltvarlist 设定不同水平上的解释变量，在一个水平上，每一个解释变量都有 k 个回归系数，k 为类别个数，即每一个选择都有一个回归系数。如果变量为常数（例如反映决策者特征的个体特定变量），基础选择的回归系数就是不能识别的。通过 base()选项设定每个水平的基础类别，默认选项为频数最高的类别。

estconst 用于除了底层水平之外的某一个水平，其作用在设定的水平上，除了基础类别外，其他选择都带有常数项。由于只能在其中一个水平上存在常数项，因此 Stata 默认是底层水平带有常数项（当然除了基础类别外），即如果设定了这个选项，那么底层水平必须通过 noconstant 选项设定，不能含常数项。

options 选项的内容可参见表 9.16。

表 9.16　嵌套模型回归 options 选项的内容

选项	说明
base(#|label)	基础类别，要么是类别的取值，要么是类别的标签
noconstant	底层水平不含常数项
nonnormalized	不对参数进行标准化
altwise	按照选择忽略缺失值

（续表）

选项	说明
constraints(numlist)	线性约束
collinear	保留多重共线性预测变量
vce(vcetype)	包括 oim、robust、cluster clustvar、opg、bootstrap、jackknife
level(#)	设置置信度，默认值是 95
notree	不显示树状结构

在本实验中，我们在 Stata 命令窗口中输入如下命令来进行嵌套模型回归，得到如图 9.29 所示的回归估计结果（由于估计结果很大，因此这里只截取了整个图的一部分）。

```
nlogit chosen cost distance rating || type: income kids, base(family) ||
restaurant: , noconst case(family_id)
```

```
Iteration 5:    log likelihood = -492.93121  (backed up)
Iteration 6:    log likelihood = -491.75884
Iteration 7:    log likelihood = -490.81911
Iteration 8:    log likelihood = -489.56195
Iteration 9:    log likelihood = -488.58891
Iteration 10:   log likelihood = -485.68122
Iteration 11:   log likelihood = -485.59216
Iteration 12:   log likelihood = -485.56202
Iteration 13:   log likelihood = -485.51992
Iteration 14:   log likelihood = -485.48062
Iteration 15:   log likelihood = -485.47384
Iteration 16:   log likelihood = -485.47333
Iteration 17:   log likelihood = -485.47331

RUM-consistent nested logit regression         Number of obs    =      2100
Case variable: family_id                       Number of cases  =       300

Alternative variable: restaurant               Alts per case: min =        7
                                                              avg =      7.0
                                                              max =        7

                                               Wald chi2(7)     =     46.71
Log likelihood = -485.47331                    Prob > chi2      =    0.0000

      chosen │     Coef.   Std. Err.      z    P>|z|    [95% Conf. Interval]
─────────────┼────────────────────────────────────────────────────────────
  restaurant │
        cost │  -.1843847   .0933975   -1.97   0.048   -.3674404   -.0013289
    distance │  -.3797474   .1003828   -3.78   0.000   -.5764941   -.1830007
      rating │   .463694    .3264935    1.42   0.156   -.1762215    1.10361
─────────────┼────────────────────────────────────────────────────────────
type equations
─────────────┼
        fast │
      income │  -.0266038   .0117306   -2.27   0.023   -.0495952   -.0036123
        kids │  -.0872584   .1385026   -0.63   0.529   -.3587184    .1842016
      family │
      income │      (base)
        kids │      (base)
       fancy │
      income │   .0461827   .0090936    5.08   0.000    .0283595    .0640059
        kids │  -.3959413   .1220356   -3.24   0.001   -.6351267   -.1567559
─────────────┼
dissimilarity parameters
        type │
   /fast_tau │  1.712878   1.48685                    -1.201295    4.627051
 /family_tau │  2.505113   .9646351                      .614463    4.395763
  /fancy_tau │  4.099844   2.810123                    -1.407896    9.607583
─────────────┼────────────────────────────────────────────────────────────
LR test for IIA (tau = 1):          chi2(3) =     6.87   Prob > chi2 = 0.0762
```

图 9.29 嵌套模型回归结果

嵌套回归模型的一层水平是 type，其解释变量是 income kids，二层选择水平是 restaurant，其解释变量是 cost distance rating，且要求在一层水平上的基础类别是 family，底层水平的估计不含有常数项。

回归结果显示模型是通过不断迭代最终找到最大化的估计量。结果图中给出了每个层次的回归系数估计值和显著性检验结果，可以用来进行分析。例如，结果显示收入（income）越高的人越倾向于选择 fancy 这个餐厅，在第二水平的选择上，成本低、距离近、等级高的餐馆容易被选择，但是 rating 这个变量的系数没有通过显著性检验。

使用嵌套模型对其估计结果进行预测的 Stata 命令格式如下：

```
predict [type] newvar [if] [in] [,statistics hlevel(#) altwise]
predict [type] {stub* | newvarlist} [if] [in] , scores
```

对于第一个命令，type 表示预测出这个新变量 newvar 的类型；if 和 in 表示回归的条件和范围；hlevel(#) 表示在水平"#"上的预测概率；altwise 表示当存在缺失值时，根据预测的替代选择删除观测值。statistics 所代表的内容如表 9.17 所示。

表 9.17　概率预测命令 statistic 的内容

选项	说明
pr	概率预测
xb	指数预测
condp	条件预测
iv	计算 hlevel(#)设定水平的包含值

第二个命令可以用来预测每一个水平的概率。此命令中，type 表示预测设定新变量的类型；{stub*|newvarlist}表示预测的新变量名称；if 和 in 表示对检测拟合优度时的条件和范围的设定；score 表示对数似然函数对每个方程的一阶导数，第 1,2,3,…,k 个变量为对数似然函数对第 1,2,3,…,k 个方程的一阶导数。

进行回归后，在 Stata 命令窗口中输入如下命令语句：

```
predict pr（预测底层水平的各个选择的概率）
list family_id restaurant pr
```

即可得到如图 9.30 所示的预测结果。

	family~d	restaurant	pr
1.	1	Freebirds	.0642332
2.	1	MamasPizza	.0547278
3.	1	CafeEccell	.284409
4.	1	LosNortenos	.3045242
5.	1	WingsNmore	.1849429
6.	1	Christophers	.0429508
7.	1	MadCows	.0642122
8.	2	Freebirds	.0183578
9.	2	MamasPizza	.0305369
10.	2	CafeEccell	.283215
11.	2	LosNortenos	.3038883
12.	2	WingsNmore	.1689618
13.	2	Christophers	.1041277
14.	2	MadCows	.0909125
15.	3	Freebirds	.0827111
16.	3	MamasPizza	.0913941
17.	3	CafeEccell	.205415
18.	3	LosNortenos	.2812154
19.	3	WingsNmore	.2495601
20.	3	Christophers	.0352209

more

图 9.30　底层水平预测值

若要预测每个水平的概率，则输入：

```
predict p*,pr
list family_id restaurant type p*
```

预测结果如图 9.31 所示。

. list family_id restaurant type p*

	family~d	restaurant	type	pr	p1	p2
1.	1	Freebirds	fast	.0642332	.1189609	.0642332
2.	1	MamasPizza	fast	.0547278	.1189609	.0547278
3.	1	CafeEccell	family	.284409	.7738761	.284409
4.	1	LosNortenos	family	.3045242	.7738761	.3045242
5.	1	WingsNmore	family	.1849429	.7738761	.1849429
6.	1	Christophers	fancy	.0429508	.107163	.0429508
7.	1	MadCows	fancy	.0642122	.107163	.0642122
8.	2	Freebirds	fast	.0183578	.0488948	.0183578
9.	2	MamasPizza	fast	.0305369	.0488948	.030537
10.	2	CafeEccell	family	.283215	.756065	.2832149
11.	2	LosNortenos	family	.3038883	.756065	.3038883
12.	2	WingsNmore	family	.1689618	.756065	.1689618
13.	2	Christophers	fancy	.1041277	.1950402	.1041277
14.	2	MadCows	fancy	.0909125	.1950402	.0909125
15.	3	Freebirds	fast	.0827111	.1741052	.0827111
16.	3	MamasPizza	fast	.0913941	.1741052	.0913941
17.	3	CafeEccell	family	.205415	.7361906	.205415
18.	3	LosNortenos	family	.2812154	.7361906	.2812154
19.	3	WingsNmore	family	.2495601	.7361906	.2495601
20.	3	Christophers	fancy	.0352209	.0897043	.0352209

more

图 9.31　两个水平的预测值

可以看出，p1 表示的是第一水平的选择概率，p2 表示的概念与 pr 是一致的。通过观察可以得到，p1 表示的是层次概率，且 3 个层次概率的和是 1。而 p2 表示的是底层选择概率，其所有底层选择的概率之和也是 1。当然，如果在 list 语句中加入 chosen 变量，就可以和前面几节的实验一样来观察和计算模型对数据的拟合优度了。

若要在第一水平的基础上计算第二水平的各个选择的概率，则可在 Stata 命令窗口中输入：

```
predict condp,condp hlevel (2)
```

此命令就是预测模型选择的条件概率，即选择第一水平后，第二水平的选择概率。得到的回归结果如图 9.32 所示。

```
list family_id restaurant type condp

      family~d    restaurant     type      condp
 1.          1       Freebirds     fast    .5399519
 2.          1      MamasPizza     fast    .4600481
 3.          1      CafeEccell   family    .3675124
 4.          1      LosNortenos  family    .3935051
 5.          1      WingsNmore   family    .2389825

 6.          1    Christophers    fancy    .4007991
 7.          1         MadCows    fancy    .5992009
 8.          2       Freebirds     fast    .3754559
 9.          2      MamasPizza     fast    .6245441
10.          2      CafeEccell   family    .3745907

11.          2      LosNortenos  family    .4019341
12.          2      WingsNmore   family    .2234752
13.          2    Christophers    fancy     .533878
14.          2         MadCows    fancy     .466122
15.          3       Freebirds     fast    .4750639

16.          3      MamasPizza     fast    .5249361
17.          3      CafeEccell   family    .2790243
18.          3      LosNortenos  family    .3819873
19.          3      WingsNmore   family    .3389885
20.          3    Christophers    fancy    .3926331
-more-
```

图 9.32　在第一水平条件下底层水平的预测值

由于在选择第一水平下预测的条件概率，各水平之间的选择是互不相关的，因此预测的条件概率是在每个第一水平下，其包含的最终选择的概率就是 1。

复习与习题

本章回顾

1. 与二值选择模型有关的 Stata 命令。

二值 Logit 或者 Probit 回归：

```
logit y x1 x2 … [if] [in] [weight] [,options]或
probit y x1 x2 …[if] [in] [weight] [,options]
mfx
predict [type] newvar [if] [in] [,single_options]
```

检测模型拟合优度：

```
Estat clas （计算准确预测百分比）
lroc （受试者操控曲线）
estat gof [,group(#) all outsample table] （goodness-of-fit 拟合优度检验）
```

此模型的异方差问题：

```
hetprob y x1 x2 …, het (varlist)
```

2. 与多值选择模型有关的命令。

观察数据特点：

```
tab varlist
```

多值选择模型回归：

```
mlogit y x1 x2 …[if] [in] [weight] [,options] (multinomial logit 模型)
mprobit y x1 x2 …[if] [in] [weight] [,options]  (multinomial probit 模型)
predict [type] {stub*|newvars} [if] [in] [,statistic outcome(#,#,…) nooffset]
list
```

3. 与排序数据模型相关的命令。

排序数据模型回归：

```
oprobit y x1 x2 …[if] [in] [weight][,options] (ordered probit 模型)
ologit y x1 x2 …[if] [in] [weight][,options] (ordered ologit 模型)
predict [type] {stub*|newvars} [if] [in] [,statistic outcome(#,#,…) nooffset]
list
```

4. 与条件 Logit 模型相关的命令。

条件模型回归：

```
clogit y x1 x2 …[if] [in] [weight] , group(varname) [options]
clogit, or(系数以机会比的形式显示)
predict [type] newvar [if] [in] [,statistic nooffset]
list
```

5. 与嵌套 Logit 模型相关的命令。

生成水平识别变量：

```
nlogitgen newvar = altvar (branchlist)
```

显示树状结构：

```
nlogittree altervarlist [,choice(y)]
```

嵌套模型估计：

```
nlogit y [x1 x2 …] [|| lev1_equation [|| lev2_equation…]] || altar:[byaltvarlist]
case (varname)
```

预测底层水平的各个选择的概率：

```
predict pr
```

预测每个水平的概率：

```
predict p*, pr
```

习题

1. 使用本书下载资源\exercises\第 9 章\lbw2.dta 研究出生婴儿体重的影响因素，以 low（若婴儿体重小于 2500 克，则 low=0；若婴儿体重大于 2500 克，则 low=1）为被解释变量，age、lwt、

race2、race3、smoke、ptl、ht、ui 为解释变量，使用 Logit 模型探究解释变量对被解释变量 low 的影响。图 9.33 列出了该文件的部分数据。

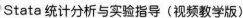

```
list low age lwt race2 race3 smoke ptl ht ui in 1/10
```

	low	age	lwt	race2	race3	smoke	ptl	ht	ui
1.	0	19	182	1	0	0	0	0	1
2.	0	33	155	0	1	0	0	0	0
3.	0	20	105	0	0	1	0	0	0
4.	0	21	108	0	0	1	0	0	1
5.	0	18	107	0	0	1	0	0	1
6.	0	21	124	0	1	0	0	0	0
7.	0	22	118	0	0	0	0	0	0
8.	0	17	103	0	1	0	0	0	0
9.	0	29	123	0	0	1	0	0	0
10.	0	26	113	0	0	1	0	0	0

图 9.33　lbw2.dta 部分数据

2. 运用本书下载资源\exercises\第 9 章\choice.dta 数据，改变实验 9-2 的参照组，重复多值选择回归。

3. 使用本书下载资源\exercises\第 9 章\sysdsn3.dta 数据，以 insure（个体投保情况）为被解释变量，以 age（投保人年龄）、male（投保人性别）、nonwhite（投保人人种）、site2（投保人是否位于地点 2）、site3（投保人是否位于地点 3）为解释变量，使用多值选择模型进行回归，然后对结果进行分析。该数据文件的部分数据如图 9.34 所示。

```
list insure age male nonwhite site2 site3 in 1/10
```

	insure	age	male	nonwhite	site2	site3
1.	Indemnity	73.722107	0	0	1	0
2.	Prepaid	27.89595	0	0	1	0
3.	Indemnity	37.541397	0	0	0	0
4.	Prepaid	23.641327	0	1	0	1
5.	.	40.470901	0	0	1	0
6.	Prepaid	29.683777	0	0	1	0
7.	Prepaid	39.468857	0	0	1	0
8.	.	26.702255	1	0	0	0
9.	Uninsure	63.101974	0	1	0	1
10.	Prepaid	69.839828	0	0	0	0

图 9.34　sysdsn3.dta 部分数据

4. 使用本书下载资源\exercises\第 9 章\fullauto.dta 数据文件，以 rep77（1977 年维修时的记录）为被解释变量，以 foreign（是国产还是进口）、length（车长）、mpg（已跑英里）为解释变量，使用多值排序模型进行回归并分析回归结果。图 9.35 列出了该数据文件的部分数据。

```
. list rep77 foreign length mpg in 1/10
```

	rep77	foreign	length	mpg
1.	Fair	Domestic	186	22
2.	Poor	Domestic	173	17
3.	.	Domestic	168	22
4.	Average	Foreign	174	23
5.	Fair	Foreign	189	17
6.	Good	Foreign	177	25
7.	Average	Domestic	196	20
8.	Good	Domestic	222	15
9.	Good	Domestic	218	18
10.	.	Domestic	170	26

图 9.35　fullauto.dta 部分数据

5. 使用本书下载资源\exercises\第 9 章\union.dta 数据，以 union 为被解释变量，以 age、grade、not_smsa 为解释变量，使用条件 Logit 模型探究解释变量对 union 的解释作用。图 9.36 列出了该文件的部分数据。

```
. list idcode year age grade not_smsa south union t0 black in 1/10
```

	idcode	year	age	grade	not_smsa	south	union	t0	black
1.	1	72	20	12	0	0	1	2	1
2.	1	77	25	12	0	0	0	7	1
3.	1	80	28	12	0	0	1	10	1
4.	1	83	31	12	0	0	1	13	1
5.	1	85	33	12	0	0	1	15	1
6.	1	87	35	12	0	0	1	17	1
7.	1	88	37	12	0	0	1	18	1
8.	2	71	19	12	0	0	0	1	1
9.	2	77	25	12	0	0	1	7	1
10.	2	78	26	12	0	0	1	8	1

图 9.36　union.dta 的部分数据

第10章 计数模型

有些被解释变量用于描述事件发生的次数，只能取非负整数 0、1、2 等。例如，一定时间内换工作的次数，去某个超市的次数，等等。这类数据被称为计数数据（Count Data）。当被解释变量为计数数据时，我们应考虑使用计数模型，主要有泊松回归模型、负二项回归模型、零膨胀回归模型等。本章将首先介绍泊松回归的原理、操作方法及结果解读，然后介绍负二项回归模型，最后介绍零膨胀回归模型。

实验 10-1 泊松回归模型

⊙ 实验基本原理

当被解释变量Y是计数数据时，常采用泊松分布来描述它的概率，Y 的概率分布函数为：

$$\text{Prob}(Y = k) = \frac{e^{-u_i}u_i^{\ k}}{k!} \ (k = 0,1,2,\ldots)$$

其中，一般假定泊松到达率 $u_i = e^{x_i'\beta}$，其值由解释变量x_i决定。由泊松分布的性质可知，$E(Y) = u_i = e^{x_i'\beta}$，这样就可以保证被解释变量是非负的。由于假定每次事件的发生是相互独立的，因此可以直接通过概率相乘，使用 MLE 方法进行估计。

⊙ 实验目的与要求

（一）实验目的

1. 了解泊松回归的原理及其在实际数据分析中的应用。
2. 熟悉 Stata 中泊松回归的基本操作及相关选项，熟悉泊松回归拟合优度的检验及模型预测。

（二）实验要求

1. 能够熟练使用 poisson 命令进行泊松回归分析，并熟知各项回归结果所代表的含义。
2. 能够熟悉 poisson 命令中的各个选项并了解其含义，包括暴露期（exposure）、发生率比（irr）等。
3. 能够熟练使用 estatgof 命令进行拟合优度的检验，并能对结果进行解释。
4. 能够熟练使用 predict 命令进行预测，并熟知各种选项的含义。

❯ 实验内容及数据来源

本书下载资源\data\第 10 章\airinjure.dta 工作文件给出了美国 9 条航线一年中的伤亡人数数据。利用这些数据分析 XYZ 公司拥有的航线是否有更高的伤亡率。airinjure.dta 的变量包括：airline（航线）、injuries（该航线一年的伤亡人数）、n（各航线飞离纽约的航班数量占全部飞离纽约的航班数量的比例）、XYZowned（航线是否为 XYZ 公司所拥有，1 代表为 XYZ 公司拥有，0 代表为其他公司拥有）。表 10.1 显示了该文件的部分数据。

表 10.1　airinjure.dta 部分数据

airline	injuries	n	XYZowned
1	11	0.095	1
2	7	0.192	0
3	7	0.075	0
4	19	0.2078	0
5	9	0.1382	0
6	4	0.054	1
…	…	…	…

利用 airinjure.dta 的数据研究 XYZ 公司的航线是否有更高的伤亡率，因为被解释变量 injuries 为计数数据，考虑使用泊松模型。

❯ 实验操作指导

1. 泊松回归的操作

（1）泊松回归的基本操作

进行泊松回归的基本命令如下：

```
poisson depvar [indepvar] [if] [in] [weight] [,options]
```

其中，depvar 代表被解释变量的名称，indepvar 代表解释变量的名称，if 代表条件语句，in 代表范围语句，weight 代表权重语句，options 代表其他选项。表 10.2 显示了各 options 选项及其含义。

表 10.2　泊松回归中的 options 内容

选项	说明
noconstant	模型不包含常数项
exposure(varname)	约束变量 ln(varname)的系数为 1
offset(varname)	约束变量 varname 的系数为 1
irr	输出发生率比（Incidence Rate Ratio）
constraints(constraints)	进行约束回归
level(#)	设置置信度，默认为 95%
vce(type)	设置估计量的标准差，常用的主要有 cluster、robust、bootstrap、opg、jackknife 等

对于 airinjure.dta 的数据，我们想要研究 XYZ 公司的航线是否有更高的伤亡率，可以对下面的

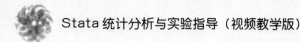

模型进行估计：

$$\frac{\text{injuries}}{n} = e^{\beta_0 + \beta_1 \text{XYZowned}}$$

其中，$\frac{\text{injuries}}{n}$ 用于表明平均每个航班的伤亡人数，相当于前面的"泊松到达率"。其实，如果 n 表示各航线的航班数量而非比例，$\frac{\text{injuries}}{n}$ 的含义就会更加清楚一些，但因为航班比例只是航班数量除以共同的除数，所以这并不影响我们的分析。对于该回归，我们主要关心 β_1 的大小。

对上式进行变形，我们有：

$$\text{injuries} = n * e^{\beta_0 + \beta_1 \text{XYZowned}} = e^{\ln(n) + \beta_0 + \beta_1 \text{XYZowned}}$$

这就相当于在回归过程中，约束 $\ln(n)$ 的系数为 1，可以使用如下命令：

```
poisson injuries XYZowned, exposure(n)
```

即 injuries 为被解释变量，XYZowned 为解释变量，选项 exposure() 约束 $\ln(n)$ 的系数为 1。图 10.1 显示了命令的结果。

```
. poisson injuries XYZowned, exposure(n)

Iteration 0:   log likelihood = -23.027197
Iteration 1:   log likelihood = -23.027177
Iteration 2:   log likelihood = -23.027177

Poisson regression                              Number of obs    =         9
                                                LR chi2(1)       =      1.77
                                                Prob > chi2      =    0.1836
Log likelihood = -23.027177                     Pseudo R2        =    0.0370

    injuries |      Coef.   Std. Err.      z    P>|z|     [95% Conf. Interval]
-------------+----------------------------------------------------------------
    XYZowned |   .3808084   .2780192     1.37   0.171    -.1640993    .9257161
       _cons |   4.061204    .147442    27.54   0.000     3.772223    4.350185
       ln(n) |          1  (exposure)
```

图 10.1 泊松回归结果

可以看出，经过两次迭代，得到最终结果。根据该结果可以写出拟合的模型：

$$\text{injuries} = e^{\ln(n) + 4.06 + 0.38 \text{XYZowned}}$$

或者，我们将方程两边取对数，变成如下形式：

$$\ln(\text{injuries}) = \ln(n) + 4.06 + 0.38 \text{XYZowned}$$

结果显示，XYZowned 的系数为 0.3808 > 0，表明平均看来，XYZ 公司的航线伤亡率更高。但是 XYZowned 系数 95% 的置信区间为 (-0.1641, 0.9257)，表明我们不能拒绝 XYZ 公司的航线有更低伤亡率的假设。

（2）计算发生率比 IRR

使用选项 irr 可以得到发生率比，也就是说，结果将汇报 e^{β_i}，而非 β_i。

发生率比的原理为：控制其他解释变量不变，看某一解释变量变化一个单位时被解释变量的变化。x_i 的 IRR 为：

$$\frac{e^{\ln E + \beta_1 x_1 + \cdots + \beta_i(x_i+1) + \cdots + \beta_k x_k}}{e^{\ln E + \beta_1 x_1 + \cdots + \beta_i x_i + \cdots + \beta_k x_k}} = e^{\beta_i}$$

其中，E 是暴露期（Exposure），即约束其系数为 1。

我们重新进行前面的回归，令其汇报发生率比。输入命令：

```
poisson injuries XYZowned, exposure(n) irr
```

图 10.2 显示了该命令的结果。

```
. poisson injuries XYZowned, exposure(n) irr

Iteration 0:   log likelihood = -23.027197
Iteration 1:   log likelihood = -23.027177
Iteration 2:   log likelihood = -23.027177

Poisson regression                              Number of obs   =          9
                                                LR chi2(1)      =       1.77
                                                Prob > chi2     =     0.1836
Log likelihood = -23.027177                     Pseudo R2       =     0.0370

    injuries         IRR    Std. Err.       z    P>|z|     [95% Conf. Interval]

    XYZowned    1.463467     .406872     1.37    0.171     .8486578    2.523675
       _cons    58.04416    8.558145    27.54    0.000     43.47662    77.49281
        ln(n)          1   (exposure)

Note: _cons estimates baseline incidence rate.
```

图 10.2　以 IRR 形式汇报的泊松回归结果

观察该结果，我们可以说 XYZ 公司的航线伤亡率是其他公司的 1.463 倍，且系数显著。但该 IRR 的 95%的置信区间为$(0.8487, 2.5237)$，从而，还是不能拒绝 XYZ 公司的航线有较低伤亡率的假设。此外，我们可以验证$e^{0.38084} = 1.4635$。

事实上，无论汇报的是系数还是 IRR，我们进行的都是同一个估计，只是结果形式不同而已。

（3）水平形式的泊松回归

回顾前面对模型的设定：

$$\text{injuries} = n * e^{\beta_0 + \beta_1 \text{XYZowned}} = e^{\ln(n) + \beta_0 + \beta_1 \text{XYZowned}}$$

假定每条航线的暴露期为其飞离纽约的航班份额 n。但事实上，大的航线可能会使用大的飞机，从而有更多的乘客，因此，一种更好的暴露期的选择是乘客数量而不是飞离纽约的航班份额 n。我们没有乘客数量这个变量，但可以想到，n 在一定程度上也可以代表乘客数量，因此，对模型的一个更好的估计是不约束$\ln(n)$的系数为 1，而进行如下的估计：

$$\text{injuries} = e^{\beta_0 + \beta_1 \text{XYZowned} + \beta_2 \ln(n)}$$

我们先产生一个变量 $\ln(n)$，再进行泊松回归。

```
Gen lnn=ln(n)
poisson injuries XYZowned lnn
```

图 10.3 给出其结果。

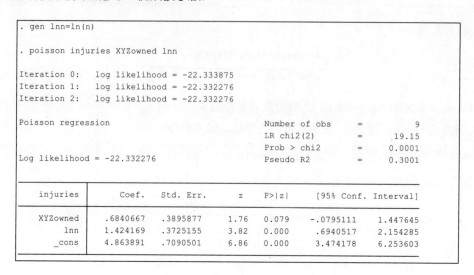

```
. gen lnn=ln(n)

. poisson injuries XYZowned lnn

Iteration 0:    log likelihood = -22.333875
Iteration 1:    log likelihood = -22.332276
Iteration 2:    log likelihood = -22.332276

Poisson regression                              Number of obs   =         9
                                                LR chi2(2)      =     19.15
                                                Prob > chi2     =    0.0001
Log likelihood = -22.332276                     Pseudo R2       =    0.3001

    injuries |      Coef.   Std. Err.      z    P>|z|     [95% Conf. Interval]

    XYZowned |   .6840667   .3895877     1.76   0.079    -.0795111    1.447645
         lnn |   1.424169   .3725155     3.82   0.000     .6940517    2.154285
       _cons |   4.863891   .7090501     6.86   0.000     3.474178    6.253603
```

图 10.3   水平形式的泊松回归结果

可以看出，lnn 的系数 1.4242 > 1，在一定程度上验证了我们前面的推断。

（4）heckpoisson 泊松回归模型

在统计学中，泊松回归通常被用于计算结果的模型，如 XX 公司获得专利的数量，人们去看医生的次数，不幸的普鲁士士兵被马踢死的次数，等等。通过观察数据，我们并不总是能够看到所有受试者的结果。当然这完全不同于零事件的观测：我们对结果一无所知。为什么？调查 nonresponse（无回应）。与高调的专利申请相比，被调查的企业可能更喜欢保守自身商业秘密。我们期望可能会观察到的结果和我们实际没有观察到的结果是不同的。这种缺失被称为样本选择，或者更准确地说，内生样本选择，它也被称为失踪非随机（MNAR）。

Stata 15.0 中新的命令 heckpoisson 适用于计算数据的模型，并生成估计，就像没有进行样本选择一样。也就是说，这个新命令符合让用户对整个群体做出推断的模型，而不仅仅是那些被观察到的。

就本例而言，heckpoisson 泊松回归的命令是：

```
heckpoisson injuries XYZownedlnn,select(XYZowned)
```

将命令输入后，得到的结果如图 10.4 所示。

从图 10.4 中可以看出，heckpoisson 泊松回归在经过 16 次迭代计算后得到最大似然统计量。模型中共有 9 个样本参与了分析，沃德卡方统计量为 11.43，模型显著性 P 值为 0.0033，整体非常有效。

可以看出，lnn 的系数 1.382071 > 1，在一定程度上验证了我们前面的推断。

```
. heckpoisson injuries XYZowned lnn,select(XYZowned)

initial:       log likelihood =  -42.87648
rescale:       log likelihood = -38.680973
rescale eq:    log likelihood = -38.680973
(setting technique to bhhh)
Iteration 0:   log likelihood = -38.680973
Iteration 1:   log likelihood = -30.547208  (not concave)
Iteration 2:   log likelihood =  -29.51918  (not concave)
Iteration 3:   log likelihood =  -29.51918  (backed up)
Iteration 4:   log likelihood = -26.207652
Iteration 5:   log likelihood = -25.956905
Iteration 6:   log likelihood =  -25.93413
Iteration 7:   log likelihood =  -25.83847
Iteration 8:   log likelihood = -25.291993
Iteration 9:   log likelihood = -25.290634  (backed up)
(switching technique to nr)
Iteration 10:  log likelihood = -25.287752
Iteration 11:  log likelihood = -25.121187  (not concave)
Iteration 12:  log likelihood = -25.111409
Iteration 13:  log likelihood = -25.097442
Iteration 14:  log likelihood = -25.094651
Iteration 15:  log likelihood = -25.094636
Iteration 16:  log likelihood = -25.094636

Poisson regression with endogenous selection   Number of obs     =        9
(25 quadrature points)                          Selected          =        9
                                                Nonselected       =        0

                                                Wald chi2(2)      =    11.43
Log likelihood = -25.09464                      Prob > chi2       =   0.0033
```

injuries	Coef.	Std. Err.	z	P>|z|	[95% Conf. Interval]	
injuries						
XYZowned	.7666498	.435344	1.76	0.078	-.0866087	1.619908
lnn	1.382071	.4093344	3.38	0.001	.57979	2.184351
_cons	4.636917	.9021567	5.14	0.000	2.868722	6.405111
select						
XYZowned	7.79155	.	.	.	.	.
_cons	.2762332	.	.	.	.	.
/athrho	17.88812	.			.	.
/lnsigma	-1.543974	1.67995	-0.92	0.358	-4.836617	1.748668
rho	1	.			-1	1
sigma	.2135308	.3587211			.0079339	5.746942

```
Wald test of indep. eqns. (rho = 0): chi2(1) =       .   Prob > chi2 =      .
```

图 10.4　heckpoisson 泊松回归模型结果

2. 泊松回归的检验和预测

（1）拟合优度（Goodness of Fit）检验

命令 estatgof 可用于检验模型是否与数据吻合良好。在泊松回归之后进行该检验，原假设为模型服从泊松分布。当 P 值很小时，就应该拒绝原假设。

对前面回归的模型进行拟合优度检验，可使用如下命令：

```
quietly poisson injuries XYZowned, exposure(n)
estat gof
```

图 10.5 所示为检验结果。

```
. quietly poisson injuries XYZowned, exposure(n)
.
. estat gof

        Deviance goodness-of-fit =   14.09413
        Prob > chi2(7)           =     0.0495

        Pearson goodness-of-fit  =   13.38915
        Prob > chi2(7)           =     0.0632
```

图 10.5　模型拟合优度的检验

结果中，chi2 检验的 P 值为 0.0495，从而可以在 95%的显著性水平下拒绝数据服从泊松分布的原假设，应考虑其他模型（如负二项回归）或对数据进行处理。

（2）泊松回归的预测

虽然前面的模型拟合并不好，这里还是对模型的预测进行简单说明。

预测的基本命令格式为：

```
predict [type] newvar [if] [in] [, statistic nooffset]
```

其中，newvar 代表生成的新变量名称，type 代表新变量的类型，if 代表条件语句，in 代表范围语句，statistic 代表要预测的统计量。

表 10.3 显示了各 statistic 统计量及其含义。

表 10.3　泊松回归预测中的 statistic 选项

选项	说明
n	事件发生的次数（默认选项）
ir	发生率
xb	线性预测
stdp	线性预测的标准差
score	对数似然函数对 xb 的一阶导数

下面对各选项进行详细解释。

选项 n 表明，当之前的泊松回归没有 offset()或 exposure()选项时，预测的是$e^{x_i'\beta}$。当之前的泊松回归中有 offset()选项时，预测的是$e^{x_i'\beta+offset_i}$。当之前的泊松回归中有 exposure()选项时，预测的是$exposure_i * e^{x_i'\beta}$。

例如，按默认方法进行预测，可以输入命令：

```
predict y1
```

这里，我们将生成的新变量命名为 y1。注意，新变量名必不可少。

查看预测结果，输入命令：

```
list injuries y1
```

图 10.6 显示了 injuries 与预测变量 y1。

```
. list injuries y1
```

	injuries	y1
1.	11	8.069844
2.	7	11.14448
3.	7	4.353312
4.	19	12.06158
5.	9	8.021704
6.	4	4.58707
7.	3	7.499306
8.	1	2.919621
9.	3	5.343086

图 10.6　默认的预测结果

可以看出，预测的误差比较大。

ir 选项计算的是发生率（Incidence Rate）$e^{x_i'\beta}$。当之前的泊松回归没有 offset() 和 exposure() 选项时，选项 n 和选项 ir 的预测值是一样的。

xb 是线性预测，当之前的泊松回归没有 offset() 或 exposure()选项时，预测的是$x_i'\beta$。当之前的泊松回归中有 offset()选项时，预测的是$x_i'\beta + offset_i$。当之前的泊松回归中有 exposure()选项时，预测的是$x_i'\beta + \ln(exposure_i)$。

score 计算的是对数似然函数对 xβ 的一阶导数 $\frac{\partial \ln L}{\partial x_i'\beta}$。

nooffset 选项只有在之前的泊松回归中设定了 offset() 或 exposure() 选项时才有意义。选项 nooffset 表明，预测时会忽略模型拟合时所设定的 offset()和 exposure()选项，从而，线性预测汇报的是$x_i'\beta$，而非$x_i'\beta + offset_i$或$x_i'\beta + \ln(exposure_i)$。

实验 10-2　负二项和广义负二项回归模型

⊙ 实验基本原理

所谓负二项分布，是指在独立的实验中，第 N 次成功之前失败次数的分布。例如，在第 N 次成功前失败的次数 Y 这一离散随机变量的概率密度函数为：

$$P(Y = y|\alpha, N) = C_{y+N-1}^{N-1}\alpha^N(1 - \alpha)^y \ (y = 0,1,2,...)$$

其中，α 代表在一次试验中成功的概率，y 代表在第 N 次成功前失败的总次数。根据在概率论中学过的知识，这一概率等于在前 y+N-1 次试验中选取 N-1 次成功实验并且最后第 y+N 次实验成功的概率。当 N=1 时，P 描述第一次成功之前失败的次数的概率分布称作"几何分布"。

回顾 10.1 节所讲的泊松回归，其缺点在于泊松分布的期望与方差一定相等，而这个条件在现实中很难满足。如果被解释变量的方差大于期望，就需要使用负二项回归，然后使用最大似然估计法进行估计。

事实上，泊松回归可以看作负二项回归的特例。在泊松回归中，模型设定为：

$$y_i \sim Poisson(\mu_i)$$

其中，$\mu_i = e^{x_i'\beta + offset_i}$。

对于负二项回归而言，设定：

$$y_i \sim Poisson(\mu_i^*)$$

其中，$\mu_i^* = e^{x_i'\beta + offset_i + \nu_i}$，$e^{\nu_i} \sim Gamma(1/\alpha, \alpha)$。

因为对一般的 $Gamma(a, b)$ 分布而言，其期望为 ab，方差为 ab^2，所以 $Gamma(1/\alpha, \alpha)$ 的方差为 α。因而，在负二项回归模型中，α 被称为"分散参数"，也就是说，α 越大，分散程度就越大。泊松回归对应着 $\alpha = 0$，在负二项回归中，α 为正的常数，广义负二项回归允许 $\ln\alpha$ 用某些变量来拟合，即 $\ln\alpha_i = z_i\gamma$。

▶ 实验目的与要求

（一）实验目的

1. 了解负二项回归的原理及其在实际数据分析中的应用。
2. 熟悉 Stata 中负二项回归和广义负二项回归的基本操作及相关选项的应用。

（二）实验要求

1. 能够熟练使用 nbreg 命令进行负二项回归分析，并熟知各项回归结果所代表的含义。
2. 能够熟练使用 gnbreg 命令进行广义负二项回归分析，并熟悉选项 lnalpha() 的应用。
3. 能够熟练使用 predict 命令进行预测，并熟知各种选项的含义。

▶ 实验内容及数据来源

本书下载资源\data\第 10 章\mortality.dta 工作文件给出了不同时期儿童死亡人数的调查数据。利用这些数据研究不同年代对儿童死亡率有什么影响。文件 mortality.dta 的变量包括：cohort（分组变量，1 代表出生于 1941~1959 年间，2 代表出生于 1960~1967 年间，3 代表出生于 1968~1976 年间）、age_mos（死亡时的年龄，单位：月）、deaths（死亡人数）、exposure（暴露于风险的总年数=儿童人数×相应的年龄）。表 10.4 列出了该数据文件的部分数据。

表 10.4　mortality.dta 的部分数据

cohort	age_mos	deaths	exposure
1	0.5	168	278.4
1	2	48	538.8
1	4.5	63	794.4
1	9	89	1550.8
1	18	102	3006
1	42	81	8743.5
…	…	…	…

这里我们将分别使用泊松回归及其拟合优度检验、负二项回归以及广义负二项回归进行模型估计。

⊙ 实验操作指导

1. 泊松回归及拟合优度检验

在要进行的回归分析中，被解释变量的死亡人数是计数变量，因此，我们首先考虑进行泊松回归。输入命令：

```
gen logexp=ln(exposure)
xi: poisson deaths i.cohort, offset(logexp)
```

首先生成一个新变量 logexp，其值为变量 exposure 的自然对数，然后进行泊松回归。在泊松回归中，xi 表示生成扩展交互项，在这里，解释变量 cohort 之前有前缀 "i."，即表示生成 cohort 的虚拟变量（因为分组变量 cohort 的取值为 1、2、3，所以会生成 3 个虚拟变量）。也就是说，被解释变量为 deaths，解释变量为虚拟变量_Icohort_1、_Icohort_2 和_Icohort_3。为避免多重共线性，Stata 会自动删除一个虚拟变量。此外，选项 offset(logexp)表明约束 logexp 的系数为 1，这是因为我们要研究组别对死亡率的影响，而死亡人数除以暴露期才是死亡率。图 10.7 给出了上述命令的回归结果。

```
. gen logexp=ln(exposure)

.
. xi: poisson deaths i.cohort, offset(logexp)
i.cohort          _Icohort_1-3      (naturally coded; _Icohort_1 omitted)

Iteration 0:   log likelihood = -2160.0544
Iteration 1:   log likelihood = -2159.5162
Iteration 2:   log likelihood = -2159.5159
Iteration 3:   log likelihood = -2159.5159

Poisson regression                             Number of obs   =         21
                                               LR chi2(2)      =      49.16
                                               Prob > chi2     =     0.0000
Log likelihood = -2159.5159                    Pseudo R2       =     0.0113

    deaths │     Coef.   Std. Err.      z    P>|z|     [95% Conf. Interval]

 _Icohort_2 │ -.3020405   .0573319    -5.27   0.000    -.4144089   -.1896721
 _Icohort_3 │  .0742143   .0589726     1.26   0.208    -.0413698    .1897983
      _cons │ -3.899488   .0411345   -94.80   0.000     -3.98011   -3.818866
     logexp │         1   (offset)
```

图 10.7　mortality.dta 泊松回归结果

观察上面的结果可以看到，xi:i.cohort 命令生成了 cohort 的 3 个虚拟变量，为了避免多重共线性，系统自动省略了_Icohort_1，保留了_Icohort_2 和_Icohort_3。根据该结果，可以写出估计的模型：

$$\widehat{deaths} = e^{-3.899-0.302\_Icohort\_2+0.0742\_Icohort\_3+logexp}$$

平均而言，第二组相对于第一组的死亡率要低，而第三组相对第一组要高。

事实上，在上面的命令中，我们先对变量 exposure 做对数变换，再使用 offset()选项，这和直接对变量 exposure 使用 exposure()选项的效果是一样的。

对上面的回归进行拟合优度检验：

```
estat gof
```

我们得到如图 10.8 所示的结果。

```
. estat gof

              Deviance goodness-of-fit  =   4190.689
              Prob > chi2(18)           =      0.0000


              Pearson goodness-of-fit   =   15387.67
              Prob > chi2(18)           =      0.0000
```

图 10.8　泊松回归拟合优度检验

很显然，P 值很小，我们应当拒绝数据服从泊松回归的原假设。

2. 负二项回归

对 mortality.dta 的数据进行泊松回归后，拟合优度检验表明泊松回归模型是不合适的。这时可以考虑使用负二项回归模型。

负二项回归的基本命令格式为：

```
nbregdepvar [indepvar] [if] [in] [weight] [, nbreg_options]
```

其中，depvar 代表被解释变量的名称，indepvar 代表解释变量的名称，if 代表条件语句，in 代表范围语句，weight 代表权重语句，nbreg_options 代表其他选项。可用的选项包括泊松回归的所有选项，以及 nolrtest、dispersion(mean)、dispersion(constant)。其中，nolrtest 表示不进行似然比检验，默认情况下，Stata 会进行似然比检验，查看过度分散参数是否为 0；dispersion(mean|constant)用来设定过度分散的参数化形式，默认设置为 dispersion(mean)，即设定模型的分散为 $1 + \alpha e^{x_i'\beta + \text{offset}_i}$，也就是说，分散是期望均值 $e^{x_i'\beta + \text{offset}_i}$ 的函数；dispersion(constant)设定分散为 $1 + \delta$，也就是说，对于所有的观测值而言，分散都是相同的。

下面利用 mortality.dta 的数据进行负二项回归，输入命令：

```
xi: nbreg deaths i.cohort, offset(logexp) nolog
```

同样，解释变量为 cohort 的虚拟变量，选项 offset(logexp)约束 logexp 的系数为 1，nolog 表明不显示迭代过程。图 10.9 显示了负二项回归的结果。

```
. xi: nbreg deaths i.cohort, offset(logexp) nolog
i.cohort          _Icohort_1-3       (naturally coded; _Icohort_1 omitted)

Negative binomial regression                    Number of obs   =         21
                                                LR chi2(2)      =       0.40
Dispersion      = mean                          Prob > chi2     =     0.8171
Log likelihood  = -131.3799                     Pseudo R2       =     0.0015

      deaths |      Coef.   Std. Err.      z    P>|z|     [95% Conf. Interval]

   _Icohort_2 | -.2676187   .7237203    -0.37   0.712    -1.686084    1.150847
   _Icohort_3 | -.4573957   .7236651    -0.63   0.527    -1.875753    .9609618
        _cons | -2.086731    .511856    -4.08   0.000     -3.08995   -1.083511
       logexp |         1  (offset)

     /lnalpha |  .5939963   .2583615                       .0876171    1.100376

        alpha |  1.811212   .4679475                        1.09157    3.005295

LR test of alpha=0:  chibar2(01) =  4056.27          Prob >= chibar2 = 0.000
```

图 10.9　负二项回归结果

正如我们在实验原理中所讲的，当分散参数 $\alpha = 0$ 时，负二项回归即为泊松回归。结果的最后一行即对 $\alpha = 0$ 的似然比检验，可以看到 P 值很小，从而应拒绝数据服从泊松分布的原假设，也就是说负二项回归更恰当。

但是这个模型本身的拟合并不好，可以看到，对模型整体显著性进行检验的 LR chi2 统计量的 P 值为 0.8171，表明模型系数整体不显著，而且各个系数的显著性检验也不能通过，_Icohort_2 和 _Icohort_3 对应的 P 值分别为 0.712 和 0.527，从而在 95%的显著性水平下，我们不能拒绝 _Icohort_2 和 _Icohort_3 的系数为 0。

3. 广义负二项回归

广义负二项回归的命令与负二项回归基本一致，即：

```
Gnbreg depvar [indepvar] [if] [in] [weight] [, gnbreg_options]
```

这里的 gnbreg_options 代表其他可选项。可用的选项包括 noconstant、lnalpha(varlist)、exposure(varname)、offset(varnameo)、constraints(constraints)、collinear、vce(vcetype)、level(#)和 irr。其中，选项 lnalpha()用于指定一些变量来拟合lnα。如果我们认为lnα是变量X_1、X_2的线性函数，该选项就可以写为 lnalpha(X_1X_2)。如果不设定选项 lnalpha()，gnbreg 和 nbreg 拟合的结果就是一样的，即都认为α是常数。

下面仍利用 mortality.dta 的数据，我们假设死亡人数是年龄的函数，而参数lnα是分组变量 cohort 的函数。为了拟合这个模型，我们输入以下命令：

```
xi: gnbreg deaths age_mos, lnalpha(i.cohort) offset(logexp)
```

在该命令中，"xi:"是为了与 i.cohort 相呼应，从而生成 cohort 的虚拟变量。选项 lnalpha(i.cohort) 表明，参数lnα是 cohort 的虚拟变量的函数。如果我们认为lnα在 cohort 相邻两组间的差异是一样的，那么可以直接使用 cohort，而不必用其虚拟变量。图 10.10 给出了该命令的结果。

```
. xi: gnbreg deaths age_mos, lnalpha(i.cohort) offset(logexp)
i.cohort          _Icohort_1-3      (naturally coded; _Icohort_1 omitted)

Fitting constant-only model:

Iteration 0:    log likelihood =   -187.067   (not concave)
Iteration 1:    log likelihood = -138.13047
Iteration 2:    log likelihood = -136.05314
Iteration 3:    log likelihood = -131.70022
Iteration 4:    log likelihood = -131.58001
Iteration 5:    log likelihood = -131.57948
Iteration 6:    log likelihood = -131.57948

Fitting full model:

Iteration 0:    log likelihood = -124.34327
Iteration 1:    log likelihood = -117.79874
Iteration 2:    log likelihood = -117.56385
Iteration 3:    log likelihood = -117.56164
Iteration 4:    log likelihood = -117.56164

Generalized negative binomial regression        Number of obs   =         21
                                                LR chi2(1)      =      28.04
                                                Prob > chi2     =     0.0000
Log likelihood = -117.56164                     Pseudo R2       =     0.1065

--------------------------------------------------------------------------------
      deaths |      Coef.   Std. Err.      z    P>|z|     [95% Conf. Interval]
-------------+------------------------------------------------------------------
deaths       |
     age_mos | -.0516657   .0051747    -9.98   0.000    -.061808   -.0415233
       _cons | -1.867225   .2227944    -8.38   0.000   -2.303894  -1.430556
      logexp |         1   (offset)
-------------+------------------------------------------------------------------
lnalpha      |
  _Icohort_2 |  .0939546   .7187747     0.13   0.896   -1.314818   1.502727
  _Icohort_3 |  .0815279   .7365476     0.11   0.912   -1.362079   1.525135
       _cons | -.4759581   .5156503    -0.92   0.356   -1.486614    .5346978
--------------------------------------------------------------------------------
```

图 10.10　广义负二项回归结果

根据上面的结果，可以写出模型的拟合方程：

$$\widehat{\text{deaths}} = e^{-1.867-0.0517\text{age\_mos}+\text{logexp}+\nu_i}$$

其中：

$$e^{\nu_i} \sim \text{Gamma}(1/\alpha, \alpha)$$

$$\ln\alpha = -0.476 + 0.094\_\text{Icohort\_2} + 0.0815\_\text{Icohort\_3}$$

回归结果显示，LR chi2 的 P 值很小，表明模型是显著的。age_mos 的系数也是显著的，表明年龄是死亡人数的一个重要决定变量，但 lnα 方程中各变量的 P 值都很大，表明在 95%的显著性水平下，我们不能拒绝_Icohort_2 和_Icohort_3 的系数为 0 的原假设，这暗示着过度分散参数并不随 cohort 的不同取值而改变。我们可以对这个猜想进行检验，即检验_Icohort_2 和_Icohort_3 的系数是否联合显著。输入命令：

```
test _Icohort_2 _Icohort_3
```

得到如图 10.11 所示的结果。

```
. test _Icohort_2 _Icohort_3

 ( 1)  [lnalpha]_Icohort_2 = 0
 ( 2)  [lnalpha]_Icohort_3 = 0

         chi2(  2) =      0.02
       Prob > chi2 =    0.9904
```

图 10.11 对_Icohort_2 和_Icohort_3 系数的联合显著性的检验结果

结果显示，不能拒绝_Icohort_2 和_Icohort_3 系数同时为 0 的原假设。这表明，lnα 并不是 i.cohort 的函数。如果找不到其他变量来拟合 lnα，或许，负二项回归就已经足够了。

在广义负二项回归（gnbreg）中，需要注意的一点是，回归结果并没有给出 α = 0 的似然比检验。这是因为当 α 用一个模型来拟合时（也就是说，当 α 不是一个常数时），其分布没有办法获得，因此建议先用 nbreg 检验是否存在过度分散，只有存在过度分散时，才考虑使用 gnbreg 命令，用模型来拟合过度分散参数。

4. 模型的预测

负二项回归和广义负二项回归的模型预测和泊松回归的模型预测大致相同，只有几个选项不一样。命令格式仍然如下：

```
predict [type] newvar [if] [in] [, statistic nooffset]
```

nbreg 和 gnbreg 可用的 statistic 选项包括 n、ir、xb 和 stdp，对选项的解释和 poisson 相同。

当要计算负二项回归或广义负二项回归的 score 时，命令格式为：

$$\text{predict } [\text{type}]\{\text{stub} * | \text{newvar}_{\text{reg}} \text{newvar}_{\text{disp}}\}[\text{if}][\text{in}], \text{scores}$$

其中，type 代表新变量的类型，stub 表示前缀，如果使用 stub*，Stata 就会自动生成两个变量 stub1 和 stub2，也可以分别给两个新变量命名。该命令所预测的第一个新变量是 $\frac{\partial \ln L}{\partial x_i'\beta}$。对于

dispersion(mean)和 gnbreg，预测的第二个新变量是 $\frac{\partial \ln L}{\partial \alpha_i}$，对于 dispersion(constant)，第二个新变量则是 $\frac{\partial \ln L}{\partial \delta}$。

另外，gnbreg 的 statistic 选项还包括 alpha、lnalpha 和 stdplna，它们分别用于预测 α_i、$\ln \alpha_i$ 以及 $\ln \alpha_i$ 预测值的标准差。

在 Stata 窗口中输入命令如下：

```
quietly xi: nbreg deaths i.cohort
predict count
summarize deaths count
```

在以上命令中，第一步为进行负二项回归，quietly 表明不显示该回归结果；第二步对被解释变量进行预测，并将其命名为 count；第三步将显示被解释变量 deaths 和预测变量 count 的描述统计量。生成的结果如图 10.12 所示。

```
. predict count
(option n assumed; predicted number of events)

. summarize deaths count

    Variable |      Obs        Mean    Std. Dev.       Min        Max
-------------+--------------------------------------------------------
      deaths |       21    84.66667    48.84192         10        197
       count |       21    84.66667     4.00773         80   89.57143
```

图 10.12　nbreg 的预测结果及其描述统计量

可以看到，预测值和原变量的均值一样，都是 84.67。

接着上面的回归，我们再进行 scores 的预测，并对预测结果进行描述，命令如下：

```
predict dscore1 dscore2, scores
describe deaths dscore1 dscore2
```

这里，我们将 $\frac{\partial \ln L}{\partial x_i' \beta}$ 的预测值命名为 dscore1，将 $\frac{\partial \ln L}{\partial \alpha_i}$ 命名为 dscore2。

图 10.13 显示了 scores 预测的结果。

```
. predict dscore1 dscore2, scores

. describe deaths dscore1 dscore2

              storage   display     value
variable name   type    format      label      variable label
-------------------------------------------------------------------
deaths          float   %9.0g
dscore1         float   %9.0g                   equation-level score for
                                                 [deaths] from nbreg
dscore2         float   %9.0g                   equation-level score for
                                                 /lnalpha from nbreg
```

图 10.13　进行 scores 预测的结果

可以看出，Stata 自动为 dscore1 和 dscore2 加上了标签。
对于其他的预测，道理相同，读者可自己进行操作。

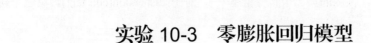

实验 10-3　零膨胀回归模型

实验基本原理

在有些计数数据中，数据 0 的性质不同于取正值的数，这就造成了泊松模型和负二项模型的缺陷。因此，对这类数据我们考虑使用零膨胀泊松回归或零膨胀负二项回归代替。

零膨胀回归模型的原理是：首先引入一个二值概率模型来确定计数变量是否取零，若确定取非零正整数，则再用一个泊松分布来确定取哪个正整数。对上述模型进行 MLE 估计，即可得到零膨胀泊松回归。类似的，可以定义零膨胀负二项回归。

实验目的与要求

（一）实验目的

1. 了解零膨胀回归的原理及其在实际数据分析中的应用。
2. 熟悉 Stata 中零膨胀泊松回归和零膨胀负二项回归的基本操作及相关选项。

（二）实验要求

1. 能够熟练使用 zip 命令进行零膨胀泊松回归分析，并熟知各项回归结果所代表的含义。
2. 能够熟练使用 zinb 命令进行零膨胀负二项回归分析，并熟知各项回归结果所代表的含义。
3. 能够熟练运用 Vuong 统计量进行模型的选择。
4. 能够熟练使用 predict 命令进行预测，并熟知各种选项的含义。

实验内容及数据来源

本书下载资源\data\第 10 章\fish.dta 工作文件给出了某一国家公园中游客捕鱼情况的数据，主要变量包括：count（各群游客捕获的鱼的条数，单位：条）、persons（该群游客的数量）、child（该群游客中儿童的数量）、livebait（是否使用活饵，1 表示使用活饵，0 表示不使用活饵）、camper（是否露营，1 表示露营，0 表示不露营）。表 10.5 显示了该文件的部分数据。

表 10.5　fish.dta 部分数据

nofish	livebait	camper	persons	child	xb	zg	count
1	0	0	1	0	−0.8963146	3.050405	0
0	1	1	1	0	−0.558345	1.746149	0
0	1	0	1	0	−0.401731	0.2799389	0
0	1	1	2	1	−0.9562981	−0.6015257	0
0	1	0	1	0	0.436891	0.5277091	1
0	1	1	4	2	1.394485	−0.7075348	0
...	...	...	...	...	...	...	...

利用这些数据研究各因素对游客捕鱼条数的影响，即被解释变量是计数变量count。首先，我们观察变量count，输入命令：

```
sum count
```

图 10.14 显示了变量 count 的主要统计量。

```
. sum count
    Variable |   Obs     Mean    Std. Dev.     Min       Max
       count |   250    3.296    11.63503        0       149
```

图 10.14　变量 count 的主要统计量

可以看到，变量 count 一共有 250 个观测值，最小值为 0，最大值为 149，均值为 3.296。为了确定是否有必要使用零膨胀模型，我们需要观察被解释变量取 0 值的个数，可以通过如下命令实现：

```
count if count==0
```

其中，第一个 count 是用于计数的命令；第二个 count 是指变量 count，即各群游客捕获的鱼的条数。图 10.15 显示了该命令的结果。

```
. count if count==0
  142
```

图 10.15　变量 count 取值为 0 的个数

可以看到，变量 count 中有 142 个观测值取值为 0，而观测值总数为 250 个，可以考虑使用零膨胀回归模型来进行模型拟合。

实验操作指导

1. 零膨胀泊松回归的操作

零膨胀泊松回归使用 zip 命令，语法格式如下：

```
zipdepvar [indepvar] [if] [in] [weight], inflate(varlist [, offset(varname)]|
_cons) [options]
```

其中，depvar 代表被解释变量的名称，indepvar 代表解释变量的名称，if 代表条件语句，in 代表范围语句，weight 代表权重语句，options 代表其他可选项。选项 inflate()为必填选项，其中的变量用于拟合二值选择模型，决定因变量取 0 还是正整数。在选项 inflate()中，offset(varname) 选项用于约束某个变量的系数为 1，当然，也可以不设定这个选项。如果将 inflate()选项设定为 inflate(_cons)，就表明用于决定因变量取 0 还是正整数的方程只包含截距项。

在 options 中，比较重要的是选项 Vuong，它为我们提供了 Vuong 统计量来判断究竟应该使用标准泊松回归还是零膨胀泊松回归。如果 Vuong 统计量很大，就应选择零膨胀泊松回归；如果 Vuong 统计量很小（为负数），就应选择标准泊松回归。

另外，选项 probit 要求采用 Probit 模型而不是默认的 Logit 模型来拟合因变量取 0 还是正整数的二值选择模型。

其他可用的选项及其解释与泊松回归中类似，在此不再赘述。

下面就来利用 fish.dta 的数据进行零膨胀泊松回归。我们认为，影响捕获鱼条数（count）的因素主要有该群游客有几人（persons）以及是否使用活饵（livebait），而影响游客捕鱼与否的因素则包括游客中有几人是儿童（child）以及是否露营（camper）。我们希望在回归的过程中汇报 Vuong 统计量，因此输入以下命令：

```
zip count persons livebait, inf(child camper) vuong
```

图 10.16 给出了该命令的结果。

```
. zip count persons livebait, inf(child camper) vuong

Fitting constant-only model:

Iteration 0:   log likelihood =  -1347.807
Iteration 1:   log likelihood = -1305.3245
Iteration 2:   log likelihood = -1104.3005
Iteration 3:   log likelihood = -1103.9426
Iteration 4:   log likelihood = -1103.9425

Fitting full model:

Iteration 0:   log likelihood = -1103.9425
Iteration 1:   log likelihood =  -896.2346
Iteration 2:   log likelihood = -851.61723
Iteration 3:   log likelihood = -850.70435
Iteration 4:   log likelihood = -850.70142
Iteration 5:   log likelihood = -850.70142

Zero-inflated Poisson regression              Number of obs    =      250
                                              Nonzero obs      =      108
                                              Zero obs         =      142

Inflation model = logit                       LR chi2(2)       =   506.48
Log likelihood  = -850.7014                   Prob > chi2      =   0.0000

             |     Coef.   Std. Err.      z    P>|z|    [95% Conf. Interval]
-------------+----------------------------------------------------------------
count        |
     persons |   .8068853   .0453288    17.80   0.000    .7180424    .8957281
    livebait |   1.757289   .2446082     7.18   0.000    1.277866    2.236713
       _cons |  -2.178472   .2860289    -7.62   0.000   -2.739078   -1.617865
-------------+----------------------------------------------------------------
inflate      |
       child |   1.602571   .2797719     5.73   0.000    1.054228    2.150913
      camper |  -1.015698    .365259    -2.78   0.005   -1.731593   -.2998038
       _cons |  -.4922872   .3114562    -1.58   0.114    -1.10273    .1181558
------------------------------------------------------------------------------
Vuong test of zip vs. standard Poisson:          z =    3.95   Pr>z = 0.0000
```

图 10.16   零膨胀泊松回归的结果

可以看到，结果中还给出了被解释变量观测值总数以及取 0 值的个数。从 LR chi2 统计量的 P 值可以知道，该模型整体是显著的，而且各个系数也都显著。最后的 Vuong 统计量显著为正，因此我们可以认为，零膨胀泊松回归模型是恰当的。

根据 inflate 部分，可以写出 Logit 模型来决定 count 取值为 0 的概率：

$$P(count = 0|z) = F(z_i\gamma) = \frac{e^{z'\gamma}}{1 + e^{z'\gamma}} = \frac{e^{-0.492+1.602child-1.016camper}}{1 + e^{-0.492+1.602child-1.016camper}}$$

然后，可以估计出 count 的值：

$$\widehat{count} = (1 - P(count = 0|z)) * e^{-2.178+0.807persons+1.757livebait}$$

从回归结果可以看出，平均来讲，人数更多时，捕获的鱼更多；使用活饵也比不用活饵能捕获到更多的鱼。

2. 零膨胀泊松回归的预测

零膨胀泊松回归模型的预测和前面的命令相同，基本格式如下：

```
predict [type] newvar [if] [in] [, statistic nooffset]
```

这里我们只对各 statistic 选项进行详细讲解：

- 默认选项 n，计算事件发生的次数。当之前的零膨胀泊松（ZIP）回归没有 offset()或 exposure()选项时，预测的是$(1-p_i)e^{x_i'\beta}$，其中，p_i是预测值为 0 的概率。当之前的 ZIP 回归中有 offset()选项时，预测的是$(1-p_i)e^{x_i'\beta+\text{offset}_i}$。当之前的 ZIP 回归中有 exposure()选项时，预测的是$(1-p_i)\text{exposure}_i * e^{x_i'\beta}$。
- 选项 pr 给出$F(z_i\gamma)$的预测值，即被解释变量为 0 的概率。其中，F 是 logit 或 probit 函数。当 inflate()选项中还设定了 offset()时，给出的是$F(z_i\gamma+\text{offset}_i)$的预测值。
- ir（发生率）、xb（线性预测）、stdp（线性预测的标准差）的含义和泊松回归中相同。

如果要计算得分，就使用命令：

```
predict [type] {stub* | newvar_regnewvar_inflate } [if] [in],scores
```

其中，type 指定新变量的类型，stub 为新变量的前缀。该命令所预测的第一个新变量是$\frac{\partial \ln L}{\partial x_i'\beta}$，第二个是$\frac{\partial \ln L}{\partial z_i'\gamma}$。

在本实验中可以预测捕获的鱼的数量，并命名为 pcount，输入命令：

```
Predict pcount
```

或预测捕鱼数量为 0 的概率，并命名为prob：

```
predict prob, pr
```

3. 零膨胀负二项回归（ZINB）的操作

零膨胀负二项回归的命令格式和零膨胀泊松回归基本相同，使用 zinb 命令，语法格式如下：

```
zinb depvar [indepvar] [if] [in] [weight], inflate(varlist [,
offset(varname)]| _cons) [options]
```

该命令的各个可用选项及解释和零膨胀泊松回归一致，只是 zinb 还可以使用选项 zip，该选项将给出一个似然比检验，用于判断过度分散参数α是否为 0，从而判断究竟该使用 ZINB 模型还是 ZIP 模型。

仍然利用 fish.dta 的数据来拟合零膨胀负二项回归，并汇报 Vuong 统计量以及似然比检验。

```
zinb count persons livebait, inf(child camper) vuong zip
```

这里，被解释变量为 count，解释变量为 persons 和 livebait，决定是否捕鱼的变量为 child 和 camper。图 10.17 显示了该命令的结果。

从 Vuong 统计量可以看出，零膨胀负二项回归要优于标准负二项回归。似然比检验表明，α 显著不为 0，从而，应采用零膨胀负二项回归而不是零膨胀泊松回归。事实上，零膨胀负二项回归和零膨胀泊松回归对数似然函数值在一定程度上也可以反映这个情况，ZINB 模型的对数似然函数值为-401.5478，而 ZIP 模型的对数似然函数值为-850.7014，比 ZINB 模型要小很多。

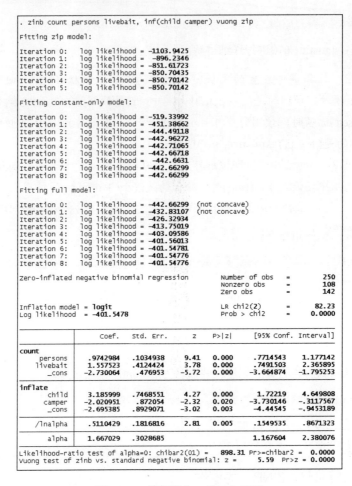

图 10.17　零膨胀负二项回归结果

对 ZINB 模型的预测和 ZIP 模型一样，在此不再赘述。

复习与习题

本章回顾

1. 泊松回归的基本命令为 poissondepvar [indepvar] [if] [in] [weight] [,options]，可用的选项包括 exposure(varname)、offset(varname)、irr 等。

2. 命令 estatgof 可用来检验泊松回归模型的拟合优度，如果该检验的 P 值很小，我们就应该拒绝数据服从泊松分布的原假设，进而考虑其他模型。

3. 对拟合的泊松回归模型进行预测的命令为 predict [type] newvar [if] [in] [, statistic nooffset]，可用的选项包括 n、ir、xb、stdp、score 等。

4. 负二项回归的基本命令为 nbregdepvar [indepvar] [if] [in] [weight] [, nbreg_options]，可用的选项包括泊松回归的所有选项，以及 nolrtest、dispersion(mean)、dispersion(constant)。

5. 广义负二项回归的基本命令为 gnbregdepvar [indepvar] [if] [in] [weight] [, gnbreg_options]，可通过

lnalpha()选项来设定过度分散参数的形式。

6. 对负二项回归和广义负二项回归模型进行预测的基本命令为 predict [type] newvar [if] [in] [, statistic nooffset]，可用的选项和泊松回归的预测基本一致，广义负二项回归还可通过选项 alpha、lnalpha 和 stdplna 来分别预测α_i、$\ln\alpha_i$以及$\ln\alpha_i$预测值的标准差。

7. 零膨胀泊松回归的命令格式为 zip depvar [indepvar] [if] [in] [weight], inflate(varlist [, offset(varname)]| _cons) [options]。选项 inflate()必不可少，其中的变量用于拟合二值选择模型，决定因变量取 0 还是正整数。选项 Vuong 提供统计量来判断究竟应该使用标准泊松回归还是零膨胀泊松回归。

8. 零膨胀负二项回归的基本命令为 zinbdepvar [indepvar] [if] [in] [weight], inflate(varlist [, offset(varname)]| _cons) [options]，可用的选项包括零膨胀泊松回归的所有选项以及选项 zip，该选项将给出一个似然比检验，用于判断应该使用 ZINB 模型还是 ZIP 模型。

9. 对零膨胀回归模型进行预测的基本命令为 predict [type] newvar [if] [in] [, statistic nooffset]，可用的选项包括 n、pr、ir、xb、stdp 等。

习题

1. 利用本书下载资源\exercises \第 10 章\poissonreg.dta 工作文件对决定初中生旷课天数的因素进行分析。主要变量包括：id（学生的编号）、school（学校）、male（是否为男生，1 为是，0 为否）、math（数学课成绩，单位：分）、langarts（语言艺术课成绩，单位：分）、daysatt（在校天数，单位：天/季度）、daysabs（旷课天数，单位：天/季度）。表 10.6 列出了数据的基本情况。

表 10.6　poissonreg.dta 的部分数据

id	school	male	math	langarts	daysatt	daysabs
1001	1	1	56.98883	42.45086	73	4
1002	1	1	37.09416	46.82059	73	4
1003	1	0	32.27546	43.56657	76	2
1004	1	0	29.05672	43.56657	74	3
1005	1	0	6.748048	27.24847	73	3
...	...	...	...	...	...	...

（1）以 daysabs 为被解释变量，以 male 和 langarts 为解释变量，进行泊松回归模型的拟合。

（2）在习题（1）的回归之后，对旷课天数进行预测。

（3）对习题（1）中的泊松回归模型进行拟合优度检验，并对结果进行解释。

2. 对于习题（1）中的数据，使用负二项回归重新进行拟合。

3. 使用实验 10-3 中的 fish.dta 文件。

（1）进行零膨胀泊松回归，并对结果进行解读。

（2）进行零膨胀负二项回归，并对结果进行解读。

第11章 样本选择模型与两步法

在实际的经济学研究中，经常遇到某些样本观测不到的情况，这时就需要运用特殊的模型进行修正，因为此时 OLS 方法得到的估计并不一致。通常遇到两种情况：一种情况是断尾，即在某种条件下的所有解释变量和被解释变量的数值都无法观察到，例如统计局只统计资产为 500 亿以上的企业，500 亿以下企业的所有数据都不会涉及；另一种情况是截取，即在某种条件下，解释变量的数值能观测到，但是被解释变量的数值不能观测到，例如在收入调查过程中，高收入人群可能最高就报收入为 1000 万，即使收入再高，也不会有其他信息了。在这种情况下，就需要使用特殊模型。

本章将首先介绍断尾回归的原理、操作方法及结果解读，然后介绍截取回归模型以及样本选择模型。

实验 11-1 断尾回归模型

⊙ 实验基本原理

断尾问题指的是观测数据仅来自于总体样本的一部分，只有在某个特殊值之上或之下的观测值才能被观测到。例如，在统计家庭收入时，只统计了年收入大于 10000 元的家庭，年收入为 0~10000 元的家庭个体样本不能被观察到，这样就造成了"左端断尾"。

假设观测到的被解释变量 y 的数据是在 a 点左断尾的，它只能在 $y > a$ 的范围内取值，可以证明，存在断尾的情况下，普通最小二乘是有偏差的。但 MLE 可以得到一致的估计，例如，当被解释变量左端断尾时，x 服从均值为 u 和方差为σ的正态分布，其条件密度函数为：

$$f(y_i | y_i > a) = \frac{\frac{1}{\sigma} \phi[(y_i - x_i \beta)/\sigma]}{\Phi[(x_i \beta - a)/\sigma]}$$

其中，φ是标准正态分布的概率密度函数，Φ是标准正态分布的累积分布函数，由此，可以计算出整个样本的似然函数，然后使用极大似然估计法进行估计。

⊙ 实验目的与要求

（一）实验目的

1. 了解断尾回归的原理及其在实际数据分析中的应用。
2. 熟悉 Stata 中断尾回归的基本操作及相关选项，熟悉断尾回归模型的预测。

（二）实验要求

1. 能够熟练使用 truncreg 命令进行断尾回归分析，并熟知各项回归结果所代表的含义。
2. 能够熟悉 truncreg 命令中的各选项并了解其含义。
3. 能够熟练使用 predict 命令进行预测，并熟知各选项的含义。

⊙ 实验内容及数据来源

　　本书下载资源\data\第 11 章\nonfarm.dta 工作文件给出了在一个村庄中，男性农民外出务工的时间数据，其变量主要有：age（表示年龄）、age_square（表示年龄的平方）、education（表示教育的程度）、work（表示是否进行非农就业）、workhour（表示每个月的工作时间）。表 11.1 列出了该文件的部分数据。

表 11.1　nonfarm.dta 部分数据

age	education	work	workhour	age_square
67	2	0	0	4489
61	1	0	0	3721
59	1	0	0	3481
64	1	0	0	4096
32	1	0	0	1024
40	2	0	0	1600
48	4	1	−1	2304
41	3	1	1	1681
52	4	1	1	2704
47	3	1	2	2209
44	3	1	3	1936
29	1	1	3	841
53	3	1	5	2809
37	2	1	5	1369
59	3	1	5	3481
…	…	…	…	…

　　利用这些数据，我们要研究各个因素对农民外出务工时间的影响，并讲解断尾回归模型的拟合与预测。

⊙ 实验操作指导

1. 利用普通最小二乘法进行回归

　　我们首先利用这些数据进行普通最小二乘回归。输入以下命令：

```
regress workhour age age_square education if workhour>0
```

　　其中，被解释变量为 workhour，解释变量为 age、age_square 和 education，条件语句 if 表明，我们对农民外出务工的工作时间大于 0 的数据进行回归。图 11.1 给出了该回归的结果。

```
. regress workhour age age_square education if workhour>0

      Source |       SS           df       MS            Number of obs   =       101
-------------+----------------------------------          F(3, 97)        =      0.81
       Model |  62.2301038         3  20.7433679          Prob > F        =    0.4931
    Residual |  2494.00752        97  25.7114177          R-squared       =    0.0243
-------------+----------------------------------          Adj R-squared   =   -0.0058
       Total |  2556.23762       100  25.5623762          Root MSE        =    5.0706

------------------------------------------------------------------------------
    workhour |      Coef.   Std. Err.      t    P>|t|     [95% Conf. Interval]
-------------+----------------------------------------------------------------
         age |  -.1939563   .2824608    -0.69   0.494    -.7545629    .3666502
  age_square |   .0016213    .003476     0.47   0.642    -.0052776    .0085202
   education |   .0520712   .5359837     0.10   0.923    -1.011708     1.11585
       _cons |   19.11802   5.832565     3.28   0.001      7.54199    30.69404
------------------------------------------------------------------------------
```

图 11.1   OLS 回归的结果

结果显示，回归中使用了 101 个观测值。这意味着，有 101 个农民是参加劳动的。模型的拟合并不好。当然，这可能与我们的变量选择有很大关系，这里主要是为了和后面断尾回归的结果进行比较。

2. 断尾回归的操作

在 Stata 中断尾回归使用 truncreg 命令，语法形式如下：

```
truncreg depvar [indepvar] [if] [in] [weight] [,options]
```

其中，depvar 代表被解释变量的名称，indepvar 代表解释变量的名称，if 代表条件语句，in 代表范围语句，weight 代表权重语句，options 代表其他可选项。表 11.2 显示了各 options 选项及其含义。

表 11.2   断尾回归中 options 的内容表

选项	说明
noconstant	模型不包含常数项
ll(varname|#)	左端断尾的下限（Lower Limit）
ul(varname|#)	右端断尾的上限（Upper Limit）
offset(varname)	约束变量 varname 的系数为 1
constraints(constraints)	进行约束回归
collinear	保留多重共线性变量
level(#)	设置置信度，默认值为 95%
vce(type)	设置估计量的标准差，常用的有 cluster、robust、bootstrap、oim、jackknife 等
noskip	进行模型整体显著性的似然比检验

对于 nonfarm.dta 的数据而言，没有外出工作的农民的劳动时间都被设定为 0，事实上就是其具体劳动时间的数据没有被统计到。这样，我们可以进行一个左端断尾的回归，命令如下：

```
truncreg workhour age age_square education, ll(0)
```

这里，选项 ll(0)设定左端断尾的下限为 0。图 11.2 显示了该断尾回归的结果。

```
. truncreg workhour age age_square education, ll(0)
(note: 1 obs. truncated)

Fitting full model:

Iteration 0:   log likelihood = -305.01343
Iteration 1:   log likelihood = -305.00185
Iteration 2:   log likelihood = -305.00184

Truncated regression
Limit:   lower =            0                Number of obs    =         101
         upper =         +inf               Wald chi2(3)     =        2.51
Log likelihood = -305.00184                 Prob > chi2      =      0.4728

    workhour │     Coef.    Std. Err.      z     P>|z|     [95% Conf. Interval]

         age │  -.196433    .2827448    -0.69    0.487    -.7506027    .3577367
  age_square │  .0016371    .0034832     0.47    0.638    -.0051898     .008464
   education │  .0529628    .5369827     0.10    0.921    -.9995039     1.10543
       _cons │  19.14877    5.832669     3.28    0.001     7.716949    30.58059

      /sigma │  5.024103    .3721353    13.50    0.000     4.294732    5.753475
```

图 11.2　断尾回归的结果

结果第 2 行的 note 显示，有 1 个观测值被砍去，也就是说有 1 个农民的外出劳动时间为 0 （因为劳动时间不可能为负数）。结果还汇报了断尾回归的下限和上限，因为我们在回归命令中没有设定上限，Stata 就默认上限是正无穷。回归结果还给出了模型整体显著性的 wald chi2 检验，其 P 值为 0.4728。对比断尾回归和前面的普通最小二乘回归的结果可以看到，虽然在回归中使用的都是 150 个观测值，但模型的系数及置信区间等还是有较大差异的，这主要是因为断尾回归对概率分布的假定和普通最小二乘不同。

事实上，应该使用断尾回归还是普通最小二乘主要应看我们研究的目的：如果关注的是外出务工的农民这个子样本的平均劳动时间，OLS 就是恰当的；如果关注的是所有农民（有外出工作和没有外出工作的）的平均劳动时间，使用 OLS 进行拟合所得出的结果就会极具误导性。

当然，对于这个数据集，我们也可以假定被解释变量是截取数据，从而使用 tobit 回归（参见实验 11-2）。正如前面所讲的，截取数据是指某些数据被压缩到一个点上，对于本例中没有外出工作的农民的劳动时间，我们可以看作其劳动时间都被压缩 0 这个数值上，从而使用截取回归。但截取回归和断尾回归的理论基础是不同的，截取回归所使用的分布是一个离散分布和连续分布的混合分布（参见实验 11-2 的实验原理），二者的结果也会有所不同。事实上，在有些时候，断尾回归的表现不如截取回归。

3. 断尾回归的预测

对断尾回归模型进行预测可使用如下命令：

$$\text{predict [type] newvar [if] [in] [, statistic nooffset]}$$
$$\text{predict [type]}\{\text{stub} * |\text{newvar}_{\text{reg}}\text{newvar}_{\text{lnsigma}}\}\text{[if][in], scores}$$

其中，newvar 代表生成的新变量名称，type 代表新变量的类型，if 代表条件语句，in 代表范围语句，statistic 代表要预测的统计量。

第二个命令是对方程水平的得分变量的预测。stub 代表生成的新变量前缀，而预测的第一个新变量为 $\frac{\partial \ln L}{\partial x_i' \beta}$，第二个新变量为 $\frac{\partial \ln L}{\partial \sigma}$。

表 11.3 给出了主要的 statistic 统计量及其含义。

表 11.3　断尾回归预测中的 statistic 选项

statistic 统计量	说明
xb	线性预测（默认选项）
stdp	拟合的标准误（standard error of the prediction）
stdf	预测的标准误（standard error of the forecast）
pr(a,b)	$Pr(a < y_i < b)$
e(a,b)	$E(y_i \| a < y_i < b)$
ystar(a,b)	$E(y_i^*), y_i^* = \max\{a, \min(y_i, b)\}$

下面通过实验内容来对选项进行具体的说明。

（1）拟合的标准误（stdp）

拟合的标准误（stdp）也被称作 standard error of the fitted value，可以将其看作观测值处于均值水平下的标准误。预测的标准误（stdf）也被称作 the standard error of the future or forecast value，指的是每个观测值的点预测的标准误。根据两种标准误的计算公式可知，stdf 预测的标准误总是比 stdp 预测的要大。

分别对上面的断尾回归进行默认预测以及 stdp 和 stdf 的预测，输入命令如下：

```
predict y
predict p, stdp
predict f, stdf
list workhour y p f in 1/10
```

以上命令的第一步为默认预测，并将预测值命名为 y；第二步预测的是拟合的标准误，将预测值命名为 p；第三步预测的是预测的标准误，将其命名为 f；最后列出原序列值 workhour 和各预测值的前 10 个观测值。图 11.3 给出了命令的结果。

```
. list workhour y p f in 1/10

     workhour         y           p           f

  1.       .     13.35005    1.176567    5.160031
  2.       .     13.94526     .7202947    5.075474
  3.       .     13.50746    3.332853    6.029057
  4.       .     14.20713     .7133918    5.074499
  5.       .     13.83447    4.375058    6.662038

  6.       .     15.36704    1.031272    5.128853
  7.       .     14.94099     .9495881    5.113055
  8.       .     13.32399    1.947437    5.388332
  9.       .     14.15417     .7555093    5.080591
 10.       .     13.33546    2.089907    5.441445
```

图 11.3　默认预测以及 stdp 和 stdf 的预测结果

可以看出，选项 stdf 给出的预测值比 stdp 的预测值要大。

（2）pr(a,b)

pr(a,b) 用于计算 $y_i | x_i$ 在区间 (a, b) 被观测到的概率，也就是 $Pr(a < x_i'\beta + \varepsilon_i < b)$。其中，a 和

b 可以是数字或变量名。我们用 lb 和 ub 来表示变量名。Pr(20,50)计算的是$\Pr(20 < x_i'\beta + \varepsilon_i < 50)$，pr(lb,ub)计算的是$\Pr(lb < x_i'\beta + \varepsilon_i < ub)$。若把 a 设定为缺失值"."，则表示$-\infty$；若把 b 设定为缺失值"."，则表示$+\infty$。例如，pr(.,50)计算的是$\Pr(-\infty < x_i'\beta + \varepsilon_i < 50)$，pr(20,.)计算的是$\Pr(20 < x_i'\beta + \varepsilon_i < +\infty)$。对于pr(lb,50)，当 lb 某个值缺失时，计算的是$\Pr(-\infty < x_i'\beta + \varepsilon_i < 50)$，当 lb 的值不缺失时，计算的是$\Pr(lb < x_i'\beta + \varepsilon_i < 50)$。其他的同理。

（3）e(a,b)

e(a,b)计算的是$E(x_i'\beta + \varepsilon_i | a < x_i'\beta + \varepsilon_i < b)$，也就是说给定$y_i|x_i$在开区间(a,b)的条件下，$y_i|x_i$的期望值。a 和 b 的设定与在选项pr(a,b)处相同。

（4）ystar(a,b)

ystar(a,b)计算的是$E(y_i^*)$。当$x_i'\beta + \varepsilon_i \leqslant a$时，$y_i^* = a$；当$x_i'\beta + \varepsilon_i \geqslant b$时，$y_i^* = b$；其余情况下，$y_i^* = x_i'\beta + \varepsilon_i$。a 和 b 的设定与在选项pr(a,b)处相同。

（5）选项 nooffset

选项 nooffset 只有在之前的断尾回归中设定了 offset()选项时才有意义。若预测时加上 nooffset，则会忽略模型拟合时所设定的 offset()选项，从而，线性预测汇报的是$x_i'\beta$，而非$x_i'\beta + offset_i$。

4．使用稳健标准差进行断尾回归分析

稳健标准差是指其标准差对于模型中可能存在的异方差或自相关问题不敏感，基于稳健标准差计算的稳健 t 统计量仍然渐近服从 t 分布。因此，在 Stata 中利用 robust 选项可以得到异方差稳健估计量。与前面讲述的最小二乘回归分析类似，我们在断尾回归分析中也可以使用稳健的标准差，以克服可能存在的异方差对模型的整体有效性带来不利的影响。以本节中提到的案例为例，操作命令是：

```
truncreg workhour age age_square education, ll(0) robust
```

在命令窗口输入命令并按回车键进行确认，结果如图 11.4 所示。

```
. truncreg workhour age age_square education, ll(0) robust
(note: 1 obs. truncated)

Fitting full model:

Iteration 0:   log pseudolikelihood = -305.01343
Iteration 1:   log pseudolikelihood = -305.00185
Iteration 2:   log pseudolikelihood = -305.00184

Truncated regression
Limit:          lower =           0          Number of obs   =        101
                upper =        +inf          Wald chi2(3)    =       3.42
Log pseudolikelihood = -305.00184            Prob > chi2     =     0.3312
```

workhour	Coef.	Robust Std. Err.	z	P>|z|	[95% Conf. Interval]	
age	-.196433	.2455974	-0.80	0.424	-.6777951	.2849291
age_square	.0016371	.0029798	0.55	0.583	-.0042032	.0074774
education	.0529628	.5738708	0.09	0.926	-1.071803	1.177729
_cons	19.14877	5.228308	3.66	0.000	8.901475	29.39606
/sigma	5.024103	.3954702	12.70	0.000	4.248996	5.799211

图 11.4　分析结果图

从上面的分析结果中可以看出，模型中各变量的系数显著性较没有使用稳健标准差进行断尾回归分析时有了进一步的提高，模型更加完美。

实验 11-2　截取回归模型

实验基本原理

截取问题是指在特定范围内，解释变量受到限制，真实取值无法观测到，通常情况下，在某一范围内被解释变量的取值都被记为某一常数 c。例如，在统计一个家庭每月网上购物情况时，支出大于 2000 元的家庭选择"网购金额在 2000 元以上"这一选项，这样无法确定这些家庭的具体网购金额，而把这一范围的值压缩到 2000 上了。

当被解释变量为截取数据时，一定范围的数据被压缩到一个点上，这样被解释变量 y 的概率分布就变成由一个离散点与一个连续分布所组成的"混合分布"。在这种情况下，可以证明，如果用 OLS 来估计，那么无论使用的是整个样本，还是去掉离散点后的子样本，都不能得到一致的估计。

例如，Tobit 模型表现为如下形式：

$$y_i^* = X_i\beta + u_i$$
$$d_i^* = Z\gamma + v_i$$

在上述公式中，若 $d_i^* > 0$，则 $d_i = 1$，否则取值为 0；若 $d_i = 1$，则 $y_i = y_i^*$，否则取值为 0，这时的最大似然方程如下：

$$L = \left[\prod\left(1 - \Phi(\frac{X_i\beta}{\sigma})\right)^{1-d_i}\Phi(\frac{X_i\beta}{\sigma})^{d_i}\right]\left[\prod\left(\Phi(\frac{X_i\beta}{\sigma})\right)^{-1}\frac{1}{\sigma}\phi(\frac{y_i - X_i\beta}{\sigma})^{d_i}\right]$$

利用导数法对 β 和 σ 最大化，从而得到 MLE 结果。

实验目的与要求

（一）实验目的

1. 了解截取回归的原理及其在实际数据分析中的应用。
2. 熟悉 Stata 中截取回归的基本操作及相关选项，熟悉截取回归模型的预测。

（二）实验要求

1. 能够熟练使用 tobit 命令进行截取回归分析，并熟知各项回归结果所代表的含义。
2. 能够熟悉 tobit 命令中的各选项并了解其含义。
3. 能够熟练使用 predict 命令进行预测，并熟知各选项的含义。

⊙ 实验内容及数据来源

本实验研究笔记本电脑的价格对使用寿命的影响，使用本书下载资源\data\第 11 章\computer.dta 工作文件，主要变量有：month（使用笔记本电脑的时间，单位：月）、price（笔记本电脑的价格，单位：元）等。表 11.4 显示了该文件的部分数据。

表 11.4　computer.dta 部分数据

month	price
48	6600
35	4500
28	3700
49	4300
56	5600
...	...

利用 computer.dta 的数据讲解截取回归的操作及预测。

需要说明的是，这个数据本身不是截取数据，但为了展示 tobit 回归的相关操作，我们会对数据进行处理，然后讲解相关命令的操作。

⊙ 实验操作指导

1. 普通最小二乘回归

为了与数据处理后的 tobit 回归进行比较，这里先进行 OLS 回归。

输入命令：

```
generate pprice=price/1000
regress month pprice
```

首先生成一个新变量 pprice，其值为变量 price 的 $\frac{1}{1000}$。第二步为 month 对 pprice 的回归。

图 11.5 给出了该命令的结果。

```
. regress month pprice

      Source |       SS       df       MS              Number of obs =      71
-------------+------------------------------           F(  1,    69) =  163.91
       Model |  5496.93428     1  5496.93428           Prob > F      =  0.0000
    Residual |  2314.02347    69   33.536572           R-squared     =  0.7037
-------------+------------------------------           Adj R-squared =  0.6995
       Total |  7810.95775    70  111.585111           Root MSE      =  5.7911

-------------------------------------------------------------------------------
       month |      Coef.   Std. Err.      t    P>|t|     [95% Conf. Interval]
-------------+-----------------------------------------------------------------
      pprice |   4.412158   .3446277    12.80   0.000     3.724645    5.099672
       _cons |   20.81525   2.276873     9.14   0.000     16.27301    25.35749
-------------------------------------------------------------------------------
```

图 11.5　OLS 回归结果

这里，将变量 price 除以 1000 是为了使结果比较易读，否则 price 的系数将会很小。从图 11.5 的回归结果可以看出，价格每增加 1000 元，笔记本的使用寿命就可以增加 4.41 个月。

2. 截取回归的操作

截取回归的基本命令为：

```
tobit depvar[indepvar] [if] [in] [weight], ll[(#)] ul[(#)] [options]
```

其中，depvar 代表被解释变量的名称，indepvar 代表解释变量的名称，if 代表条件语句，in 代表范围语句，weight 代表权重语句，options 代表其他可选项。可用的 options 选项包括 offset()、vce()、level()等，其含义和断尾回归处相同，在此不再赘述。此外，ll 表示左截取点，ul 表示右截取点，这两个选项至少需要设定一个，也可以同时设定。对于 ll 和 ul 选项，可以设定截取点的值，也可以不设定。当只输入 ll 或 ul 选项而不设定截取点的值时，tobit 命令会自动设定被解释变量的最小值为左截取点（当 ll 选项被设定时），被解释变量的最大值为右截取点（当 ul 选项被设定时）。

在 computer.dta 工作文件中，变量 month 的最小值为 26，最大值为 70。假定数据为截取数据，当 month 的真实值小于或等于 36 时，我们只知道其不超过 36，而不知道具体的取值。

对数据进行变换，使用命令如下：

```
replace month=36if month<=36
```

即将小于或等于 36 的 mpg 值设为 36，然后进行 tobit 回归：

```
tobit month pprice, ll
```

需要注意选项是两个小写的字母 l，而不是数字 1。

图 11.6 给出了该截取回归的结果。

```
. tobit month pprice, ll

Refining starting values:

Grid node 0:    log likelihood = -202.14969

Fitting full model:

Iteration 0:    log likelihood = -202.14969
Iteration 1:    log likelihood = -200.25416
Iteration 2:    log likelihood = -200.19823
Iteration 3:    log likelihood =  -200.1982
Iteration 4:    log likelihood =  -200.1982

Tobit regression                      Number of obs    =        71
                                         Uncensored    =        59
Limits: lower = 36                    Left-censored    =        12
        upper = +inf                 Right-censored    =         0

                                      LR chi2(1)       =     80.29
                                      Prob > chi2      =    0.0000
Log likelihood = -200.1982            Pseudo R2        =    0.1670
```

month	Coef.	Std. Err.	t	P>|t|	[95% Conf. Interval]	
pprice	4.458966	.3689362	12.09	0.000	3.723146	5.194786
_cons	20.37123	2.479596	8.22	0.000	15.42583	25.31663
var(e.month)	35.84402	6.826421			24.51635	52.40559

图 11.6　tobit 回归结果

观察这个截取回归的结果可以看到，笔记本电脑的价格每增加 1000 元，电脑的使用寿命就增加 4.46 个月，而不是前面 OLS 回归所示的 4.41 个月。在表格中，Stata 还汇报了左端截取的观测值为 59 个，未截取的观测值是 12 个，右端截取为 0。

事实上,我们没有必要先使用 replace 命令,直接使用选项 ll(36)就可以得到图 11.5 所示的结果。前面之所以要对数据进行变换,主要是为了提醒读者 tobit 命令是用于截取数据的。在实际的研究中,如果数据类型非截取,直接使用 regress 就可以了,只有在数据为截取数据时,才有必要使用 tobit。

当然,对于右端截取和两端截取的数据也很容易通过 tobit 命令实现。

3. tobit 回归的预测

对截取回归模型进行预测的基本命令格式和断尾回归相同,命令如下:

$$predict \ [type] \ newvar \ [if] \ [in] \ [, statistic \ nooffset]$$
$$predict \ [type] \{stub * | newvar_{reg} \ newvar_{lnsigma}\} [if] [in], scores$$

各选项及其解释也与断尾回归处相同,在此不再赘述。

除了基本的应用外,我们还可以利用 predict 命令来获取 tobit 回归的各种边际效应。

回顾前面的实验原理,我们知道,系数 β 是潜变量 y_i 随解释变量变化而变换的边际效应的度量。

有时,我们还希望知道,当潜变量 y_i 在边界点之间,即 $y_i \in (a,b)$ 时,潜变量如何随解释变量变化,也就是说,希望知道 $E(y_i | a < y_i < b)$ 的边际效应。这一点可以通过选项 e(a,b) 来实现。

另外,观测值 y_i^* 如何随着解释变量的变化而变化也是我们关心的,这就是 $E(y_i^*)$ 的边际效应,对应的选项为 ystar(a,b)。

最后,$Pr(a < y_i^* < b)$ 的边际效应描述了不被截取的概率如何随解释变量的变化而变化。

下面通过实验内容来进一步说明各种边际效应如何获得,并加深对各种边际效应的理解。

为了进行预测,我们先重新打开数据文件 computer.dta 进行一个 tobit 回归。假定 month 为两端截取,当 month 的真实值小于或等于 36 时,我们只知道其不超过 36,而不知道具体的取值;当 month 的真实值大于或等于 60 时,我们只知道其不超过 60,也不知道具体的取值。

产生新变量 pprice 后,输入以下命令:

```
tobit month pprice, ll(36) ul(60)
```

即进行截取回归,左截取点为 36,右截取点为 60。图 11.7 给出了该截取回归的结果。

```
. tobit month pprice, ll(36) ul(60)

Refining starting values:

Grid node 0:    log likelihood = -176.91386

Fitting full model:

Iteration 0:    log likelihood = -176.91386
Iteration 1:    log likelihood = -166.15661
Iteration 2:    log likelihood = -164.67137
Iteration 3:    log likelihood = -164.66359
Iteration 4:    log likelihood = -164.66358

Tobit regression                        Number of obs    =        71
                                          Uncensored     =        46
Limits: lower = 36                      Left-censored    =        12
        upper = 60                      Right-censored   =        13

                                        LR chi2(1)       =     85.91
                                        Prob > chi2      =    0.0000
Log likelihood = -164.66358             Pseudo R2        =    0.2069

─────────────────────────────────────────────────────────────────────
       month │   Coef.   Std. Err.     t     P>|t|   [95% Conf. Interval]
─────────────┼───────────────────────────────────────────────────────────
      pprice │ 5.557536  .5398664   10.29   0.000    4.480806   6.634266
       _cons │ 14.19437  3.338004    4.25   0.000    7.536929   20.85181
─────────────┼───────────────────────────────────────────────────────────
 var(e.month)│ 36.02489  8.017542                   23.11165   56.15318
─────────────────────────────────────────────────────────────────────
```

图 11.7　两端截取的 tobit 回归结果

213

可以看到，当 month 在 36 和 60 处两端截取时，笔记本电脑每增加 1000 元，使用寿命就会增加 5.56 个月。

为了得到潜变量 month 在边界点之间随解释变量变化的边际效应，我们输入命令：

```
mfx, predict(e(36,60))
```

其中，mfx 为计算边际效应的基本命令。图 11.8 显示了该命令的结果。

```
. mfx, predict(e(36,60))

Marginal effects after tobit
      y  = E(month|36<month<60) (predict, e(36,60))
         = 48.924412
```

variable	dy/dx	Std. Err.	z	P>|z|	[	95% C.I.	]	x
pprice	4.256912	.50357	8.45	0.000	3.26993	5.2439		6.29859

图 11.8　mfx, predict(e(36,60))的结果

默认情况下，mfx 给出的是解释变量处于均值水平时的边际效应。在本例中，是 pprice=6.30 时的边际效应。观察图中的结果可以看到，给定 month 位于区间(36,60)时，笔记本电脑每增加 1000 元，使用寿命就会增加 4.26 个月，而且，该边际效应是显著的。此外，结果中还给出了条件期望$E(mouth|36 < mouth < 60) = 48.9$，也就是说，month 位于区间(36,60)下的条件期望是 48.9。

当然，我们还可以对以上命令进行设定，得到 price 在其他取值下的边际效应。例如，我们想知道 price 为 7000 元时的边际效应，可以输入以下命令：

```
mfx, predict(e(36,60)) at(7)
```

其中，选项 at(7)表明这是在 pprice 为 7 时的边际效应。图 11.9 显示了该命令的结果。

```
. mfx, predict(e(36,60)) at(7)

Marginal effects after tobit
      y  = E(month|36<month<60) (predict, e(36,60))
         = 51.728451
```

variable	dy/dx	Std. Err.	z	P>|z|	[	95% C.I.	]	x
pprice	3.635321	.35887	10.13	0.000	2.93195	4.3387		7

图 11.9　price 为 7000 元时$E(month36 < month < 60)$的边际效应

可以看到，表格的最后一列显示了这是在 pprice=7 的情况下所求的边际效应。对该结果的其他解读与图 11.8 一致。

为了得到观测值随解释变量变化的边际效应，可输入命令：

```
mfx, predict(ystar(36,60))
```

得到如图 11.10 所示的结果。

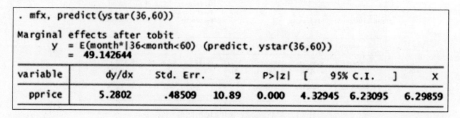

```
. mfx, predict(ystar(36,60))

Marginal effects after tobit
      y  = E(month*|36<month<60) (predict, ystar(36,60))
         = 49.142644
```

variable	dy/dx	Std. Err.	z	P>|z|	[	95% C.I.	]	x
pprice	5.2802	.48509	10.89	0.000	4.32945	6.23095		6.29859

图 11.10　观测值随解释变量变化的边际效应

结果显示，对于价格处于均值水平下的笔记本电脑，给定 month 的真实值位于区间(18,38)，笔记本价格每增加 1000 元，观测到的使用寿命就增加 5.28 个月。结果还给出了断尾的期望值 $E(month^*|36 < month < 60) = 49.14$，也就是说，给定 month 真实值位于区间(36,60)，观测值的条件期望是 49.14。

对于如上命令，我们也可以通过设定 at()选项获得自变量处于其他值时的边际效应。

实验 11-3 样本选择模型

▶ 实验基本原理

样本选择模型是指被解释变量是否断尾取决于另一个变量，例如要考察工资的影响因素，不能通过普通 OLS 方法得到，因为只有有工作的人才有工资，而没有工作的人无法观察到其工资，所以相当于分两步进行估计，首先用 Probit 模型估计哪些人会选择工作，然后估计工资方程，这就是 Heckman 两步法的基本思想。

例如，Tobit 模型表现为如下形式：

$$y_i^* = X_i\beta + u_i$$
$$d_i^* = Z\gamma + v_i$$

在上述公式中，若$d_i^* > 0$，则$d_i = 1$，否则取值为 0，若$d_i = 1$，则$y_i = y_i^*$，否则取值为 0。

$$E(y_i|d_i = 1) = X_i\beta + \sigma_{uv}\frac{\phi(Z\gamma)}{\Phi(Z\gamma)}$$

所以两步法告诉我们，首先使用 Probit 模型估计出上式的第二部分，然后使用 OLS 估计上述方程。

▶ 实验目的与要求

（一）实验目的

1. 了解样本选择模型的原理及其在实际数据分析中的应用。
2. 熟悉 Stata 中样本选择模型回归的基本操作及相关选项。
3. 熟悉 Stata 中样本选择模型预测的基本操作及相关选项。

（二）实验要求

1. 能够熟练使用 heckman 命令进行样本选择模型的分析，并熟知各项回归结果所代表的含义。
2. 能够熟悉 heckman 命令中的各选项并了解其含义。
3. 能够熟练使用 predict 命令进行预测，并熟知各选项的含义。

⟩ 实验内容及数据来源

根据中国劳动市场的统计资料得到统计数据，可用来估计教育投资的回报率。部分数据显示在表 11.5 中，完整的数据位于本书下载资源\data\第 11 章\china_labor.dta 工作文件中。

表 11.5　china_labor.dta 部分数据

fhukou	age	party	eduyears	logincome	age_square
0	22	0	11	6.82763	484
0	26		8	7.27932	676
0	21		9	6.19031	441
0	28	0	8	6.87109	784
0	39	0	2		1521
0	42	0	7		1764
0	48	0	7	7.34601	2304
0	58	0	7		3364
0	46	0	5	6.39693	2116
0	38	0	10		1444
0	61	0	7	7.31322	3721
…	…	…	…	…	…

重要变量说明：fhukou 是指父亲的户口状况，age 表示子女的年龄，age_square 表示子女年龄的平方项，party 表示子女是否是党员，eduyears 表示子女的受教育年限，logincome 表示子女收入的对数值。

由表 11.5 可以看到，有些劳动者的工资收入有部分值缺失。这说明有些劳动者没有参加工作。利用 china_labor.dta 的数据进行样本选择问题的 heckman 回归分析以及相关的预测。

⟩ 实验操作指导

1. heckman 回归的操作

进行 heckman 回归的基本命令格式为：

```
heckmandepvar [indepvar],select(varlist_s )[twostep]或
heckmandepvar [indepvar],select(depvar_s=varlist_s) [twostep]
```

其中，depvar 代表被解释变量的名称，indepvar 代表解释变量的名称。

选项 select()为必填项，用于确定选择方程的因变量及自变量。其中，$varlist_s$ 的变量用来决定原方程的被解释变量depvar是否被观测到，或者说是否被选择，选择方程的$varlist_s$至少应包含一个与前面方程不同的解释变量。

对于第二种命令格式，即设定选择方程的因变量$depvar_s$，则要求$depvar_s$的值必须为 0 或 1。0 表示原方程的被解释变量没有被选择，1 表示被选择。若采取第一种命令形式，不设定选择方程的因变量，则 Stata 默认原方程的被解释变量depvar为非缺失值时表示被选择，为缺失值时表示没有被选择。

若设定 twostep 选项，则使用两步法进行回归；若不设定这个选项，则默认使用最大似然法进行估计。

下面利用 china_labor.dta 的数据进行样本选择模型的回归分析。我们认为，工资是教育程度、年龄和党员身份的函数，而是否选择工作的影响因素包括其保留工资（受教育程度和年龄的影响）。

（1）基本的 heckman 回归

首先使用默认的极大似然函数法进行估计，命令如下：

```
heckman logincome party eduyears age age_square, select(age eduyears)
```

这里，被解释变量为 logincome，解释变量为 party、eduyears、age 和 age_square。选项 select() 表明，选择的解释变量为 age 和 eduyears。

图 11.11 给出了该命令的回归结果。

```
. heckman logincome party eduyears age age_square, select(age eduyears)

Iteration 0:   log likelihood = -522.63663
Iteration 1:   log likelihood = -521.90347
Iteration 2:   log likelihood = -521.82439
Iteration 3:   log likelihood = -521.82427
Iteration 4:   log likelihood = -521.82427

Heckman selection model                        Number of obs     =       347
(regression model with sample selection)       Censored obs      =        88
                                               Uncensored obs    =       259

                                               Wald chi2(4)      =     66.84
Log likelihood = -521.8243                     Prob > chi2       =    0.0000

   logincome |     Coef.   Std. Err.      z    P>|z|     [95% Conf. Interval]
logincome    |
       party |  .2343596   .1518731     1.54   0.123    -.0633063    .5320254
    eduyears |  .1420002    .022031     6.45   0.000     .0988201    .1851802
         age |  .0638307   .0219722     2.91   0.004     .0207659    .1068954
  age_square | -.0004183   .0002288    -1.83   0.068    -.0008667    .0000302
       _cons |  5.294852   .5989054     8.84   0.000     4.121019    6.468685
select       |
         age |  .0339852    .006128     5.55   0.000     .0219746    .0459959
    eduyears |  .1694968   .0250524     6.77   0.000     .1203949    .2185986
       _cons | -2.219048    .393948    -5.63   0.000    -2.991172   -1.446924
      /athrho | -.0175664   .1867679    -0.09   0.925    -.3836246    .3484919
      /lnsigma | -.0264314   .0439588    -0.60   0.548     -.112589    .0597262
         rho | -.0175646   .1867102                      -.3658511    .3350374
       sigma |  .9739148   .0428121                       .8935178    1.061546
      lambda | -.0171064    .181865                      -.3735553    .3393427
LR test of indep. eqns. (rho = 0):   chi2(1) =      0.01   Prob > chi2 = 0.9245
```

图 11.11　heckman 回归结果

根据该回归结果，我们可以写出估计的工资方程：

$$logincome = 5.29 + 0.142eduyears + 0.234party + 0.64age - 0.0004age\_square + \varepsilon$$

并且，根据选择方程的估计结果可以知道，只有当$-2.22 + 0.169eduyears + 0.034age + \mu > 0$时，工资才能被观察到。

从结果中还可以知道$corr(\varepsilon, \mu) = rho = -0.018$，工资方程中残差的标准差$sigma = 0.974$，选择性效应$lamda = -0.017$（$\lambda = \rho\sigma$）。

结果中的 wald chi2 统计量是对工资方程中除常数项之外的所有系数都为 0 的检验，其 P 值告诉我们，模型中的系数是联合显著的。最后一行是对$\rho = 0$的似然比检验。

（2）两步法的 heckman 回归

当数据集比较大时，极大似然估计非常耗时，两步法就提供了一种很好的替代，输入命令：

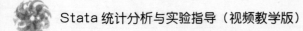
```
Heckman logincome party eduyears age age_square, select(age eduyears) twostep
mills(m)
```

其中，选项 twostep 表明使用两步法的 heckman 回归。选项 mills() 会生成一个新变量，计算出样本不被选择的可能性，我们这里将该变量命名为 m。图 11.12 给出了两步法 heckman 的回归结果。

```
. heckman logincome party eduyears age age_square, select(age eduyears) twostep mills(m)

Heckman selection model -- two-step estimates      Number of obs    =       347
(regression model with sample selection)           Selected         =       259
                                                   Nonselected      =        88

                                                   Wald chi2(4)     =     12.82
                                                   Prob > chi2      =    0.0122

   logincome │      Coef.   Std. Err.      z    P>|z|     [95% Conf. Interval]
─────────────┼──────────────────────────────────────────────────────────────
logincome    │
       party │   .2397147   .1529726     1.57   0.117    -.0601062    .5395356
    eduyears │   .1253314   .0496512     2.52   0.012     .0280169    .2226459
         age │   .0589072   .0255887     2.30   0.021     .0087543    .1090602
  age_square │  -.0004001   .0002343    -1.71   0.088    -.0008593    .0000591
       _cons │   5.734708   1.314807     4.36   0.000     3.157735    8.311682
─────────────┼──────────────────────────────────────────────────────────────
select       │
         age │   .0339668   .0061253     5.55   0.000     .0219615    .0459721
    eduyears │   .1694926   .0250539     6.77   0.000     .1203879    .2185972
       _cons │  -2.218257   .3938503    -5.63   0.000    -2.990189   -1.446324
─────────────┼──────────────────────────────────────────────────────────────
/mills       │
      lambda │   -.285416   .7353704    -0.39   0.698    -1.726716    1.155884
─────────────┼──────────────────────────────────────────────────────────────
         rho │  -0.28858
       sigma │  .98903119
```

图 11.12　两步法 heckman 回归结果

对该回归结果的解释和使用极大似然估计法的解释相同，这里不再赘述。此外，需要说明的一点是，选项 nshazard(newvar) 具有和 mills(newvar) 完全相同的作用。

（3）稳健的 heckman 回归

对 heckman 回归时还可以使用 vce() 选项，利用各种稳健的标准差进行估计。

可以使用 vce(robust) 获得稳健标准差，或利用 vce(cluster varname) 获得聚类稳健标准差。例如，我们认为工资的方差可能视父亲的户口状况（fhukou）的不同而不同，可输入命令：

```
Heckman logincome party
eduyears age age_square,
select(age
eduyears)vce(cluster fhukou)
```

这里，选项 vce(cluster fhukou) 即设定标准差按变量 fhukou 聚类。图 11.13 给出了该命令的回归结果。

```
. heckman logincome party eduyears age age_square, select(age eduyears) vce(cluster fhukou)

Iteration 0:   log pseudolikelihood = -522.63663
Iteration 1:   log pseudolikelihood = -521.90347
Iteration 2:   log pseudolikelihood = -521.82439
Iteration 3:   log pseudolikelihood = -521.82427
Iteration 4:   log pseudolikelihood = -521.82427

Heckman selection model                    Number of obs    =      347
(regression model with sample selection)   Censored obs     =       88
                                           Uncensored obs   =      259

                                           Wald chi2(0)     =        .
Log pseudolikelihood = -521.8243           Prob > chi2      =        .

                          (Std. Err. adjusted for 2 clusters in fhukou)

             │              Robust
   logincome │      Coef.   Std. Err.      z    P>|z|     [95% Conf. Interval]
─────────────┼──────────────────────────────────────────────────────────────
logincome    │
       party │   .2343596   .0285496     8.21   0.000     .1784035    .2903157
    eduyears │   .1420002   .0784756     1.81   0.070    -.0118092    .2958095
         age │   .0638307   .0631727     1.01   0.312    -.0599855    .1876469
  age_square │  -.0004183   .0007441    -0.56   0.574    -.0018767    .0010402
       _cons │   5.294852   .0765287    69.19   0.000     5.144859    5.444846
─────────────┼──────────────────────────────────────────────────────────────
select       │
         age │   .0339852   .0173678     1.96   0.050    -.0000551    .0680256
    eduyears │   .1694968   .0291849     5.81   0.000     .1122955    .2266981
       _cons │  -2.219048   .1131328   -19.61   0.000    -2.440784   -1.997312
─────────────┼──────────────────────────────────────────────────────────────
      /athrho │  -.0175664   .005222    -3.36   0.001    -.0278013   -.0073314
      /lnsigma│  -.0264314   .2251367   -0.12   0.907    -.4676913    .4148285
─────────────┼──────────────────────────────────────────────────────────────
         rho │  -.0175646   .0052204             -.0277942   -.0073312
       sigma │   .9739148    .219264               .6264469    1.514111
      lambda │  -.0171064   .0089355             -.0346197    .0004069
─────────────┼──────────────────────────────────────────────────────────────
Wald test of indep. eqns. (rho = 0): chi2(1) =     11.32   Prob > chi2 = 0.0008
```

图 11.13　使用聚类稳健标准差的 heckman 回归结果

对比使用聚类稳健标准差的 heckman 回归结果和图 11.10 的回归结果，我们可以看到，所有回归系数都是一样的，聚类稳健标准差的 heckman 回归的标准差要大一些，但也没有系统差异。这表明聚类稳健标准差作用不大，意味着工资的方差并没有随父亲户口的变化而显著不同。

2. heckman 回归的预测

对 heckman 回归进行预测可使用的命令如下：

```
predict [type] newvar [if] [in] [, statistic nooffset]
```

其中，可用的 statistic 选项包括表 11.3 中断尾回归预测的所有选项以及表 11.6 的选项。

表 11.6　heckman 回归预测的部分 statistic 选项

statistic 统计量	说明
xbsel	样本选择方程的线性预测
stdpsel	样本选择方程线性预测的标准误
ycond	$E(y_i|y_i$ 被观测到$)$
yexpected	$E(y_i^*)$，当 y_i 观测不到时被当作 0
nshazard 或 mills	不被选择的概率
psel	y_i 被观测到的概率

对于工资决定的模型，默认的预测将给出工资的线性预测值。如果我们想知道参加工作的劳动者的期望工资，那么可以利用 ycond 选项：

```
quietly heckman logincome party eduyears age age_square, select(age eduyears)
predict yc, ycond
summarize logincomeyc if logincome!= .
```

在上述命令中，第一步进行 heckman 回归，quietly 表明不显示该回归的结果；第二步是对参加工作的劳动者的期望工资的预测，且将新变量命名为 yc；第三步获得 logincome 非缺失值的观测值的 logincome 和 yc 的描述统计量。图 11.14 显示了上述命令的结果。

```
summarize logincome yc if logincome!= .
    variable  |   Obs      Mean    Std. Dev.      Min       Max

    logincome |   262   8.68666   1.157096    2.70805  10.71442
          yc  |   259   8.69493   .6139741   6.918353  10.31225
```

图 11.14　ycond 预测结果的概要统计量

可以看到，对于参加工作的劳动者，其工资的均值与利用 ycond 选项预测的均值几乎是一样的。需要注意的是，ycond 选项对所有观测值都会给出预测值，但只对参与工作的劳动者才有实际的意义。

如果我们想知道所有毕业生的期望工资，那么可以通过 yexpected 选项实现（这时，通过样本选择方程决定该毕业生预期是否参加工作，如果预期不参加，那么其期望工资为 0）：

```
predict ye, yexpected
gen wage1=logincome
replace wage1=0 if wage1== .
sum ye wage1
```

其中，第一步是对所有毕业生期望工资进行预测，并将新变量命名为 ye；第二步与第三步生成了一个变量 wage1，当实际工资为缺失值时，wage1 为 0，当实际工资不缺失时，wage1 的值等于 wage 的值；第四步给出了变量 ye 和 wage1 的描述统计量。图 11.15 给出了上述命令的结果。

```
sum ye wage1
```

Variable	Obs	Mean	Std. Dev.	Min	Max
ye	346	6.503369	2.042249	.4243067	10.2728
wage1	352	6.465639	3.923876	0	10.71442

图 11.15　yexpected 预测结果的概要统计量

可以看到，使用 yexpected 选项的预测结果的均值与 wage1 的均值几乎是一样的。

复习与习题

本章回顾

1. 断尾回归的基本命令为：truncreg depvar [indepvar] [if] [in] [weight] [,options]，可以通过选项 ll 和 ul 来设定左端断尾的下限和右端断尾的上限。

2. 对断尾回归模型进行预测的基本命令为 predict [type] newvar [if] [in] [, statistic nooffset]或 predict [type]{stub * |newvar$_{reg}$newvar$_{lnsigma}$}[if][in], scores，可用的 statistic 选项包括 xb、stdp、stdf、pr(a,b)、e(a,b)、ystar(a,b)等。

3. 截取回归的基本命令为：tobit depvar[indepvar] [if] [in] [weight], ll[(#)] ul[(#)] [options]，选项 ll 和 ul 用于设定截取点，这两个选项至少需要设定一个。

4. 对截取回归模型进行预测的基本命令格式和断尾回归相同。

5. 命令"mfx, predict()"可用于获取回归的各种边际效应。

6. 样本选择模型的基本命令格式为：heckman depvar [indepvar], select(varlist$_s$) [twostep]或 heckman depvar [indepvar], select(depvar$_s$ = varlist$_s$) [twostep]。其中，select()选项必不可少，用于确定选择方程的因变量及自变量。默认使用 MLE 估计，设定 twostep 选项时使用两步法估计。还可以使用 vce()选项，利用各种稳健的标准差进行估计。

7. 对 heckman 回归进行预测的基本命令为：predict [type] newvar [if] [in] [, statistic nooffset]，可用的 statistic 选项包括 xb、stdp、stdf、pr(a,b)、e(a,b)、ystar(a,b)、xbsel、stdpsel、ycond、yexpected、nshazard、mills、psel 等。

习题

1. 利用本书下载资源\exercises\第 11 章\usaauto.dta 工作文件，做 mpg 对 price、length、displacement 的回归，mpg 在 20 处左端断尾。

2. 利用本书下载资源\exercises\第 11 章\womenwork.dta 工作文件，分析各因素对已婚妇女工作时间的影响，主要变量包括：hours（工作时间，单位：小时/周）、children（未成年子女个数）、age（年龄，单位：岁）、education（教育年限，单位：年）、husinc（丈夫收入，单位：美元/年）。表 11.7 列出了部分数据。

表 11.7　womenwork.dta 的部分数据

hours	children	age	education	husinc
0	0	69	16	0
40	0	27	12	37400
0	0	58	12	30000
40	2	29	12	18000
20	0	58	12	60000
…	…	…	…	…

因为如果被调查妇女没有提供工作时间，就将工作时间当成 0 来处理，所以数据符合截取数据的特点。以 hours 为被解释变量，children、age、education 和 husinc 为解释变量，进行截取回归分析。

3. 对习题 2 中的回归进行预测，尝试各种选项的使用，并做出解释。

4. 重复习题 2 的分析，但使用稳健的标准差。

5. 在习题 4 的截取回归之后，对各种边际效应进行预测，并对结果进行解释。

6. 利用本书下载资源\exercises\第 11 章\fwage.dta 工作文件进行妇女工资决定因素分析的 heckman 回归，使用两步法，并设定工资方程以及选择方程都没有常数项。

7. 在习题 6 中的 heckman 回归之后，预测工资被观测到的概率。

第12章 基本时间序列分析

时间序列分析方法适用于多种领域，包括经济、气象、过程控制等。这种建模方法不以经济理论为依据，而是依据变量自身的变化规律，利用外推机制描述时间序列的变化，具有较高的预测精度。目前，时间序列的研究已经有了突飞猛进的发展，从平稳过程发展到非平稳过程，从单变量时间序列模型发展到多变量时间序列模型。

本章将介绍对时间序列数据的各种建模方法，以及相关的检验（如单位根检验、协整关系检验）和预测。

实验 12-1 时间序列的定义与扩展

⊙ 实验基本原理

在利用 Stata 对时间序列数据进行分析之前，我们通常需要定义时间变量。只有定义时间变量之后，才能方便地使用各种时间序列算子以及相关的时间序列分析命令。此外，有些时候，随着时间的推移，我们又获得了新的观测值，或者需要对时间序列进行预测，这时有必要对时间区间进行扩展，这些都可以通过 Stata 实现。

⊙ 实验目的与要求

（一）实验目的

1. 熟悉在 Stata 中定义时间序列的基本操作及相关选项。
2. 熟悉在 Stata 中对时间序列进行扩展的基本操作及相关选项。
3. 熟悉在 Stata 中时间序列各种算子的定义及使用。

（二）实验要求

1. 能够熟练使用 tsset 命令定义时间序列，并熟知各种选项的使用。
2. 能够熟练使用 tsappend 对时间序列进行扩展，并熟悉各选项的应用。
3. 能够熟练使用时间序列的各种算子。

⊙ 实验内容及数据来源

在进行各种时间序列分析之前，我们需要对时间变量进行定义。利用本书下载资源\data\第 12 章\tsexmp.dta 工作文件来讲解时间变量的设定。在 tsexmp.dta 中，主要变量包括 time（整数）、

time1（字符串格式的时间数据）。表 12.1 给出了该文件的部分数据。

表 12.1　tsexmp.dta 的部分数据

time	time1
1	01-12-2009 8:20:00
2	01-12-2009 8:40:00
3	01-12-2009 9:00:00
4	01-12-2009 9:20:00
5	01-12-2009 9:40:00
6	01-12-2009 10:00:00
…	…

利用这些数据进行时间序列数据的设定、时间区间的扩展，以及前滞变量、差分变量、季节差分变量的设定等。

⑤ 实验操作指导

1. 时间序列数据的设定

（1）定义时间变量的基本命令

若要进行时间序列分析，则首先要将数据定义为时间序列数据。只有定义之后，才能使用时间序列的一些运算符号，例如滞后算子 L、差分算子 D 等。设定时间序列变量的基本命令格式为：

```
tsset timevar [, options]
```

其中，tsset 表示"定义时间变量"，timevar 为用于标识时间序列数据的变量名，options 代表其他可选项。

可用的 options 选项主要分为两类：一类设定时间变量的单位（Units of Timevar）；另一类设定时间变量的周期（Period of Timevar）。表 12.2 列出了可以设置的各个单位选项。

表 12.2　tsset 命令的单位选项内容

单位选项	说明
（默认规则）	从时间变量的显示格式中获取变量的单位
clocktime	设定时间变量（Timevar）的单位为毫秒，格式为%tc，0 = 1960 年 1 月 1 日 00:00:00.000，1 =1960 年 1 月 1 日 00:00:00.001……
daily	设定时间变量的单位为日，格式为%td，0 = 1960 年 1 月 1 日，1 = 1960 年 1 月 2 日……
weekly	设定时间变量的单位为周，格式为%tw，0 = 1960 年第 1 周，1 = 1960 年第 2 周……
monthly	设定时间变量的单位为月，格式为%tm，0 = 1960 年 1 月，1 =1960 年 2 月……
halfyearly	设定时间变量的单位为半年，格式为%th，0 = 1960 年上半年，1 = 1960 年下半年……
yearly	设定时间变量的单位为年，格式为%ty，0 = 1960 年，1 = 1961 年……
generic	设定时间变量的格式为%tg，即一般格式，只要求时间变量为整数
format(% fmt)	用 format 选项设定时间变量的格式，然后应用默认规则

其中，默认规则意味着，如果事先通过 format 命令设定了 timevar 的显示格式为%t*格式，就不必再设定单位选项，Stata 会根据时间变量的显示格式自动获得时间变量的单位；否则，可以设定单位选项。

周期选项用于设定时间变量相邻观测值之间的间隔时间为几个单位。表 12.3 给出了各个具体的选项。

表 12.3　tsset 命令的周期选项内容

周期选项	例子
delta()	delta(1)，delta(2)
delta((表达式))	delta((7*24))
delta(#单位)	delta(24 hours)，delta(30 minutes)，delta(2 hours 30 minutes)
delta((表达式)单位)	delta((3+2)months)

对于 tsexmp.dta 的数据，如果我们要设定时间变量为 time，那么可输入如下命令：

```
tsset time
```

得到如图 12.1 所示的结果。

```
tsset time
        time variable:  time, 1 to 30
                delta:  1 unit
```

图 12.1　tsset 命令结果

结果显示，time 为时间变量，其值为 1~30，间隔周期 delta 为 1 单位。

进行时间变量的设定之后，Stata 会自动将数据按设定的时间变量从小到大排序，从而方便相关命令的使用。如果要查看已设定的时间变量，可输入不带后缀的 tsset 命令。在数据被重新排序之后，想要恢复按时间序列排序，也可以通过 tsset 命令实现。

在设定之后，我们可以保存一下数据，这样下次使用时就不必再重新设定时间变量。

（2）调整时间设定的初始值

我们注意到，变量 time 的起始值为 1，事实上，可以通过函数将起始时间调整到任何一个我们想要的时间。例如，time=1 代表的是 2003 年 6 月的数据，那么可以生成一个新变量让其起始值为 2003 年 6 月。输入命令：

```
generate newm=tm(2003m6)+time-1
list time newm in 1/5
```

上述第 1 步为生成新变量 newm，并令其第 1 个值代表 2003 年 6 月。函数 tm() 可将时间转换成 Stata 系统默认的格式。list 列出变量 time 和 newm 的前 5 个值。图 12.2 给出了命令的结果。

结果中，newm 的第 1 个值为 521。这是因为 Stata 系统定义 1960 年 1 月为第 0 个月，所以 2003 年 6 月对应第 521 个月。但这样的格式显然不易阅读，我们可以将变量 newm 转换成%tm 格式使其更易读。输入命令：

```
format newm %tm
list time newm in 1/5
```

其中，format 命令用于定义变量的格式。图 12.3 显示了转换后的数据形式。

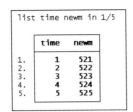

图 12.2　生成新的时间变量　　　　图 12.3　将 newm 设为%tm 格式的结果

可以看到，time=1 对应的 newm 为 2003 年 6 月，time=2 对应的 newm 为 2003 年 7 月……这样，我们可以重新将 newm 设定为时间变量：

```
tsset newm
```

命令结果如图 12.4 所示。

```
tsset newm
        time variable:  newm, 2003m6 to 2005m11
                delta:  1 month
```

图 12.4　将 newm 设为时间变量的结果图

可以看到，时间变量的区间为 2003 年 6 月到 2005 年 11 月，周期 delta 为 1 个月。

当然，如果不先使用 format 命令，那么可直接输入：

```
tsset newm, monthly 或 tsset newm, format(%tm)
```

也可以实现相同的效果。

如果数据单位为毫秒、日、周、季度、半年、年，也有相应的函数 tc()、td()、tw()、tq()、th()、ty()以及相应的格式%tc、%td、%tw、%tq、%th、%ty。

假设有一个变量 t，其起始值为 21，对应着 1999 年第 3 季度，那么，我们可以通过如下命令将其转换为 Stata 的系统时间：

```
gen newq=tq(1999q3)+t-5
```

如果数据中没有一个变量可表示时间，而只有一系列观测值，代表从 2002 年 4 月 1 日开始每天的降雨量观测数据，那么可以通过如下命令产生一个时间变量：

```
gen newd=td(1apr2002)+_n -1
```

其中，"_n"代表观测值序号。

（3）将字符串变量转换为时间变量

在 tsexmp.dta 中，time1 为字符串格式的变量，如果我们要将其变为时间变量，那么可以通过如下的操作实现。首先输入命令：

```
gen double newc=clock(time1,"MDYhms")
```

注意，这里将产生的新变量设为"双精度"（Double）格式。这是因为以毫秒为单位的时间非常大，如果使用默认的 Float 格式，新变量 newc 将被四舍五入，造成结果不精确，甚至是错误的。根据表 12.1 可知，time1 是按照"月-日-年小时:分:秒"的格式呈现的，所以在 clock()命令中使用选项 MDYhms 告诉 Stata 数据的书写格式。与 clock 对应，当数据的单位为日、周、月、季度、半年、年时，可使用命令 date()、weekly()、monthly()、quarterly()、halfyearly()、yearly()，选项的格式依数据的具体书写格式而定。

在此之后，可以通过如下命令将 newc 设为时间变量。

```
tsset newc, clocktime
```

其中，选项 clocktime 表明，我们设定时间序列数据的单位为毫秒，结果如图 12.5 所示。

```
. tsset newc, clocktime
        time variable: newc, 12jan2009 08:20:00.000 to
                       12jan2009 18:00:00.000, but with gaps
               delta: .001 seconds
```

图 12.5 将 newc 设为时间变量的结果

从结果中可以看到，时间变量的周期为 1 毫秒。但事实上，数据是每隔 20 分钟记录一次的。这样，我们有必要将其周期变为 20 分钟，以方便滞后算子 L、差分算子 D 等运算符号的使用。选项 delta() 可以做到这一点，命令为：

```
tsset newc, delta((1000*60*20))
```

delta() 中的表达式 (1000*60*20) 表明，设定数据的周期为 1000*60*20 个单位，这里即 1000*60*20 毫秒（20 分钟）。图 12.6 显示了该命令的结果。

```
. tsset newc, delta((1000*60*20))
        time variable: newc, 12jan2009 08:20:00 to 12jan2009 18:00:00
               delta: 20 minutes
```

图 12.6 设定时间变量的周期

可以看到，newc 的周期现在为 20 分钟了。

2. 扩展时间区间

扩展时间区间的基本命令格式为：

```
tsappend, {add(#)| last(date| clock) tsfmt(string)}
```

其中，选项 add() 指定要增加的观测值个数。如果不设定选项 add()，就必须同时设定 last(date| clock) 和 tsfmt(string)。last() 用于指定我们要将时间扩展到的日期，tsfmt() 用于将 last() 选项中的日期转化成 Stata 默认时间所对应的整数，可用的 string 包括 tc、td、tw、tm、tq、th 和 ty。需要注意的一点是，在使用 tsappend 命令之前必须先用 tsset 设置时间变量。

对于 tsexmp.dta 的数据，先按照前面所讲的设定时间变量：

```
generate newm=tm(2003m6)+time-1
tsset newm, monthly
```

得到如图 12.4 所示的结果，时间变量的区间为 2003 年 6 月到 2005 年 11 月。如果我们想增加 12 个观测值，那么可输入命令：

```
tsappend, add(12)
```

这样，时间变量被扩展到 2006 年 11 月。当然，也可以使用另一种方式：

```
tsappend, last(2006m11) tsfmt(tm)
```

这里，选项 last(2006m11) 用于指定扩展后时间变量的最后一个观测值为 2006 年 11 月，tsfmt(tm) 指定变量格式为月数据。

如果时间变量有间隔（gaps），例如，在上面的数据中，2003 年 6 月~2003 年 9 月之间缺失了两个月，tsappend 命令会自动补齐。当然，对于有间隔（gaps）的时间变量，我们也可以通过专门的命令 tsfill 将其补齐。命令格式为：

```
tsfill
```

在使用命令 tsfill 之前，需要先用 tsset 定义时间序列。

3. 时间序列算子

在进行时间序列分析时，我们经常要用到某变量的滞后值或差分值等，这可以通过时间序列算子实现。表 12.4 列出了一些常用的算子及其含义。

表 12.4　时间序列算子

算子	含义
L.	一阶滞后x_{t-1}
L2.	二阶滞后x_{t-2}
…	…
F.	一阶领先x_{t+1}
F2.	二阶领先x_{t+2}
…	…
D.	一阶差分$x_t - x_{t-1}$
D2.	二阶差分$(x_t - x_{t-1}) - (x_{t-1} - x_{t-2}) = x_t - 2x_{t-1} + x_{t-2}$
…	…
S.	季节差分$x_t - x_{t-1}$
S2.	二阶季节差分$x_t - x_{t-2}$
…	…

需要说明的一点是，各种算子可以组合和重复。例如，L3.gdp 是指变量 gdp 的三阶滞后，而 LLL.gdp、L2L.gdp、LL2.gdp 也可以表达同样的意思。LF.gdp 就是指 gdp，S12D.gdp 是指将变量 gdp 一阶差分之后再做十二阶季节差分。算子可以写成大写或小写，并且可以采用简化形式。例如，输入 L(1/3).gdp 与输入 L.gdp L2.gdp L3.gdp 的作用是一样的。

此外，一阶滞后x_{t-1}与x_t之间的时间间隔即为选项 delta()设定的周期。

实验 12-2　相关图绘制与白噪声检验

⊘ 实验基本原理

时间序列的相关性代表了信息，自相关函数和偏自相关函数可以让我们直观地感受到序列的信息度，帮助我们进行模型的选择。

对于时间序列$\{x_t\}$，其 k 阶自相关系数被定义为：

$$\rho_k \equiv Corr(x_t, x_{t+k}) = \frac{Cov(x_t, x_{t+k})}{Var(x_t)} = \frac{E[(x_t - \mu)(x_{t+k} - \mu)]}{Var(x_t)}$$

其中，$\mu \equiv E(x_t)$。自相关系数刻画了序列邻近数据之间存在多大程度的相关性。对于平稳时间序列而言，ρ_k和时间无关，仅仅是滞后阶数 k 的函数。

然而，x_t与x_{t+k}的相关可能由其之间的$\{x_{t+1}, \ldots, x_{t+k-1}\}$引起，而并非二者真正相关。为了控制中间变量的影响，我们引入 k 阶偏自相关系数。其定义为：在给定中间各变量的条件下，x_t与x_{t+k}的相关系数如下：

$$\rho_k^* \equiv Corr(x_t, x_{t+k}|x_{t+1}, \ldots, x_{t+k-1})$$

对于序列$\{x_t\}$，如果$E(x_t) = 0$，$Var(x_t) = \sigma^2 < \infty$且$Cov(x_t, x_{t+k}) = 0, t+k \in T$（$k \neq 0$），就称$\{x_t\}$为白噪声序列。白噪声是平稳的随机过程，均值为零，方差不变，随机变量之间非相关。白噪声是一个二阶宽平稳随机过程。如果序列为白噪声序列，就表明其中的信息已被提取完毕，没有必要继续建模。

Q 统计量经常被用来检验白噪声，其原假设是序列不存在 p 阶自相关，备择假设是序列存在 p 阶自相关。如果 Q 统计量在各滞后阶数上都不能拒绝原假设，就可以认为序列是白噪声。

⟩ 实验目的与要求

（一）实验目的

1. 了解自相关函数和偏自相关函数的定义，及其在实际数据分析中的应用。
2. 熟悉 Stata 中对自相关和偏自相关函数进行制图的基本操作及相关选项。
3. 了解白噪声的定义，熟悉 Stata 中白噪声检验的操作。

（二）实验要求

1. 能够熟练使用 corrgram 命令计算自相关函数、偏自相关函数以及 Q 统计量。
2. 能够熟练使用 ac 和 pac 命令进行带置信区间的自相关函数和偏自相关函数图的绘制。
3. 能够熟练使用 wntestq 和 wntestb 命令进行白噪声检验，熟悉对结果的解读。

⟩ 实验内容及数据来源

本书下载资源\data\第 12 章\wpi1.dta 工作文件包括 1960 年第 1 季度到 1990 年第 4 季度的美国批发价格指数数据，主要的变量包括：t（时间）、wpi（批发价格指数）、ln_wpi（wpi 的对数）。表 12.5 列出了部分数据。

表 12.5 文件 wpi1.dta 的部分数据

t	wpi	ln_wpi
1960q1	30.7	3.424263
1960q2	30.8	3.427515
1960q3	30.7	3.424263
1960q4	30.7	3.424263
1961q1	30.8	3.427515
1961q2	30.5	3.417727
...	...	...

利用这些数据，我们将讲解自相关函数和偏自相关函数的绘图以及白噪声的检验，从而为进一步的分析做好准备。

实验操作指导

1. 计算并绘制自相关函数与偏自相关函数图

计算自相关函数、偏自相关函数以及 Q 统计量的命令为 corrgram，语法形式如下：

```
corrgram varname [if] [in] [, corrgram_options]
```

其中，corrgram 代表"计算自相关与偏自相关函数以及 Q 统计量"的基本命令语句，varname 代表要分析的变量名称，if 代表条件语句，in 代表范围语句，corrgram_options 代表其他可选项。表 12.6 列出了各主要选项。

表 12.6 corrgram 命令的 options 选项

选项	说明
lags(#)	设定最高滞后阶数，默认值为 min([n/2]−2, 40)
noplot	不绘制自相关图和偏自相关图
yw	通过 Yule–Walker 方程计算偏自相关函数

当不设定选项 yw 时，Stata 默认使用回归的方法计算偏自相关系数，即进行回归：

$$x_t = \beta_0 + \beta_1 x_{t-1} + \cdots + \beta_k x_{t-k}$$

可以证明，β_k 即为 k 阶偏自相关函数值。

此外，我们还可以对自相关和偏自相关图分别进行绘制。

绘制带置信区间的自相关函数的命令为：

```
ac varname [if] [in] [, ac_options]
```

绘制带置信区间的偏自相关函数的命令为：

```
pac varname [if] [in] [, pac_options]
```

表 12.7 给出了这两个命令的选项。

表 12.7 ac 和 pac 命令的选项表

选项		说明
ac_options	lags(#)	设定最高滞后阶数，默认值为 min([n/2]−2, 40)
	generate(newvar)	生成一个新变量来保存自相关函数值
	level(#)	设定置信度，默认为 level(95)
	fft	使用傅里叶变化来计算自相关函数值
pac_options	lags(#)	设定最高滞后阶数，默认值为 min([n/2]−2, 40)
	generate(newvar)	生成一个新变量来保存偏自相关函数值
	level(#)	设定置信度，默认为 level(95)
	yw	通过 Yule–Walker 方程计算偏自相关函数
	srv	在图中标上标准化的残差方差值

下面对数据文件wpi1.dta中的变量ln_wpi计算自相关与偏自相关函数以及Q统计量的值。输入命令：

```
corrgram ln_wpi, lags(20)
```

其中，选项 lags(20)表明设置滞后期为 20。图 12.7 给出了该命令的结果。

```
. corrgram ln_wpi, lags(20)

                                             -1       0       1 -1       0       1
LAG       AC       PAC       Q      Prob>Q   [Autocorrelation]   [Partial Autocor]
1       0.9848    1.0028    123.2    0.0000
2       0.9695   -0.6161   243.57    0.0000
3       0.9536   -0.2583    361      0.0000
4       0.9369   -0.1196   475.28    0.0000
5       0.9197   -0.2106   586.32    0.0000
6       0.9016    0.1068   693.95    0.0000
7       0.8827   -0.0448   797.99    0.0000
8       0.8636    0.1695   898.45    0.0000
9       0.8445    0.0781   995.35    0.0000
10      0.8250    0.0245   1088.6    0.0000
11      0.8052   -0.0800   1178.3    0.0000
12      0.7854   -0.0234   1264.3    0.0000
13      0.7650   -0.0810   1346.7    0.0000
14      0.7442   -0.1284   1425.4    0.0000
15      0.7232   -0.0499   1500.3    0.0000
16      0.7021   -0.0047   1571.6    0.0000
17      0.6807    0.0199   1639.3    0.0000
18      0.6588    0.0464   1703.3    0.0000
19      0.6364    0.1298   1763.5    0.0000
20      0.6129   -0.0764    1820     0.0000
```

图 12.7　corrgram 命令结果

根据该结果可以看到，自相关函数值逐渐衰减，但速度很慢。而偏自相关函数值衰减速度较快。Q 统计量的 P 值显示，在这些滞后期上，可以拒绝序列为白噪声的原假设。

当然，我们也可以在变量名上加上滞后算子。例如，我们要对 ln_wpi 的一阶差分值绘制带置信区间的自相关函数值和偏自相关函数值。可输入命令：

```
ac D.ln_wpi
pac D.ln_wpi
```

图 12.8 给出了这两个命令的结果。

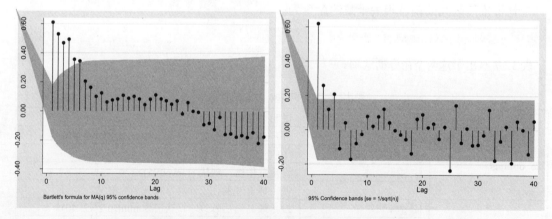

图 12.8　ln_wpi 一阶差分的自相关图及偏自相关图

两个命令分别计算了滞后 40 期的自相关函数和偏自相关函数值并进行了绘图。可以看到，自相关函数在滞后 6 期之后都落到了两倍标准差之内，而偏自相关函数值虽然衰减很快，但在滞后 30 期之后还有值落到两倍标准差之外。

2. 白噪声检验

corrgram 命令可以同时汇报 Q 统计量，用于白噪声检验。此外，我们还利用专门的命令进行白噪声检验。

利用 Q 统计量进行白噪声检验的基本命令为：

```
wntestq varname [if] [in] [, lags(#)]
```

其中，varname 代表要分析的变量名称，if 代表条件语句，in 代表范围语句，选项 lags(#)将设定滞后期为#。

通过 Bartlett 检验来判断序列是否为白噪声的基本命令为：

```
wntestb varname [if] [in] [, table level(#)]
```

其中，选项 table 表示用列表而非图形来展示结果，level(#)用于设置置信度。

下面分别使用 Q 统计量和 Bartlett 检验来对序列 D.ln_wpi 进行白噪声的检验。输入命令：

```
wntestq D.ln_wpi
wntestb D.ln_wpi
```

可以得到如图 12.9 和图 12.10 所示的结果。

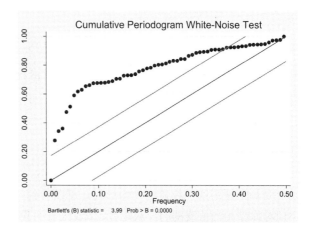

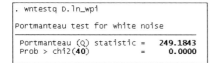

图 12.9　用 Q 统计量进行白噪声检验的结果　　图 12.10　Bartlett 白噪声检验的结果

在 Q 统计量检验中，从结果中统计量的 P 值可以清楚地看到，应拒绝白噪声的原假设。

在 Bartlett 检验结果中，外侧的两条直线代表了统计量置信区间。如果点一直处于置信区间之间，我们就不能拒绝白噪声的原假设。但对于该图，点有相当多的部分位于置信区间之外，显然我们不能认为变量 D.ln_wpi 为白噪声序列。

事实上，几乎所有待分析的数据都不是白噪声。白噪声检验主要是在模型拟合之后用来对残差进行检验。

实验 12-3　移动平均滤波与指数平滑法

➤ 实验基本原理

时间序列通常具有一定的波动性，传统的时间序列分析用滤波来提取趋势或用指数平滑来拟合这种波动。

移动平均滤波对原变量进行加权平均处理，从而减轻或消除序列的波动，使序列的趋势特征更为明显。其基本形式为：

$$\hat{x}_t = \frac{\sum_{i=-l}^{f} w_i x_{t+i}}{\sum_{i=-l}^{f} w_i}$$

其中，l（小写字母 l）为滤波的最长滞后期，f 为最长领先期，w_i 为权重。

当时间序列在一个常数均值上下随机波动，但无趋势或季节要素时，我们可以通过单指数平滑法对其拟合。单指数平滑法可以被看作一种适应性预期方法或几何加权移动平均。其递推公式可以写为：

$$S_t = \alpha\, x_t + (1 - \alpha)S_{t-1}, t = 1, \ldots, T$$

其中，初始值被设定为 S_0。该递推公式给出了指数平滑法的适应性预期表示形式。将递推公式展开，则有：

$$S_t = \alpha \sum_{k=0}^{T-1} (1 - \alpha)^k x_{T-k} + (1 - \alpha)^T S_0$$

这就是指数平滑的加权移动平均形式。可以看到，权重呈几何递减。此外，平滑系数 α 决定了平滑序列对原序列均值变动的反应速度。α 较大表明我们更强调最近观测值的作用，从而表明反应较快。单指数平滑法与现代时间序列分析也有一定的关联，例如，对 ARIMA(0,1,1) 等模型的最优预测结果与单指数平滑法相同。

对于有线性趋势的序列，双指数平滑法可以很好地拟合与预测，也就是说，对如下形式的序列，我们可以通过双指数平滑法拟合：

$$\hat{x}_t = a_t + b_t t$$

其中，$\hat{x}_t$ 为序列 x 的平滑值，a_t 和 b_t 随时间而变。

事实上，双指数平滑法可以看作对单指数平滑法的结果再次进行平滑处理，并且两次平滑的参数相同，即：

$$S_t^{[2]} = \alpha S_t + (1 - \alpha)S_{t-1}^{[2]}$$

其中，S_t 为单指数平滑序列。此外，双指数平滑法需要指定初始值 S_0 和 $S_0^{[2]}$。

我们还可以使用 Holt–Winters 平滑法，双指数平滑法只有一个平滑参数，而 Holt–Winters 平滑法有两个平滑参数。事实上，Holt–Winters 平滑法可以看作双指数平滑法的扩展，该方法通过最小化样本内预测误差平方和来获得估计值。可以证明，Holt–Winters 平滑法可做出对 ARIMA(0,2,2)等模型的最优预测。若给定序列x_t、平滑参数 α 和 β，以及初始值a_0和b_0，则可根据递推公式进行计算：

$$a_t = \alpha x_t + (1 - \alpha)(a_{t-1} + b_{t-1})$$
$$b_t = \beta(a_t - a_{t-1}) + (1 - \beta)b_{t-1}$$

当数据呈现季节波动时，还可以考虑 Holt–Winters 季节平滑法。如果季节成分随时间而增长，那么可以使用乘积 Holt–Winters 法；如果季节成分不随时间增长，那么加法 Holt–Winters 法更为合适。

也就是说，乘积 Holt–Winters 法可应用于如下形式的数据：

$$x_{t+j} = (\mu_t + \beta_j)S_{t+j} + \varepsilon_{t+j}$$

其中，x_t为序列值，μ_t为随时间而变的均值，β为参数，S_t为季节成分，ε_t为个体误差。

加法 Holt–Winters 法与之类似，只是季节效应为相加而非相乘的形式：

$$x_{t+j} = (\mu_t + \beta_j) + S_{t+j} + \varepsilon_{t+j}$$

最后，需要说明的是，所有的平滑方法都可以用于时间序列数据与面板数据。如果用于面板数据，计算就会对每个个体分别进行。

⊛ 实验目的与要求

（一）实验目的

1. 了解移动平均滤波的原理及其在实际数据分析中的应用。
2. 熟悉 Stata 中进行移动平均滤波的基本操作及相关选项。
3. 了解各种指数平滑法的原理及其在实际数据分析中的应用。
4. 熟悉 Stata 中单指数平滑法的基本操作及相关选项。
5. 熟悉 Stata 中双指数平滑法的基本操作及相关选项。
6. 熟悉 Stata 中 Holt-Winters 平滑法、Holt-Winters 季节平滑法的基本操作及相关选项。

（二）实验要求

1. 能够熟练使用 tssmooth ma 命令进行移动平均滤波分析。
2. 能够熟练使用 tssmoothexponential 命令进行单指数平滑法的分析和预测。
3. 能够熟练使用 tssmoothdexponential 命令进行双指数平滑法的分析和预测。
4. 能够熟练使用 tssmoothhwinters 命令进行 Holt–Winters 平滑分析和预测。
5. 能够熟练使用 tssmoothshwinters 命令进行 Holt–Winters 季节平滑分析和预测。

⊛ 实验内容及数据来源

本书下载资源\data\第 12 章\sales.dta 工作文件给出了某 50 个月的图书销售数据。变量主要包括 t（时间，单位：月）和 sales（销售额，单位：元）。表 12.8 列出了该文件的部分数据。

表 12.8 sales.dta 的部分数据

t	sales
1	1031
2	1022.1
3	1005.6
4	1025
…	…

对于这些销售数据，我们想分析其随时间的变化趋势，并希望通过模型对其进行拟合及预测。

实验操作指导

1. 移动平均滤波

单一权重的移动平均滤波使用 tssmooth ma 命令，语法格式如下：

```
tssmooth ma [type] newvar = exp [if] [in], window(#l [#c [#f]]) [replace]
```

其中，type 指定生成的新变量类型，newvar 代表新变量的名称，exp 代表要分析的变量（或其表达式），if 代表条件语句，in 代表范围语句。选项 window()指定移动平均过程的跨期。其中，"#l"（注意：这是小写字母 l 而非数字 1）用于指定滞后期数，要求 $0 < \#l <$ 样本数量的一半；#c 设定滤波中是否包括当前观测值，0 意味着不包括，1 意味着包括，默认为不包括；#f 指定领先变量的期数，要求 $0 < \#f <$ 样本数量的一半。此外，选项 replace 表明，如果 newvar 已经存在，就将其替换。

指定权重的移动平均滤波的命令格式为：

```
tssmooth ma [type] newvar = exp [if] [in], weights([numlist_l] <#c>
[numlist_f]) [replace]
```

其中，选项 weights()将指定移动平均各项的权重；numlist_l 为可选的，用于指定滞后变量的权重；#c 必填，且要用单书名号括起来，用于指定当前项的权重；numlist_f 也是可选的，用于指定领先变量的权重。此外，每个 numlist 的元素个数都要求小于样本数量的一半。例如，设定选项 weights(1/3 <3> 2/1)意味着平滑序列为：

$$\hat{x}_t = 1/12(1x_{t-3} + 2x_{t-2} + 3x_{t-1} + 3x_t + 2x_{t+1} + 1x_{t+2})$$

这里，选项中的 1/3 意味着数字序列 1 2 3。当然，我们也可以直接通过数字序列对权重进行更为灵活的设置。

对于 sales.dta 的销售数据，我们想把其分解成两部分：信号和噪声。通过移动平均滤波，我们可以消除噪声。输入命令：

```
tssmooth ma sm = sales, window(2 1 2)
```

生成的平滑变量被命名为 sm，选项 window(2 1 2)说明我们利用两期滞后值、当期值和两期领先值来做移动平均，且各个值的权重相同。图 12.11 给出了该命令的结果。

```
. tssmooth ma sm = sales, window(2 1 2)
The smoother applied was
    (1/5)*[x(t-2) + x(t-1) + 1*x(t) + x(t+1) + x(t+2)]; x(t)= sales
```

图 12.11　tssmooth ma 的命令结果

可以看到，结果还显示了平滑变量的计算公式：

$$\hat{x}_t = 1/5(x_{t-2} + x_{t-1} + 1x_t + x_{t+1} + x_{t+2})$$

其中，x(t)=sales。

在进行移动平均滤波分析的时候，我们通常希望噪声中没有自相关。下面对其进行检验：

```
gen noise=sales-sm
ac noise
```

第 1 步生成一个新变量 noise，其值为原序列与平滑序列之差，也就是噪声；第 2 步绘制变量 noise 的自相关图。图 12.12 给出了上述命令的结果。

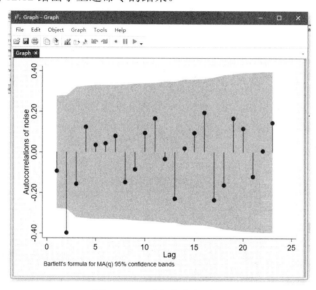

图 12.12　噪声的自相关图

可以看到，噪声中是存在 2 阶自相关的。

我们考虑重新指定权重，进行移动平均：

```
tssmooth ma sm2 = sales, weights(1 2 <3> 2 1)
```

这里，选项 weight 设置各个值的权重。可以验证，这种形式的平滑之后，噪声没有自相关。我们可以将变量 sm2 和 sales 绘制到一个图上进行比较：

```
line sm2 sales t
```

图 12.13 给出了该命令的结果。这里，y 轴变量为 sm2 和 sales，x 轴变量为 t。

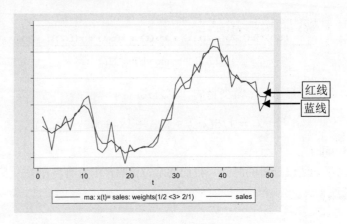

图 12.13　移动平均平滑的结果

可以看到，平滑变量（蓝线）的趋势要比原变量（红线）清楚得多。

2. 单指数平滑法

单指数平滑法使用 tssmooth exponential 命令，基本命令格式如下：

```
tssmooth exponential [type] newvar = exp [if] [in] [, options]
```

其中，type 指定生成的新变量类型，newvar 代表新变量的名称，exp 代表要分析的变量（或其表达式），if 代表条件语句，in 代表范围语句，options 为其他可选项。表 12.9 列出了主要的可选项及其含义。

表 12.9　单指数平滑法的 options 选项

选项	说明
replace	如果 newvar 已经存在，就将其替换
parms(#α)	用#α作为平滑参数，要求$0 < \#\alpha < 1$
samp0(#)	通过计算前#个观测值的均值来获得递推的初始值
s0(#)	用#作为递推的初始值
forecast(#)	设定样本外预测的期数，默认为 forecast(0)

其中，如果选项parms(#α)不被设定，Stata 就会选择平滑参数来最小化样本内预测误差平方。选项 samp0(#)和 s0(#)用于指定获得初始值的方式，二者不可同时使用。如果这两个选项都不设定，Stata 就会计算前半部分样本的均值来获得初始值。

下面对变量 sales 用单指数平滑法进行平滑，并进行 3 期的预测：

```
tssmooth exponential se=sales, forecast(3)
```

这里，生成的新变量被命名为 se，选项 forecast(3)表明我们要进行 3 期的预测。图 12.14 给出了该命令的结果。

可以看到，Stata 计算的最优平滑系数为 0.7815，残差平方和为 6727.7，均方误差的平方根为 11.6。

通过制图，我们可以对单指数平滑法的拟合程度有更为直观的认识：

```
line se sales t
```

结果如图 12.15 所示，显示了变量 sales 的拟合值与原序列值。

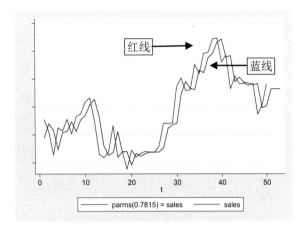

```
. tssmooth exponential se=sales, forecast(3)

computing optimal exponential  coefficient (0,1)

optimal exponential coefficient =      0.7815
sum-of-squared residuals         =   6727.7056
root mean squared error          =   11.599746
```

图 12.14　tssmooth exponential 结果图　　　　图 12.15　单指数平滑法的结果

其中，蓝线代表预测变量，红线代表原变量。可以看到，单指数平滑法的拟合结果还是不错的。此外，蓝线末端的预测值呈水平趋势。

3. 双指数平滑法

双指数平滑法的基本命令格式与单指数平滑法相似，使用 tssmoothdexponential 命令：

```
tssmooth dexponential [type] newvar = exp [if] [in] [, options]
```

其中，可用的 options 选项与单指数平滑法基本相同，详见表 12.9。只是选项 s0()要设定两个参数为初始值，形式为 s0(#1 #2)。

虽然图 12.15 显示单指数平滑法已经可以对变量 sales 较好地拟合，但这里我们再用双指数平滑法拟合一下，并比较其与两次单指数模型的拟合结果。输入命令：

```
tssmooth exponential double se1=sales, p(0.5) s0(1031)
tssmooth exponential double se2=se1, p(0.5) s0(1031)
tssmooth dexponential double sd=sales, p(0.5) s0(1031 1031)
```

其中，第 1 步对变量 sales 用单指数平滑法进行平滑，并生成平滑变量 se1，选项 p(0.5)用于指定平滑参数，s0(1031)用于设定初始值，设定这两个选项是为了方便比较两种平滑方法的结果。此外，double 指定生成新变量 se1 的类型为双精度。命令的第 2 行是对变量 se1 用单指数平滑法进行平滑，并生成新变量 se2。第 3 步是用双指数平滑法对变量 sales 进行平滑。

因为单指数平滑法将起始值视为时间零点（time-zero）值，所以再次对单指数平滑序列进行平滑时，我们一共失去了两个观测值。再与双指数平滑变量进行比较。输入命令：

```
generate double fse2 = f2.se2
list fse2 sd in 1/5
```

第 1 步为生成 se2 的两期领先变量，并将其命名为 fse2。注意，这里变量类型 double 必不可少，否则四舍五入会使变量值不精确，从而可能导致显示的结果不同。第 2 步列出了变量 fse2 和 sd 的前 5 个值。图 12.16 给出了该命令的结果。

可以看出，变量 fse2 和 sd 的数据完全相同。这验证了双指数平滑法就是简单地对平滑序列再次平滑。

但与单指数平滑法不同的是，双指数平滑法的预测值与其平滑值是不相同的。在 Stata 中，双指数平滑法的预测值的计算公式为：

$$\hat{x}_t = \left(2 + \frac{\alpha}{1-\alpha}\right) S_t - \left(1 + \frac{\alpha}{1-\alpha}\right) S_t^{[2]}$$

接着前面的例子，我们首先对 Sales 用双指数平滑法进行预测：

```
tssmooth dexponential double fsd=sales, p(0.5) s0(1031 1031) forecast(4)
```

然后，利用预测公式以及前面的单指数平滑值重新计算其预测值并进行比较：

```
generate double xhat = (2 +0 .5/(1-0.5)) *se1- (1 + 0.5/(1-0.5)) * f.se2
list fsdxhat in 1/5
```

图 12.17 给出了两种方法预测结果的前 5 个观测值。

```
. list fse2 sd in 1/5

          fse2          sd

1.        1031          1031
2.    1028.775      1028.775
3.    1022.425      1022.425
4.   1021.4812     1021.4812
5.    1021.575      1021.575
```

图 12.16　双指数平滑法和两次单指数平滑法结果比较

```
. list fsd xhat in 1/5

           fsd         xhat

1.        1031          1031
2.        1031          1031
3.      1022.1        1022.1
4.    1003.375      1003.375
5.     1018.65       1018.65
```

图 12.17　两种方法的预测结果值

可以看到，这两种方法的预测结果是一样的，我们这里是为了对 Stata 的预测原理进行进一步的说明，但在实际运用中，可以不必设定初始值和平滑参数，直接用默认的方法进行平滑或预测即可。输入命令：

```
tssmooth dexponential double sd1=sales
tssmooth dexponential double fsd1=sales, forecast(4)
line sd1 fsd1 sales t
```

图 12.18 给出上述命令的作图结果。

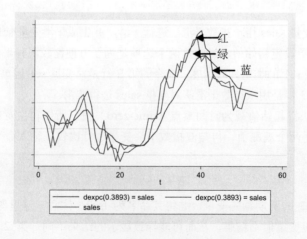

图 12.18　双指数平滑及其预测

在图 12.18 中，绿线为原序列值，蓝线为平滑值，红线为预测值。可以看到预测值与原序列值较贴近，而平滑值则相差较大，但平滑值给出了更清楚的趋势。此外，与单指数平滑法不同的是，双指数平滑法的预测值不是常数（在图中的表现为变量的预测部分非水平）。

4. Holt-Winters 平滑法

Holt-Winters 平滑法的基本命令格式如下：

```
tssmooth hwinters [type] newvar = exp [if] [in] [, options]
```

其中，tssmoothhwinters 代表进行"Holt-Winters 平滑法"，type 指定生成的新变量的类型，newvar 代表新变量的名称，exp 代表要分析的变量（或其表达式），if 代表条件语句，in 代表范围语句，options 为其他可选项。可用的选项与指数平滑法基本相同，详见表 12.9，只是个别参数设置不同。其中，选项 parms() 要设定两个参数作为平滑参数，形如 parms(#α #β)。选项 s0() 同样要设定两个参数为初始值，形式为 s0(#cons #lt)。当选项 samp0() 和 s0() 都没有设定时，Stata 会使用前半部分样本对时间 t 进行回归来获得初始值。此外，我们还可以通过选项 diff 来获得初始值。该选项指定斜率项的初值为序列的一阶差分的均值，截距项为 exp 第一个观测值的差分与 $D.exp_t$ 的均值之差。

对变量 sales 用 Holt-Winters 平滑法进行拟合及预测：

```
tssmooth hwintershw=sales, forecast(4)
line sales hw t
```

其中，第 1 步是用 Holt-Winters 法平滑，并生成新变量 hw；选项 forecast(4) 表明我们要进行 4 步预测。第 2 步为制图，y 轴为 sales 和 hw，x 轴为 t。图 12.19 显示了命令的结果。

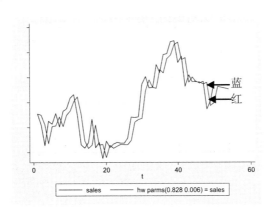

图 12.19　Holt-Winters 法的平滑结果

结果中，蓝线为原数据，红线为 Holt-Winters 平滑结果。可以看到，模型拟合结果较好。且预测部分向下倾斜。

我们在前面讲过，对于双指数平滑法，是否加 forecast() 选项会影响生成的序列值。而对于 Holt-Winters 平滑法，是否有 forecast() 选项并不影响平滑值。

此外，虽然多种方法都可以得到单变量时间序列的预测值，但在实际运用中，Holt-Winters 法还是使用最多的。

5. Holt-Winters 季节平滑法

Holt-Winters 季节平滑法的基本命令格式为：

```
tssmooth shwinters [type] newvar = exp [if] [in] [, options]
```

其中，newvar 代表新变量的名称，exp 代表要分析的变量（或其表达式），options 为其他可选项。表 12.10 列出了 Holt-Winters 季节平滑法可用的选项。

表 12.10 Holt-Winters 季节平滑法的 options 选项

选项	说明
replace	如果 newvar 已经存在，就将其替换
parms(#α #β #γ)	#α #β #γ 作为平滑参数，要求 $0 < $#$\alpha < 1$，$0 < $#$\beta < 1$，$0 < $#$\gamma < 1$
samp0(#)	通过前 # 个观测值来获得递推的初始值
s0(#cons #lt)	用 #cons 和 #lt 作为递推的初始值
forecast(#)	设定样本外预测的期数，默认为 forecast(0)
period(#)	设定季节效应的周期为 #
additive	使用加法形式的季节平滑，默认为乘积形式
sn0_0(varname)	使用变量 varname 的值作为初始季节值
sn0_v(newvar)	将估计的初始季节值保存在变量 newvar 中
snt_v(newvar)	将估计的最后一年的季节值保存在变量 newvar 中
normalize	将季节值标准化，即在乘积模型中，使季节值之和为 1；在加法模型中，使季节值之和为 0
altstarts	使用另一种方法计算初始值

其中，如果不设定选项 period(#)，季节效应的周期就会从 tsset 命令的选项 daily、weekly、…、yearly 中获得。如果之前的 tsset 命令没有设定这类选项，就必须使用选项 period()。例如，数据为月度数据，而 tsset 命令没有设定选项 monthly，这里就必须使用选项 period(12)。此外，选项 sn0_0(varname) 和 sn0_v(newvar) 不可同时使用。

因为销售数据 sales 并没有呈现季节效应，所以这里不再举例说明了。

实验 12-4 ARIMA 模型

⊙ 实验基本原理

最简单的时间序列模型是单变量时间序列，主要有 4 种，即自回归模型（Auto Regression，记为 AR）、移动平均模型（Moving Average，记为 MA）、自回归移动平均模型（Auto Regression Moving Average，记为 ARMA）和单整自回归移动平均模型（Integrated Auto Regression Moving Average，记为 ARIMA）。

一个剔除均值和确定性成分的线性过程可表达为：

$$y_t = \beta_0 + \beta_1 y_{t-1} + \cdots + \beta_p y_{t-p} + \varepsilon_t$$

其中，$\{\varepsilon_t\}$ 是白噪声序列，则称 y_t 为 p 阶自回归过程，用 AR(p) 表示。

一个剔出均值和确定性成分的线性随机过程可用下式表达：

$$y_t = \mu + \varepsilon_t + \theta_1 \varepsilon_{t-1} + \theta_2 \varepsilon_{t-2} + \cdots + \theta_q \varepsilon_{t-q}$$

其中，$\{\varepsilon_t\}$ 为白噪声，则上式称为 q 阶移动平均过程，记为 MA(q)。

由自回归和移动平均两部分共同构成的随机过程称为自回归移动平均过程，记为 ARMA(p,q)。ARMA(p,q) 的一般表达式为：

$$y_t = \beta_0 + \beta_1 y_{t-1} + \cdots + \beta_p y_{t-p} + \varepsilon_t + \theta_1 \varepsilon_{t-1} + \cdots + \theta_q \varepsilon_{t-q}$$

其中，$\{\varepsilon_t\}$ 为白噪声。

为了简化符号，引入滞后算子 L，其定义为 $Ly_t = y_{t-1}$，$L^p y_t = y_{t-p}$。当 $\beta_0 = 0$ 时，ARMA(p,q) 模型可以写为 $(1 - \beta_1 L - \cdots - \beta_p L^p)y_t = (1 + \theta_1 L + \cdots + \theta_q L^q)\varepsilon_t$，简写成 $\Phi_p(L)y_t = \Theta_q(L)\varepsilon_t$。

以上介绍了 3 种平稳的随机过程。对于 ARMA 过程（包括 AR 过程），如果特征方程 $\Phi_p(L) = 0$ 的全部根取值在单位圆之外，该过程就是平稳的；如果若干个或全部根取值在单位圆之内，该过程就是强非平稳的。除此之外，还有第 3 种情形，即特征方程的若干根取值恰好在单位圆上，这种根称为单位根，这种过程也是非平稳的。

对于这种情况，序列进行差分之后就可以实现平稳。经过 d 阶差分变换后的 ARMA(p,q) 模型称为 ARIMA(p,d,q) 模型。

最后，在模型识别上，可以利用 AR 模型和 MA 模型自身的一些性质。AR(p) 模型的 PACF 函数 p 阶截尾，ACF 函数拖尾；MA(q) 模型的 ACF 函数 q 阶截尾，PACF 函数拖尾；ARMA(p,q) 模型（p 和 q 都不为 0）则是 ACF 函数与 PACF 函数都拖尾。经验表明，在大多数情况下，p+q≤5 就足够了。在实践中判断滞后阶数时可以使用信息准则，选择 AIC 或 BIC 最小的 p、q 组合。

在估计完模型之后，需要检验残差项 $\{\varepsilon_t\}$ 是否为白噪声。若不是白噪声，则应考虑增加阶数，重新估计模型，直至残差为白噪声。

⊙ 实验目的与要求

（一）实验目的

1. 了解 ARIMA 模型的原理及其在实际数据分析中的应用。
2. 熟悉 Stata 中 ARIMA 回归的基本操作及相关选项，熟悉 ARIMA 模型的预测。

（二）实验要求

1. 能够熟练使用 arima 命令进行单变量时间序列分析，并能根据回归结果写出拟合模型。
2. 能够熟练使用 predict 命令进行预测，并熟知各选项的含义。

⊙ 实验内容及数据来源

利用实验 12-2 的美国批发价格指数的季度数据 wpi1.dta，考虑用模型对批发价格指数的变动进行拟合，并对其未来值进行预测。表 12.5 显示了部分数据内容，完整的 wpi1.dta 数据位于本书下载资源\data\第 12 章。利用 wpi1.dta 的数据，我们将讲解 ARIMA 模型的拟合及预测。

⊙ 实验操作指导

1. 观察时间序列的趋势

通常情况下，我们可以通过观察时间序列的趋势线对序列是否平稳有一个大致的认识。输入命令：

```
line wpi t, yline(0)
```

其中，yline(0)表示在 y=0 处做一条水平线作为参照。图 12.20 给出了 wpi 的时间趋势线。

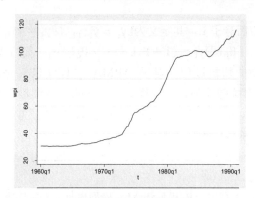

图 12.20 wpi 的趋势线

可以看到，变量 wpi 有明显的趋势，为非平稳序列。对其一阶差分制图：

```
line d.wpi t, yline(0)
```

我们得到如图 12.21 所示的结果。

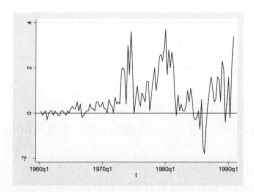

图 12.21 wpi 一阶差分的趋势线

可以看到，一阶差分后，趋势消除。这样，我们用 ARIMA 模型对其进行拟合。

观察变量的自相关图和偏自相关图可以帮我们确定模型的阶数。输入命令：

```
ac D.wpi
pac D.wpi
```

在上述命令中，第 1 步用于绘制 wpi 一阶差分的自相关图，第 2 步用于绘制 wpi 一阶差分的偏自相关图。图 12.22 给出了命令的结果。

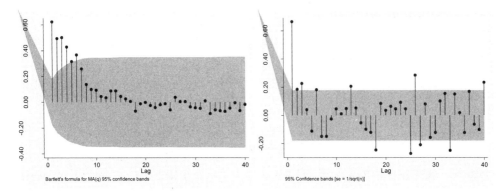

图 12.22　D.wpi 的自相关图和偏自相关图

可以看到，D.wpi 的自相关图 6 阶截尾，偏自相关图拖尾。可以考虑对 D.wpi 拟合 MA(6)模型。但因为这个模型滞后阶数太多，我们还是考虑对 wpi 拟合低阶的 ARIMA(p,1,q)模型。

2. ARIMA 回归的操作

ARIMA 模型的基本命令为：

```
arima varname, ar(numlist) ma(numlist)或
arima varname, arima(#p, #d, #q)
```

完整的命令格式如下：

```
arima varname [if] [in] [weight] [,options]
```

其中，varname 代表要分析的变量名称，if 代表条件语句，in 代表范围语句，weight 代表权重语句，options 代表其他可选项，主要的选项说明如表 12.11 所示。

表 12.11　ARIMA 模型中 options 的内容表

选项	说明
noconstant	模型不包含常数项
arima(#p, #d, #q)	拟合 ARIMA(p,d,q)模型
ar(numlist)	设定自回归的滞后项
ma(numlist)	设定移动平均的滞后项
constraints(constraints)	进行约束回归
collinear	保留多重共线性变量
condition	使用条件 MLE 进行估计
savespace	估计时节省内存（临时删除多余变量）
level(#)	设置置信度，默认值为 95%
vce(type)	设置估计量的标准差，包括 opg、robust、oim
detail	汇报时间序列的间断点（gaps）

其中，选项 arima(#p, #d, #q)意味着将变量进行 d 阶差分，包括 1 到 p 阶自回归项以及 1 到 q 阶移动平均项。命令 "arima y, arima(3,1,2)" 与命令 "arimaD.y, ar (1/3) ma(1/2)" 是等价的。

对于简单的 ARIMA 模型，第 1 种形式更容易书写。但若 ar 或 ma 的滞后项非连续，则应使用第 2 种形式。例如，我们要包括变量 y 的 1 阶和 4 阶滞后项，以及 1 到 3 阶移动平均项，应输入命令：

```
arima y, ar (1 4) ma(1/3)
```

需要注意的一点是，在 Stata 中，ARIMA 模型被看作带有 ARMA 扰动项的结构模型。例如，对于 ARMA(1,1)，模型被写作结构模型$y_t = \beta_0 + \mu_t$，以及扰动项$\mu_t = \rho\mu_{t-1} + \varepsilon_t + \theta\varepsilon_{t-1}$。这和写成$y_t = \alpha + \rho y_{t-1} + \varepsilon_t + \theta\varepsilon_{t-1}$实质是一样的。对于前一种写法，将$\mu_t = y_t - \beta_0$代入扰动项的表达式中，有：

$$y_t = \beta_0 + \rho(y_{t-1} - \beta_0) + \varepsilon_t + \theta\varepsilon_{t-1}$$
$$= (1 - \rho)\beta_0 + \rho y_{t-1} + \varepsilon_t + \theta\varepsilon_{t-1}$$

可以看到，这两种写法是一致的，只是$\alpha = (1 - \rho)\beta_0$。事实上，Stata 相当于对中心化的变量拟合 ARIMA 模型，即：

$$y_t - \beta_0 = \rho(y_{t-1} - \beta_0) + \varepsilon_t + \theta\varepsilon_{t-1}$$

对于一般化的 ARIMA(p,d,q)，Stata 拟合的是$\Delta^d y_t = \beta_0 + \mu_t$，其中$\mu_t = \rho_1\mu_{t-1} + \cdots + \rho_p\mu_{t-p} + \varepsilon_t + \theta_1\varepsilon_{t-1} + \cdots + \theta_q\varepsilon_{t-q}$。

对于序列 wpi，我们判断应使用 ARIMA(p,1,q)模型，而 p、q 阶数可以通过信息准则进行判断。首先假定模型为 ARIMA(1,1,1)，在 Stata 中输入命令：

```
arima wpi, arima(1,1,1)
```

我们得到如图 12.23 所示的结果。

```
. arima wpi, arima(1,1,1)

(setting optimization to BHHH)
Iteration 0:   log likelihood = -139.80133
Iteration 1:   log likelihood =  -135.6278
Iteration 2:   log likelihood = -135.41838
Iteration 3:   log likelihood = -135.36691
Iteration 4:   log likelihood = -135.35892
(switching optimization to BFGS)
Iteration 5:   log likelihood = -135.35471
Iteration 6:   log likelihood = -135.35135
Iteration 7:   log likelihood = -135.35132
Iteration 8:   log likelihood = -135.35131

ARIMA regression

Sample:  1960q2 - 1990q4                      Number of obs    =        123
                                              Wald chi2(2)     =     310.64
Log likelihood = -135.3513                    Prob > chi2      =     0.0000
```

D.wpi	Coef.	OPG Std. Err.	z	P>|z|	[95% Conf. Interval]
wpi					
_cons	.7498197	.3340968	2.24	0.025	.0950019 1.404637
ARMA					
ar					
L1.	.8742288	.0545435	16.03	0.000	.7673256 .981132
ma					
L1.	-.4120458	.1000284	-4.12	0.000	-.6080979 -.2159938
/sigma	.7250436	.0368065	19.70	0.000	.6529042 .7971829

图 12.23　对 wpi 拟合 ARIMA(1,1,1)的结果

结果中，wald chi2 检验显示，模型的系数是联合显著的。各系数的 p 值表明，它们各自也都是显著的。根据该结果，我们可以写出拟合的模型：

$$\Delta wpi_t = 0.750 + 0.874(\Delta wpi_{t-1} - 0.750) + \varepsilon_t - 0.412\varepsilon_{t-1}$$

其中，Δwpi_t表示wpi_t的一阶差分，ε_t的标准差为 0.725。

为了列出该模型的信息准则值，输入命令：

```
estat ic
```

图 12.24 给出了两种信息准则值。

```
. estat ic

         Model    Obs    ll(null)   ll(model)    df        AIC        BIC

             .    123           .   -135.3513     4   278.7026   289.9514

         Note:  N=Obs used in calculating BIC; see [R] BIC note
```

图 12.24　对 wpi 拟合 ARIMA(1,1,1)的信息准则值

结果显示，该模型的似然函数值为-135.3513，AIC 为 278.7026，BIC 为 289.9514。下面依次对 wpi 拟合 ARIMA(2,1,1)、ARIMA(1,1,2)、ARIMA(2,1,2)，并计算其信息准则，得到如表 12.12 所示的结果。

表 12.12　对 wpi 拟合各种 ARIMA 模型的信息准则值

模型	AIC	BIC
ARIMA(1,1,1)	278.7026	289.9514
ARIMA(2,1,1)	280.3689	294.4298
ARIMA(1,1,2)	280.1059	294.1668
ARIMA(2,1,2)	281.6967	298.5698

可以看到，对于 AIC 准则和 BIC 准则，ARIMA(1,1,1)的值都是最小的，从而应该选择模型 ARIMA(1,1,1)。

如我们在实验原理中所讲的，在拟合完模型之后，要检验残差是否为白噪声。输入命令：

```
predict r,residual
wntestq r
```

首先对残差进行预测，并将其命名为 r；然后检验变量 r 是否为白噪声。图 12.25 给出了上述命令的结果。

```
. wntestq r

Portmanteau test for white noise

Portmanteau (Q) statistic =    36.9722
Prob > chi2(40)           =     0.6073
```

图 12.25　对残差的白噪声检验结果

可以看到，我们不能拒绝白噪声的原假设，也就是说，模型的拟合是不错的。

3. 模型的改进

ARIMA(1,1,1)对模型的拟合已经不错，但鉴于 wpi 一阶差分的方差比较大（见图 12.21），考虑对 wpi 取对数后重新进行拟合。

因为 wpi 为季度数据，考虑到本年的某一季度对下一年同一季度有一定影响，我们在 ar(1)、ma(1)项之外，再加入 ma(4)项来拟合剩余的季度效应。

输入命令：

```
Arima D.ln_wpi, ar(1) ma(1 4)
```

我们得到如图 12.26 所示的结果。

```
. arima D.ln_wpi, ar(1) ma(1 4)

(setting optimization to BHHH)
Iteration 0:   log likelihood =  382.67447
Iteration 1:   log likelihood =  384.80754
Iteration 2:   log likelihood =  384.84749
Iteration 3:   log likelihood =  385.39213
Iteration 4:   log likelihood =  385.40983
(switching optimization to BFGS)
Iteration 5:   log likelihood =   385.9021
Iteration 6:   log likelihood =  385.95646
Iteration 7:   log likelihood =  386.02979
Iteration 8:   log likelihood =  386.03326
Iteration 9:   log likelihood =  386.03354
Iteration 10:  log likelihood =  386.03357

ARIMA regression

Sample:  1960q2 - 1990q4              Number of obs     =        123
                                      Wald chi2(3)      =     333.60
Log likelihood = 386.0336             Prob > chi2       =     0.0000
```

D.ln_wpi	Coef.	OPG Std. Err.	z	P>|z|	[95% Conf. Interval]
ln_wpi					
_cons	.0110493	.0048349	2.29	0.022	.0015731 .0205255
ARMA					
ar					
L1.	.7806991	.0944946	8.26	0.000	.5954931 .965905
ma					
L1.	-.3990039	.1258753	-3.17	0.002	-.6457149 -.1522928
L4.	.3090813	.1200945	2.57	0.010	.0737003 .5444622
/sigma	.0104394	.0004702	22.20	0.000	.0095178 .0113609

图 12.26　对 ln_wpi 的拟合结果

可以看到，该模型的对数似然函数值为 386.0336，比之前的模型要提高很多。根据该结果，我们可以写出拟合的模型为：

$$\Delta \ln\_wpi_t = 0.011 + 0.781(\Delta \ln\_wpi_{t-1} - 0.011) + \varepsilon_t - 0.399\varepsilon_{t-1} + 0.309\varepsilon_{t-4}$$

根据结果可知，对数差分序列具有高度的自相关（0.781），误差项对随后的季度有负效应（−0.399），对下一年的同一季度有一个正的季节效应（0.309）。

为了进一步确认模型的改进，我们再看一下信息准则值，输入：

```
estat ic
```

得到如图 12.27 所示的结果。

```
. estat ic
```

Model	Obs	ll(null)	ll(model)	df	AIC	BIC
.	123	.	386.0336	5	-762.0671	-748.0062

Note: N=Obs used in calculating BIC; see [R] BIC note

图 12.27　对 ln_wpi 的拟合 ARIMA 模型的信息准则值

可以看到，比起对 wpi 拟合 ARIMA(1,1,1)的信息准则值，该模型的信息准则值有了大幅的降低。此外，可以验证，该模型的残差也是白噪声序列。

4. 模型的预测

对模型进行预测的基本命令为：

```
predict [type] newvar [if] [in] [, statistic options]
```

其中，type 代表新变量的类型，newvar 代表生成的新变量名称，if 代表条件语句，in 代表范围语句，statistic 代表可用的统计量，options 代表其他选项。主要的 statistic 统计量如表 12.13 所示。

表 12.13　对 ARIMA 模型进行预测的 statistic 统计量

statistic 统计量	说明
xb	对差分变量的预测（默认选项），如果被解释变量为 D.y，那么预测值为 D.y 而非 y 本身
stdp	线性预测的标准差
y	对未差分变量的预测，即使被解释变量为 D.y，预测值也是 y 本身
mse	预测值的均方误差
residuals	残差
yresiduals	y 的残差，即便模型为差分形式，也要转换成 y 的水平形式的残差

其中，对于 residuals 而言，如果不设定 structural 选项，计算的就是扰动项ε_t的预测值；如果设定 structural 选项，计算的就是结构方程的扰动项μ_t的预测值。

options 主要选项如表 12.14 所示。

表 12.14　对 ARIMA 模型进行预测的 options 选项

选项	说明
dynamic(time_constant)	动态预测的起始期
t0(time_constant)	迭代预测的起始期
structural	结构预测，即忽略 ARIMA 扰动项

若不设定选项 dynamic()，则将进行一步预测，即如果模型中有y_t的滞后变量，就会在预测中使用其实际观测值。选项 dynamic(time_constant)将会生成动态预测（也叫递归预测，Recursive Forecast），time_constant 设定何时从一步预测转为动态预测。在 t≥time_constant 的情况下，预测中出现y_t时会使用其预测值而非观测值。

例如，对于模型$y_t = \alpha + \rho y_{t-1} + \varepsilon_t$，一步预测将使用$y_{t-1}$的观测值，计算的是$\hat{y}_t = \hat{\alpha} + \hat{\rho} y_{t-1}$，而动态预测计算的是$\hat{y}_t = \hat{\alpha} + \hat{\rho}\hat{y}_{t-1}(t-1 \geqslant \text{time\_constant})$，且可以进行多步预测，$\hat{y}_{t+1} = \hat{\alpha} + \hat{\rho}\hat{y}_t$……。

也可以设定选项 dynamic(.)，这样，Stata 会自动在 p+q 期从一步预测转为动态预测。其中，p 为 AR 的最大滞后期，q 为 MA 的最大滞后期。

选项 t0(time_constant)设定了计算预测统计量的起始迭代点。当t <t0(time_constant)时，扰动项被假定为 0。默认情况下，t0()被认为是用于估计样本的最小观测期 t。如果同时设定了 structural 选项，t0()的设定就无关紧要了，因为选项 structural 会设定所有的扰动项为 0。

在前面的回归中，我们得到拟合结果：

$$\Delta \ln\_wpi_t = 0.011 + 0.781(\Delta \ln\_wpi_{t-1} - 0.011) + \varepsilon_t - 0.399\varepsilon_{t-1} + 0.309\varepsilon_{t-4}$$

此时，输入命令：

```
predict xb, xb
```

我们将得到预测结果：

$$xb_t = 0.011 + 0.781(\Delta \ln\_wpi_{t-1} - 0.011) - 0.399\hat{\varepsilon}_{t-1} + 0.309\hat{\varepsilon}_{t-4}$$

其中，$\hat{\varepsilon}_{t-j} = \begin{cases} \Delta \ln\_wpi_{t-j} - xb_{t-j}, & \text{当 } t-j > 0 \text{ 时} \\ 0 & , \text{当 } t-j \leqslant 0 \text{ 时} \end{cases}$。

参数 xb 意味着，我们预测的是差分序列$\Delta \ln\_wpi_t$。如果我们要预测未差分序列$\ln\_wpi_t$，可输入命令：

```
predict y, y
```

Stata 会计算出$y_t = xb_t + \ln\_wpi_{t-1}$。事实上，无论被解释变量包含哪些时间序列算子，我们都可以通过选项 y 计算出其水平值。

如果想在预测时忽略 ARMA 扰动项，那么可以使用 structural 选项：

```
predict sxb, xb structural
```

我们得到$sxb_t = \hat{\beta}_0$，因为在这个回归中没有解释变量。命令"predict sy, y structural"会生成变量$sy_t = \hat{\beta}_0 + \ln\_wpi_{t-1}$。

为了得到对预测结果的直观认识，输入命令：

```
list  D.ln_wpi xb sxb ln_wpi y sy in 1/10
```

得到如图 12.28 所示的结果。

```
. list  D.ln_wpi xb sxb ln_wpi y sy in 1/10

       D.ln_wpi        xb        sxb      ln_wpi          y          sy
 1.           .   .0110493   .0110493    3.424263           .           .
 2.    .0032518   .0110493   .0110493    3.427515    3.435312    3.435312
 3.   -.0032518   .0063005   .0110493    3.424263    3.433815    3.438564
 4.           0   .0025614   .0110493    3.424263    3.426824    3.435312
 5.    .0032518   .0026833   .0110493    3.427515    3.426946    3.435312

 6.   -.0097878   .0041207   .0110493    3.417727    3.431635    3.438564
 7.           0   -.002416   .0110493    3.417727    3.415311    3.428776
 8.    .0032732   .0007328   .0110493       3.421     3.41846    3.428776
 9.    .0032628   .0042064   .0110493    3.424263    3.425206    3.432049
10.   -.0032628    .001148   .0110493       3.421    3.425411    3.435312
```

图 12.28　各种预测值的结果

实验 12-5　SARIMA 模型

实验基本原理

很多时间序列呈现出季节性周期变化，例如空调的销售数量夏天较多、冬天较少。对于这类数据，我们可以通过季节 ARIMA（Seasonal ARIMA，简记为 SARIMA）模型进行拟合。一般形式的 SARIMA 模型可以写为：

$$\Phi_p(L)\Phi_P(L^s)\Delta^d\Delta_s^D y_t = \Theta_q(L)\Theta_Q(L^s)\varepsilon_t$$

其中，下标 p、q 分别表示非季节自回归、移动平均算子的最大滞后阶数，P、Q 分别表示季节自回归、移动平均算子的最大滞后阶数；d、D 分别表示非季节和季节性差分次数。上式被称作 $(p, d, q) \times (P, D, Q)_s$ 阶季节时间序列模型。

通常情况下，对于 $(p, d, q) \times (P, D, Q)_s$ 阶 SARIMA 模型，d 和 D 为 0 或 1，p、q、P、Q 一般也不超过 2 或 3。对于季度数据，s 通常为 4；对于月度数据，s 通常为 12。

为了更清楚地阐释概念，让我们考虑 $(1, 1, 2) \times (2, 1, 1)_4$ 阶 SARIMA 模型。该模型可以写为：

$$(1 - \rho_1 L)(1 - \rho_{4,1} L^4 - \rho_{4,2} L^8)\Delta\Delta_4 y_t = (1 + \theta_1 L + \theta_2 L^2)(1 + \theta_{4,1} L^4)\varepsilon_t$$

对于符号 $(1, 1, 2) \times (2, 1, 1)_4$，$(1, 1, 2)$ 表示有一个非季节自回归项 $(1 - \rho_1 L)$、一个非季节移动平均项 $(1 + \theta_1 L + \theta_2 L^2)$ 且对序列进行一阶差分；$(2, 1, 1)_4$ 表示有一个滞后 4 阶季节自回归项 $(1 - \rho_{4,1} L^4 - \rho_{4,2} L^8)$、一个滞后 4 阶季节移动平均项 $(1 + \theta_{4,1} L^4)$ 并对序列进行一次季节差分。因为非季节因子和季节因子以乘积的形式出现，所以这种模型也被称为乘积 SARIMA。

事实上，对于 12.4 节中 wpi1.dta 的数据，我们也可以对 ln_wpi$_t$ 拟合 $(1, 1, 1) \times (0, 0, 1)_4$ 的乘积 SARIMA 模型，即有 $(1 - \rho_1 L)(\Delta\ln\_wpi_t - \beta_0) = (1 + \theta_1 L)(1 + \theta_{4,1} L^4)\varepsilon_t$。之前拟合的 $(1 - \rho_1 L)(\Delta\ln\_wpi_t - \beta_0) = (1 + \theta_1 L + \theta_4 L^4)\varepsilon_t$ 则是加法季节 ARIMA 模型，因为 1 阶和 4 阶 MA 项是以相加的形式出现的。

如果序列的时间趋势图显示季节效应与序列均值成比例，那么乘积 SARIMA 会比较恰当。建议先对有季节效应的数据拟合乘积 SARIMA 模型，如果拟合不好，再尝试非乘积形式。Chatfield (2004) 则指出，对数据取对数会使季节效应呈现加法形式。我们在实际的研究中可以两种形式都进行尝试，哪种形式对模型拟合和预测得好就采用哪种形式。

◉ 实验目的与要求

（一）实验目的

1. 了解 SARIMA 模型的原理及其在实际数据分析中的应用。
2. 熟悉 Stata 中 SARIMA 的基本操作及相关选项，熟悉 SARIMA 模型的预测。

（二）实验要求

1. 能够熟练使用 arima 命令进行 SARIMA 模型的分析，并熟知各项回归结果所代表的含义。
2. 能够熟练使用 predict 命令进行预测，并熟知各选项的含义。

◉ 实验内容及数据来源

下面给出一个乘积 SARIMA 的例子，主要变量包括：air（1949 年 1 月到 1960 年 12 月的国际航线乘客数量，单位：千人）、t（时间，为该数据文件的时间变量，单位：月）、time（另一种格式的时间，整数部分表示年，小数部分表示月）。表 12.15 给出了部分数据。全部数据见本书下载资源\data\第 12 章\airpsn.dta 工作文件。

表 12.15　airpsn.dta 部分数据

t	time	air
1	1949	112
2	1949.083	118
3	1949.167	132
4	1949.25	129
5	1949.333	121
6	1949.417	135
...	...	...

利用 airpsn.dta 的数据进行 SARIMA 模型的拟合及预测。

实验操作指导

1. 模型定阶

为了使数据更平稳，我们对变量 air 取对数：

```
gen lnair=ln(air)
```

制作lnair的时间趋势图：

```
line lnair t
```

得到如图 12.29 所示的结果。

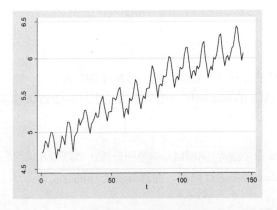

图 12.29　lnair 的时间趋势图

可以看出，变量 lnair 有明显的时间趋势和季节效应。对 lnair 进行 1 阶差分和 12 阶季节差分，并绘制差分后的序列时间趋势图：

```
line DS12.lnair t, yline(0)
```

其中，DS12.lnair 表示对 lnair 进行 1 阶差分和 12 阶季节差分后的变量。图 12.30 给出了制图结果。

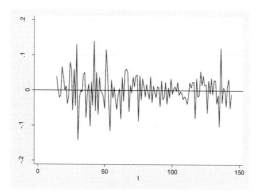

图 12.30　DS12.lnair 的时间趋势图

可以看到，经过 1 阶差分和 12 阶季节差分的 lnair 序列在 0 附近波动。绘制差分后序列的自相关图和偏自相关图：

```
ac DS12.lnair
pac DS12.lnair
```

我们得到如图 12.31 所示的结果。

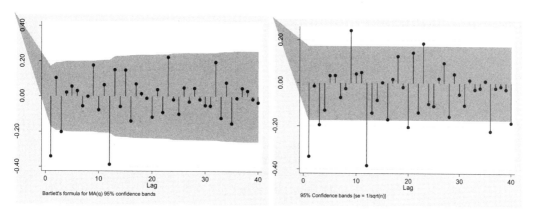

图 12.31　DS12.lnair 的自相关图和偏自相关图

可以看到，滞后 1 期和 12 期的自相关系数超过两倍标准差，滞后 1 期、9 期、12 期、23 期、36 期等偏自相关系数都超过两倍标准差，这说明差分后的序列还存在季节效应。建议使用 $(0, 1, 1) \times (0, 1, 1)_{12}$ 阶 SARIMA 模型进行拟合。

2. SARIMA 回归的操作

SARIMA 模型的基本命令为：

```
arima varname, arima(#p, #d, #q) sarima(#P, #D, #Q, #s)
```

完整的命令格式如下：

```
arima varname [if] [in] [weight] [,options]
```

其中，varname 代表要分析的变量名称，if 代表条件语句，in 代表范围语句，weight 代表权重语句，options 代表其他选项。

可用的 options 选项包括表 12.11 的所有选项以及表 12.16 中的选项。

表 12.16　SARIMA 模型的部分 options

选项	说明
sarima(#P, #D, #Q, #s)	设定周期为 s 的乘积季节 ARIMA 项
mar(numlist, #s)	设定乘积形式的季节自回归项，可重复
mma(numlist, #s)	设定乘积形式的季节移动平均项，可重复

下面对变量 lnair 拟合 SARIMA 模型。因为 DS12.lnair 的时间趋势图显示序列在 0 附近波动，所以我们设定模型没有常数项。输入命令：

```
arima lnair, arima(0,1,1) sarima(0,1,1,12) noconstant
```

其中，选项 noconstant 表明模型没有常数项。图 12.32 给出了该命令的结果。

```
. arima lnair, arima(0,1,1) sarima(0,1,1,12) noconstant

(setting optimization to BHHH)
Iteration 0:   log likelihood =   223.8437
Iteration 1:   log likelihood =  239.80405
Iteration 2:   log likelihood =  244.10265
Iteration 3:   log likelihood =  244.65895
Iteration 4:   log likelihood =  244.68945
(switching optimization to BFGS)
Iteration 5:   log likelihood =  244.69431
Iteration 6:   log likelihood =  244.69647
Iteration 7:   log likelihood =  244.69651
Iteration 8:   log likelihood =  244.69651

ARIMA regression

Sample: 14 - 144                                Number of obs     =        131
                                                Wald chi2(2)      =      84.53
Log likelihood = 244.6965                       Prob > chi2       =     0.0000

                            OPG
  DS12.lnair |    Coef.   Std. Err.      z    P>|z|     [95% Conf. Interval]

ARMA         |
          ma |
         L1. | -.4018324   .0730307    -5.50   0.000    -.5449698   -.2586949

ARMA12       |
          ma |
         L1. | -.5569342   .0963129    -5.78   0.000     -.745704   -.3681644

      /sigma |  .0367167   .0020132    18.24   0.000     .0327708    .0406625
```

图 12.32　SARIMA 模型的拟合结果

根据该结果，我们可以写出拟合的模型为：

$$\Delta\Delta_{12}\text{lnair}_t = (1 - 0.402L)(1 - 0.557L^{12})\varepsilon_t$$
$$= -0.402\varepsilon_{t-1} - 0.557\varepsilon_{t-12} + 0.224\varepsilon_{t-13} + \varepsilon_t$$

其中，ε_t 的标准差为 0.037。

对于上面的模型，使用如下命令可以得到相同的结果：

```
arima DS12.lnair, ma(1) mma(1,12) noconstant
```

进行拟合之后，我们也可以通过信息准则来选择最为合适的模型：

```
estat ic
```

图 12.33 给出了上述模型的信息准则值。

```
. estat ic
```

Model	Obs	ll(null)	ll(model)	df	AIC	BIC
.	131	.	244.6965	3	−483.393	−474.7674

Note: N=Obs used in calculating BIC; see [R] BIC note

图 12.33　SARIMA 模型的信息准则

尝试多种 SARIMA 模型，我们可以发现对 lnair 而言，$(0,1,1) \times (0,1,1)_{12}$ 模型是最合适的，其信息准则最小。

另外需要注意的是，对于简单的 SARIMA 模型，使用选项 sarima() 较为简洁；而选项 mar()、mma() 却可以包含更为复杂的季节效应项。例如，某些月销售数据呈现一定的季节效应，在每个季节之初，由于有了新的预算，因此产品被购买得比较多；而控制了季节效应之后，仍可以发现某些月份比其他月份销售得多。这样，我们可能会想拟合如下模型：

$$(1 - \rho_1 L)(1 - \rho_{4,1} L^4 - \rho_{4,2} L^8)(1 - \rho_{12,1} L^{12}) \Delta \Delta_4 \Delta_{12}(sales_t - \beta_0)$$
$$= (1 + \theta_1 L)(1 + \theta_{4,1} L^4)(1 + \theta_{12,1} L^{12} + \theta_{12,3} L^{36}) \varepsilon_t$$

这可以通过如下命令实现：

```
arima DS4S12.sales, ar(1) mar(1 2,4) mar(1,12 ) ma(1) mma(1,4) mma(1 3,12)
```

当然，乘积季节模型通常比较难拟合，一般而言，一个季节因子再加上 AR 或 MA 项就够了。

3. 模型的预测

对 SARIMA 模型进行预测的基本命令与 ARIMA 模型相同，如下所示：

```
predict [type] newvar [if] [in] [, statistic options]
```

可用的统计量和选项也与 ARIMA 模型相同，详见表 12.13 和表 12.14。
我们对拟合的差分序列进行预测，可采用命令：

```
predict xb, xb
```

然后对水平序列进行预测，使用命令：

```
predict y, y
```

因为变量 $DS12.lnair_t = S12.lnair_t - S12.lnair_{t-1} = (lnair_t - lnair_{t-12}) - (lnair_{t-1} - lnair_{t-13})$，所以拟合中要用到 lnair 的 13 阶滞后。这样，在预测时，y 的前 13 个值缺失，因为 xb 为差分值，故前 13 个值为 0。为了对预测值有一个直观的认识，输入如下命令：

```
list DS12.lnair xblnair y in 16/20
```

得到如图 12.34 所示的结果。

```
. list DS12.lnair xb lnair y in 16/20
```

	DS12. lnair	xb	lnair	y
16.	−.0204954	−.0054669	4.905275	4.920303
17.	−.0129395	.0060176	4.828314	4.847271
18.	.0661483	.0076132	5.003946	4.945411
19.	.0399146	−.0235191	5.135798	5.072365
20.	0	−.0254893	5.135798	5.110309

图 12.34　SARIMA 模型的预测值

实验 12-6　ARIMAX 模型

实验基本原理

对于普通回归模型，扰动项被假定为白噪声。如果回归模型的扰动项存在序列相关，可以用 ARIMA 模型拟合，该模型就被称为 ARIMAX 模型。对于一个扰动项服从 ARMA(p,q) 的 ARIMAX 模型，我们可以写为如下形式。

结构模型：$y_t = x_t'\beta + \mu_t$。

扰动项：$\mu_t = \rho_1\mu_{t-1} + \cdots + \rho_p\mu_{t-p} + \varepsilon_t + \theta_1\varepsilon_{t-1} + \cdots + \theta_q\varepsilon_{t-q}$。

其中，$\{\varepsilon_t\}$ 为白噪声。

我们也可以把 $\mu_t = y_t - x_t'\beta$ 代入扰动项表达式，从而把两个方程结合起来，将模型写为：

$$y_t = x_t'\beta + \rho_1(y_{t-1} - x_{t-1}'\beta) + \cdots + \rho_p(y_{t-p} - x_{t-p}'\beta) + \varepsilon_t + \theta_1\varepsilon_{t-1} + \cdots + \theta_q\varepsilon_{t-q}$$

利用滞后算子，ARIMAX 模型可以更简洁地写为：$P_p(L)(y_t - x_t'\beta) = \Theta_q(L)\varepsilon_t$。其中，$P_p(L) = 1 - \rho_1 L - \cdots - \rho_p L^p$，$\Theta_q(L) = 1 + \theta_1 L + \cdots + \theta_q L^q$。

模型中，也可以对被解释变量 y_t 和解释变量 x_t 进行差分。ARIMAX 模型可以利用 MLE 或条件 MLE 进行估计。

在实际应用中，模型的结构部分可以利用经济理论和计量经济分析方法得到，而对扰动项的拟合可以通过时间序列模型的分析方法得到。

实验目的与要求

（一）实验目的

1. 了解 ARIMAX 模型的原理及其在实际数据分析中的应用。
2. 熟悉 Stata 中 ARIMAX 回归的基本操作及相关选项，熟悉 ARIMAX 模型的预测。

（二）实验要求

1. 能够熟练使用 arima 命令进行 ARIMAX 模型的拟合，并能根据回归结果写出拟合模型。
2. 能够熟练使用 predict 命令进行预测，并熟知各选项的含义。

实验内容及数据来源

本书下载资源\data\第 12 章\cams.dta 工作文件给出了美国的消费支出和货币供给数据，主要变量包括：time（时间，单位：季度）、consump（个人消费支出，单位：美元）、m1（货币供给 M1，单位：10 亿美元）、m2（货币供给 M2，单位：10 亿美元）。表 12.17 给出了该文件的部分数据。

表 12.17　cams.dta 的部分数据

time	consump	m1	m2
1959q1	310.4	139.74	289.15
1959q2	316.4	141.17	294.05
1959q3	321.7	141.01	296.73
1959q4	323.8	139.95	297.8
1960q1	327.3	139.75	299.35
1960q2	333.2	139.58	302.33
...	...	...	...

利用这些数据，我们研究个人消费支出和货币供给的关系，对货币数量进行实证检验。因为美联储从 1980 年后期对货币供给进行了更多地控制以控制通货膨胀，消费支出和货币供给的关系更为复杂，所以我们利用 1982 年之前的数据进行分析。

▶ 实验操作指导

1. 模型的确定

我们首先使用普通最小二乘对模型进行拟合，输入命令：

```
regress consump m2 if time<tq(1982q1)
```

得到如图 12.35 所示的结果。

```
. regress consump m2 if time<tq(1982q1)

      Source |       SS       df       MS              Number of obs =      92
-------------+------------------------------           F(  1,    90) =17708.97
       Model | 21075422.7       1  21075422.7          Prob > F      =  0.0000
    Residual | 107108.872      90  1190.09858          R-squared     =  0.9949
-------------+------------------------------           Adj R-squared =  0.9949
       Total | 21182531.6      91  232775.072          Root MSE      =  34.498

------------------------------------------------------------------------------
     consump |      Coef.   Std. Err.      t    P>|t|     [95% Conf. Interval]
-------------+----------------------------------------------------------------
          m2 |   1.135426   .0085322   133.08   0.000     1.118475    1.152376
       _cons |  -55.89262   7.493005    -7.46   0.000    -70.77878   -41.00646
------------------------------------------------------------------------------
```

图 12.35　OLS 回归结果

可以看到，m2 的系数和常数项都很显著，且模型整体的解释力比较好，调整的 R^2 达到了 0.9949。为了检验模型是否充分提取了残差中的信息，我们计算出残差，并在所使用的样本区间做出残差的时间趋势图。

```
predict e, residual
line e t if time<tq(1982q1), yline(0)
```

在上述命令中，第 1 步是对残差进行预测，并将其命名为 e；然后绘制出 1982 年第 1 季度之前的残差的时间趋势图，并绘制 y=0 的水平线。图 12.36 给出了命令的结果。

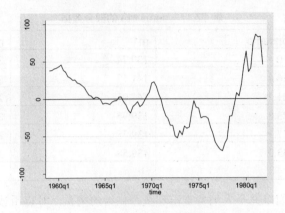

图 12.36　残差的时间趋势图

可以看到，残差没有明显的时间趋势，也不平稳。考察其自相关图与偏自相关图：

```
ac e if time<tq(1982q1)
pac e if time<tq(1982q1)
```

我们得到如图 12.37 所示的结果。

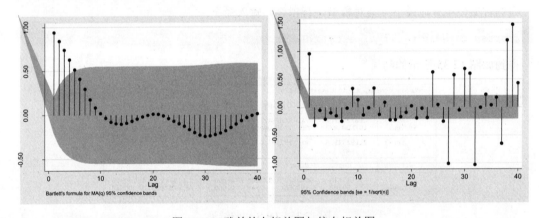

图 12.37　残差的自相关图与偏自相关图

可以看到，自相关系数 5 期截尾，偏自相关系数拖尾。由于自相关系数滞后阶数较多，因此我们考虑用 ARIMA(1,1)对残差进行拟合，即使用 ARIMAX 模型对原数据进行拟合。

2. ARIMAX 回归的操作

ARIMAX 的基本命令格式如下：

```
arima depvar indepvars [if] [in] [weight] [,options]
```

其中，depvar 代表结构模型被解释变量的名称，indepvars 代表结构模型解释变量的名称，if 代表条件语句，in 代表范围语句，weight 代表权重语句，options 代表其他选项。

可用的 options 选项包括 ARIMA 及 SARIMA 模型中的选项，详见表 12.11 和表 12.16。

需要注意的是，若使用选项 arima(#p, #d, #q)且设定差分次数 d 不为 0，则表示将因变量和所有的自变量都差分 d 次，并设定结构模型的扰动项为 ARIMA(p,q)模型。如果要对因变量及自变量的差分次数进行不同的设定，那么可以分别对其使用差分算子，并通过选项 ar()及 ma()来设定结构模型的扰动项。类似的，若使用选项 sarima(#P, #D, #Q, #s)且设定差分次数 D 不为 0，则表示对因变量和所有的自变量分别进行 D 次滞后 s 期的季节差分，并设定结构模型的扰动项包括 1 到 P 期季节自回归项以及 1 到 Q 期季节移动平均项。若要进行更为复杂的设定，则可以通过差分算子及选项 ar()和 ma()实现。

对 cams.dta 的数据拟合 ARIMAX 模型，输入命令：

```
arima consump m2 if tin(, 1981q4), ar(1) ma(1)
```

在命令中，选项 tin()限制了时间范围，其中，","之前没有设定时间，表示使用到 1981 年第 4 季度为止的所有可得数据。

图 12.38 显示了该命令的结果。

```
. arima consump m2 if tin( , 1981q4), ar(1) ma(1)

(setting optimization to BHHH)
Iteration 0:    log likelihood = -344.67575
Iteration 1:    log likelihood = -341.57248
Iteration 2:    log likelihood = -340.67391
Iteration 3:    log likelihood = -340.57229
Iteration 4:    log likelihood = -340.5608
(switching optimization to BFGS)
Iteration 5:    log likelihood = -340.5515
Iteration 6:    log likelihood = -340.51272
Iteration 7:    log likelihood = -340.50949
Iteration 8:    log likelihood = -340.5079
Iteration 9:    log likelihood = -340.50775
Iteration 10:   log likelihood = -340.50774

ARIMA regression

Sample:  1959q1 - 1981q4                      Number of obs    =        92
                                              Wald chi2(3)     =   4394.80
Log likelihood = -340.5077                    Prob > chi2      =    0.0000

                          OPG
     consump |    Coef.   Std. Err.     z     P>|z|    [95% Conf. Interval]
-------------+-------------------------------------------------------------
consump      |
         m2  |  1.122029   .0363563   30.86   0.000    1.050772   1.193286
       _cons | -36.09872   56.56703   -0.64   0.523   -146.9681   74.77062
-------------+-------------------------------------------------------------
ARMA         |
         ar  |
        L1.  |  .9348486   .0411323   22.73   0.000    .8542308   1.015467
             |
         ma  |
        L1.  |  .3090592   .0885883    3.49   0.000    .1354293   .4826891
-------------+-------------------------------------------------------------
      /sigma |  9.655308   .5635157   17.13   0.000    8.550837   10.75978

Note: The test of the variance against zero is one sided, and the two-sided
      confidence interval is truncated at zero.
```

图 12.38　ARIMAX 模型的拟合结果

可以看到，m2 的系数以及自回归项、移动平均项的系数都很显著。这样，根据该结果，我们可以写出估计的模型：

$$consump_t = -36.099 + 1.122m2_t + \mu_t$$
$$\mu_t = 0.935\mu_{t-1} + \varepsilon_t + 0.309\varepsilon_{t-1}$$

其中，ε_t 的标准差为 9.655。

如果我们担心扰动项还存在异方差问题，就可以在回归中使用异方差稳健标准差，即使用命令：

```
arima consump m2 if tin(, 1981q4), ar(1) ma(1)vce(r)
```

其中，选项 vce(r)表示使用异方差稳健标准差。

3. ARIMAX 模型的预测

对 ARIMAX 模型进行预测的命令与 ARIMA 模型相同，如下所示：

```
predict [type] newvar [if] [in] [, statistic options]
```

可用的统计量及选项也与 ARIMA 模型相同，详见表 12.13 和表 12.14。

下面利用 cams.dta 的数据进行一步预测和动态预测。

（1）一步预测

因为 1981 年第 4 季度之后的数据不是我们所关心的，所以先将这些数据删除。利用 1977 年第 4 季度之前的数据对模型重新拟合，然后进行预测。输入命令：

```
drop if time>tq(1981q4)
quietly arima consump m2 if tin(, 1977q4), ar(1) ma(1)
```

第 1 条命令表示删除 1981 年第 4 季度之后的数据；然后用 1977 年第 4 季度之前的数据拟合 ARIMAX 模型，quietly 表明不显示这步命令的结果。

为了进行一步预测，输入命令：

```
predict onestep, y
```

这里，我们将一步预测值命名为 onestep。因为在拟合的 ARIMAX 模型中，被解释变量没有做差分处理，所以这里使用的选项 y 和 xb 没有什么差别。

（2）动态预测

下面对 1977 年第 4 季度之后的观测值进行动态预测。输入命令：

```
predict dynam, dynamic(tq(1977q4)) y
```

在选项 dynamic()中，我们使用函数 tq()将 1977q4 转化为 Stata 默认的时间数据。

为了对预测值有更为直观的认识，我们将观测值、一步预测值以及动态预测值展示于一幅图中。输入如下命令：

```
graph twoway scatter consump time|| line onestep time, lpattern(dash)|| line
dynam time, lpattern(shortdash)|| if time>= tq(1976q4)
```

这里，我们对观测值采用散点图，对预测值采用线图，其中选项 lpattern 设定了线的形状。我们设定一步预测值采用虚线（dash），动态预测值采用短划线（shortdash）。最后的 if 选项设定了制图的区间，注意选项 if 在双竖线 "||" 之后。图 12.39 所示为图形结果。

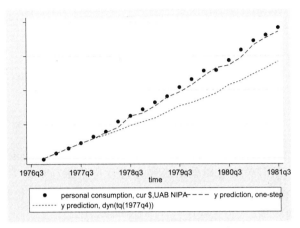

图 12.39　观测值及预测值的图形表示

可以看到，一步预测值与观测值相距比较近，而随着时间的推移，动态预测值对观测值的偏离则逐渐增大。这不难理解，因为模型如下：

$$\text{consump}_t = \beta_0 + \beta_1 m2_t + \rho\mu_{t-1} + \varepsilon_t + \theta\varepsilon_{t-1}$$
$$= \beta_0 + \beta_1 m2_t + \rho(\text{consump}_{t-1} - \beta_0 - \beta_1 m2_{t-1}) + \varepsilon_t + \theta\varepsilon_{t-1}$$

这样，动态预测中因为使用了前一步的预测值，从而将前一步的预测误差代入这一步，导致预测误差逐渐增大。

对预测误差制图，可使用如下命令：

```
predict e, yresidual
predict dyne, dynamic(tq(1977q4)) yresidual
graph twoway line e time|| line dyne time, lpattern(dash)|| if time>= tq(1976q4)
```

这里，我们将一步预测的误差命名为 e，将动态预测的误差命名为 dyne。在第 3 步的制图命令中，指定一步预测误差为实线，动态预测误差为虚线，制图的时间区间为 1976 年第 4 季度之后。图 12.40 显示了该命令的结果。

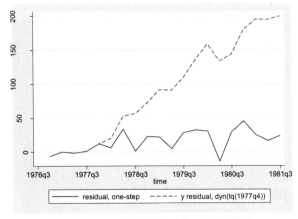

图 12.40　一步预测与动态预测误差图

可以看到，一步预测的误差在 0 附近波动，而动态预测的误差距 x 轴越来越远。

实验 12-7　单位根检验

➤ 实验基本原理

由于伪回归（Spurious Regression，即存在单位根的几个变量之间没有任何关系，但回归系数显著）等问题的存在，我们在构建模型前必须先进行单位根检验。常用的单位根检验方法有 Dickey-Fuller 检验（DF 检验）、Augmented Dickey-Fuller 检验（ADF 检验）、Phillips-Perron 检验（PP 检验）、DF-GLS 检验等。

首先，我们来看简单的 Dickey-Fuller 检验。对于序列 $\{y_t\}$，考虑模型：

$$y_t = \beta_0 + \beta_1 y_{t-1} + \varepsilon_t$$

其中，$\{\varepsilon_t\}$ 为白噪声。若 $-1 < \beta_1 < 1$，则 y_t 平稳，若 $\beta_1 = 1$，则 y_t 存在单位根，若 $|\beta_1| > 1$，则 y_t 发散。一般认为 β_1 不会大于 1，所以 DF 检验的原假设为 $\beta_1 = 1$，备择假设为 $\beta_1 < 1$。在 Stata 中，检验的 t 统计量被记为 $Z(t)$。$Z(t)$ 越小，越倾向于拒绝原假设，即越不可能存在单位根。

DF 检验的一个缺点在于，其使用的是 AR(1) 过程，如果序列存在高阶自相关，就违背了扰动项 $\{\varepsilon_t\}$ 是独立白噪声的假设。这时，可以使用 ADF 检验，引入高阶滞后项，即假设对于以下 AR(p) 模型，其扰动项 $\{\varepsilon_t\}$ 是白噪声：

$$y_t = \beta_0 + \beta_1 y_{t-1} + \cdots + \beta_p y_{t-p} + \varepsilon_t$$

对于 DF 检验的另一种修正是 PP 检验。PP 检验使用的也是一阶自回归，不同的是，PP 检验用异方差自相关稳健的标准差（Heterogeneity Autocorrelation Csonsistent Estimator，HACE，也叫 Newey-West 标准差），从而 $\{\varepsilon_t\}$ 不是白噪声也没有关系：

$$\Delta y_t = \beta_0 + \delta y_{t-1} + \varepsilon_t$$

PP 检验在金融时间序列的分析中使用较多，因为金融数据常存在异方差与自相关。

当真实模型接近于单位根但还不是单位根时，DF-GLS 检验是更好的选择。这是因为，在这种情况下，ADF 检验与 PP 检验很可能都不能拒绝模型存在单位根的原假设。DF-GLS 检验的思路是：先用 GLS 估计原序列的时间趋势并计算去趋势的序列，然后对去趋势后的序列用 ADF 法进行单位根检验。

➤ 实验目的与要求

（一）实验目的

1. 了解各种单位根检验的原理及其在实际数据分析中的应用。
2. 熟悉 Stata 中单位根检验的基本操作及相关选项。

（二）实验要求

1. 能够熟练使用 dfuller 命令进行 ADF 单位根检验，并熟知各选项的含义。

2. 能够熟练使用 pperron 命令进行 PP 单位根检验，并熟知各选项的含义。

3. 能够熟练使用 dfgls 命令进行 DF-GLS 单位根检验，并熟知各选项的含义。

⊙ 实验内容及数据来源

进行时间序列分析应首先检验序列是否平稳。我们以实验 12-5 中对国际航线乘客数量的分析为例，即利用本书下载资源\data\第 12 章\airpsn.dta 工作文件。表 12.15 列出了该文件的部分数据，利用这些数据进行各种单位根检验的操作及了解其相关选项的含义。

⊙ 实验操作指导

1. ADF 单位根检验的操作

ADF 单位根检验的操作命令为 dfuller，语法形式如下：

```
dfuller varname [if] [in] [, options]
```

其中，varname 代表要检验的变量名称，if 代表条件语句，in 代表范围语句，options 代表其他可选项。表 12.18 列出了各 options 选项的具体内容。

表 12.18　ADF 单位根检验的 options 选项

选项	说明
noconstant	设定检验方程中没有截距项或时间趋势项
trend	在检验方程中包括时间趋势项（可以同时有漂移项）
drift	在检验方程中包括漂移项，但不包括时间趋势项
regress	显示检验方程回归结果
lags(#)	设定滞后差分的阶数，默认的滞后差分阶数为 0，即为 DF 单位根检验

其中，选项 noconstant、trend、drift 最多只能设定一个。默认情况下，Stata 的检验方程中不包括时间趋势项，但包含截距项。但与选项 drift 不同的是，默认情况下假设截距项的总体值为 0，而选项 drift 假设截距项的总体值不为 0。

利用 airpsn.dta 的数据，我们来检验乘客数量的对数是否存在单位根。输入命令：

```
gen lnair=ln(air)
dfuller lnair, lags(3) trend regress
```

首先生成变量 lnair，其值为 air 的对数；第二步对 lnair 进行单位根检验，设定滞后期为 3，在检验方程中包括时间趋势项，并显示回归结果。图 12.41 给出了检验结果。

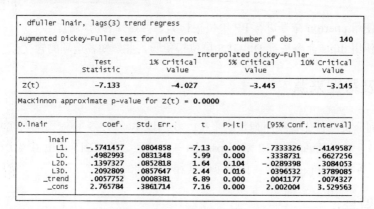

图 12.41　dfuller 检验结果

结果中，根据样本计算的 Z(t)统计量为-7.133，小于 5%的临界值-3.445，因而，我们可以在 5%的显著性水平下拒绝变量存在单位根的原假设。P 值为 0.000，也表明可以拒绝单位根的原假设。

根据回归结果，我们还可以写出 ADF 单位根检验的拟合方程：

$$\widehat{\Delta \text{lnair}}_t = 2.766 + 0.006t - 0.574\text{lnair}_{t-1} + 0.498\Delta\text{lnair}_{t-1} + 0.140\Delta\text{lnair}_{t-2} + 0.209\Delta\text{lnair}_{t-3}$$

改变滞后期的阶数，我们可以得到类似的结果。

2. PP 单位根检验的操作

PP 单位根检验的基本命令为 pperron，语法形式如下：

```
pperron varname [if] [in] [, options]
```

表 12.19 显示了各 options 选项的具体内容。

表 12.19　PP 单位根检验的 options 选项

选项	说明
noconstant	设定检验方程中没有截距项
trend	在检验方程中包括时间趋势项（可以同时有漂移项）
regress	显示检验方程回归结果
lags(#)	设定 Newey-West 标准差的计算中的滞后阶数，默认为$\text{int}\{4(T/100)^{2/9}\}$。其中，int 表示取数值的整数部分

其中，选项 noconstant、trend 不能同时设定。默认情况下，Stata 的检验方程中不包括时间趋势项，但包含截距项。与 ADF 检验不同的是，这里没有 drift 选项，这是因为选项 drift 的设定实质为选项 trend 的特例，所以这不会对我们的模型设定有什么影响。

对变量 lnair 进行 PP 单位根检验，输入命令：

```
pperron lnair, trend regress
```

我们得到如图 12.42 所示的结果。

```
. pperron lnair, trend regress

Phillips-Perron test for unit root              Number of obs   =      143
                                                Newey-West lags =        4

                                  ——— Interpolated Dickey-Fuller ———
                    Test        1% Critical    5% Critical   10% Critical
                  Statistic        Value          Value          Value

  Z(rho)          -47.932         -27.687        -20.872        -17.643
  Z(t)             -5.150          -4.026         -3.444         -3.144

MacKinnon approximate p-value for Z(t) = 0.0001

     lnair |      Coef.   Std. Err.      t    P>|t|    [95% Conf. Interval]

     lnair |
       L1. |   .7074647   .0603159    11.73   0.000    .5882168    .8267125
    _trend |   .0028682   .0006418     4.47   0.000    .0015994    .0041371
     _cons |   1.423133   .2906547     4.90   0.000    .8484928    1.997773
```

图 12.42　pperron 检验结果

结果中，Z(rho)、Z(t)给出了两种计算方法下的统计量的值，但无论对于 Z(rho)还是 Z(t)，其值都小于 5%的临界值，因而，我们可以在 5%的显著性水平下拒绝变量存在单位根的原假设，并认为变量是趋势平稳的。结果中，P 值为 0.0001，也表明我们可以拒绝单位根的原假设。

根据回归结果，我们还可以写出 PP 单位根检验的拟合方程：

$$\widehat{lnair}_t = 1.423 + 0.003t + 0.707 lnair_{t-1}$$

3. DF-GLS 单位根检验的操作

DF-GLS 单位根检验的基本命令为：

```
dfgls varname [if] [in] [, options]
```

表 12.20 显示了其中 options 可选项的具体内容。

表 12.20　DF-GLS 单位根检验的 options 选项

选项	说明
maxlag(#)	设定检验方程的最高滞后阶数，默认为$int\{12[(T+1)/100]^{2/9}\}$
notrend	序列平稳无趋势
ers	利用插值法计算临界值

对变量 lnair 进行 DF-GLS 单位根检验，命令如下：

```
dfgls lnair, maxlag(6)
```

这里，我们设定最大滞后期为 6。图 12.43 给出了检验结果。

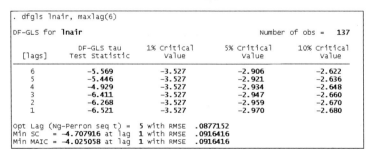

图 12.43　dfgls 检验结果

可以看到，在各个滞后期下，DF-GLS 统计量的值都小于 5%的临界值，因而，我们可以在 5%

的显著性水平下拒绝变量存在单位根的原假设，认为变量是趋势平稳的。结果中还给出了利用不同的方法对最优滞后期的选择，Ng-Perron seq t 认为最优滞后期为 5，SC 准则认为是 1，MAIC 准则也认为是 1。

实验 12-8　向量自回归模型

▶ 实验基本原理

向量自回归（Vector Auto Regression，VAR）模型是指把系统中每一个内生变量作为系统中所有内生变量的滞后值的函数来构造模型。

对于一个 k 变量的 VAR(p) 系统，模型可写为：

$$y_t = A_0 + A_1 y_{t-1} + \cdots + A_p y_{t-p} + \varepsilon_t$$

其中，$y_t \equiv \begin{pmatrix} y_{1,t} \\ \vdots \\ y_{k,t} \end{pmatrix}$，$\varepsilon_t \equiv \begin{pmatrix} \varepsilon_{1t} \\ \vdots \\ \varepsilon_{kt} \end{pmatrix}$，$\{\varepsilon_{1t}\} \ldots \{\varepsilon_{kt}\}$ 都是白噪声过程，且 $E(\varepsilon_{it}\varepsilon_{js}) = 0, \forall i, j, t \neq s$，但扰动项之间允许存在同期相关性。

此外，我们还可以在模型中加入外生变量 x_t，并将模型写为：

$$y_t = A_0 + A_1 y_{t-1} + \cdots + A_p y_{t-p} + Bx_t + \varepsilon_t$$

需要注意的是，VAR 模型要求变量弱平稳（也称协方差平稳），即要求变量的均值和方程为常数，且协方差 $\text{cov}(y_i, y_{i-j})$ 仅依赖于 j（y_i 与 y_{i-j} 的相对距离）而不依赖于绝对位置 i。对于没有外生变量的 VAR(p) 模型，可以证明，当伴随矩阵 A 的每个特征值的模都小于 1 时，VAR 模型为平稳的。其中，伴随矩阵 A 定义为：

$$A = \begin{pmatrix} A_1 A_2 \ldots A_{p-1} A_p \\ I \quad 0 \ldots 0 \quad 0 \\ 0 \quad I \ldots 0 \quad 0 \\ \vdots \quad \vdots \quad \ddots \quad \vdots \\ 0 \quad 0 \ldots I \quad 0 \end{pmatrix}$$

$A_1, \ldots, A_p$ 为各变量的系数矩阵，I 为单位矩阵。

平稳的 VAR 模型可以写成向量移动平均（Vector Moving Average，VMA）的形式。为简化起见，这里我们给出的是不带外生变量的 VAR(p) 模型的 VMA 形式：

$$y_t = \mu + \sum_{i=0}^{\infty} \Phi_i \varepsilon_{t-i}$$

其中，μ 是表示 y_t 均值的 $K \times 1$ 向量，$\Phi_i = \begin{cases} I_K & ,如果 \ i = 0 \\ \sum_{j=1}^{i} \Phi_{i-j} A_j & ,如果 \ i = 1, 2, \ldots \end{cases}$。

通过将扰动项的方差-协方差矩阵正交分解，我们可以得到正交的 IRF 函数。

假设有矩阵 P，满足$\Sigma = PP'$，这样，我们有：

$$E\{P^{-1}\varepsilon_t(P^{-1}\varepsilon_t)'\} = P^{-1}E\{(\varepsilon_t\varepsilon_t{'})P'^{-1}\} = P^{-1}\Sigma P'^{-1} = I_K$$

从而，可以用P^{-1}来对扰动项做正交化处理，即有：

$$y_t = \mu + \sum_{i=0}^{\infty} \Theta_i w_{t-i}$$

其中，$\Theta_i = \Phi_i P$，$w_t = P^{-1}\varepsilon_t$。这样，$\Theta_i$就有了因果性解释，即正交 IRF。

预测误差方差分解（Forecast-Error Variance Decompositions，FEVD）与脉冲响应函数是一个问题的两个方面，脉冲响应衡量模型中的一个变量如何对另一个变量的冲击做出响应，而方差分解则将一个变量的响应分解到模型中的内生变量。

对于预测误差方差分解，我们可以将 h 步预测误差写为：

$$y_{t+h} - \widehat{y_t}(h) = \sum_{i=0}^{h-1} \Phi_i \varepsilon_{t+h-i}$$

其中，y_{t+h}为变量的观测值，$\widehat{y_t}(h)$为变量在时间 t 的 h 步预测值。因为扰动项ε_t同期相关，所以由此不能获得各个扰动项对预测误差的贡献值。利用与 IRF 一样的正交化处理，我们可以得到预测误差方差由各个正交冲击所能解释的部分：

$$y_{t+h} - \widehat{y_t}(h) = \sum_{i=0}^{h-1} \Theta_i w_{t+h-i}$$

对于有外生变量的 VAR 模型，如果模型平稳，可以写成如下形式：

$$y_t = \sum_{i=0}^{\infty} D_i x_{t-i} + \sum_{i=0}^{\infty} \Phi_i \varepsilon_{t-i}$$

其中，D_i被称为动态乘子函数（Dynamic-Multiplier Functions）。

实验目的与要求

（一）实验目的

1. 了解 VAR 模型的原理及其在实际数据分析中的应用。
2. 熟悉 Stata 中拟合 VAR 模型的基本操作及相关选项。
3. 熟悉 Stata 中如何确定 VAR 模型的阶数，检验模型平稳性以及残差的自相关和正态性。
4. 了解脉冲响应与方差分解的原理及其在实际数据分析中的应用。
5. 熟悉 Stata 中对 irf 系列函数的各项操作及相关选项。
6. 熟悉 Stata 中如何对 VAR 模型进行一步预测和动态预测。

（二）实验要求

1. 能够熟练使用 varsoc 和 varwle 命令进行 VAR 模型的阶数判断，并熟知各选项的含义。
2. 能够熟练使用 var 命令拟合 VAR 模型，熟知各选项的含义，且熟悉对结果的解读。
3. 能够熟练使用 vargranger 命令进行格兰杰因果关系检验，并熟悉对结果的解读。
4. 能够熟练使用 varstable 命令进行模型平稳性判断，并熟悉对结果的解读。
5. 能够熟练使用 varlmar 命令进行残差的自相关性检验，并熟悉对结果的解读。
6. 能够熟练使用 varnorm 命令进行残差的正态性检验，并熟悉对结果的解读。
7. 能够熟练使用 irf 系列命令进行脉冲响应、方差分解等函数的估计、制表及制图。
8. 能够熟练使用 varbasic 命令进行基本 VAR 模型的估计与制图。
9. 能够熟练使用 predict 命令进行一步预测，并熟知各选项的含义。
10. 能够熟练使用 fcast 类命令进行动态预测及制图，并熟知各选项的含义。

实验内容及数据来源

我们知道，收入、投资和消费相互影响，若想对这 3 个变量同时进行预测，则可以采用 VAR 模型进行拟合。本书下载资源\data\第 12 章\iic 工作文件给出了 1960—1984 年的一些宏观经济数据，主要变量包括：inv（投资，单位：10 亿美元）、inc（收入，单位：10 亿美元）、consump（消费，单位：10 亿美元）、qtr（季度）、ln_inv（投资的对数）、dln_inv（ln_inv 的一阶差分）、ln_inc（收入的对数）、dln_inc（ln_inc 的一阶差分）、ln_consump（消费的对数）、dln_consump（ln_consump 的一阶差分）。表 12.21 显示了该文件的部分数据。

表 12.21　iic 部分数据

inv	inc	consump	qtr	ln_inv	dln_inv	...	ln_consump	dln_consump
180	451	415	1960q1	5.192957		...	6.028278	
179	465	421	1960q2	5.187386	−0.00557	...	6.042633	0.014355
185	485	434	1960q3	5.220356	0.03297	...	6.073044	0.030411
192	493	448	1960q4	5.257495	0.037139	...	6.104793	0.031749
211	509	459	1961q1	5.351858	0.094363	...	6.12905	0.024257
202	520	458	1961q2	5.308268	−0.04359	...	6.126869	−0.00218
...	...	...	...	...	...	...	...	...

利用这些数据，我们来讲解 VAR 模型阶数的确定、VAR 模型的拟合、模型的平稳性检验、残差的自相关和正态性检验、脉冲响应与方差分解的制图以及模型的预测。

实验操作指导

1. 模型定阶

在拟合一个 VAR 模型之前，我们希望知道滞后期 p 的最优选择。在 Stata 中，命令 varsoc 给出了多种滞后阶数的选择标准，包括最终预测误差（Final Prediction Error，FPE）、赤池信息准则（Akaike's Information Criterion，AIC）、施瓦茨信息准则（Schwarz's Bayesian Information Criterion，SBIC）以及汉南-昆信息准则（Hannan and Quinn Information Criterion，HQIC）。该命令既可以在

估计模型之前进行，也可以在估计完模型后进行。

估计 VAR 模型前确定模型阶数的命令格式如下：

```
varsoc depvarlist [if] [in] [,preestimation_options]
```

其中，depvarlist 代表向量自回归系统中各变量的名称，if 代表条件语句，in 代表范围语句，preestimation_options 代表其他可选项。表 12.22 列出了各 options 选项及其含义。

表 12.22　varsoc 的 options 选项

选项	说明
noconstant	设定 VAR 系统的各方程不包括常数项
maxlag(#)	设定最高滞后阶数，默认为 maxlag(4)
exog(varlist)	在各方程中加入 varlist 所设定的外生变量
constraints(numlist)	对外生变量进行约束
level(#)	设定置信度，默认为 level(95)
lutstats	滞后阶数选择统计量
separator(#)	每#行绘制一条分割线

其中，需要注意的是，在命令 varsoc 中，选项 constraints(numlist)设定的是对外生变量的约束。如果我们要获得内生变量存在约束情况下的信息准则，那么可以直接使用 var 命令拟合模型，结果会给出各种信息准则值。

如果在拟合完一个 VAR 模型之后要对模型阶数进行确定，那么可使用的命令格式如下：

```
varsoc [, estimates(estname)]
```

其中，选项 estimates(estname)表示对保存的 VAR 模型拟合结果 estname 进行阶数的确定。默认情况下，varsoc 用于确定最近估计的 VAR 模型的最优阶数。

此外，在拟合 VAR 模型之后，我们还可以通过 Wald 滞后排除统计量来判断 VAR 模型的滞后阶数。该检验将给出每一方程所有内生变量在各个滞后期上的联合显著性，以及所有方程的内生变量在各个滞后期上的联合显著性。其命令格式如下：

```
varwle [, estimates(estname) separator(#)]
```

其中，选项 estimates(estname)表示对保存的拟合结果 estname 进行滞后阶数的判断，separator(#)表示在结果中每#行绘制一条分割线。

对于 iic 的数据，我们要拟合投资、收入、消费的对数差分变量的 VAR 模型，可以通过如下命令来确定模型阶数：

```
varsoc dln_inv dln_inc dln_consump
```

在命令中，dln_inv、dln_inc、dln_consump 为待拟合的 VAR 模型的内生变量名。图 12.44 给出了该命令的结果。

结果中，LL 表示各个滞后期下的 VAR 模型的似然函数值，可以看到随着滞后期的增大，似然函数值也逐渐变大。但这是因为模型的解释变量多了，解释力就要大一些，可解释变量的增多会带来自由度的损失。各种信息准则考虑了自由度的损失，可以作为判断模型阶数的依据。其判断标准为：信息准则最小则最好。Stata 在各个准则的最优选择后用双引号做了标记。由结果可以看到，AIC 准则认为滞后 2 期的 VAR 模型最为合适，HQIC 准则认为滞后 1 期合适，而 SBIC 准则认为滞后 0 期最为合适。FPE 是指最终预测误差，也是越小越好；由结果可以看到，滞后 2 期的预测误差最小。从理论上讲，SBIC 和 HQIC 准则能给出最大滞后期的一致估计，而 AIC 和 FPE 很可能高估了滞后期的值。

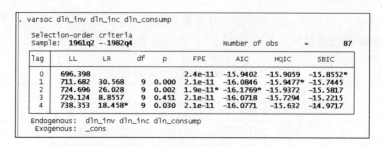

图 12.44　varsoc 命令结果

除了信息准则外，结果还给出了似然比检验（Likelihood Ratio Test）。对于给定的滞后期 p，似然比检验比较滞后 p 期的 VAR 模型和滞后 p-1 期的 VAR 模型，并假设滞后 p 期的内生变量联合不显著。在利用似然比检验进行模型阶数判断的时候，我们可以从结果的最后一行往上看，第一个能拒绝原假设的滞后阶数就是我们的选择。从结果中可以看到，滞后 4 期的似然比检验的 p 值为 0.030，从而可以在 5% 的显著性水平下拒绝原假设，即认为滞后 4 期的变量联合显著，从而选择滞后期为 4。

对于这个问题，各种判断方法给出的最优滞后期并不一致。我们可以对各种准则进行综合考虑。如果选择最大滞后期为 4，因为我们有 3 个变量，再加上一个常数项，则每个方程有 3×4+1=13 个待估计参数，3 个方程就有 39 个待估计参数，而我们一共才有 92 个观测值，所以滞后期选择为 4 会造成自由度损失很多，可以初步选择滞后期为 2，再进行修正。

2. VAR 回归的操作

在判断完要拟合的模型阶数之后，我们要对模型进行拟合。VAR 回归的基本命令格式如下：

```
var depvarlist [if] [in] [,options]
```

其中，depvarlist 代表向量自回归系统中各变量的名称，if 代表条件语句，in 代表范围语句，options 代表其他可选项。各 options 选项及其含义参见表 12.23。

表 12.23　VAR 的 options 选项

选项	说明
noconstant	设定 VAR 系统的各方程不包括常数项
lags(numlist)	在 VAR 各方程中使用 numlist 所设定的滞后项，默认为 lags(1 2)，即每个方程包括所有变量的 1 阶滞后和 2 阶滞后
exog(varlist)	在各方程中加入 varlist 所设定的外生变量
constraints(numlist)	使用 numlist 所设定的线性约束
nolog	不显示似不相关回归的迭代过程
iterate(#)	设定似不相关回归的最大迭代次数，默认为 iterate(1600)
tolerance(#)	设定似不相关回归的收敛误差
noisure	使用一步迭代的似不相关回归
dfk	进行小样本的自由度调整

（续表）

选项	说明
small	汇报小样本的 t 统计量和 F 统计量
nobigf	对于约束为 0 的系数不计算其参数向量
level(#)	设定置信度，默认为 level(95)
lutstats	滞后阶数选择统计量
nocnsreport	在结果中不显示所使用的约束

其中，选项 nolog、iterate(#)、tolerance(#)、noisure 只有在设定 constraints(numlist)选项之后才可以使用。这是因为默认情况下，Stata 使用 OLS 对 VAR 模型进行估计，设定选项 constraints(numlist)之后，Stata 使用迭代的似不相关回归进行估计（对似不相关估计的详细讲解参见第 14 章），这时，选项 nolog、iterate(#)、tolerance(#)、noisure 才有效。此外，设定选项 noisure 之后，即使用一步迭代的似不相关回归时，选项 nolog、iterate(#)、tolerance(#)也不能使用。

选项 dfk 表明，在计算误差的方差-协方差矩阵时，使用$1/(T-\bar{m})$而非$1/T$作为除数。其中，$\bar{m}$为方程的平均参数数量。

利用 iic 的数据进行 VAR 模型的拟合。输入命令：

```
var dln_invdln_incdln_consump
```

在命令中，var 表示进行 VAR 模型的拟合，dln_inv、dln_inc、dln_consump 为各内生变量名。这里，我们没有设定滞后阶数，即使用默认的设置，在模型中使用各变量的 1 阶滞后和 2 阶滞后值。图 12.45 给出了回归结果。

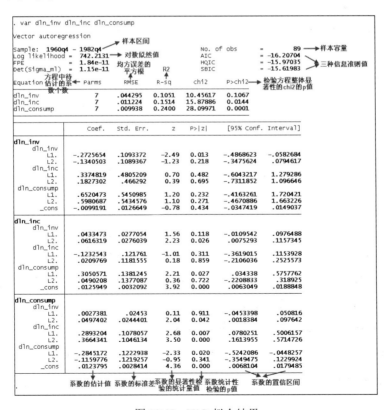

图 12.45　VAR 拟合结果

根据该结果，我们可以写出模型的估计方程：

$$
\begin{cases}
\begin{aligned}
\text{dln\_inv}_t &= -0.010 - 0.273\text{dln\_inv}_{t-1} - 0.134\text{dln\_inv}_{t-2} + 0.337\text{dln\_inc}_{t-1} + 0.182\text{dln\_inc}_{t-2} \\
&\quad + 0.652\text{dln\_consump}_{t-1} + 0.598\text{dln\_consump}_{t-2} \\
\text{dln\_inc}_t &= 0.013 + 0.043\text{dln\_inv}_{t-1} + 0.062\text{dln\_inv}_{t-2} - 0.123\text{dln\_inc}_{t-1} + 0.021\text{dln\_inc}_{t-2} \\
&\quad + 0.305\text{dln\_consump}_{t-1} + 0.049\text{dln\_consump}_{t-2} \\
\text{dln\_consump}_t &= 0.012 + 0.003\text{dln\_inv}_{t-1} + 0.050\text{dln\_inv}_{t-2} + 0.289\text{dln\_inc}_{t-1} + 0.366\text{dln\_inc}_{t-2} \\
&\quad - 0.285\text{dln\_consump}_{t-1} - 0.116\text{dln\_consump}_{t-2}
\end{aligned}
\end{cases}
$$

从结果中可以看出，dln_inv 的方程整体不显著，而另两个方程则整体显著。

在估计完模型之后，我们可以对回归结果进行保存，输入命令：

```
est store var1
```

这里，我们将保存结果命名为 var1。之后，如果要进行模型阶数选择或平稳性检验等，就可以用这个结果。

例如，我们要在回归之后再对模型的滞后阶数重新估计，可输入命令：

```
varsoc, estimates(var1)
```

选项 estimates(var1) 表示对之前存储的拟合结果 var1 进行滞后阶数选择。事实上，因为我们刚刚进行完 VAR 模型的拟合，不加选项也可以得到相同的结果。图 12.46 显示了上述命令的结果。

根据该结果，似然比检验、FPE、AIC、HQIC 准则都显示滞后 2 阶为最优选择，而 SBIC 则认为滞后 0 阶为最优选择。因为我们要进行 VAR 模型的拟合，所以可以确定选择模型的最大滞后期为 2。

另外，我们也可以用 Wald 滞后排除统计量来重新判断 VAR 模型的滞后阶数。输入命令：

```
varwle
```

得到如图 12.47 所示的结果。

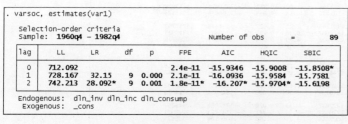

图 12.46　VAR 回归之后模型阶数选择的结果图　　　　图 12.47　varwle 的结果图

由结果可以看到，对于以 dln_inv 为被解释变量的方程，我们可以在 5%的显著性水平下拒绝一阶滞后值联合不显著，但不能拒绝二阶滞后值联合不显著；对于 dln_inc 和 dln_consump 的方程，我们可以在 10%的显著性水平下拒绝一阶或二阶滞后值联合不显著；对于全部的方程，我们可以在 5%的显著性水平下拒绝一阶滞后值或二阶滞后值联合不显著的原假设，从而认为模型显著。

3. 格兰杰因果关系检验

在拟合完 VAR 模型之后，我们可能想知道一个变量是否为另一个变量的格兰杰因。其基本思想为：如果 x 是 y 的格兰杰因，那么给定 y 的过去值之后，x 的过去值还可以帮助预测 y 的未来值。检验格兰杰因果关系（Granger Causality）的常用模型为：

$$y_t = \gamma + \sum_{i=1}^{p} \alpha_i y_{t-i} + \sum_{j=1}^{q} \beta_j x_{t-j} + \varepsilon_t$$

检验的原假设为$\beta_1 = \cdots = \beta_q = 0$。若拒绝$H_0$，则称 x 是 y 的格兰杰因。

对于 VAR 模型的每个方程，vargranger 检验其他的外生变量是否是因变量的格兰杰因。

进行格兰杰因果关系检验的基本命令格式如下：

```
vargranger [, estimates(estname) separator(#)]
```

其中，选项 estimates()表示对保存的拟合结果 estname 进行格兰杰因果关系检验，默认使用当前活动的拟合结果。选项 separator(#)表示每#行绘制一条分割线。

我们要对前面拟合的 VAR 模型进行格兰杰因果关系检验，输入命令：

```
vargranger
```

得到如图 12.48 所示的结果。

```
. vargranger
   Granger causality Wald tests

   Equation      Excluded      chi2     df  Prob > chi2

   dln_inv       dln_inc       .55668    2    0.757
   dln_inv       dln_consump   1.9443    2    0.378
   dln_inv       ALL           7.3184    4    0.120

   dln_inc       dln_inv       6.2466    2    0.044
   dln_inc       dln_consump   5.1029    2    0.078
   dln_inc       ALL           13.087    4    0.011

   dln_consump   dln_inv       4.2446    2    0.120
   dln_consump   dln_inc       16.275    2    0.000
   dln_consump   ALL           21.717    4    0.000
```

图 12.48　格兰杰因果关系检验结果

结果的第 1 行给出了方程 dln_inv 中 dln_inc 的两个滞后期的系数是否联合为 0 的 Wald 检验，因为其 p 值为 0.757，所以我们不能拒绝 dln_inc 两个滞后期的系数联合为 0 的原假设，从而也就不能认为 dln_inc 是 dln_inv 的格兰杰因。第 2 行给出了方程 dln_inv 中 dln_consump 两个滞后期的系数是否联合为 0 的检验，根据该结果，我们同样不能认为 dln_consump 是 dln_inv 的格兰杰因。第 3 行检验的是方程 dln_inv 中所有其他内生变量的两个滞后期的系数是否联合为 0，根据其 p 值，不能拒绝 dln_inc 和 dln_consump 联合起来不是 dln_inv 的格兰杰因的原假设。对于另外两个方程，我们可以做出类似的解释。

事实上，对于 vargranger 所做的检验，我们可以通过 test 命令来实现，只不过稍微麻烦些。检验第 1 个方程中 dln_inc 是否为 dln_inv 的格兰杰因，可通过如下命令实现：

```
test [dln_inv]L.dln_inc [dln_inv]L2.dln_inc
```

其中，[dln_inv]L.dln_inc 表示方程 dln_inv 中 dln_inc 的 1 期滞后值的系数，[dln_inv]L2.dln_inc 表示方程 dln_inv 中 dln_inc 的 2 期滞后值的系数，该命令即检验这两个系数是否联合为 0。图 12.49 给出了命令的检验结果。

```
. test [dln_inv]L.dln_inc [dln_inv]L2.dln_inc

 ( 1)  [dln_inv]L.dln_inc = 0
 ( 2)  [dln_inv]L2.dln_inc = 0

           chi2(  2) =      0.56
         Prob > chi2 =      0.7570
```

图 12.49　对系数联合显著性的检验

根据该结果可以看到，p 值为 0.7570，因而，我们不能拒绝这两个系数联合为 0 的原假设。也就是说，不能认为 dln_inc 是 dln_inv 的格兰杰因。对比这里和前面 vargranger 的结果，我们不难发现，chi2 值和 p 值都相等，因为两者的原理是一样的。

4. VAR 模型的平稳性检验

正如我们在介绍实验基本原理时所讲的，VAR 模型要求变量协方差平稳。这样，我们需要在估计完模型之后，对其平稳性进行检验。

对 VAR 模型进行平稳性检验可使用如下命令：

```
varstable [,options]
```

表 12.24 列出了 options 主要选项及其含义。

表 12.24　varstable 的 options 选项

选项	说明
estimates(estname)	对保存的 VAR 模型拟合结果 estname 进行平稳性检验
amat(matrix_name)	保存伴随矩阵并命名为 matrix_name
graph	对伴随矩阵的特征值绘图
dlabel	用特征值（Eigenvalue）距单位圆的距离对特征值进行标记
modlabel	用特征值的模对特征值进行标记

默认情况下，varstable 对最近估计的 VAR 模型进行平稳性检验。另外需要说明的一点是，选项 dlabel 和 modlabel 不能同时设置。

要检验先前拟合的 VAR 模型的平稳性，我们可以输入命令：

```
varstable, graph
```

其中，选项 graph 表明，我们会同时得到伴随矩阵特征值的绘图。图 12.50 给出了各个特征值的值及其模，图 12.51 给出了特征值的绘图。

由图 12.50 可以看到，伴随矩阵的特征值有实数也有虚数，但其模都小于 1，从而可以判断该 VAR 模型平稳。图 12.51 更是直观地表明每个特征根都位于单位圆之内。

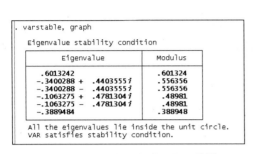

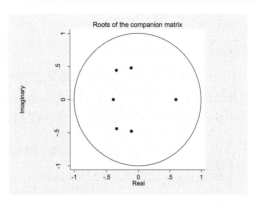

图 12.50　VAR 模型各特征值及其模 　　　　　图 12.51　特征值

5. 模型的残差自相关性检验

拟合 VAR 模型后的大部分分析都假定残差没有自相关，因而，我们有必要对残差的自相关性进行检验。使用如下命令：

```
varlmar [, options]
```

其中，varlmar 表示对残差自相关进行拉格朗日乘子检验（LM Test）。表 12.25 显示了主要 options 选项及其含义。

表 12.25　varlmar 的 options 选项

选项	说明
mlag(#)	设定自回归的最大滞后阶数，默认为 mlag(2)
estimates(estname)	对保存的 VAR 模型拟合结果 estname 进行平稳性检验
separator(#)	每#行绘制一条分割线

对前面拟合的 VAR 模型进行残差自相关检验，输入命令：

```
varlmar, mlag(5)
```

其中，mlag(5)表示最大滞后期为 5，得到的结果如图 12.52 所示。

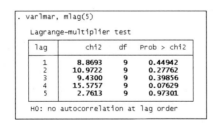

图 12.52　残差自相关的检验结果

从结果可以看到，在每一个滞后期上，我们都不能拒绝残差没有自相关性的原假设，从而可以认为该模型的残差不存在自相关。

6. 模型残差的正态性检验

对于拟合 VAR 模型后的部分统计量，假定残差服从正态分布，因此我们可以对残差是否服从

273

正态分布进行检验。使用如下命令：

```
varnorm [, options]
```

其中，varnorm 表示对残差是否服从正态分布进行检验，该命令将检验每一个方程残差是否服从正态分布以及所有方程的残差是否服从多元正态分布。默认情况下，该命令会汇报 Jarque-Bera 统计量、偏度统计量和峰度统计量。表 12.26 显示了各 options 选项及其含义。

表 12.26 varnorm 的 options 选项

选项	说明
jbera	汇报 Jarque-Bera 统计量，默认为汇报所有统计量
skewness	汇报偏度统计量
kurtosis	汇报峰度统计量
estimates(estname)	对保存的拟合结果 estname 进行平稳性检验
separator(#)	每#行绘制一条分割线

可以证明，当残差不服从正态分布但是独立同分布且有 0 均值和有限方差时，估计仍是一致的，但不是最有效的。

对前面拟合的 VAR 模型检验残差是否服从正态分布，输入命令：

```
varnorm
```

得到如图 12.53 所示的结果。

```
varnorm

Jarque-Bera test

        Equation |      chi2   df   Prob > chi2
    -------------+------------------------------
         dln_inv |    14.845    2      0.00060
         dln_inc |     8.606    2      0.01353
     dln_consump |     0.313    2      0.85499
             ALL |    23.764    6      0.00058

Skewness test

        Equation |  Skewness   chi2   df   Prob > chi2
    -------------+-----------------------------------
         dln_inv |    .09925   0.146    1      0.70228
         dln_inc |   -.29398   1.282    1      0.25753
     dln_consump |   -.12539   0.233    1      0.62915
             ALL |            1.661    3      0.64557

Kurtosis test

        Equation |  Kurtosis   chi2   df   Prob > chi2
    -------------+-----------------------------------
         dln_inv |    4.9909  14.699    1      0.00013
         dln_inc |    4.4053   7.324    1      0.00681
     dln_consump |    2.853    0.080    1      0.77713
             ALL |           22.102    3      0.00006
```

图 12.53 残差正态性的检验结果

从 Jarque-Bera 统计量的结果可以看到，不能拒绝 dln_consump 方程的残差服从正态分布，但可以拒绝方程 dln_inv 和方程 dln_inc 的残差服从正态分布的原假设。此外，我们也不能认为 3 个方程的残差服从联合正态分布。对于偏度统计量和峰度统计量，读者可以根据其 p 值进行类似的解释。

7. 带外生变量的 VAR 模型

从前面的 VAR 模型中可以看到，dln_inv 方程各变量的系数联合不显著。考虑一个 dln_inc 和 dln_consump 的两变量 VAR 模型，并将 dln_inv 作为外生变量来处理。输入命令：

```
var dln_incdln_consump, exog(dln_inv)
```

其中，选项 exog(dln_inv)表示将 dln_inv 作为外生变量加入模型中。图 12.54 显示了该命令的结果。

```
. var dln_inc dln_consump, exog(dln_inv)

Vector autoregression

Sample:  1960q4 - 1982q4                         No. of obs       =        89
Log likelihood =  582.7991                       AIC              = -12.82695
FPE            =  9.22e-09                        HQIC             = -12.6917
Det(Sigma_ml)  =  7.04e-09                        SBIC             = -12.4914

Equation          Parms      RMSE     R-sq      chi2      P>chi2

dln_inc              6      .011521   0.0951   9.350914   0.0959
dln_consump          6      .009699   0.2672   32.44909   0.0000

                   Coef.   Std. Err.      z     P>|z|     [95% Conf. Interval]

dln_inc
   dln_inc
      L1.        -.1069295  .1241932   -0.86    0.389    -.3503436   .1364846
      L2.         .010718   .1220859    0.09    0.930    -.228566    .2500019
   dln_consump
      L1.         .3388838  .1362094    2.49    0.013     .0719183   .6058494
      L2.         .1438588  .1363849    1.05    0.292    -.1234507   .4111684
   dln_inv         .0150847  .0267424    0.56    0.573    -.0373294   .0674989
   _cons           .0115945  .0032757    3.54    0.000     .0051742   .0180148

dln_consump
   dln_inc
      L1.         .299476   .104558     2.86    0.004     .0945461   .504406
      L2.         .3482793  .1027839    3.39    0.001     .1468265   .5497321
   dln_consump
      L1.        -.3215156  .1146735   -2.80    0.005    -.5462735  -.0967578
      L2.        -.0757683  .1148223   -0.66    0.509    -.3008158   .1492792
   dln_inv         .062507   .0225144    2.78    0.005     .0183797   .1066344
   _cons           .0123194  .0027578    4.47    0.000     .0069142   .0177246
```

图 12.54　带外生变量的 VAR 模型

由结果可以看到，dln_inc 的方程在 10%的显著性水平下是显著的，dln_consump 在 5%的显著性水平下是显著的。

根据该结果，我们可以写出拟合的方程：

$$
\begin{cases}
\text{dln\_inc}_t = 0.012 - 0.107\text{dln\_inc}_{t-1} + 0.011\text{dln\_inc}_{t-2} + 0.339\text{dln\_consump}_{t-1} \\
\qquad\qquad +0.144\text{dln\_consump}_{t-2} + 0.015\text{dln\_inv}_t \\
\text{dln\_consump}_t = 0.012 + 0.299\text{dln\_inc}_{t-1} + 0.348\text{dln\_inc}_{t-2} - 0.322\text{dln\_consump}_{t-1} \\
\qquad\qquad -0.076\text{dln\_consump}_{t-2} + 0.063\text{dln\_inv}_t
\end{cases}
$$

8. 带约束的 VAR 模型

在前面对 dln_inv、dln_inc 和 dln_consump 做的 VAR(2)模型中，我们发现方程 dln_inv 的系数联合不显著，因此，观察各系数的 p 值，我们考虑约束方程 dln_inv 中 L2.dln_inc 的系数和方程 dln_inc 中 L2.dln_consump 的系数为 0。使用如下命令来定义约束：

```
constraint 1 [dln_inv]L2.dln_inc = 0
constraint 2 [dln_inc]L2.dln_consump = 0
```

这里，引用系数的格式为"[方程名]变量名"，其中，方程名为结果最左侧的黑体所显示的，如图 12.54 所示的 dln_inc 和 dln_consump。

下面进行带约束的 VAR 模型拟合，输入命令：

```
var dln_invdln_incdln_consump, lutstatsdfkconstraints(1 2)
```

这里，滞后阶数选择统计量，并对自由度进行小样本的调整（选项 dfk）。图 12.55 显示了回归结果。

```
. var dln_inv dln_inc dln_consump, lutstats dfk constraints(1 2)
Estimating VAR coefficients

Iteration 1:      tolerance =    .01623977
Iteration 2:      tolerance =    .00002904
Iteration 3:      tolerance =    7.916e-08

Vector autoregression

Sample: 1960q4 - 1982q4                         No. of obs      =         89
Log likelihood =  742.0633         (lutstats)   AIC             =  -32.49169
FPE            =    7.93e-15                     HQIC            =  -32.28881
Det(sigma_ml)  =    5.17e-15                     SBIC            =  -31.98837

Equation        Parms      RMSE     R-sq      chi2     P>chi2

dln_inv            6      .042554   0.1036   9.463069   0.0920
dln_inc            6      .010781   0.1502   14.57858   0.0123
dln_consump        7      .009541   0.2397   27.54598   0.0001

Constraints:
 ( 1)   [dln_inv]L2.dln_inc = 0
 ( 2)   [dln_inc]L2.dln_consump = 0

                  Coef.    Std. Err.      z     P>|z|     [95% Conf. Interval]

dln_inv
    dln_inv
         L1.    -.2718792   .1135136    -2.40   0.017    -.4943618   -.0493965
         L2.    -.1339963   .113043     -1.19   0.236    -.3555565    .0875639
    dln_inc
         L1.     .303536    .4880007     0.62   0.534    -.6529277    1.26
         L2.   (dropped)
    dln_consump
         L1.     .718437    .5336046     1.35   0.178    -.3274088   1.764283
         L2.     .6922878   .4763032     1.45   0.146    -.2412493   1.625825
        _cons   -.0086941   .0128974    -0.67   0.500    -.0339724    .0165843

dln_inc
    dln_inv
         L1.     .0453827   .0282269     1.61   0.108    -.0099409    .1007063
         L2.     .0642211   .0277613     2.31   0.021     .0098099    .1186323
    dln_inc
         L1.    -.1089993   .1191991    -0.91   0.360    -.3426252    .1246266
         L2.     .0388653   .1035397     0.38   0.707    -.1640688    .2417994
    dln_consump
         L1.     .2882875   .1336989     2.16   0.031     .0262424    .5503325
         L2.     5.44e-18   1.59e-17     0.34   0.732    -2.57e-17   3.66e-17
        _cons    .0131283   .0030363     4.32   0.000     .0071772    .0190794

dln_consump
    dln_inv
         L1.     .0037525   .0253016     0.15   0.882    -.0458377    .0533426
         L2.     .0509841   .025106      2.03   0.042     .0017772    .100191
    dln_inc
         L1.     .2942279   .1096584     2.68   0.007     .0793015    .5091544
         L2.     .36465     .0981925     3.71   0.000     .1721963    .5571036
    dln_consump
         L1.    -.288791    .1236038    -2.34   0.019    -.5310499   -.046532
         L2.    -.1341301   .102378     -1.31   0.190    -.3347873    .0665272
        _cons    .0127045   .0028583     4.44   0.000     .0071024    .0183067
```

图 12.55　带约束的 VAR 模型

　　可以看到，这时，3 个方程都在 10%的显著性水平下显著。根据结果，我们可以写出拟合的模型：

$$
\begin{cases}
\mathrm{dln\_inv}_t = -0.009 - 0.271\mathrm{dln\_inv}_{t-1} - 0.133\mathrm{dln\_inv}_{t-2} + 0.303\mathrm{dln\_inc}_{t-1} \\
\qquad\qquad + 0.718\mathrm{dln\_consump}_{t-1} + 0.692\mathrm{dln\_consump}_{t-2} \\
\mathrm{dln\_inc}_t = 0.013 + 0.045\mathrm{dln\_inv}_{t-1} + 0.064\mathrm{dln\_inv}_{t-2} - 0.108\mathrm{dln\_inc}_{t-1} + 0.039\mathrm{dln\_inc}_{t-2} \\
\qquad\qquad + 0.288\mathrm{dln\_consump}_{t-1} \\
\mathrm{dln\_consump}_t = 0.013 + 0.004\mathrm{dln\_inv}_{t-1} + 0.051\mathrm{dln\_inv}_{t-2} + 0.294\mathrm{dln\_inc}_{t-1} + 0.365\mathrm{dln\_inc}_{t-2} \\
\qquad\qquad - 0.289\mathrm{dln\_consump}_{t-1} - 0.134\mathrm{dln\_consump}_{t-2}
\end{cases}
$$

　　可以看到，加上约束后，没有约束为 0 的模型系数与原来的模型相差不大。

9. 脉冲响应与方差分解

　　进行完 VAR 模型的拟合之后，我们往往要看一下脉冲响应函数和预测误差方差分解，从而了解一个变量如何对其他变量的冲击做出反应。对脉冲响应函数等进行分析需要首先激活 irf 文件，然后对 irf 系列函数进行估计，最后进行制图或列表分析。

（1）激活 irf 文件

要进行脉冲响应与方差分解的分析，首先要设定某个 irf 文件处于活动状态。使用如下命令：

```
irf set irf_filename
```

其中，irf_filename 代表要激活的文件名，其扩展名为 irf。如果 irf_filename 不存在，Stata 就会创建这个 irf 文件并令其处于活动状态。如果要创建新的 irf 文件并替换活动的 irf 文件，那么可输入命令：

```
irf set irf_filename, replace
```

若要显示当前处于活动状态的 irf 文件，则可以直接输入：

```
irf set
```

若要清除活动的 irf 文件，则命令为：

```
irf set, clear
```

我们在拟合模型 var dln_invdln_incdln_consump 之后需要进行 irf 系列分析，先激活 irf 文件，输入命令：

```
irf set results1
```

Stata 会显示 file results1.irf now active，即文件 results1.irf 现在为活动的 irf 文件。

（2）估计 irf 系列函数

在激活 irf 文件后，我们就可以对脉冲响应函数与方差分解函数等进行估计。估计 irf 系列函数可使用 irf create 命令，命令格式如下：

```
irf create irfname [, var_options]
```

该命令会同时估计脉冲响应函数、动态乘子函数、预测误差方差分解以及各自的标准差，并将这些结果保存到当前处于活动状态的 irf 文件中。irfname 代表要创建的变量名，在 irf 文件中用于标识此次的估计结果。var_options 代表其他可选项。表 12.27 显示了其主要可选项及其含义。

表 12.27　irf 的 options 选项

选项	说明
set(filename[, replace])	使 irf 文件 filename 处于活动状态
replace	如果 irfname 已经存在，就将其替换
step(#)	设置预测期，默认为 step(8)
order(varlist)	设定 Cholesky 分解中内生变量的排序
estimates(estname)	使用之前保存的 VAR 估计结果，默认使用最近的估计结果
nose	不计算标准差
bs	使用残差自助法计算的标准差
bsp	使用参数自助法计算的标准差
nodots	使用自助法模拟时不显示 "."
reps(#)	设定自助模拟的次数，默认为 reps(200)
bsaving(filename[, replace])	将自助法的估计结果保存到 filename 中

其中，如果选项 set(filename[, replace])不被设定，Stata 就会使用当前处于活动状态的 irf 文件；如果使用该选项，那么可以不事先通过 irf set 命令来激活某 irf 文件。此外，选项 bs、bsp、nodots、reps(#)等关系到自助法，关于自助法的详细讲解参见第 15 章。

对前面拟合的 VAR 模型的 irf 系列函数进行估计，并将其用名称 var1 来标识，输入命令：

```
irf create var1
```

这样，irf 系列结果就被保存到文件 results1.irf 中。

（3）irf 制图

若要对 IRF、动态乘子函数以及 FEVD 等制图，可以通过如下命令实现：

```
irf graph stat [, options]
```

其中，可用的统计量 stat 包括 irf（脉冲响应函数）、oirf（正交脉冲响应函数）、dm（动态乘子函数）、cirf（累积脉冲响应函数）、coirf（累积正交脉冲响应函数）、cdm（累积动态乘子函数）、fevd（Cholesky 预测误差方差分解）。

表 12.28 列出了主要的 options 选项。

表 12.28　irf graph 的 options 选项

选项	说明
set(filename)	将 irf 文件 filename 设为活动状态
irf (irfnames)	使用 irfnames 标识的 irf 结果
impulse(impulsevar)	使用 impulsevar 作为脉冲变量
response(endogvars)	使用 endogvars 作为响应变量
noci	不显示置信区间
level(#)	设定置信度，默认为 level(95)
lstep(#)	设定制图的起始期数，默认为 lstep(0)
ustep(#)	设定制图的最大期数
individual	对每一个脉冲变量和响应变量的组合分别制图
iname(namestub [, replace])	设定各个图的名称前缀
isaving(filename_stub [, replace])	将各个图保存到文件并设定文件名的前缀

如果不设定选项 irf (irfnames)，Stata 就会对活动的 irf 文件中所有保存的 irf 结果制图。如果不设定选项 impulse()和 response()，Stata 就会对脉冲变量和响应变量的所有组合制图。此外，选项 iname()和 isaving()只有在设定选项 individual 后才可用。

假设我们想看一下 dln_consump 如何对 dln_inv、dln_inc 和 dln_consump 的冲击做出反应，可以通过如下命令实现：

```
irf graph oirf, irf(var1) response(dln_consump)
```

其中，oirf 表明要绘制正交的脉冲响应函数，选项 irf(var1)表明对 var1 标识的结果进行绘图，response()设定响应变量为 dln_consump。图 12.56 给出了制图的结果。

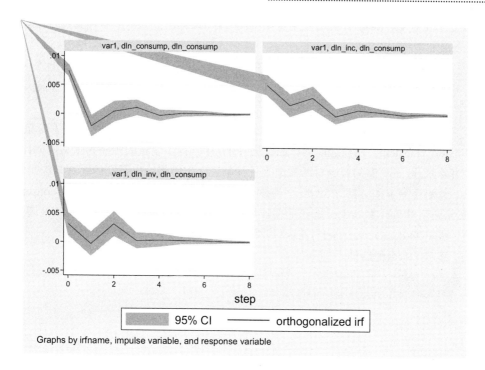

图 12.56　脉冲响应图

各图中的标题内容依次为用于标识的 irf 名、冲击变量、响应变量。左上角的图显示，对 dln_consump 的正冲击先导致 dln_consump 上升，然后下降，再上升（判断上升或下降要看响应变量在 0 值之上还是之下）。在大约 5 期之后，响应逐渐消失。右上角的图显示，对 dln_inc 的正冲击导致 dln_consump 上升，响应在 4~5 期之后逐渐消失。对左下角的图可以做类似的解释。

此外，可以通过命令 irfcgraph 将多个图组合起来。其命令基本格式为：

```
irf cgraph (spec1) [(spec2) …[(specN)]] [, options]
```

其中，speck的格式为：

```
irfname impulsevar responsevar stat [, spec_options]
```

可用的统计量 stat 与 irf graph 相同。可用的 options 选项包括 set(filename)、individual、level(#)、lstep(#)、ustep(#)。可用的 spec_options 选项包括 noci 以及对图的线形、标记等进行设定的选项等。

另外，命令 irfograph 可以将多个表叠加到一幅图上。其命令格式与 irfcgraph 相同。

（4）irf 制表

若要用表格的方式展示 IRF、动态乘子函数以及 FEVD 等，则可以通过 irf table 命令实现，语法格式如下：

```
irf table [stat] [, options]
```

其中，可用的统计量 stat 与 irf graph 相同。若不设定 stat，则所有的统计量都将被汇报。可用的选项包括与 irf graph 相同的 set(filename)、irf(irfnames)、impulse(impulsevar)、response(endogvars)、individual、level(#)、noci。此外，还可以使用选项 title("text")为表格设定标题。

如果我们想要对 Cholesky 分解中内生变量不同排序时的 irf 系列函数值列表进行比较，可以通过如下命令实现：

```
irf create ordera, order(dln_incdln_invdln_consump)
irf table oirffevd, irf(var1 ordera) impulse(dln_inc) response(dln_consump) noci
stdtitle("Ordera versus var1")
```

其中，第 1 句命令为对 irf 结果进行重新估计，设定 Cholesky 分解中内生变量的顺序为 dln_incdln_invdln_consump。而在之前估计的结果 var1 中，内生变量的顺序为默认的估计 VAR 模型时的内生变量顺序。第 2 句命令对两次结果进行制表，表中将给出正交的脉冲响应函数（oirf）和 Cholesky 预测误差方差分解（fevd），脉冲变量为 dln_inc，响应变量为 dln_consump。选项 irf(var1 ordera)表示对 var1 和 ordera 标识的估计结果进行制表，noci 表示不显示置信区间，std 表明显示标准差，title("Ordera versus var1")表示将表格命名为 Ordera versus var1。

图 12.57 显示了命令的结果。

```
. irf table oirf fevd, irf(var1 ordera) impulse(dln_inc) response(dln_consump) noci std title("Ordera versus v
> ar1")

                              Ordera versus var1
```

step	(1) oirf	(1) S.E.	(1) fevd	(1) S.E.	(2) oirf	(2) S.E.	(2) fevd	(2) S.E.
0	.00532	.000911	0	0	.005669	.000959	0	0
1	.00173	.001055	.288849	.077498	.001675	.001057	.32795	.081591
2	.002957	.001036	.295037	.073982	.003329	.001087	.329382	.077721
3	-.00023	.000692	.31986	.075426	-.000197	.000708	.367647	.080551
4	.000671	.000521	.316711	.073969	.000701	.000553	.363852	.079002
5	.0046	.000333	.318774	.074615	.000487	.000348	.36602	.079644
6	.000011	.00025	.31972	.074911	.000033	.000264	.36706	.079967
7	.000125	.000144	.319598	.074861	.000133	.000154	.366928	.079929
8	.000071	.000091	.319668	.074908	.000075	.000097	.367004	.079983

```
(1) irfname = var1, impulse = dln_inc, and response = dln_consump
(2) irfname = ordera, impulse = dln_inc, and response = dln_consump
```

图 12.57　对 irf 结果制表

可以看到，不同顺序下，oirf 的值相差不大，fevd 的值相差较大。我们可以对 fevd 重新制表，并显示置信区间。下面看一种 fevd 的估计值是否在另一种估计值的置信区间中，从而判断差别是否显著。命令为：

```
irf table fevd, irf(var1 ordera) impulse(dln_inc) response(dln_consump)
individual
```

其中，individual 表示分别显示两个表格。

此外，我们还可以通过 irfctable 命令将多个表组合起来。其命令基本格式为：

```
irf ctable (spec1) [(spec2) …[(specN)]] [, options]
```

其中，speck 的格式为：

```
irfname impulsevar responsevar stat [, spec_options]
```

同样，可用的统计量 stat 与 irf graph 相同。可用的 options 选项包括 set(filename)、noci、 stderror、individual、title("text")、step(#)、level(#)。可用的 spec_options 选项包括 noci、stderror、level(#)、ititle("text")。

对于前面 irf 和 fevd 的制表，我们还可以通过如下命令实现：

```
Irf ctable (var1 dln_incdln_consump oirf fevd)(orderadln_incdln_consump
Oirf fevd),noci std title("Ordera versus var1")
```

可以得到与图 12.57 相同的结果。

如果我们想将两种 Cholesky 排序下的脉冲响应放到一个图中，那么可以通过如下命令实现：

```
irfograph (var1 dln_incdln_consump oirf)(ordera dln_incdln_consump oirf)
```

图 12.58 显示了该命令的结果。

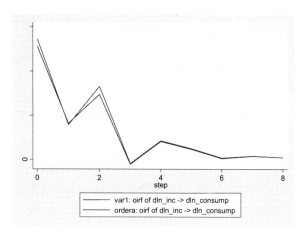

图 12.58　irf 的叠加图

可以看到，不同 Cholesky 排序下的脉冲响应图的形状大体相同。

（5）其他 irf 命令

①描述 irf 文件信息

使用 irf describe 命令，基本格式如下：

```
irf describe [irf_resultslist] [, options]
```

其中，irf_resultslist 是指 irf 结果文件中用于标识结果的变量名，如前面例子中的 var1、ordera。options 为其他可选项，表 12.29 显示了这些选项。

表 12.29　irf describe 的 options 选项

选项	说明
set(filename)	激活并描述 irf 文件 filename
using(irf_filename)	描述但不激活 irf 文件 irf_filename
detail	详细信息

②将 irf 文件结果合并到活动状态的 irf 文件

基本命令格式为：

```
irf add {_all | [newname=] oldname…}, using(irf_filename)
```

其中，选项 using()设定我们将哪个 irf 文件的结果合并到活动的 irf 文件中。如果我们使用_all，就会将源文件所有结果添加到活动 irf 文件中；如果指定变量名 oldname，就会将指定变量标识的结果添加到活动 irf 文件中，形如 newname=oldname 会给源文件的结果设定新的名称。

③从活动的 irf 文件中删除 irf 结果

基本命令格式为：

```
irf drop irf_resultslist [, set(filename)]
```

其中，irf_resultslist 为 irf 结果文件中用于标识结果的变量名，选项 set(filename)会激活指定的 irf 文件。

④对 irf 文件中的 irf 结果重命名

基本命令格式为：

```
irf rename oldname newname [, set(filename)]
```

其中，oldname 为原来的名字，newname 为新名字。选项 set(filename)会激活指定的 irf 文件。

10. 基本 VAR 模型的拟合与绘图

实际上，如果要拟合一个基本的 VAR 模型并绘制 IRF、OIRF 或 FEVD 图，那么可以通过一个简单的 varbasic 命令一步实现。varbasic 命令的语法基本格式如下：

```
varbasic depvarlist [if] [in] [, options]
```

其中，varbasic 表示拟合简单的 VAR 模型并绘图，depvarlist 代表模型中内生变量的名称，if 代表条件语句，in 代表范围语句，options 代表其他可选项。表 12.30 列出了各可用的选项。

表 12.30 varbasic 的 options 选项

选项	说明
lags(numlist)	在 VAR 各方程中使用 numlist 所设定的滞后项，默认为 lags(1 2)
irf	生成两两变量的脉冲响应函数，默认为正交的 IRF 图
fevd	生成两两变量的预测误差方差分解函数，默认为正交的 IRF 图
nograph	不绘图，但仍将 IRF、OIRF 和 FEVD 保存于文件_varbasic.irf 中
step(#)	设定 OIRF、IRF 和 FEVD 的预测步长，默认为 step(8)

命令 varbasic 为我们提供了方便，让我们可以不必对 irf 文件进行激活等设置而直接获得 irf 函数图等。此外，在 varbasic 命令之后，我们也可以进行残差的正态性、自相关等各种检验，以及进行模型的预测。

11. VAR 模型的预测

对 VAR 模型的预测可分为一步预测和动态预测。下面分别进行讲解。

（1）一步预测

一步预测是利用变量的实际观测值和估计的系数对因变量进行预测。其使用 predict 命令的语法格式如下：

```
predict [type] newvar [if] [in] [, equation(eqno|eqname) statistic]
```

其中，newvar 代表预测的新变量名称，if 代表条件语句，in 代表范围语句。equation()指定要对哪个方程进行预测，可以指定方程的序号 eqno（形如#1、#2），也可以指定方程的名称 eqname（形如 dln_inv 等）。如果不设定选项 equation()，Stata 就会对第一个方程进行估计，即相当于设定了 equation(#1)。statistic 代表要预测的统计量，参见表 12.31。

表 12.31　对 VAR 模型进行一步预测的 statistic 选项

选项	说明
xb	线性预测（默认选项）
stdp	线性预测的标准差
residuals	残差

（2）动态预测

对于 VAR 模型，我们更经常做的是进行动态预测。动态预测的基本命令为 fcast compute，语法格式如下：

```
fcast compute prefix [, options]
```

其中，prefix 代表前缀，即将动态预测值命名为前缀+因变量名。通常而言，如果 VAR 模型有 K 个内生变量，fcast compute 就会预测出 4K 个新变量：K 个动态预测的预测值、K 个预测区间的下界（名称：prefix 因变量名_LB）、K 个预测区间的上界（名称：prefix 因变量名_UB）以及 K 个预测的标准差（名称：prefix 因变量名_SE）。options 代表其他可选项，表 12.32 列出了主要的 options 选项。

表 12.32　fcast compute 的 options 选项

选项	说明
step(#)	设置预测期数，默认为 step(1)
dynamic(time_constant)	设定动态预测的起始期，默认为用于拟合模型样本最后一个观测值的下一期
estimates(estname)	使用之前保存的 VAR 估计结果，默认使用最近的估计结果
replace	替换具有同样前缀的预测变量
nose	不计算预测值的渐近标准差和渐近置信区间
bs	使用残差自助法计算的标准差
bsp	使用参数自助法计算的标准差
bscentile	使用自助数据集的分位数来估计置信区间
nodots	使用自助法模拟时不显示 "."
reps(#)	设定自助模拟的次数，默认为 reps(200)
saving(filename[, replace])	将自助法的估计结果保存到 filename 中
level(#)	设定置信度，默认为 level(95)

（3）动态预测的制图

进行动态预测后，我们通常需要制图，以得到直观的认识。使用 fcast graph 命令对动态预测结果进行制图，基本命令格式为：

```
Fcast graph varlist [if] [in] [, options]
```

其中，varlist 代表要制图的变量名称，if 代表条件语句，in 代表范围语句。可选项 options 可以为 noci（不显示置信区间）、observed（预测变量的实际观测值）以及对线形等进行设计的

graph 选项。

对于 iic.dta 的数据，我们先拟合模型：

```
var dln_invdln_incdln_consumpif qtr<tq(1979q1)
```

这里，我们用条件语句"if qtr<tq(1979q1)"对样本区间做了限定，这是为了方便后面对动态预测值和样本观测值进行对比。此外，我们没有设定模型的滞后期，而使用了默认的设置，即滞后期为 1 到 2 期。

下面进行动态预测并制图。输入命令：

```
fcast compute f1_, step(8)
fcast graph f1_dln_inv f1_dln_inc f1_dln_consump, observed
```

命令第 1 步为计算动态预测值，并将各预测变量命名为前缀"f1_"+内生变量名，step(8)设定预测的步长为 8。因为我们在拟合模型时使用的样本为 1979 年第 1 季度之前的，所以动态预测值会从 1979 年第 1 季度开始，并持续 8 个区间，也就是说，预测到 1980 年第 4 季度为止。

第 2 步对各预测值制图，选项 observed 表明将同时画出各变量的实际观测值。图 12.59 显示了制图结果。

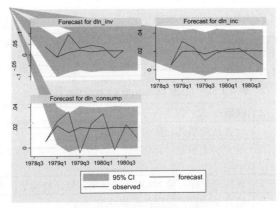

图 12.59　动态预测结果图

从图中可以看到，模型对投资和收入的预测要优于对消费的预测。灰色的宽带显示了预测值的置信区间。

有时可能希望将不同模型的预测结果放到一幅图中进行比较，Stata 可以很容易实现这一点。

```
var dln_inv dln_inc dln_consumpif qtr<tq(1979q1), lags(1/4)
fcast compute f2_, step(8)
```

在上述命令中，第 1 步拟合了滞后期为 1~4 期的 VAR 模型。第 2 步进行了动态预测，并将预测值的前缀设为 f2_。下面将这次和前一次对 dln_inv 的预测结果放到一幅图中：

```
graph twoway line f1_dln_inv f2_dln_inv dln_invqtr if f1_dln_inv < .
```

其中，graph twoway line 表明我们要做线图，y 轴的变量有 f1_dln_inv、f2_dln_inv 和 dln_inv，x 轴的变量为 qtr。条件语句"if f1_dln_inv < ."表明，我们要对 f1_dln_inv 不为"."的观测值制图。因为动态预测的步长为 8 期，事实上，只有 8 个预测数据。图 12.60 显示了图形比较结果。

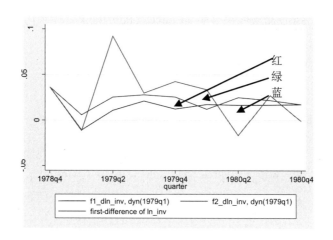

图 12.60　两个动态预测的结果比较图

其中，绿线代表原序列值，红线代表 VAR(4)模型的动态预测值，蓝线代表 VAR(2)模型的动态预测值。可以看到，在有些区间 VAR(4) 模型拟合得好，而在另一些区间中，VAR(2)模型拟合得好。

实验 12-9　协整与向量误差修正模型

▶ 实验基本原理

向量误差修正模型（Vector Error Correction Model，VECM）体现了这样一种思想：相关变量间可能存在长期的均衡关系，变量的短期变动就是向着这个长期均衡关系的部分调整。相比起 VAR 模型等，误差修正模型往往有着更为清楚的经济含义。

考虑 AR(1)，$y_t = \beta_0 + \beta_1 y_{t-1} + \epsilon_t$。假设$\beta_1 < 1$，则$\{y_t\}$为平稳过程。对方程两边求期望，并令长期均衡$y^* = E(y_t) = E(y_{t-1})$，则可得$y^* = \frac{\beta_0}{1-\beta_1}$。将$\beta_0 = (1 - \beta_1)y^*$代回 AR(1)的原方程，并在方程两边同时减去$y_{t-1}$，整理可得：

$$\Delta y_t = (1 - \beta_1)(y^* - y_{t-1}) + \epsilon_t$$

这就是 AR(1) 的误差修正模型，它将Δy_t表达为对其长期均衡的偏离$(y^* - y_{t-1})$的部分调整加上扰动项。

对于一个各变量协方差平稳的 VAR(p)模型，我们也可以通过适当的变换将其写成 VEC 模型。但很多时候，变量并非平稳的，而是存在单位根。对于一个由 I(1)变量构成的 VAR 模型，如果变量间存在协整（Cointegration）关系，那么我们也可以写出其对应的 VEC 模型。

具体而言，有时虽然几个变量都是随机游走的，但它们的某个线性组合可能是平稳的。在这种情况下，我们称这几个变量是协整的。假如x_t和y_t都是 I (1)，要检验它们之间是否存在协整关系，可以首先对模型进行 OLS 回归，然后检验残差是否平稳，因为如果x_t和y_t没有协整关系，那么它们的任一线性组合都是非平稳的，残差也将是非平稳的。

一组变量之间协整关系的个数叫协整秩（Cointegration Rank），对于 n 个 I(1)变量，协整秩最多为 n–1。

对于协整秩为 h 的 VAR 模型：

$$y_t = \nu + \delta t + \Phi_1 y_{t-1} + \cdots + \Phi_p y_{t-p} + \varepsilon_t$$

我们可以导出其向量误差修正形式（VECM Representation）：

$$\Delta y_t = \nu + \delta t + \alpha \beta' y_{t-1} + \Gamma_1 \Delta y_{t-1} + \Gamma_2 \Delta y_{t-2} + \cdots + \Gamma_{p-1} \Delta y_{t-p+1} + \varepsilon_t$$

其中，$\Gamma_s = -(\Phi_{s+1} + \cdots + \Phi_p)$，$\alpha \beta' = -(I_n - \Phi_1 - \Phi_2 - \cdots - \Phi_p)$。$\alpha$、$\beta$为两个 $n \times h$ 的满列秩矩阵（α、β不唯一），这样，$z_{t-1} = \beta' y_{t-1}$ 即为误差修正项，代表了变量间的长期关系；α即为调整参数矩阵。

⊛ 实验目的与要求

（一）实验目的

1. 了解 VEC 模型的原理及其在实际数据分析中的应用。
2. 熟悉 Stata 中协整关系检验的基本操作及相关选项。
3. 熟悉 Stata 中拟合 VEC 模型的基本操作及相关选项。
4. 熟悉 Stata 中确定 VEC 模型的阶数，检验模型平稳性、残差的自相关和正态性的操作。
5. 熟悉 Stata 中对 irf 系列函数的各项操作及相关选项。
6. 熟悉 Stata 中对 VEC 模型进行一步预测和动态预测的相关命令。

（二）实验要求

1. 能够熟练使用 varsoc 命令进行 VEC 模型的阶数判断，并熟知各选项的含义。
2. 能够熟练使用 vec 命令拟合 VEC 模型，熟知各选项的含义，且熟悉对结果的解读。
3. 能够熟练使用 vecrank 命令进行协整关系检验，并熟悉对结果的解读。
4. 能够熟练使用 vecstable 命令进行模型平稳性判断，并熟悉对结果的解读。
5. 能够熟练使用 veclmar 命令进行残差的自相关性检验，并熟悉对结果的解读。
6. 能够熟练使用 vecnorm 命令进行残差的正态性检验，并熟悉对结果的解读。
7. 能够熟练使用 irf 系列命令进行脉冲响应、方差分解等函数的估计、列表及制图。
8. 能够熟练使用 predict 命令进行一步预测，并熟知各选项的含义。
9. 能够熟练使用 fcast 系列命令进行动态预测及制图，并熟知各选项的含义。

⊛ 实验内容及数据来源

本书下载资源\data\第 12 章\regincom.dta 工作文件给出了美国 8 个地区在 1948~2002 年的人均可支配收入数据，主要变量包括：year（年度）、new_england（新英格兰地区的人均可支配收入，单位：美元）、mideast（中东部地区的人均可支配收入，单位：美元），southeast（东南部地区的人均可支配收入，单位：美元）、ln_ne（新英格兰地区人均可支配收入的对数）、ln_me（中东部地区人均可支配收入的对数）、ln_se（东南部地区人均可支配收入的对数）……表 12.33 给出了数据的概况。

表 12.33　文件 regincom.dta 的部分数据

year	new_england	mideast	southeast	ln_ne	ln_me	...	ln_se
1948	1351	1463	930	7.2086	7.288244	...	6.835185
1949	1334	1457	907	7.195937	7.284135	...	6.810143
1950	1470	1584	977	7.293018	7.367709	...	6.884487
1951	1594	1679	1078	7.374002	7.425954	...	6.982863
1952	1647	1723	1129	7.406711	7.451822	...	7.029088
1953	1714	1811	1184	7.446585	7.501635	...	7.076654
...	...	...	...	...	...	...	...

对于这些数据，我们想要分析东南部地区和中东部地区人均可支配收入的长期均衡关系以及短期变动情况。

对各变量进行单位根检验，我们不能拒绝各个地区人均可支配收入的对数存在单位根。又因为资本和劳动可以在各个地区自由流动，所以我们可以期待没有一个地区的数据会与其他地区的序列有大的偏离，也就是说各个地区的数据间应该存在协整关系。我们考虑拟合一个 VEC 模型。

利用 regincom.dta 的数据，我们将讲解 VEC 模型阶数的确定、协整关系的检验、模型的拟合、协整方程平稳性的检验、残差自相关检验和正态性检验、irf 系列函数的估计与制图、模型的预测等内容。

⊙ 实验操作指导

1. 确定模型阶数

若要确定 VEC 模型的滞后阶数，则可以通过 varsoc 命令实现，在拟合模型之前或之后均可。命令格式与 VAR 模型完全相同。

这里，我们通过如下命令确定模型阶数：

```
varsoc ln_me ln_se
```

图 12.61 显示了该命令的结果。

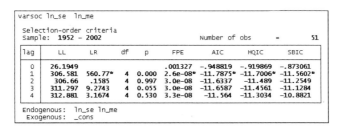

图 12.61　VEC 模型阶数的确定

可以看到，各种信息准则都显示滞后 1 期为最优选择。

2. 约翰逊协整检验

在拟合一个 VEC 模型之前，我们需要先检验变量间是否存在协整关系。协整检验的基本命令格式如下：

```
vecrank depvarlist [if] [in] [,options]
```

其中，depvarlist 代表各变量的名称，if 代表条件语句，in 代表范围语句，options 代表其他可选项。表 12.34 显示了各选项及其含义。

表 12.34　vecrank 的 options 选项

选项	说明
lags(#)	设定#为对应的 VAR 模型的最高滞后阶数
trend(constant)	设定协整方程没有趋势，水平数据呈线性趋势，为默认设置
trend(rconstant)	设定协整方程没有趋势，水平数据也没有趋势
trend(trend)	协整方程包括线性趋势，设定未差分数据为二次趋势
trend(rtrend)	协整方程包括线性趋势，设定未差分数据为线性趋势
trend(none)	不包括任何趋势项或常数项
sindicators(varlist_si)	包含标准化的季节标准变量 varlist_si
noreduce	不进行因变量滞后项的多重共线性检验
notrace	不汇报迹统计量
max	汇报最大特征值统计量
ic	汇报信息准则
level99	输出 1%的临界值而非 5%的临界值
levela	输出 1%的临界值和 5%的临界值

下面对各种 trend()设置进行进一步的说明。对于 VEC 模型：

$$\Delta y_t = \nu + \delta t + \alpha\beta'y_{t-1} + \Gamma_1\Delta y_{t-1} + \Gamma_2\Delta y_{t-2} + \cdots + \Gamma_{p-1}\Delta y_{t-p+1} + \varepsilon_t$$

因为这是对差分序列Δy_t的建模，所以模型中的常数向量ν意味着未差分序列有线性趋势，δt意味着未差分序列有二次趋势。我们可以将 ν 和 δ 写成如下形式：

$$\nu = \alpha\mu + \gamma$$
$$\delta = \alpha\rho t + \tau t$$

其中，μ 和 ρ 都是 h×1 的参数向量，γ和 τ 为 n×1 的参数向量；且γ与$\alpha\mu$正交，τ 与$\alpha\rho$正交。这样，我们可以将 VEC 模型写为：

$$\Delta y_t = \alpha(\beta'y_{t-1} + \mu + \rho t) + \Gamma_1\Delta y_{t-1} + \Gamma_2\Delta y_{t-2} + \cdots + \Gamma_{p-1}\Delta y_{t-p+1} + \gamma + \tau t + \varepsilon_t$$

这样，协整方程变为$\beta'y_{t-1} + \mu + \rho t$。trend(trend)意味着不对趋势参数进行任何限制，即水平数据可以为二次趋势，协整方程趋势平稳；trend(rtrend)意味着约束$\tau = 0$，即水平数据为线性趋势而非二次趋势，但协整方程仍可以趋势平稳；选项 trend(constant)意味着$\tau = 0$且$\rho = 0$，即设定水平数据为线性趋势，协整方程为常数平稳；trend(rconstant)意味着$\tau = 0$、$\rho = 0$且$\gamma = 0$，即设定水平数据没有趋势，协整方程为常数平稳；trend(none)意味着$\tau = 0$、$\rho = 0$、$\gamma = 0$且$\mu = 0$，即协整方程无趋势且均值为 0，数据的水平形式及差分形式均值都为 0。在实际分析中，我们可以通过理论分析与制图相结合来判断究竟使用哪种趋势设定。

对 ln_me 和 ln_se 进行制图，我们有：

```
line ln_meln_se year
```

在命令中，y 轴变量为 ln_me 和 ln_se，x 轴变量为 year。图 12.62 给出了该命令的结果。

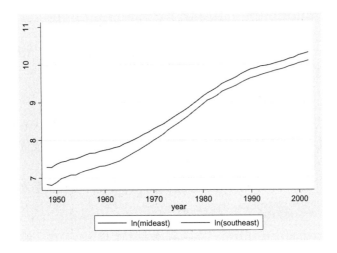

图 12.62　两个地区人均可支配收入制图

可以看到，在 1980 年之后，两个变量的关系趋于稳定，表明其存在一定的协整关系。并且，两个变量的增长方式近似线性。这样，我们可以大致判断协整方程没有趋势（如果存在协整关系），水平数据呈线性趋势，即采用默认的设置。

下面来检验 ln_me 和 ln_se 之间是否存在协整关系，输入命令：

```
Vecrank ln_me ln_se, lags(1)
```

得到如图 12.63 所示的协整关系检验的结果。

```
. vecrank ln_me ln_se, lags(1)
                           Johansen tests for cointegration
                                                           Number of obs =      54
Trend: constant                                            Lags          =       1
Sample:  1949 - 2002
                                                   5%
maximum                                 trace    critical
  rank   parms       LL     eigenvalue statistic  value
    0      2     280.04074       .      45.8674   15.41
    1      5     301.27107    0.54448    3.4067*   3.76
    2      6     302.97442    0.06114
```

图 12.63　协整关系检验结果

因为这里没有设定关于统计量的选项，Stata 默认利用迹统计量对协整关系进行判断。根据该结果，在 rank=0 时，迹统计量的值为 45.8674，大于 5%的临界值 15.41，因而我们应拒绝不存在协整关系的原假设。在 rank=1 时，迹统计量值为 3.4067，小于 5%的临界值 3.76，因而我们不能拒绝存在 1 个或小于 1 个协整关系的原假设。综合起来，我们判断协整关系的个数为 1 个。

我们也可以使用最大特征值统计量来判断协整关系的个数，命令如下：

```
Vecrank ln_me ln_se, lags(1) max notrace
```

其中，选项 max 表示汇报最大特征值统计量，notrace 表示不汇报迹统计量。图 12.64 给出了该命令的结果。

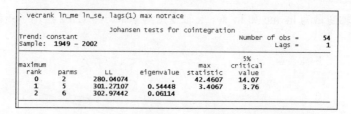

图 12.64　用最大特征值统计量判断协整关系个数

对结果的解读方式与使用迹统计量时一样。这里，我们可以拒绝不存在协整关系的原假设，但不能拒绝存在 1 个或小于 1 个协整关系的原假设。也就是说，最大特征值统计量也显示协整关系的个数为 1。在实际工作中，迹统计量法使用得更多一些。

此外，我们还可以通过信息准则来对协整关系的个数进行判断，命令为：

```
vecrank ln_meln_se, lags(1) icnotrace
```

其中，选项 ic 表示汇报信息准则值，notrace 表示不汇报迹统计量。图 12.65 给出了该命令的结果。

```
. vecrank ln_me ln_se, lags(1) ic notrace
                       Johansen tests for cointegration
Trend: constant                               Number of obs =      54
Sample:  1949 - 2002                          Lags =            1

maximum
   rank   parms        LL      eigenvalue      SBIC        HQIC        AIC
     0       2    280.04074                 -10.22414   -10.2694   -10.29781
     1       5    301.27107    0.54448     -10.78884*  -10.90198*  -10.973
     2       6    302.97442    0.06114     -10.77805   -10.91382   -10.99905
```

图 12.65　用信息准则判断协整关系个数

信息准则的判断标准为最小化信息准则值。可以看到，SBIC 和 HQIC 准则都认为协整关系的个数为 1 个。

3. 拟合 VEC 模型

使用 vec 命令可拟合 VEC 模型，即向量误差修正，语法格式如下：

```
vec depvarlist [if] [in] [,options]
```

其中，depvarlist 代表各变量的名称，if 代表条件语句，in 代表范围语句，options 代表其他可选项。表 12.35 显示了各个选项及其含义。

表 12.35　vec 的 options 选项

选项	说明
rank(#)	设定协整方程的个数为#，默认为 rank(1)
lags(#)	设定#为对应的 VAR 模型的最高滞后阶数，默认为 lags(2)
trend(constant)	设定协整方程没有趋势，水平数据呈线性趋势，为默认设置
trend(rconstant)	设定协整方程没有趋势，水平数据也没有趋势
trend(trend)	协整方程包括线性趋势，设定未差分数据为二次趋势
trend(rtrend)	协整方程包括线性趋势，设定未差分数据为线性趋势
trend(none)	不包括任何趋势项或常数项
bconstraints(constraints_bc)	对协整向量设定约束 constraints_bc
aconstraints(constraints_ac)	对调整参数设定约束 constraints_ac

（续表）

选项	说明
sindicators(varlist_si)	包含标准化的季节标准变量 varlist_si
noreduce	不进行因变量滞后项的多重共线性检验
level(#)	设定置信度，默认为 level(95)
nobtable	不汇报协整方程的参数
noidtest	不汇报过度约束的似然比检验
alpha	将调整参数单独列表
pi	输出 pi 矩阵，$\Pi = \boldsymbol{\alpha\beta}'$
noptable	不汇报 pi 矩阵的元素
mai	汇报移动平均影响矩阵的参数
noetable	不汇报调整参数和短期参数
dforce	输出短期参数、协整参数和调整参数

下面对数据拟合 VEC 模型。输入命令：

```
Vec ln_me ln_se, lags(1)
```

我们前面检验协整关系的个数为 1，所以不必再使用选项 rank()进行协整方程个数的设置，因为其默认值就是 1。这样，我们得到如图 12.66 所示的结果。

```
. vec ln_me ln_se, lags(1)

Vector error-correction model

Sample:  1949 - 2002                            No. of obs      =        54
                                                AIC             =   -10.973
Log likelihood =  301.2711                      HQIC            = -10.90198
Det(Sigma_ml)  =  4.89e-08                      SBIC            = -10.78884

Equation           Parms      RMSE     R-sq      chi2     P>chi2
----------------------------------------------------------------
D_ln_me              2     .01787   0.9199   597.346   0.0000
D_ln_se              2    .022018   0.8963   449.5155  0.0000
----------------------------------------------------------------

------------------------------------------------------------------------------
             |      Coef.   Std. Err.      z    P>|z|     [95% Conf. Interval]
-------------+----------------------------------------------------------------
D_ln_me      |
        _ce1 |
         L1. |   -.546672    .069349    -7.88   0.000    -.6825935   -.4107505
       _cons |  -.0024715    .007837    -0.32   0.752    -.0178318    .0128888
-------------+----------------------------------------------------------------
D_ln_se      |
        _ce1 |
         L1. |   -.541078   .0854455    -6.33   0.000    -.7085481    -.373608
       _cons |    .002497   .0096561     0.26   0.796    -.0164286    .0214226
------------------------------------------------------------------------------

Cointegrating equations

Equation           Parms    chi2     P>chi2
-------------------------------------------
_ce1                 1   50417.88   0.0000
-------------------------------------------

Identification:  beta is exactly identified
                 Johansen normalization restriction imposed

------------------------------------------------------------------------------
        beta |      Coef.   Std. Err.      z    P>|z|     [95% Conf. Interval]
-------------+----------------------------------------------------------------
_ce1         |
       ln_me |          1          .        .       .            .           .
       ln_se |  -.9232791   .0041119  -224.54   0.000    -.9313382   -.9152199
       _cons |  -1.049825          .        .       .            .           .
------------------------------------------------------------------------------
```

图 12.66　VEC 模型拟合结果

结果中第 1 个表格的解释与 VAR 模型相同。我们可以看到方程 D_ln_me 和方程 D_ln_se 的系数都是联合显著的。

第 2 个表格给出了短期参数和调整参数。其中，_ce1L1.用于指代协整关系的一期滞后值。如果我们拟合滞后 2 期的 VEC 模型，那么结果中还会有类似 ln_me LD.这样的项，是指变量 ln_me 的滞后差分值。

第 3 个表格对协整方程（Cointegrating Equations）的显著性进行检验，结果表明，协整关系是显著的。此外，我们可以注意到，Stata 用_ce1 来指代这个协整关系。

第 4 个表格给出了协整关系，也就是长期参数的估计值。

根据该结果可以知道，该模型的协整关系为：

```
ln_me-0.923ln_se-1.05
```

该模型可以写为：

$$\begin{cases} \Delta\ln\_me_t = -0.547(\ln\_me_{t-1} - 0.923\ln\_se_{t-1} - 1.05) - 0.002 \\ \Delta\ln\_se_t = -0.541(\ln\_me_{t-1} - 0.923\ln\_se_{t-1} - 1.05) + 0.002 \end{cases}$$

其中，调整系数-0.547 表明，当 ln_me 过高，偏离长期均衡值时，它会缓慢朝着长期均衡值下调。对于这个模型，两个方程常数项的系数都不显著，因而，我们可以考虑约束水平数据没有趋势，即采用选项 trend(rconstant)，但这又与我们对数据的观察不太相符。实际操作时，我们可以尝试多种模型，并看哪一种拟合最好。

此外，可以注意到，协整关系中，ln_me 的系数被标准化为 1。当然，我们也可以定义约束，然后通过选项 bconstraints()设定 ln_se 的系数标准化为 1，命令如下：

```
constraint 1 [_ce1]ln_se = 1
vec ln_me ln_se, lags(1) bconstraints(1)
```

其中，第 1 步为定义约束，令方程_ce1 中 ln_se 的系数为 1。这里，需要注意的是，[_ce1]与 ln_se 之间不能出现空格，否则，Stata 将不识别。

如果我们要对调整系数进行约束，那么可通过选项 aconstraints()实现。例如，我们要约束 D_ln_me 方程中的调整系数为-0.5，然后进行约束回归，命令如下：

```
constraint 2 [D_ln_me]L._ce1= -0.5
vec ln_me ln_se, aconstraints(2)
```

4. 协整方程的平稳性检验

在拟合完 VEC 模型之后，如果要进行种种推断，就要求协整方程平稳，且协整方程的个数被正确设定。尽管 vecrank 提供了判断平稳的协整方程个数的办法，但该命令假定各个变量都是一阶单整，因此，我们有必要在拟合完模型之后，再对协整方程的平稳性进行判断。其命令格式为：

```
vecstable [, options]
```

其中，vecstable 表示进行 VEC 模型平稳性检验，options 可用的选项与命令 varstable 相同，详见表 12.24。

下面对前面拟合的模型中协整方程的平稳性进行检验，输入命令：

```
vecstable , graph
```

选项 graph 表明，我们会同时得到伴随矩阵特征值的制图。各个特征值的值及其模如图 12.67 所示，特征值制图如图 12.68 所示。

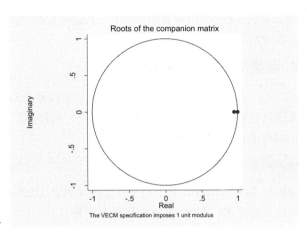

. vecstable , graph

Eigenvalue stability condition

Eigenvalue	Modulus
1	1
.952894	.952894

The VECM specification imposes a unit modulus.

图 12.67　特征值及其模　　　　　　图 12.68　特征值制图

图 12.67 的脚注显示，模型有一个特征值为 1。对于其他的特征值，如果任何一个值接近于 1，我们就应该怀疑协整方程不平稳或者模型还有另一个共同趋势，而 vec 命令中 rank()设置高了。而根据该结果，另一个特征值为 0.953，表明协整方程可能不平稳。图 12.68 更是给出了直观的认识。事实上，对协整方程的残差进行单位根检验表明，该残差序列是存在单位根的。检验的命令如下：

```
gen e= ln_me-0.9232791* ln_se-1.049825
dfuller e
```

第 1 步为生成协整方程的残差序列，并将其命名为 e；第 2 步对序列 e 进行单位根检验。读者可自行检验。

因为该模型的协整方程不平稳，我们应考虑对模型进行改进或拟合其他模型。接下来，我们姑且接着这个模型讲解其他检验和预测的操作。

5. 模型的残差自相关性检验

对 VEC 模型的估计、推断和预测等都假定残差没有自相关，因而，我们有必要对残差的自相关性进行检验。其基本命令格式如下：

```
veclmar [, options]
```

其中，veclmar 表示对残差自相关进行拉格朗日乘子检验（LM Test），options 可用的选项与命令 varlmar 相同。

要检验前面拟合的模型残差是否自相关，输入命令：

```
veclmar
```

图 12.69 给出了该命令的结果。

veclmar

Lagrange-multiplier test

lag	chi2	df	Prob > chi2
1	15.4516	4	0.00385
2	6.9619	4	0.13792

H0: no autocorrelation at lag order

图 12.69　残差自相关的检验结果

可以看到，在 5%的显著性水平下，我们可以拒绝滞后 1 期没有自相关的原假设，也就是说，残差存在自相关。

6. 模型残差的正态性检验

对 VEC 模型进行的最大似然估计建立在残差为独立同分布且服从正态分布的假设之上。尽管很多渐近性质不依赖于残差的正态性假设，但很多研究者仍倾向于进行残差的正态性检验。

对残差的正态性检验的基本命令为：

```
vecnorm [, options]
```

options 包括 varnorm 命令的所有选项（见表 12.26）以及 dfk 选项。在计算扰动项的方差协方差矩阵时，选项 dfk 可以对其进行小样本调整。

对前面拟合的模型进行残差的正态性检验，可以输入命令：

```
vecnorm, jbera
```

其中，选项 jbera 表示只汇报 Jarque-Bera 统计量。图 12.70 给出了该命令的结果。

```
. vecnorm, jbera

Jarque-Bera test

  Equation        chi2    df    Prob > chi2

  D_ln_me        1.126     2       0.56953
  D_ln_se        1.286     2       0.52579
  ALL            2.412     4       0.66053
```

图 12.70　残差的正态性检验结果

可以看到，我们不能拒绝这两个方程的残差分别服从正态分布的原假设，也不能拒绝这两个方程的残差服从联合正态分布的原假设。

7. 脉冲响应与方差分解

对 VEC 模型的脉冲响应和方差分解等分析和 VAR 模型大致相同，只是有些命令的选项稍有差异。

首先激活 irf 文件（irf set），然后对 irf 系列函数进行估计（irf create），最后制图（irf graph、irfcgraph 或 irfograph）或进行列表分析（irf table 或 irfctable）。

其中，irf create 的选项包括 set(filename[, replace])、replace、step(#)和 estimates(estname)。其他命令的选项与 VAR 模型的 irf 系列命令相同（详见实验 12-8），只是可用的统计量只包括 irf（脉冲响应函数）、oirf（正交脉冲响应函数）、cirf（累积脉冲响应函数）、coirf（累积正交脉冲响应函数）、fevd（Cholesky 预测误差方差分解）。

此外，我们同样可以使用命令 irf describe 来描述 irf 文件信息，用命令 irf add 将 irf 结果添加到活动状态的 irf 文件，通过命令 irf drop 从活动的 irf 文件中删除 irf 结果，通过命令 irfrename 对 irf 结果重命名。

8. VEC 模型的预测

对 VEC 模型的预测也可分为一步预测和动态预测。

（1）一步预测

对 VEC 模型进行一步预测的基本命令格式与 VAR 模型相同，如下所示：

```
predict [type] newvar [if] [in] [, equation(eqno|eqname) statistic]
```

表 12.36 列出了可用的 statistic 选项。

表 12.36　对 VEC 模型进行一步预测的 statistic 选项

选项	说明
xb	线性预测（默认选项）
stdp	线性预测的标准差
residuals	残差
ce	指定的协整方程的预测值
levels	计算指定方程中内生变量水平值的一步预测
usece(varlist_ce)	使用之前保存的协整方程结果 varlist_ce 进行预测值计算，要求 varlist_ce 中的变量数等于模型中协整方程的个数

对于前面拟合的 VEC 模型，可以对其协整方程值进行预测并制图，从而直观判断协整方程是否平稳，输入命令：

```
predict c1, ce
line c1 year
```

其中，第 1 句命令对协整方程值进行预测，并将其命名为 c1。第 2 句命令为制图，y 轴为 c1，x 轴为 year。图 12.71 给出了命令的结果。

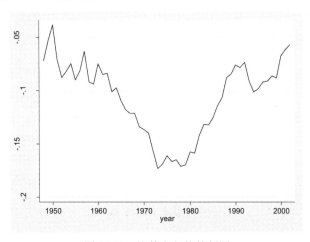

图 12.71　协整方程值的制图

图 12.71 表明，协整方程不像是平稳序列。而前面 vecstable 的检验显示，模型的协整方程可能不平稳。图 12.71 进一步验证了我们的猜想，应考虑对模型进行改进。

（2）动态预测

动态预测的命令同样同 var 模型：

```
fcast compute prefix [, options]
```

其中，选项 options 包括 step(#)、dynamic(time constant)、estimates(estname)、replace、differences、nose、level(#)。这里，选项 differences 是指保存一阶差分变量的动态预测值，其他选项与在 VAR 模型的动态预测中的含义相同。

对动态预测进行制图的基本命令格式为：

```
fcast graph varlist [if] [in] [, options]
```

其中，varlist 代表要制图的变量名称，if 代表条件语句，in 代表范围语句，options 代表其他选项。选项 options 可以为 noci、observed、differences 以及对线形进行设计的 graph 选项。

实验 12-10　ARCH 族模型

▶ 实验基本原理

自回归条件异方差（Auto Regressive Conditional Heteroskedasticity，ARCH）最早由 Engle 于 1982 年提出。对于存在波动性聚集的序列，该模型能对未来的方差做出很好的预测。

若一个平稳随机变量 y_t 可以表示为 AR(p) 形式，其随机误差项的方差可用误差项平方的 q 阶分布滞后模型描述：

$$y_t = \beta_0 + \beta_1 y_{t-1} + \cdots + \beta_p y_{t-p} + \varepsilon_t$$
$$\sigma_t^2 \equiv Var(\varepsilon_t | \varepsilon_{t-1}, \dots) = \alpha_0 + \alpha_1 \varepsilon_{t-1}^2 + \cdots + \alpha_p \varepsilon_{t-q}^2$$

则称其服从 q 阶的 ARCH 过程。ARCH(q) 模型是关于 σ_t^2 的分布滞后模型。为避免 ε_t^2 的滞后项过多，可采用加入 σ_t^2 的滞后项的方法：

$$\sigma_t^2 = \alpha_0 + \alpha_1 \varepsilon_{t-1}^2 + \cdots + \alpha_p \varepsilon_{t-q}^2 + \gamma_1 \sigma_{t-1}^2 + \cdots + \gamma_p \sigma_{t-p}^2$$

此模型称为广义的自回归条件异方差（Generalized Autoregressive Conditional Heteroskedasticity，GARCH）模型，记为 GARCH(p, q)。其中，p 是 σ_t^2 的自回归阶数，q 是 ε_t^2 的滞后阶数。在 Stata 中，ε_t^2 被称为 ARCH 项，σ_t^2 被称为 GARCH 项。最常用的 GARCH 模型是 GARCH(1,1)。

在实际应用中，我们还会经常用到 ARCH 和 GARCH 模型的一些变形，例如，对于金融资产而言，其风险越大，期望收益就越高。这样，我们可以利用条件方差解释预期收益：

$$y_t = \beta + \delta \sigma_t^2 + \varepsilon_t$$

其中，ε_t 服从 ARCH(p) 模型。由于 y_t 的均值方程中包含条件异方差项（$\delta \sigma_t^2$），因此这种模型被叫作 ARCH-in-Mean 模型。

很多时候，正的冲击和负的冲击有不同的影响，例如，坏消息对资产价格波动性的影响要大于好消息的影响。这时，我们可以使用门限 GARCH 模型（Threshold GARCH）：

$$y_t = \alpha_0 + \alpha_1 \varepsilon_{t-1}^2 + \lambda_1 d_{t-1} \varepsilon_{t-1}^2 + \beta_1 y_{t-1}$$

其中，d_{t-1} 是虚拟变量，$d_{t-1} = \begin{cases} 1 & \text{如果} \varepsilon_{t-1} < 0 \\ 0 & \text{如果} \varepsilon_{t-1} \geqslant 0 \end{cases}$。

另外，相比起标准的 GARCH 模型，指数 GARCH 模型（Exponential GARCH）参数的取值更为灵活。其模型形式如下：

$$\ln\sigma_t^2 = \alpha_0 + \alpha_1 \frac{\varepsilon_{t-1}}{\sigma_{t-1}} + \lambda_1 \left(\left| \frac{\varepsilon_{t-1}}{\sigma_{t-1}} \right| - \sqrt{2/\pi} \right) + \beta_1 \ln\sigma_{t-1}^2$$

上式中参数取值没有限制。

实验目的与要求

（一）实验目的

1. 了解 ARCH 族模型的原理及其在实际数据分析中的应用。
2. 熟悉 Stata 中 ARCH 族模型的基本操作及相关选项，熟悉 ARCH 族模型的预测。

（二）实验要求

1. 能够熟练使用 estatarchlm 命令对 arch 效应进行检验。
2. 能够熟练使用 arch 命令进行 arch 族模型的拟合，并熟知各项回归结果所代表的含义。
3. 能够熟练使用 arch 命令各项选项对模型进行多种设定。
4. 能够熟练使用 test 命令对模型系数进行检验。
5. 能够熟练使用 predict 命令进行预测，并熟知各选项的含义。

实验内容及数据来源

在实验 12-4 中看到，对于工作文件 wpi1.dta 中的变量 ln_wpi，ARIMA 模型就能很好地拟合。但是，对批发价格指数 wpi 的对数差分序列 D.ln_wpi 进行制图：

```
line d.ln_wpi t, yline(0)
```

我们得到如图 12.72 所示的结果。

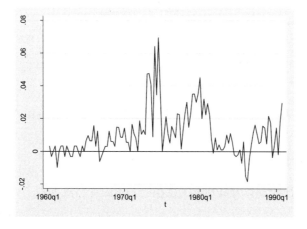

图 12.72　d.ln_wpi 的时间趋势图

可以看到，d.ln_wpi 的波动有时剧烈有时平稳，也就是说，存在波动性聚集现象。这样，我们考虑使用 ARCH 类模型对其重新进行拟合。利用 wpi1.dta 的数据，本实验将讲解 ARCH 效应的检验、ARCH 族模型的拟合以及预测。

工作文件 wpi1.dta 位于本书下载资源\data\第 12 章，对数据的详细描述参见实验 12-2，在此不再赘述。

⊙ 实验操作指导

1. 拟合 OLS 模型并检验 ARCH 效应

我们首先用 OLS 对 D.ln_wpi 拟合一个只包括常数项的模型，然后使用 Engle 的拉格朗日乘子检验（Lagrange-Multiplier Test）考察是否存在 ARCH 效应。

输入命令：

```
regress D.ln_wpi
```

我们将拟合一个只有常数项的模型，图 12.73 显示了该命令的结果。

```
. regress D.ln_wpi

    Source |       SS       df       MS              Number of obs =     123
-----------+------------------------------           F(  0,   122) =    0.00
     Model |          0      0          .            Prob > F      =       .
  Residual |  .02521709    122  .000206697           R-squared     =  0.0000
-----------+------------------------------           Adj R-squared =  0.0000
     Total |  .02521709    122  .000206697           Root MSE      =  .01438

-------------------------------------------------------------------------------
  D.ln_wpi |      Coef.   Std. Err.      t    P>|t|     [95% Conf. Interval]
-----------+-------------------------------------------------------------------
     _cons |   .0108215   .0012963     8.35   0.000     .0082553    .0133878
-------------------------------------------------------------------------------
```

图 12.73　OLS 回归结果

可以看到，调整的 R2 为 0，模型拟合效果很差。下面检验是否存在 ARCH 效应，命令如下：

```
estat archlm, lags(1)
```

其中，estat 用于在回归之后输出统计量，archlm 表明要输出检验 ARCH 效应的拉格朗日乘子统计量，lags(1)设定滞后期为 1。图 12.74 显示了检验的结果。

```
. estat archlm, lags(1)

LM test for autoregressive conditional heteroskedasticity (ARCH)
---------------------------------------------------------------------
    lags(p)  |        chi2          df          Prob > chi2
-------------+-------------------------------------------------------
       1     |       8.366           1            0.0038
---------------------------------------------------------------------
          H0: no ARCH effects     vs.   H1: ARCH(p) disturbance
```

图 12.74　ARCH 效应检验结果

可以看到，p 值为 0.0038，从而可以在 5%的显著性水平下拒绝没有 ARCH 效应的原假设。下面对数据拟合 ARCH 类模型。

2. ARCH 族模型的拟合

拟合 ARCH、GARCH 模型以及其他相关模型的基本命令格式为：

```
arch depvar [indepvar] [if] [in] [weight] [,options]
```

其中，arch 为拟合 ARCH 族模型的基本命令，depvar 代表被解释变量的名称，indepvar 代表解释变量的名称，if 代表条件语句，in 代表范围语句，weight 代表权重语句，options 代表其他可选项。表 12.37 给出了各选项及其含义。

表 12.37 arch 命令中 options 的内容

选项	说明
noconstant	模型不包含常数项
arch(numlist)	设定 ARCH 扰动项的滞后阶数
garch(numlist)	设定 GARCH 扰动项的滞后阶数
saarch(numlist)	简单的非对称（Simple Asymmetric）ARCH 扰动项，条件异方差形如 $\sigma_t^2 = \alpha_0 + \alpha_1\varepsilon_{t-1} + \cdots + \alpha_p\varepsilon_{t-p}$
tarch(numlist)	门槛 ARCH 扰动项，条件异方差形如 $\sigma_t^2 = \alpha_0 + \alpha_1\varepsilon_{t-1}^2(\varepsilon_{t-1} > 0) + \cdots + \alpha_p\varepsilon_{t-p}^2(\varepsilon_{t-p} > 0)$
aarch(numlist)	非对称 ARCH 扰动项，条件异方差形如 $\sigma_t^2 = \alpha_0 + \alpha_1(|\varepsilon_{t-1}| + \gamma_1\varepsilon_{t-1})^2 + \cdots + \alpha_p(|\varepsilon_{t-p}| + \gamma_p\varepsilon_{t-p})^2$
narch(numlist)	非线性（Nonlinear）ARCH 扰动项，条件异方差形如 $\sigma_t^2 = \alpha_0 + \alpha_1(\varepsilon_{t-1} - \kappa_1)^2 + \cdots + \alpha_p(\varepsilon_{t-p} - \kappa_p)^2$
narchk(numlist)	带位移的非线性 ARCH 扰动项，条件异方差形如 $\sigma_t^2 = \alpha_0 + \alpha_1(\varepsilon_{t-1} - \kappa)^2 + \cdots + \alpha_p(\varepsilon_{t-p} - \kappa)^2$
abarch(numlist)	绝对值（Absolute）ARCH 扰动项，形如 $\sigma_t^2 = \alpha_0 + \alpha_1|\varepsilon_{t-1}| + \cdots + \alpha_p|\varepsilon_{t-p}|$
atarch(numlist)	绝对值 TARCH 扰动项，形如 $\sigma_t^2 = \alpha_0 + \alpha_1|\varepsilon_{t-1}|(\varepsilon_{t-1} > 0) + \cdots + \alpha_p|\varepsilon_{t-p}|(\varepsilon_{t-p} > 0)$
sdgarch(numlist)	设定 σ_{t-1} 的滞后期，形如 $\sigma_t^2 = \alpha_0 + \alpha_1\sigma_{t-1} + \cdots + \alpha_p\sigma_{t-p}$
earch(numlist)	设定 EGARCH 模型中信息项的滞后期，形如 $\ln\sigma_t^2 = \alpha_0 + \alpha_1\frac{\varepsilon_{t-1}}{\sigma_{t-1}} + \lambda_1\left(\left|\frac{\varepsilon_{t-1}}{\sigma_{t-1}}\right| - \sqrt{\frac{2}{\pi}}\right) + \cdots + \alpha_p\frac{\varepsilon_{t-p}}{\sigma_{t-p}} + \lambda_p\left(\left|\frac{\varepsilon_{t-p}}{\sigma_{t-p}}\right| - \sqrt{\frac{2}{\pi}}\right)$
egarch(numlist)	设定 $\ln\sigma_t^2$ 的滞后期，形如 $\ln\sigma_t^2 = \alpha_0 + \beta_1\ln\sigma_{t-1}^2 + \cdots + \beta_p\ln\sigma_{t-p}^2$
parch(numlist)	幂（Power）ARCH 扰动项，形如 $\sigma_t^\varphi = \gamma_0 + \alpha_1\varepsilon_{t-1}^\varphi + \cdots + \alpha_p\varepsilon_{t-p}^\varphi$，其中，$\varphi$ 为待估计参数
tparch(numlist)	门槛幂 ARCH 扰动项，形如 $\sigma_t^\varphi = \gamma_0 + \alpha_1\varepsilon_{t-1}^\varphi(\varepsilon_{t-1} > 0) + \cdots + \alpha_p\varepsilon_{t-p}^\varphi(\varepsilon_{t-p} > 0)$
aparch(numlist)	非对称幂 ARCH 扰动项，形如 $\sigma_t^\varphi = \alpha_0 + \alpha_1(|\varepsilon_{t-1}| + \gamma_1\varepsilon_{t-1})^\varphi + \cdots + \alpha_p(|\varepsilon_{t-p}| + \gamma_p\varepsilon_{t-p})^\varphi$
nparch(numlist)	非线性幂 ARCH 扰动项，形如 $\sigma_t^\varphi = \alpha_0 + \alpha_1(\varepsilon_{t-1} - \kappa_1)^\varphi + \cdots + \alpha_p(\varepsilon_{t-p} - \kappa_p)^\varphi$，其中，$\kappa_i$ 也是待估计参数
nparchk(numlist)	带位移的非线性幂 ARCH 扰动项，形如 $\sigma_t^2 = \alpha_0 + \alpha_1(\varepsilon_{t-1} - \kappa)^2 + \cdots + \alpha_p(\varepsilon_{t-p} - \kappa)^2$
pgarch(numlist)	幂 GARCH 扰动项，形如 $\sigma_t^\varphi = \gamma_0 + \alpha_1\sigma_{t-1}^\varphi + \cdots + \alpha_p\sigma_{t-p}^\varphi$
constraints(constraints)	使用线性约束
collinear	保留多重共线性变量
archm	在均值方程中包括条件异方差项
archmlags(numlist)	设定 ARCH-in-Mean 模型均值方程中条件异方差的滞后期

（续表）

选项	说明
archmexp(exp)	对 ARCH-M 模型均值方程中的条件异方差项进行表达式 exp 所示的变换，在表达式中，用 X 指代σ_t^2。例如，设定 exp 为 sqrt(X)是指均值方程包括σ_t而非σ_t^2
arima(#p,#d,#q)	对因变量拟合 ARIMA(p, d, q)模型
ar(numlist)	结构模型扰动项的 AR 项
ma(numlist)	结构模型扰动项的 MA 项
distribution(dist[#])	设定残差服从 dist 所设定的分布，可以是 gaussian、normal、t 或者 ged，"#"是指自由度或形状参数，默认的 dist 为 gaussian
het(varlist)	设定乘积异方差，即在条件方差方程中包括 varlist 的变量
savespace	在估计时节省内存
vce(vcetype)	设定方差的估计方法，可以是 opg、robust 或 oim
level(#)	设定置信度，默认为 level(95)
detail	汇报时间序列的间断点（gaps）

在有 numlist 的选项中，numlist 指定滞后期的阶数。在表 12.37 给出的例子中，都假定滞后期为 1~p，但事实上，可以进行更灵活的设定。此外，还可以对多个选项进行组合，但选项 arch()不可以与选项 aarch()、narch()、narchk()、nparchk()、nparch()同时设定，选项 saarch()与 narch()、narchk()、nparchk()、nparch()两两不可同时设定，选项 tarch()不可以与 tparch() 或 aarch()同时设定，选项 aarch()不可以与 arch()或 tarch()同时设定。

选项 distribution()将对残差的分布做出设定。其中，gaussian 和 normal 等价，都指正态分布，且不可以设定"#"。t 是指学生化 t 分布，可以通过"#"设定自由度。如果不设定自由度，那么自由度会被作为一个参数估计出来。学生化 t 分布和正态分布相比具有厚尾（Fatter Tails）的性质，且当自由度趋向于无穷时，t 分布收敛于正态分布。ged 是指一般化分布，可通过"#"设定形状参数，形状参数必须为正。当形状参数"#"小于 2 时，一般化分布比正态分布厚尾；当形状参数"#"大于 2 时，正态分布比一般化分布厚尾。如果不设定形状参数，那么形状参数会与其他参数一起被估计出来。很多实证研究表明，股票收益率的极端值要比在正态分布下多，也就是说具有厚尾的性质，这时我们就可以通过选项 distribution()对残差的分布进行一些设定。

选项 het(varlist)将给出乘积形式的异方差。例如，我们设定选项为：het(x w) arch(1)，那么扰动项的形式为$\sigma_t^2 = \exp(\lambda_0 + \lambda_1 x + \lambda_2 w) + \alpha\varepsilon_{t-1}^2$。对于 EGARCH 模型，因为扰动项原本就以对数的形式呈现，所以 het(varlist)设定的变量会以水平形式出现。例如，选项 het(x w) earch(1) egarch(1)将设定扰动项的形式为$\ln\sigma_t^2 = \lambda_0 + \lambda_1 x + \lambda_2 w + \alpha\frac{\varepsilon_{t-1}}{\sigma_{t-1}} + \lambda\left(\left|\frac{\varepsilon_{t-1}}{\sigma_{t-1}}\right| - \sqrt{2/\pi}\right) + \beta\ln\sigma_{t-1}^2$。

下面对序列 D.ln_wpi 拟合各种 ARCH 类模型。

（1）GARCH(1,1)模型的拟合

我们首先考虑拟合一个 GARCH(1,1)模型。输入命令：

```
arch D.ln_wpi, arch(1) garch(1)
```

得到如图 12.75 所示的结果。

```
. arch D.ln_wpi, arch(1) garch(1)

(setting optimization to BHHH)
Iteration 0:    log likelihood =    355.2346
Iteration 1:    log likelihood =   365.64589
Iteration 2:    log likelihood =   366.89266
Iteration 3:    log likelihood =     369.652
Iteration 4:    log likelihood =   370.42566
(switching optimization to BFGS)
Iteration 5:    log likelihood =   372.41702
Iteration 6:    log likelihood =   373.11099
Iteration 7:    log likelihood =   373.18939
Iteration 8:    log likelihood =   373.23277
Iteration 9:    log likelihood =   373.23394
Iteration 10:   log likelihood =   373.23397

ARCH family regression

Sample: 1960q2 - 1990q4                    Number of obs    =       123
Distribution: Gaussian                     Wald chi2(.)     =         .
Log likelihood =   373.234                 Prob > chi2      =         .
```

D.ln_wpi	Coef.	OPG Std. Err.	z	P>|z|	[95% Conf. Interval]	
ln_wpi						
_cons	.0061167	.0010616	5.76	0.000	.0040361	.0081974
ARCH						
arch						
L1.	.4364123	.2437428	1.79	0.073	-.0413147	.9141394
garch						
L1.	.4544606	.1866605	2.43	0.015	.0886126	.8203085
_cons	.0000269	.0000122	2.20	0.028	2.97e-06	.0000508

图 12.75　GARCH(1,1)模型拟合结果

结果显示，样本区间为 1960q2-1990q4，扰动项的分布为 Gaussian 分布。结果中，对模型整体显著性的 Wald chi2 检验值缺失，这是因为模型只有常数项而没有其他变量。根据结果，我们可以写出拟合的模型为：

$$y_t = 0.0061 + \varepsilon_t$$
$$\sigma_t^2 = 0.436\varepsilon_{t-1}^2 + 0.454\sigma_{t-1}^2$$

其中，$y_t = \ln(wpi_t) - \ln(wpi_{t-1})$。

（2）带 ARMA 过程的 ARCH 模型

对于序列 D.ln_wpi，我们前面拟合过 ARMA 模型，在这里，我们考虑使用带 ARMA 过程的 ARCH 模型。设定 ARMA 项的形式为 ar(1)、ma(1)，并加入 ma(4)项来控制季节效应。输入命令：

```
arch D.ln_wpi, ar(1) ma(1 4) arch(1) garch(1)
```

我们得到如图 12.76 所示的回归结果。

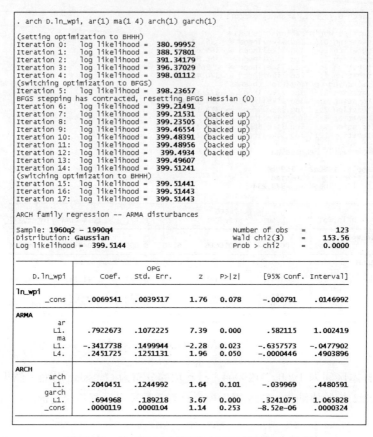

```
. arch D.ln_wpi, ar(1) ma(1 4) arch(1) garch(1)

(setting optimization to BHHH)
Iteration 0:    log likelihood =  380.99952
Iteration 1:    log likelihood =  388.57801
Iteration 2:    log likelihood =  391.34179
Iteration 3:    log likelihood =  396.37029
Iteration 4:    log likelihood =  398.01112
(switching optimization to BFGS)
Iteration 5:    log likelihood =  398.23657
BFGS stepping has contracted, resetting BFGS Hessian (0)
Iteration 6:    log likelihood =  399.21491
Iteration 7:    log likelihood =  399.21531  (backed up)
Iteration 8:    log likelihood =  399.23505  (backed up)
Iteration 9:    log likelihood =  399.46554  (backed up)
Iteration 10:   log likelihood =  399.48391  (backed up)
Iteration 11:   log likelihood =  399.48956  (backed up)
Iteration 12:   log likelihood =   399.4934  (backed up)
Iteration 13:   log likelihood =  399.49607
Iteration 14:   log likelihood =  399.51241
(switching optimization to BHHH)
Iteration 15:   log likelihood =  399.51441
Iteration 16:   log likelihood =  399.51443
Iteration 17:   log likelihood =  399.51443


ARCH family regression -- ARMA disturbances

Sample: 1960q2 - 1990q4                       Number of obs    =      123
Distribution: Gaussian                        Wald chi2(3)     =   153.56
Log likelihood =  399.5144                     Prob > chi2     =   0.0000

                              OPG
     D.ln_wpi     Coef.   Std. Err.      z    P>|z|     [95% Conf. Interval]

ln_wpi
        _cons   .0069541  .0039517     1.76   0.078    -.000791    .0146992

ARMA
      ar
      L1.       .7922673  .1072225     7.39   0.000     .582115   1.002419
      ma
      L1.      -.3417738  .1499944    -2.28   0.023    -.6357573  -.0477902
      L4.       .2451725  .1251131     1.96   0.050    -.0000446   .4903896

ARCH
     arch
      L1.       .2040451  .1244992     1.64   0.101    -.039969    .4480591
    garch
      L1.       .694968   .189218      3.67   0.000     .3241075  1.065828
      _cons     .0000119  .0000104     1.14   0.253    -8.52e-06   .0000324
```

图 12.76　带 ARMA 过程的 ARCH 模型拟合结果

可以看到，ARMA 项都显著，garch 项也显著，但 arch 项不显著。根据该结果，我们可以写出拟合的模型：

$$y_t = 0.007 + 0.792(y_{t-1} - 0.007) - 0.342\,\varepsilon_{t-1} + 0.245\varepsilon_{t-4} + \varepsilon_t$$
$$\sigma_t^2 = 0.204\varepsilon_{t-1}^2 + 0.695\sigma_{t-1}^2$$

虽然 arch 项不显著，但可以验证 arch 项和 garch 项是联合显著的。输入命令：

```
test [ARCH]L1.arch [ARCH]L1.garch
```

我们将检验 arch 项和 garch 项的系数是否联合显著。其中，test 表示对系数进行线性约束检验，[ARCH]L1.arch 表示要检验的是 ARCH 方程中滞后 1 期 arch 项的系数。需要注意的是，方括号中的 ARCH 表示方程名，必须大写（如图 12.76 结果所示）。图 12.77 显示了检验的结果。

```
test [ARCH]L1.arch [ARCH]L1.garch

 ( 1)  [ARCH]L.arch = 0
 ( 2)  [ARCH]L.garch = 0

          chi2( 2) =    84.92
        Prob > chi2 =    0.0000
```

图 12.77　arch 项和 garch 项的系数联合显著性检验结果

可以看到，该检验的 P 值为 0，从而我们可以拒绝 arch 项和 garch 项的系数都为 0 的原假设，认为它们是联合显著的。

这里需要说明的一点是，我们还可以用 test 命令对其他系数的线性关系进行检验。引用系数的基本格式为：

```
[方程名]_b[变量名]  或  [方程名]变量名
```

方程名为结果最左侧一列的黑体所显示的，如图 12.75 中的 ln_wpi 和 ARCH。_b[]用于表示是哪个变量的系数，对于前面的检验，命令还可以写为：

```
test [ARCH]_b[L1.arch] [ARCH]_b[L1.garch]
```

当然，也可以不用"_b[]"，直接在[方程]后面加上变量名即可。此外，在变量名中，可以使用时间序列算子。

（3）拟合 EGARCH 模型

对于批发物价指数 wpi，读者可能会想，wpi 意外地上升和意外地下降会有不同的影响。我们可以推测，价格指数的意外升高会造成现金流的短缺，从而影响存货并造成更大的波动。也就是说，我们要考虑一个不对称模型。多种模型可以拟合这种不均衡的效应，如 TARCH 模型、EGARCH 模型、SAARCH 模型等。读者可以进行多种尝试，并选取最适合的。这里，我们采取较为流行的 EGARCH 模型，命令如下：

```
arch D.ln_wpi, ar(1) ma(1 4) earch(1) egarch(1)
```

其中，earch(1)表示设定信息项的滞后期为 1，egarch(1)表示设定$\ln\sigma_t^2$的滞后期为 1。图 12.78 给出了拟合结果，这里略去了最大似然估计的迭代过程。

```
ARCH family regression -- ARMA disturbances

Sample: 1960q2 - 1990q4                    Number of obs    =         123
Distribution: Gaussian                     Wald chi2(3)     =      156.02
Log likelihood =  405.3145                 Prob > chi2      =      0.0000

                            OPG
    D.ln_wpi   Coef.    Std. Err.     z     P>|z|    [95% Conf. Interval]

ln_wpi
      _cons  .0087342   .0034004    2.57    0.010    .0020695     .0153989

ARMA
        ar
       L1.   .7692143   .0968392    7.94    0.000    .5794128     .9590157

        ma
       L1.  -.3554624   .1265721   -2.81    0.005   -.6035391    -.1073857
       L4.   .2414625   .0863834    2.80    0.005    .0721542     .4107709

ARCH
     earch
       L1.   .4063929    .11635     3.49    0.000    .1783511     .6344347

   earch_a
       L1.   .2467326   .1233356    2.00    0.045    .0049992      .488466

    egarch
       L1.   .8417339   .0704073   11.96    0.000    .7037381     .9797296

     _cons  -1.488359   .6604348   -2.25    0.024   -2.782788    -.1939308
```

图 12.78　EGARCH 模型的拟合结果

根据该结果，我们可以写出拟合的模型：

$$y_t = 0.009 + 0.769(y_{t-1} - 0.009) - 0.355\,\varepsilon_{t-1} + 0.241\varepsilon_{t-4} + \varepsilon_t$$

$$\ln\sigma_t^2 = -1.488 + 0.406\frac{\varepsilon_{t-1}}{\sigma_{t-1}} + 0.247\left(\left|\frac{\varepsilon_{t-1}}{\sigma_{t-1}}\right| - \sqrt{2/\pi}\right) + 0.842\ln\sigma_{t-1}^2$$

可以看到，$\frac{\varepsilon_{t-1}}{\sigma_{t-1}}$的系数为0.406，且显著。这说明正的冲击（价格指数的上升）会比负的冲击有更大的影响，这与我们前面分析的一致。

对于其他形式的 ARCH 族模型的拟合，道理与这里所讲的模型类似，不再赘述。

3. ARCH 族模型的预测

对 ARCH 族模型进行预测的基本命令与 ARIMA 模型相同，为：

```
predict [type] newvar [if] [in] [, statistic options]
```

其中，可用的 statistic 的选项参见表 12.38。

表 12.38　对 ARCH 模型进行预测的 statistic 选项

选项	说明
xb	对差分变量的预测（默认选项）。如果被解释变量为 D.y，那么预测值为 D.y 而非 y 本身
y	对未差分变量的预测，即使被解释变量为 D.y，预测值也是 y 本身
variance	条件方差的预测值
het	方差的预测值，仅考虑乘积异方差部分
residuals	残差
yresiduals	y 的残差，即便模型为差分形式，也转换成 y 的水平形式的残差

可用的 options 选项包括前面表 12.14 中的所有选项（dynamic()、t0()、structural）以及选项 at(varname_ε|#_ε varname_σ^2|#_σ^2)。选项 at()将做出静态预测，即在给定扰动项ε_t和σ_t^2值的情况下进行预测。at()要求我们设定两个参数：ε_t和σ_t^2，每一个都可以是变量名或数字。第 1 个参数提供ε_t的值，第 2 个参数提供σ_t^2的值。如果模型中σ_t^2不起作用，那么可以设定第 2 个参数为 "."，表明其缺失。此外，选项 at()和 dynamic()不能同时设定。

对于前面拟合的 EGARCH 模型，我们看到，正的冲击和负的冲击对条件方差有不对称的影响，可以通过作图来得到更直观的认识。通过信息反应函数（条件方差σ_t^2对ε_t的函数）可以实现这一目标。而这需要得到与一定区间下的ε_t（例如-4~4）相对应的条件方差的预测值，通过如下命令实现：

```
generate et = (_n-64)/15
predict sigma2, variance at(et 1)
line sigma2 et in 2/1, title(News response function)
```

首先产生变量 et，作为ε_t的值。因为我们一共有 124 个观测值，这样，将观测值序号减去 64 再除以 15 将得到-4.2~4 的区间。这里，$-4.2 = (1 - 64)/15$，$4 = (124 - 64)/15$。

第 2 步在给定ε_t的值为 et、σ_t^2滞后值为 1 的条件下对条件方差进行预测，并将其命名为 sigma2。

第 3 步绘制出信息反应函数的图，y 轴为 sigma2，x 轴为 et，样本范围为第 2 个观测值到最后一个观测值（in 2/1，注意这里是小写字母 el）。选项 title()表明将图像命名为 News response function。

图 12.79 显示了这一系列命令的结果。

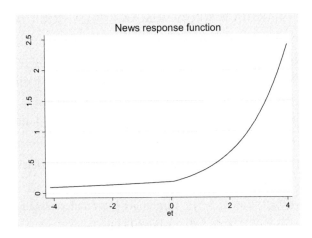

图 12.79　信息反应函数图

可以看到，这个图极为不对称，且向上倾斜，表明正的扰动造成更大的波动。

其他的预测命令与 ARIMA 模型大致相同，在此我们不再赘述。

复习与习题

本章回顾

1. 定义时间变量的命令格式为：tssettimevar [, options]，可用选项包括单位选项和周期选项。

2. 扩展时间区间的基本命令为：tsappend, {add(#)| last(date| clock) tsfmt(string)}。

3. 计算自相关函数、偏自相关函数以及 Q 统计量的命令为：corrgramvarname [if] [in] [, corrgram_options]。我们还可以通过 acvarname 和 acvarname 来绘制自相关图和偏自相关图。

4. 用 Q 统计量进行白噪声检验的基本命令为：wntestqvarname [if] [in] [, lags(#)]。

通过 Bartlett 检验来判断白噪声的基本命令为：wntestbvarname [if] [in] [, table level(#)]。

5. 单一权重移动平均滤波的基本命令为：tssmooth ma [type] newvar = exp [if] [in], window(#l [#c [#f]]) [replace]。

指定权重的移动平均滤波的命令格式为：tssmooth ma [type] newvar = exp [if] [in], weights([numlist_l] <#c> [numlist_f]) [replace]。

6. 单指数平滑法的基本命令为：tssmoothexponential [type] newvar = exp [if] [in] [, options]。

双指数平滑法的基本命令为：tssmoothdexponential [type] newvar = exp [if] [in] [, options]。

Holt–Winters 平滑法的基本命令为：tssmoothhwinters [type] newvar = exp [if] [in] [, options]。

Holt–Winters 季节平滑法的命令为：tssmoothshwinters [type] newvar = exp [if] [in] [, options]。

7. ARIMA 模型的基本命令为：arimavarname, ar(numlist) ma(numlist)或 arimavarname, arima(#p, #d, #q)。

完全的命令格式为：arimavarname [if] [in] [weight] [,options]。

8. SARIMA 模型的基本命令为：arimavarname, arima(#p, #d, #q) sarima(#P, #D, #Q, #s)。

9. ARIMAX 的基本命令格式为：arimadepvarindepvars [if] [in] [weight] [,options]。

10. 对 ARIMA 模型、SARIMA 模型以及 ARIMAX 模型进行预测的基本命令为：predict [type] newvar [if] [in] [, statistic options]。

11. ADF 单位根检验的基本命令为：dfuller varname [if] [in] [, options]。

Phillips-Perron 单位根检验的基本命令为：pperron varname [if] [in] [, options]。

DF-GLS 单位根检验的基本命令为：dfgls varname [if] [in] [, options]。

12. 估计 VAR 模型前确定模型阶数的命令为：varsoc depvarlist [if] [in] [,preestimation_options]。

拟合完 VAR 模型之后，确定模型阶数的命令格式为：varsoc [, estimates(estname)]。

通过 Wald 滞后排除统计量判断模型阶数的命令为：varwle [, estimates(estname) separator(#)]。

13. VAR 回归的基本命令格式为：var depvarlist [if] [in] [,options]。

14. 格兰杰因果关系检验的基本命令为：vargranger [, estimates(estname) separator(#)]。

15. 检验 VAR 模型平稳性的基本命令为：varstable [,options]。

对 VAR 模型残差的自相关性进行检验的基本命令为：varlmar [, options]。

对 VAR 模型残差的正态性进行检验的基本命令为：varnorm [, options]。

16. 激活 irf 文件的命令为：irf set irf_filename。

估计 irf 系列函数的命令格式为：irf create irfname [, var_options]。

对 IRF、动态乘子函数以及 FEVD 等制图的命令为：irf graph stat [, options]。

对 IRF、动态乘子函数以及 FEVD 等制表的命令为：irf table [stat] [, options]。

17. 拟合基本的 VAR 模型并绘制 IRF、OIRF 或 FEVD 图的命令为：varbasic depvarlist [if] [in] [, options]。

18. VAR 模型的一步预测命令为：predict [type] newvar [if] [in] [, equation(eqno|eqname) statistic]。

动态预测的基本命令为：fcast compute prefix [, options]。

对动态预测进行制图的命令为：fcastgraph varlist [if] [in] [, options]。

19. 确定 VEC 模型阶数的命令与 VAR 模型相同，可在模型拟合之前或之后使用 varsoc 命令。

20. 协整检验的基本命令格式为：vecrank depvarlist [if] [in] [,options]。

21. 拟合 VEC 模型的基本命令为：vec depvarlist [if] [in] [,options]。

22. VEC 模型的协整方程平稳性检验的命令格式为：vecstable [, options]。

对 VEC 模型残差的自相关性进行检验的基本命令为：veclmar [, options]。

对 VEC 模型残差的正态性进行检验的基本命令为：vecnorm [, options]。

23. 对 VEC 模型的脉冲响应和方差分解进行分析的基本命令与 VAR 模型相同。

24. VEC 模型一步预测命令为：predict [type] newvar [if] [in] [, equation(eqno|eqname) statistic]。

对 VEC 模型进行动态预测的基本命令为：fcast compute prefix [, options]。

对动态预测进行制图的命令为：fcastgraph varlist [if] [in] [, options]。

25. 检验 ARCH 效应的命令为：estat archlm, lags(#)。

26. 拟合 ARCH、GARCH 及其他相关模型的基本命令为：arch depvar [indepvar] [if] [in] [weight] [,options]。

27. 对 ARCH 族模型进行预测的基本命令为：predict [type] newvar [if] [in] [, statistic options]。

习题

1. 本书下载资源\exercises\第 12 章\booksales.dta 工作文件给出了某种书的月销售数据，主要变量包括：t（时间，单位：月）和 sales（销售额，单位：千元）。表 12.39 列出了数据的基本情况。

表 12.39　booksales.dta 的部分数据

t	sales
1	97.80807
2	99
3	96
4	92
5	97
...	...

生成新变量 time，将时间 t 的初始值调整为 1997 年 6 月。设置 time 的格式为%tm，并将 time 设为时间变量。

2. 利用习题 1 的数据绘制 sales 的自相关图和偏自相关图，并用两种方法检验序列 sales 是否为白噪声。

3. 利用习题 1 的数据，用移动平均滤波分离序列 sales 的信号与噪声，用双指数平滑法和 Holt-Winters 平滑法对 sales 进行平滑和预测。

4. 本书下载资源\exercises\第 12 章 \turksales.dta 工作文件给出了火鸡的季度销售数据，主要变量包括：t（时间）和 sales（销售额）。图 12.80 显示了变量 sales 具有明显的季节波动性。

这样，利用 Holt-Winters 季节平滑法对其进行平滑，分别尝试加法模型和乘法模型。

5. 本书下载资源\exercises\第 12 章\gdp.dta 工作文件给出了我国的国内生产总值（GDP）数据。主要变量包括：year（年）和 gdp（我国的 GDP）。表 12.40 列出了该文件的部分数据。

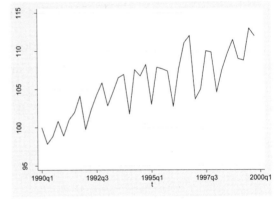

图 12.80　sales 的时间趋势图

表 12.40　gdp.dta 的部分数据

Year	gdp
1978	3645.2
1979	4062.6
1980	4545.6
1981	4891.6
1982	5323.4
...	...

利用多种方法对 gdp 进行单位根检验，并对结果进行解读。若检验 gdp 不平稳，则继续对其差分值进行单位根检验，直至无单位根。

6. 利用习题 5 的数据，对于无单位根的差分后的 gdp 序列，绘制其自相关图和偏自相关图，进行模型选择，并拟合相应的 ARIMA 模型。

7. 本书下载资源\exercises\第 12 章\ms.dta 工作文件给出了我国的部分宏观经济数据，主要变量包括：t（时间）、rr（实际利率）、dlnm1（实际货币供应 M1 的对数差分值）、dlngdp（实际

GDP 的对数差分值）。表 12.41 列出了该文件的部分数据。

表 12.41　ms.dta 的部分数据

t	rr	dlnm1	dlngdp
1995q1	−11.62		
1995q2	−8.75	0.036791	0.031553
1995q3	−3.82	0.035153	0.027012
1995q4	−0.15	0.027392	0.01883
1996q1	1.61	0.014633	0.014385
…	…	…	…

利用这些数据分析货币供应量和利率变动对经济波动的影响，拟合 VAR 模型。

8. 本书下载资源\exercises\第 12 章\houseprice.dta 工作文件给出了美国 4 个城市的月度售房价格数据，主要变量包括：t（时间，单位：月）、austin（奥斯汀住房平均售价的对数，房价单位：美元）、dallas（达拉斯住房平均售价的对数，单位：美元）、houston（休斯顿住房平均售价的对数，单位：美元）、sa（圣安东尼奥住房平均售价的对数，单位：美元）。表 12.42 列出了该文件的部分数据。

表 12.42　houseprice.dta 的部分数据

austin	t	dallas	houston	sa
11.40423	1990m1	11.63248	11.3885	11.19134
11.39639	1990m2	11.62804	11.41861	11.22257
11.36443	1990m3	11.6055	11.39189	11.29849
11.11394	1990m4	11.62625	11.4425	11.39864
11.37825	1990m5	11.70767	11.39076	11.40088
…	…	…	…	…

利用这些数据分析各地房价变动的长短期关系，拟合 VEC 模型。

9. 本书下载资源\exercises\第 12 章\dowindex.dta 工作文件给出了道琼斯工业平均指数的数据，主要变量包括：t（时间）、date（日期）、dowclose（日收盘指数）、ln_dow（变量 dowclose 的对数）。表 12.43 列出了该文件的部分数据。

表 12.43　dowindex.dta 的部分数据

dowclose	date	t	ln_dow
292.1	2-Jan-53	1	5.677096
293.8	5-Jan-53	2	5.682899
292.2	6-Jan-53	3	5.677439
290.8	7-Jan-53	4	5.672636
290.4	8-Jan-53	5	5.671259
…	…	…	…

利用这些数据对道琼斯指数的日收益率拟合 GARCH 模型，即对 D.ln_dow 拟合模型，解释变量为常数，利用拟合的模型进行预测。

第13章 面板数据分析

面板数据（Panel Data）也称时间序列截面数据（Time Series and Cross Section Data）或混合数据（Pool Data）。面板数据由不同截面单位上的多个时间序列组成，其能反映数据在横截面和时间序列二维空间上的双重信息。面板数据可以有效扩大样本容量，控制个体之间的异质性和内生性问题，增加自由度，从而提高参数估计的有效性，并可以用于构造更复杂的行为模型等，因此面板数据被广泛地应用于研究消费结构、经济增长、技术进步、溢出效应等经济问题的建模实践中。

本章将对面板数据描述性统计、固定效应模型、随机效应模型等进行阐述，并通过案例和实验的形式为读者讲解相关模型在 Stata 软件中的实现。

实验 13-1 面板数据的定义、描述性统计与截面趋势图的绘制

⟩ 实验基本原理

Stata 软件无法自动识别面板数据并区分截面和时间序列，因此在利用 Stata 处理面板数据前，我们必须定义截面和时间序列。

在完成面板数据的定义工作后，与截面和时间序列数据一样，我们就可以利用 Stata 软件进行相应的描述性统计分析了。利用 Stata 的面板数据描述统计功能可以得到数据在不同界面上的分布特征，从而了解数据的结构，得到相应的描述性统计量和截面趋势图，为进一步的分析和建模打好基础。

⟩ 实验目的与要求

（一）实验目的

1. 熟悉 Stata 中对面板数据进行定义的基本操作及相关选项。
2. 熟悉 Stata 中获得面板数据描述统计量的基本操作。
3. 熟悉 Stata 中对面板数据分布频率进行描述的基本操作。
4. 熟悉 Stata 中截面时间趋势图的绘制操作。

（二）实验要求

1. 能够熟练使用 xtsset 定义面板数据，并熟知各种选项的使用。
2. 能够熟练使用 xtsum 获得面板数据的描述统计量，并能熟练解读结果。
3. 能够熟练使用 xttab 获得面板数据的分布频率，并熟悉对结果的解读。
4. 能够熟练使用 xtline 获得面板数据各个截面的时间趋势图，并熟悉对结果的解读。

⊙ 实验内容及数据来源

本书下载资源\data\第 13 章\wage.dta 工作文件给出了对 4711 名妇女的调查数据，调查的时间跨度为 1968~1988 年。该文件的主要变量包括：idcode（编号）、year（调查时间）、hours（平均每周的工作时间）、msp（是否已婚，1 代表已婚且随配偶居住，0 代表其他情况）、ln_wage（小时工资的自然对数）、grade（受教育年数）、age（年龄）、ttl_exp（总工作年数）、tenure（现有岗位的任职时间）、race（种族，1 表示白人，2 表示黑人，3 表示其他人种）、not_smsa（是否居住在 SMSA 区，1 表示不住在 SMSA 区（Standard Metropolitan Statistical Area）、south（是否生活在南方，1 表示住在南方，0 表示不住在南方）、union（是否为工会成员，1 表示是工会成员，0 表示不是工会成员）。表 13.1 给出了该文件的部分数据。

表 13.1 wage.dta 的部分数据

idcode	year	age	race	msp	…	south	ttl_exp	tenure	hours	ln_wage
1	70	18	2	0	…	0	1.083333	0.083333	20	1.451214
1	71	19	2	1	…	0	1.275641	0.083333	44	1.02862
1	72	20	2	1	…	0	2.25641	0.916667	40	1.589977
1	73	21	2	1	…	0	2.314102	0.083333	40	1.780273
1	75	23	2	1	…	0	2.775641	0.166667	10	1.777012
…	…	…	…	…	…	…	…	…	…	…

下面将利用这些数据讲解面板数据的定义、描述统计量的获得、数据结构的描述、分布频率和转移概率的获得、各个截面时间趋势图的绘制等操作。

⊙ 实验操作指导

1. 面板数据的设定

面板数据处理的第一步与时间序列数据相同都为设定数据。设定面板数据的命令如下：

```
xtset panelvar timevar [, tsoptions]
```

其中，panelvar 代表截面变量的名称，timevar 代表时间变量的名称，tsoptions 代表其他选项。在设定面板数据时，Stata 软件要求截面变量和时间变量都必须为数值型整数。

Stata 软件支持对面板数据设定的保存，使得用户在再次使用相同数据时，无须再次进行定义。

2. 面板数据的描述性统计分析

同截面和时间序列一样，对数据基本特征和分布情况的了解可以为我们的工作提供有效的参考，描述性统计量的获取可以为我们直观地提供数据的全距、均值和离散情况等信息。利用 Stata 获取描述性统计量的语法如下：

```
xtsum [varlist] [if]
```

其中，xtsum 是面板数据描述性统计分析的基本命令，varlist 代表变量名，if 代表条件语句。通过使用 xtsum 命令可以获取时间序列和截面双维度上的描述统计量。

以数据 wage.dta 为例，我们希望获得变量 hours 的描述统计量，可通过如下命令实现：

```
xtsum hours
```

图 13.1 给出了该命令的结果。

```
. xtsum hours

Variable          Mean      Std. Dev.        Min         Max     Observations

hours  overall  36.55956    9.869623          1         168     N =    28467
       between              7.846585          1        83.5     n =     4710
       within               7.520712   -2.154726   130.0596     T-bar = 6.04395
```

图 13.1　变量 hours 的描述统计量

通过图 13.1 可以看出，Stata 软件同时给出了整体统计量（overall 行）、组间统计量（between 行）和组内统计量（within 行）的标准差、均值和最大/最小值等描述性统计量。此外，通过 observations 列可以得到截面和时间序列样本容量的信息。通过实验结果可以看出，整体统计量和组内统计量是按 28467 人次计算的，而组间统计量是按 4710 个调查者计算的。T-bar 统计量表明，平均每个截面有 6 个观测值。

3. 显示面板数据的分布频率

对于二值和多值变量，分布频率可以为我们的研究和工作提供更为有效的信息。利用 Stata 软件获取面板数据分布频率的基本语法如下：

```
xttab varname [if]
```

其中，xttab 获取面板数据分布频率的基本命令，varname 代表变量名，if 代表条件语句。与 xtsum 命令相同，Stata 软件同样会给出组内和组间两个维度上的分布频率。

还是以数据 wage.dta 为例，如果我们希望获取数据中变量 msp 的分布频率，那么可以通过如下命令实现：

```
xttab msp
```

图 13.2 给出了该命令的输出结果。

```
. xttab msp

             Overall              Between           Within
  msp     Freq.   Percent      Freq.   Percent      Percent

    0     11324     39.71       3113     66.08        62.69
    1     17194     60.29       3643     77.33        75.75

Total     28518    100.00       6756    143.41        69.73
                              (n = 4711)
```

图 13.2　变量 msp 的分布频率

通过图 13.2 可以看出，Stata 软件同时给出了整体、组间和组内统计量的频数以及相应的比例分布（各统计量的符号指代与上个案例相同）。通过对整体分布频率的分析可以发现有 11324 个观测值的 msp 为 0，17194 个观测值的 msp 为 1。通过同样的思路便可得出组间和组内统计量的分析结论。

4. 截面趋势图的绘制

在实际工作和研究中，截面通常代表不同的主体和分类，例如各个省区、每个单位等，因此了解不同截面上变量随时间的变化趋势在实际应用中往往具有重要的现实意义。Stata 提供了获取不同截面上的时间趋势图的命令，命令格式如下：

```
xtline varlist [if] [in] [, panel_options]
```

其中，xtline 为面板数据绘图的基本命令，varlist 代表变量名，if 代表条件语句，in 代表范围语句。

panel_options 代表其他选项，主要包括 i(varname_i)、t(varname_t)和 overlay 等。其中选项 i()和 t()可以指定新的截面变量和时间变量来制图，Stata 软件要求用户同时设定这两个参数。如果选择选项 overlay，就表示要求 Stata 软件将不同截面的趋势变化绘制到一幅图中。

本案例依旧以数据 wage.dta 为例，鉴于该数据有 4711 个截面，为简便起见，在不影响读者理解和学习的前提下，我们选择变量 hours 的前 4 个截面进行制图，命令如下：

```
xtline hours in 1/50
```

因为前 50 个观测值构成了前 4 个截面，所以通过范围语句 "in 1/50" 可以得到前 4 个截面中变量 hours 的时间趋势图。图 13.3 显示了该命令的结果。

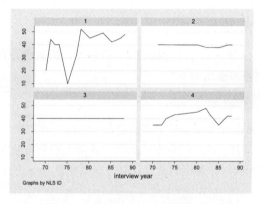

图 13.3　前 4 个截面中 hours 的时间趋势图

可以看到，第 1 个个体每一年的平均周工作时间变动比较大，而第 2、3、4 个个体的变动较小。此外，第 3 个个体的 hours 是一条水平的直线，表明其各年的平均周工作时间都相同。

实验 13-2　固定效应模型

◈ 实验基本原理

固定效应模型的关键假设在于模型中不随时间变化的非观测效应与误差项相关，固定效应模型的表达式如下：

$$y_{it} = \alpha + \alpha_i + \sum_{i=1}^{k} \beta_i x_{it} + v_{it}$$

其中，i= 1, 2, ..., N 表示个体成员，t = 1, 2, ..., T 代表时间跨度。

其中α代表均值截距项，α_i 代表截面个体成员截距项，表示个体成员的截距对整体截距的偏离。假设固定效应模型不随时间变化的非观测效应α_i与误差项 v_{it} 相关。

对于固定效应模型，通常的处理方法是通过准差分处理后使用 OLS 估计方法或使用最小二乘虚拟变量法（LSDV）进行估计，如果其误差项 v_{it} 不满足相互独立和同方差假定，就需要使用 GLS 进行估计。

实验目的与要求

（一）实验目的

1. 了解固定效应面板模型的回归原理及其在实际数据分析中的应用。
2. 熟悉 Stata 中对固定效应模型进行回归的基本操作及相关选项。

（二）实验要求

1. 能够熟练使用 xtreg 命令进行组间效应模型。
2. 能够熟练使用 xttest0 命令进行随机效应的检验，熟悉对结果的解读。
3. 了解各选项的意义，熟悉对结果的解读。

实验内容及数据来源

在本实验中，继续使用实验 13-1 所用的数据文件，即本书下载资源\data\第 13 章\wage.dta 工作文件。表 13.1 给出了该数据文件的详细描述。

在本案例中，我们的研究目的是探讨影响工资收入的因素，本研究选取了受教育年限、年龄、工作经验、现有岗位的任职时间、是否是黑人、是否居住在 SMSA 区、是否生活在南部等自变量。本书将以该案例作为蓝本，讲解固定效应和随机效应模型的估计，以及如何选择模型形式等内容。

实验操作指导

固定效应模型是处理面板数据常用的模型，固定效应的模型原理是用每一期的数据减去各期数据的均值，消去不随时间变化的非观测效应α_i。固定效应模型在 Stata 软件中可以通过 xtreg 命令实现。利用 xtreg 命令实现固定效应模型的语法如下：

```
xtreg depvar [indepvars] [if] [in] [weight], fe [FE_options]
```

其中，depvar 表示因变量，varslist 表示自变量，in 和 if 用于选择样本或者选择范围，weight 用于添加权重，fe 表示 fixed effect 固定效应。

固定效应模型的常用选项如表 13.2 所示。

表 13.2　固定效应模型的常用选项

选项（options）	含义
fe	表示采用固定效应模型进行回归
robust	使用稳健标准差
level(#)	设置回归时采用的置信水平，默认为 95%

下面通过案例向大家介绍如何利用固定效应模型案例中给定的任务考察工资的影响因素。在本案例中，考虑到年龄、工作年数、现有岗位任职时间等因素对工资收入的影响是非线性的，因此将这 3 个变量及其平方项同时引入模型[①]：首先，生成变量 age、ttl_exp 和 tenure 的平方项，并将其命名为 age2、exp2 和 tenure2：

```
gen age2=age*age
gen exp2=ttl_exp*ttl_exp
gen tenure2=tenure*tenure
```

然后以变量 race 为基础，生成一个虚拟变量 black 来表示是否为黑人：

```
gen byte black=race==2
```

我们进行固定效应回归，输入如下命令：

```
xtreg ln_wage grade age age2 ttl_exp exp2 tenure tenure2 black not_smsa south, fe
```

参数 fe 表明是进行固定效应回归分析。图 13.4 给出了该命令的结果。

```
. xtreg ln_wage grade age age2 ttl_exp exp2 tenure tenure2 black not_smsa south, fe
note: grade omitted because of collinearity
note: black omitted because of collinearity

Fixed-effects (within) regression          Number of obs      =      28,091
Group variable: idcode                     Number of groups   =       4,697

R-sq:                                      Obs per group:
     within  = 0.1727                                   min =           1
     between = 0.3505                                   avg =         6.0
     overall = 0.2625                                   max =          15

                                           F(8,23386)         =      610.12
corr(u_i, Xb)  = 0.1936                     Prob > F           =      0.0000

     ln_wage |      Coef.   Std. Err.      t    P>|t|     [95% Conf. Interval]
-------------+----------------------------------------------------------------
       grade |          0  (omitted)
         age |   .0359987   .0033864    10.63   0.000     .0293611    .0426362
        age2 |   -.000723   .0000533   -13.58   0.000    -.0008274   -.0006186
     ttl_exp |   .0334668   .0029653    11.29   0.000     .0276545    .039279
        exp2 |   .0002163   .0001277     1.69   0.090    -.0000341    .0004666
      tenure |   .0357539   .0018487    19.34   0.000     .0321303    .0393775
     tenure2 |  -.0019701    .000125   -15.76   0.000    -.0022151   -.0017251
       black |          0  (omitted)
    not_smsa |  -.0890108   .0095316    -9.34   0.000    -.1076933   -.0703282
       south |  -.0606309   .0109319    -5.55   0.000    -.0820582   -.0392036
       _cons |    1.03732   .0485546    21.36   0.000     .9421496    1.13249
-------------+----------------------------------------------------------------
     sigma_u |  .35562203
     sigma_e |  .29068923
         rho |  .59946283   (fraction of variance due to u_i)
------------------------------------------------------------------------------
F test that all u_i=0: F(4696, 23386) = 6.65               Prob > F = 0.0000
.
```

图 13.4　固定效应回归结果

通过对结果的判读可以看出，总样本个数为 28091，而截面个数为 4697。F 统计量为 610.12，

[①] 该处理方式是通过对相关研究和文献的总结所得的，仅为一种回归模型的特殊形式，并非是估计固定效应模型的必要程序，亦非 Stata 软件的操作技巧。

对应的伴随概率为 0.0000，说明模型整体是显著的。各自变量的伴随概率均小于 0.05，说明各解释变量均显著。根据该回归结果，可以得到如下拟合方程：

$$ln\_wage_{it}=1.037+0.036age_{it}-0.0007age2_{it}+0.033ttl\_exp_{it}+0.0002exp2_{it}+$$

$$0.036tenure_{it}-0.002tenure2_{it}-0.089not\_sama_{it}-0.061south_{it}$$

提醒读者注意，由于固定效应模型是利用准差分方法估计的，因此我们无法得到不随时间变化的变量的系数估计值，这也是变量 grade 和 black 系数估计值被系统剔除的原因所在。

最后一行给出了不随时间变化的变量是否联合显著的 F 检验结果，可以看出，F 统计量的伴随概率小于临界值 0.05，说明这些变量是联合显著的。

实验 13-3　随机效应模型

▶实验基本原理

在随机效应模型中，假设模型中不随时间变化的非观测效应与误差项相关，即随机效应模型的表达式如下：

$$y_{it} = \alpha + \sum_{i=1}^{k}\beta_i x_{it} + u_i + v_{it}$$

其中，i= 1, 2, ..., N 表示个体成员，t = 1, 2, ..., T 代表时间跨度。

模型中不随时间变化的非观测效应 u_i 与随机误差项 v_{it} 不相关，因此随机效应模型也可以写成如下形式：

$$y_{it} = \alpha_i + \sum_{i=1}^{k}\beta_i x_{it} + \delta_{it}$$

其中，$\delta_{it} = u_i + v_{it}$ 为复合扰动项。

对于随机效应模型，虽然假定模型中不随时间变化的非观测效应 u_i 与随机误差项 v_{it} 不相关，但是由于 u_i 的存在，同一个体在不同时间的扰动项一般存在相关性，因此对于随机效应模型，一般使用 GLS 进行估计。

▶ 实验目的与要求

（一）实验目的

1. 了解随机系数模型的原理及其在实际数据分析中的应用。
2. 熟悉 Stata 中拟合随机系数模型的基本操作及相关选项。

（二）实验要求

1. 能够熟练使用 xtreg 命令估计面板数据的随机效应模型。
2. 熟悉随机效应模型各选项的使用和结果的解读。

◉ 实验内容及数据来源

在本实验中，继续使用实验 13-1 所用的数据文件，即本书下载资源\data\第 13 章\wage.dta 工作文件，该数据已经在前面两节进行了详细介绍，在此不再赘述。

◉ 实验操作指导

随机效应模型的核心在于其假定模型中不随时间变化的非观测效应与误差项相关，在这种假设下，GLS 处理方法便可得到更高的效率。与固定效应模型一样，Stata 同样通过 xtreg 命令实现对随机效应模型的估计。

利用 Stata 软件估计随机效应模型的命令为：

```
xtreg depvar [indepvars] [if] [in], [re RE_options]
```

其中，depvar 表示因变量，varslist 表示自变量，in 和 if 用于选择样本或者选择范围，weight 用于添加权重，re 表示 fixed effect 随机效应。

随机效应模型的常用选项如表 13.3 所示。

表 13.3　随机效应模型的常用选项

选项（options）	含义
re	表示采用固定效应模型进行回归
robust	在回归中使用稳健标准差
level(#)	设置回归时采用的置信水平，默认为 95%
theta	报告 θ

下面我们运用随机效应模型估计案例，输入如下命令：

```
xtregln_wage grade age age2 ttl_exp exp2 tenure tenure2 black not_smsa south, re
```

选项 re 表明进行随机效应回归分析，图 13.5 给出了该命令的输出结果。

结果显示，回归中共有 28091 个观测值。模型整体显著性的检验表明，模型是整体显著的。

通过对结果的分析，可以看到 Stata 给出了整体、组间和组内的 R^2。但是，需要提醒读者注意的是，随机效应模型的 R^2 并不反映模型对被解释变量变动的解释程度。将该 R^2 与固定效应的 R^2 进行对比可以发现，其组内 R^2 要小于固定效应的组内 R^2，其组间 R^2 要小于组间回归的组间 R^2，但其整体 R^2 要高于固定效应回归的整体 R^2。

根据该结果可以写出估计的方程：

$$\ln\_wage_{it}=0.239+0.065grade_{it}+0.037age_{it}-0.0007age2_{it}+0.029ttl\_exp_{it}+0.0003exp2_{it}+$$
$$0.039tenure_{it}-0.002tenure2_{it}-0.053black_{it}-0.131not\_sama_{it}-0.087south_{it}$$

```
. xtreg ln_wage grade age age2 ttl_exp exp2 tenure tenure2 black not_smsa south, re

Random-effects GLS regression                   Number of obs      =      28,091
Group variable: idcode                          Number of groups   =       4,697

R-sq:                                           Obs per group:
     within  = 0.1715                                        min =           1
     between = 0.4784                                        avg =         6.0
     overall = 0.3708                                        max =          15

                                                Wald chi2(10)      =     9244.74
corr(u_i, X)    = 0 (assumed)                   Prob > chi2        =      0.0000

     ln_wage |      Coef.   Std. Err.      z    P>|z|     [95% Conf. Interval]
-------------+----------------------------------------------------------------
       grade |   .0646499   .0017812    36.30   0.000     .0611589    .0681409
         age |   .0368059   .0031195    11.80   0.000     .0306918    .0429201
        age2 |  -.0007133      .00005   -14.27   0.000    -.0008113   -.0006153
     ttl_exp |   .0290208     .002422    11.98   0.000     .0242739    .0337678
        exp2 |   .0003049   .0001162     2.62   0.009       .000077    .0005327
      tenure |   .0392519   .0017554    22.36   0.000     .0358113    .0426925
     tenure2 |  -.0020035   .0001193   -16.80   0.000    -.0022373   -.0017697
       black |   -.053053   .0099926    -5.31   0.000    -.0726381   -.0334679
    not_smsa |  -.1308252   .0071751   -18.23   0.000    -.1448881   -.1167622
       south |  -.0868922   .0073032   -11.90   0.000    -.1012062   -.0725781
       _cons |   .2387207    .049469     4.83   0.000     .1417633    .3356781
-------------+----------------------------------------------------------------
     sigma_u |  .25790526
     sigma_e |  .29068923
         rho |  .44045273   (fraction of variance due to u_i)
```

图 13.5　随机效应回归结果

可以看到，随机效应可以给出不随时间改变的变量的系数估计值。对各系数的解释和前面类似，在此不再赘述。

实验 13-4　模型形式的选择——Hausman 检验

▶ 实验基本原理

Hausman 检验用于确定选择固定效应模型还是随机效应模型。其原假设为：内部估计量（最小二乘虚拟变量法（LSDV））和 GLS 得出的估计量均是一致的，但是内部估计量不是有效的。

因此，在原假设下，$\hat{\beta}_w$ 与 $\hat{\beta}_{GLS}$ 之间的绝对值差距应该不大，而且应该随样本的增加而缩小，并渐近趋近于 0。而在备择假设下，这一点不成立。Hausman 利用这个统计特点建立了如下检验统计量：

$$W = (\hat{\beta}_w - \hat{\beta}_{GLS})' \Sigma_{\beta}^{-1} (\hat{\beta}_w - \hat{\beta}_{GLS})$$

Hausman 检验统计量渐近服从于自由度为 K 的卡方分布。

▶ 实验目的与要求

（一）实验目的

1. 了解 Hausman 检验的基本原理。

2. 掌握通过 Hausman 检验确定模型形式的判断标准。

（二）实验要求

1. 掌握进行 Hausman 检验的基本流程。
2. 能够熟练使用 Hausman 命令进行 Hausman 检验。
3. 掌握模型形式的判别标准。

⊙ 实验内容及数据来源

在本实验中，继续使用实验 13-1 所用的数据文件，即本书下载资源\data\第 13 章\wage.dta 工作文件。该数据已经在前面 3 节进行了详细介绍，在此不再赘述。

⊙ 实验操作指导

Hausman 检验的命令格式为：

```
hausman name-consistent [name-efficient] [, options]
```

其中，hausman 代表 Hausman 检验的基本命令语句，options 代表检验选项。

表 13.4 显示了主要的 options 选项。

表 13.4　Hausman 检验的 options 内容

选项	说明
constant	在模型比较中包括常数项，默认为不包括
alleqs	对所有的方程进行检验，默认为只对第一个方程进行检验
skipeqs(eqlist)	在检验时跳过指定的方程，eqlist 为要跳过的方程名
force	当 Hausman 检验的某些假设不满足时（例如，数据为聚类数据），仍强制进行检验
df(#)	指定自由度为 "#"

对于前面拟合的模型，我们要判断究竟应选择固定效应模型还是随机效应模型，可以输入命令：

```
    quietly xtregln_wage grade age age2 ttl_exp exp2 tenure tenure2 black not_smsa
south, re
    estimates store re
    quietly xtregln_wage grade age age2 ttl_exp exp2 tenure tenure2 black not_smsa
south, fe
    estimates store fe
    hausmanfe re
```

其中，第 1 步进行随机效应模型的拟合，quietly 表明不显示回归结果；在第 2 步中，estimates store 表明保存回归结果，这里将结果命名为 re；第 3 步拟合固定效应模型；第 4 步将固定效应结果保存为 fe；最后一步进行 Hausman 检验。需要注意的是，Hausman 检验要把固定效应的结果放在前面。图 13.6 给出了以上命令的结果。

```
. hausman fe re

                 ──── Coefficients ────
                   (b)          (B)          (b-B)      sqrt(diag(V_b-V_B))
                   fe           re         Difference         S.E.

        age     .0359987     .0368059     -.0008073        .0013177
       age2     -.000723    -.0007133     -9.68e-06        .0000184
    ttl_exp     .0334668     .0290208      .0044459         .001711
       exp2     .0002163     .0003049     -.0000886         .000053
     tenure     .0357539     .0392519      -.003498        .0005797
    tenure2    -.0019701    -.0020035      .0000334        .0000373
   not_smsa    -.0890108    -.1308252      .0418144        .0062745
      south    -.0606309    -.0868922      .0262613        .0081345

                          b = consistent under Ho and Ha; obtained from xtreg
            B = inconsistent under Ha, efficient under Ho; obtained from xtreg

    Test:   Ho:  difference in coefficients not systematic

              chi2(8) = (b-B)'[(V_b-V_B)^(-1)](b-B)
                      =      149.43
            Prob>chi2 =       0.0000
```

图 13.6　Hausman 检验的结果

上述结果给出了在两种估计方法下各个系数的差异。需要提醒读者的是，由于固定效应模型无法得到不随时间而变的变量的估计值，故变量 grade 和 black 并没有包含在系数对比表中。

通过检验结果可以看出，卡方统计量为 149.43，对应的伴随概率为 0.000，因此应该拒绝随机效应和固定效应的系数无系统差异的原假设，也就是说，随机效应模型的估计不一致，固定效应模型更为合适。

复习与习题

本章回顾

1. 定义面板数据的基本命令为：xtset panelvar timevar [, tsoptions]。

2. 获得面板数据描述统计量的基本命令为：tsum [varlist] [if]。

3. 获得面板数据分布频率的基本命令为：xttab varname [if]。

4. 对面板数据的各个截面绘制时间序列图的基本命令为：xtline varlist [if] [in] [, panel_options]。

5. 拟合固定效应模型的基本命令为：xtreg depvar [indepvars] [if] [in] [weight], fe [FE_options]。

6. 拟合随机效应模型的基本命令为：xtreg depvar [indepvars] [if] [in] [weight], [re RE_options]。

7. Hausman 检验的命令格式为：hausman name-consistent [name-efficient] [, options]。

习题

1. 本书下载资源\exercises\第 13 章\csump.dta 工作文件给出了我国各省份的城镇居民消费数据，主要变量包括：id（省份-年编码）、province（省份编号）、year（年）、cs（城镇居民人均年消费支出，单位：元）、yd（城镇居民人均年可支配收入，单位：元）。表 13.5 列出了该文件的部分数据。

表 13.5　csump.dta 的部分数据

id	cs	province	year	yd
AH - 91	1296.93	1	1991	1485.1
AH - 92	1520.81	1	1992	1807.84
AH - 93	1846.14	1	1993	2247.94
AH - 94	2550.97	1	1994	3047.66
AH - 95	3161.41	1	1995	3795.38
AH - 96	3607.43	1	1996	4512.77
...	...	...	...	...

定义该数据文件的截面变量（province）和时间变量（year）。

2. 利用习题 1 中的数据拟合消费模型，被解释变量为 cs，解释变量为 yd，分别拟合固定效应和随机效应模型。

3. 在习题 1 回归的基础上，利用 Hausman 检验选项恰当的模型。

第14章 系统方程模型

截至目前，我们讨论的都是单方程回归模型，但很多时候，多个经济变量之间相互依存、同时决定，这时就要考虑多方程模型。多方程模型主要分为两类：一类是联立方程组（Simultaneous Equation Model，SEM），即一个方程的因变量是另一个或一些方程的自变量；另一类是似不相关回归（Seemingly Unrelated Regression Estimation，SUR），即每一个方程都有自己的变量，看起来是不相关的，但扰动项间存在相关性。如果似不相关回归的各方程解释变量相同，就称其为多元回归模型（Multivariate Regression）。

本章首先介绍似不相关回归，包括原理、操作方法、结果解读以及预测；然后介绍多元回归模型；最后介绍联立方程模型。

实验 14-1 似不相关回归

▶ 实验基本原理

n 个方程的似不相关回归模型形式如下：

$$Y \equiv \begin{pmatrix} y_1 \\ y_2 \\ \vdots \\ y_n \end{pmatrix} = \begin{pmatrix} X_1 0 \\ \quad X_2 \\ \quad\quad \ddots \\ 0 X_n \end{pmatrix} \begin{pmatrix} \beta_1 \\ \beta_2 \\ \vdots \\ \beta_n \end{pmatrix} + \begin{pmatrix} \varepsilon_1 \\ \varepsilon_2 \\ \vdots \\ \varepsilon_n \end{pmatrix} \equiv X\beta + \varepsilon$$

这里，y_i、X_i、β_i 分别是第 i 个方程的被解释变量、解释变量和回归系数，ε_i 是第 i 个方程的扰动项。y_i 是 $T \times 1$ 向量，X_i 是 $T \times K_i$ 矩阵，β_i 是 $K_i \times 1$ 向量，ε_i 是 $T \times 1$ 向量。T 是每个方程的观测个数值，K_i 是第 i 个方程的解释变量个数。假设第 i 个方程本身的误差项没有异质性或自相关性，即 $\text{Var}(\varepsilon_i) = \sigma_{ii} I_T$，同时，不同方程间的扰动项存在同期相关性，即：

$$E(\varepsilon_{it}\varepsilon_{js}) = \begin{cases} \sigma_{ij} & \text{如果 } t = s \\ 0 & \text{如果 } t \neq s \end{cases}$$

这时，用 OLS 得到参数的估计值 $\hat{\beta} = (XX')^{-1}X'Y$ 并非最优选择。因为如果扰动项ε的方差协方差矩阵Ω已知，那么 GLS 比 OLS 更为有效：

$$\hat{\beta}_{GLS} = (X'\Omega^{-1}X)^{-1}X'\Omega^{-1}y = [X'(\Sigma^{-1} \otimes I_T)X]X'(\Sigma^{-1} \otimes I_T)y$$

然而，Ω一般未知，所以需要先估计$\hat{\Omega}$，再进行可行的广义最小二乘估计（FGLS）。

此外，需要说明的一点是，当各方程的扰动项互不相关或各方程包含的解释变量完全相同时，

FGLS 和单一方程 OLS 的结果完全相同。但在各方程的解释变量完全相同的情况下，有时也使用 SUR，以方便检验跨方程的参数约束。另外，如果存在跨方程的参数约束，那么即使各方程的解释变量完全相同，SUR 估计与单一方程 OLS 也不再等价。

实验目的与要求

（一）实验目的

1. 了解似不相关回归的原理及其在实际数据分析中的应用。
2. 熟悉 Stata 中似不相关回归的基本操作及相关选项。
3. 熟悉 Stata 中对似不相关模型进行预测的基本命令和相关选项。

（二）实验要求

1. 能够熟练使用 sureg 命令进行似不相关回归分析，并熟知各项回归结果所代表的含义。
2. 能够熟练使用 predict 命令进行预测，并熟知各种选项的含义。

实验内容及数据来源

本书下载资源\data\第 14 章\usaauto.dta 工作文件给出了美国汽车产业的横截面数据，主要变量包括：price（汽车的价格，单位：美元）、mpg（每加仑油所行驶的英里数，单位：英里/加仑）、weight（汽车的重量，单位：磅）、foreign（是否进口车，0 代表是国产车）、length（汽车长度，单位：英寸）、displacement（内燃机气缸的工作容积，单位：立方英寸）。对数据的具体描述见实验 6-1。

利用这些数据拟合两个方程，分析汽车长度、产地对其重量的影响，以及汽车每加仑油所能行驶的里程、产地、内燃机气缸的工作容积对其价格的影响。考虑到两个方程的扰动项可能相关，我们使用似不相关回归模型。

下面利用 usaauto.dta 的数据来讲解似不相关回归的操作以及模型的预测。

实验操作指导

1. 似不相关回归的操作

进行似不相关回归的基本命令为 sureg，语法形式如下：

$$\text{sureg}(\text{depvar}_1 \text{varlist}_1) (\text{depvar}_2 \text{varlist}_2) \ldots (\text{depvar}_n \text{varlist}_n) \text{[if] [in] [weight]}$$

完整的命令格式为：

$$\text{sureg}([\text{eqname}_1:]\text{depvar}_{1a}[\text{depvar}_{1b} \ldots =]\text{varlist}_1 [, \text{noconstant}])$$
$$([\text{eqname}_2:]\text{depvar}_{2a}[\text{depvar}_{2b} \ldots =] \text{varlist}_2 [, \text{noconstant}])$$
$$\ldots$$
$$([\text{eqname}_n:]\text{depvar}_{na}[\text{depvar}_{nb} \ldots =] \text{varlist}_n [, \text{noconstant}])$$
$$\text{[if][in][weight][, options]}$$

其中，equname 代表方程的名称（为可选项，如不设定，Stata 默认用方程的被解释变量作为方程名），depvar 代表被解释变量的名称，varlist 代表解释变量的名称，noconstant 代表方程不包括常数项，if 代表条件语句，in 代表范围语句，weight 代表权重语句，options 代表其他可选项。表 14.1 显示了各 options 选项及其含义。

表 14.1　似不相关回归中 options 的内容

选项	说明
isure	迭代估计，直至收敛，默认为两步估计
constraints(constraints)	进行约束回归
small	汇报小样本统计量，即汇报 F 和 t 统计量，而非χ^2和 z 统计量
dfk	计算残差的协方差矩阵时进行小样本调整
dfk2	替代的小样本调整
level(#)	设置置信度，默认为 95%
corr	进行 Breusch-Pagan 自相关检验，检验各方程扰动项的独立性
nocnsreport	结果中不显示约束

利用 usaauto.dta 的数据同时拟合两个方程，分析汽车长度、产地对其重量的影响，以及汽车每加仑油所能行驶的里程数、产地、内燃机气缸的工作容积对其价格的影响。输入命令：

```
sureg (weight length foreign) (price mpg foreign displacement), corr small dfk
```

其中，weight 为第 1 个方程的被解释变量，foreign 和 length 是第 1 个方程的解释变量；price 是第 2 个方程的被解释变量，mpg、foreign 和 displacement 是第 2 个方程的解释变量。选项 corr 表示进行 Breusch-Pagan 自相关检验，small 表示汇报小样本统计量，dfk 表示计算残差的协方差矩阵时进行小样本调整。图 14.1 给出了该命令的结果。

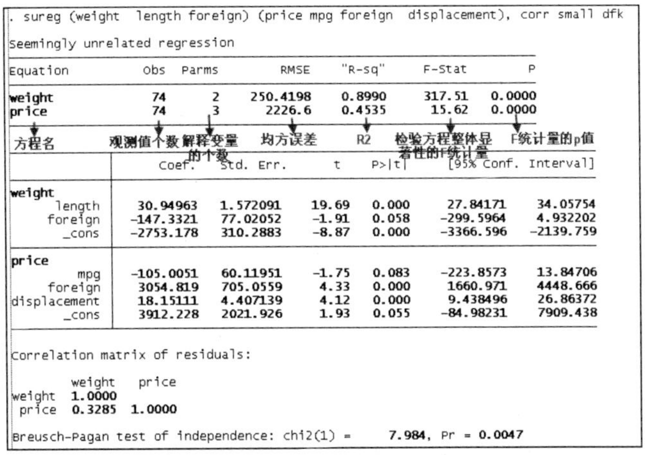
```
. sureg (weight  length foreign) (price mpg foreign  displacement), corr small dfk

Seemingly unrelated regression
--------------------------------------------------------------------------
Equation          Obs   Parms        RMSE    "R-sq"       F-Stat        P
--------------------------------------------------------------------------
weight             74       2    250.4198    0.8990       317.51   0.0000
price              74       3      2226.6    0.4535        15.62   0.0000
--------------------------------------------------------------------------

------------------------------------------------------------------------------
             |      Coef.   Std. Err.      t    P>|t|     [95% Conf. Interval]
-------------+----------------------------------------------------------------
weight       |
      length |   30.94963   1.572091    19.69   0.000     27.84171    34.05754
     foreign |  -147.3321   77.02052    -1.91   0.058    -299.5964    4.932202
       _cons |  -2753.178   310.2883    -8.87   0.000    -3366.596   -2139.759
-------------+----------------------------------------------------------------
price        |
         mpg |  -105.0051   60.11951    -1.75   0.083    -223.8573    13.84706
     foreign |   3054.819   705.0559     4.33   0.000     1660.971    4448.666
displacement |   18.15111   4.407139     4.12   0.000     9.438496    26.86372
       _cons |   3912.228   2021.926     1.93   0.055    -84.98231    7909.438
------------------------------------------------------------------------------

Correlation matrix of residuals:

        weight   price
weight  1.0000
 price  0.3285  1.0000

Breusch-Pagan test of independence: chi2(1) =     7.984, Pr = 0.0047
```


图 14.1　似不相关回归的结果

根据该结果，我们可以写出拟合的方程：

$$\text{weight} = -2753.18 + 30.94\text{length} - 147.33\text{foreign}$$

$$\text{price} = 3912.23 - 105.01\text{mpg} + 3054.82\text{foreign} + 18.15\text{displacement}$$

结果中表格的下方给出了两个方程残差的相关系数为 0.3285。Breusch-Pagan 检验显示，我们应拒绝两个方程残差独立的原假设。

事实上，如果我们想拟合两个方程，其解释变量相同，都是 length 和 foreign，而被解释变量分别为 weight 和 price，那么可以输入命令：

```
sureg (weight price=length foreign)
```

其中，等号前的变量代表各方程的被解释变量，等号后的变量代表各方程相同的解释变量。这里需要注意的是，命令中的括号必不可少。当然，对于这个问题，我们也可以采用命令：

```
sureg (weight =length foreign) (price=length foreign)
```

其结果与前面的结果相同。

此外，如果对于如图 14.1 所示的回归，将第 1 个方程命名为 eq1，将第 2 个方程命名为 eq2，那么可以输入命令：

```
sureg (eq1: weight length foreign) (eq2: price mpg foreign displacement), corr
small dfk
```

这里，括号中的冒号前为方程名，冒号后为被解释变量和解释变量。

2. 似不相关回归的预测

拟合完似不相关回归模型之后便可进行预测，预测命令如下：

```
predict [type] newvar [if] [in] [,equation(eqno [, eqno])statistic]
```

其中，newvar 代表生成的新变量名称，type 代表新变量的类型，if 代表条件语句，in 代表范围语句，选项 equation() 指定要预测的方程，eqno 代表方程号或方程名，statistic 代表要预测的统计量。表 14.2 给出了各 statistic 统计量及其含义。

表 14.2　似不相关回归预测中的 statistic 选项

选项	说明
xb	线性预测（默认选项）
stdp	线性预测的标准差
residuals	残差
difference	两个方程线性预测值之差
stddp	线性预测值之差的标准差

对于选项 equation()，我们可以用 equation(#1) 代表第 1 个方程，用 equation(#2) 代表第 2 个方程。或者，用 equation(income) 指代名为 income 的方程，用 equation(invest) 指代名为 invest 的方程。如果不设定选项 equation()，就默认为 equation(#1)，即对第一个方程进行预测。此外，如果设定选项 difference 或 stddp，就必须利用选项 equation() 指定两个方程，例如，可以设定选项 equation(#1, #2) difference 来计算第 1 个方程预测值减去第 2 个方程的预测值的差。

在进行如图 14.1 所示的回归之后，我们要对两个方程的拟合值进行预测，可输入命令：

```
predict pweight, equation(#1)
predict pprice, equation(#2)
```

将第 1 个方程的拟合预测值命名为 pweight，将第 2 个方程的拟合预测值命名为 pprice。与原序列值进行比较，输入命令：

```
summarize pricepprice weight pweight
```

得到如图 14.2 所示的描述统计量结果。

summarize price pprice weight pweight					
Variable	Obs	Mean	Std. Dev.	Min	Max
price	74	6165.257	2949.496	3291	15906
pprice	74	6165.257	1733.415	1903.05	10156.38
weight	74	3019.459	777.1936	1760	4840
pweight	74	3019.459	729.9228	1494.337	4458.085

图 14.2　预测值和原序列值的描述统计量

可以看到，与 OLS 类似，在似不相关回归中，预测值的均值和原序列值的均值是相等的。如果对两个方程的预测值之差感兴趣，那么可以输入命令：

```
predict diff, equation(price, weight) difference
```

这里，计算方程 price 的预测值和方程 weight 的预测值之差，并将其命名为 diff。

下面生成一个新变量 diff2，为预测值 pprice 和 pweight 之差，输入命令：

```
gen diff2=pprice-pweight
```

我们来看一下 diff 和 diff2 的前 5 个值，输入命令：

```
list diff diff2 in 1/5
```

得到如图 14.3 所示的结果。

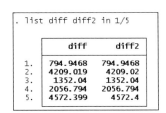

图 14.3　diff 和 diff2 的前 5 个值

可以看到，它们是完全一样的。

实验 14-2　多元回归模型

⟫ 实验基本原理

对于多方程的模型，如果几个方程的解释变量都相同，就称模型为多元回归模型（Multivariate Regression，区别于 Multiple Regression）。这种模型与似不相关回归模型在本质上是一致的，但 Stata 中存在专门的命令对其进行回归。

如我们在似不相关回归的实验原理处所讲的，当各方程包含的解释变量完全相同时，SUR 和单一方程 OLS 的结果完全相同。同理，对多元回归模型进行估计的结果和对每个方程分别进行 OLS 估计所得到的系数和标准误是一样的，但多元回归模型可以计算出各方程扰动项的相关系数，并且可以对多个方差的系数进行联合检验。

实验目的与要求

（一）实验目的

1. 了解多元回归模型的原理及其在实际数据分析中的应用。
2. 熟悉 Stata 中拟合多元回归模型的基本操作及相关选项。
3. 熟悉 Stata 中系数检验的基本操作。
4. 熟悉 Stata 中对多元回归模型进行预测的基本命令和相关选项。

（二）实验要求

1. 能够熟练使用 mvreg 命令进行多元回归模型分析，并熟知各项回归结果所代表的含义。
2. 能够熟练使用 test 命令进行系数检验。
3. 能够熟练使用 predict 命令进行预测，并熟知各种选项的含义。

实验内容及数据来源

仍然使用实验 14-1 的数据，即本书下载资源\data\第 14 章\usaauto.dta 工作文件。对数据的具体描述可参见实验 6-1。

利用这些数据拟合两个方程，被解释变量分别为汽车重量和汽车价格，解释变量都是汽车的长度和产地。考虑到两个方程的解释变量相同，我们使用多元回归模型。

下面利用 usaauto.dta 的数据来讲解拟合多元回归模型的操作、系数的检验和模型的预测。

实验操作指导

1. 多元回归模型的操作

可使用命令 mvreg 拟合多元回归模型，语法形式如下：

```
mvreg depvars=indepvars [if] [in] [weight] [, options]
```

其中，depvars 代表各方程被解释变量的名称，indepvars 代表解释变量的名称，if 代表条件语句，in 代表范围语句，weight 代表权重语句，options 代表其他选项。表 14.3 显示了各 options 选项及其含义。

表 14.3 多元回归模型的 options 内容

选项	说明
noconstant	模型不包括常数项
level(#)	设置置信度，默认为 95%
corr	汇报各方程残差的相关矩阵

对于 usaauto.dta 的数据，要求同时拟合两个方程来分析汽车长度、产地对其重量和价格的影响。输入命令：

```
mvreg weight price = length foreign, corr
```

其中，weight 和 price 分别为两个方程的被解释变量，length 和 foreign 是两个方程的解释变量。选项 corr 表示汇报两个方程残差的相关矩阵。这里需要注意的一点是，等号两边必须都留有空格，否则 Stata 会显示语法错误的提示。图 14.4 给出了该命令的结果。

```
. mvreg weight price = length foreign, corr

Equation              Obs   Parms       RMSE     "R-sq"          F        P

weight                 74       3    250.2515    0.8992    316.5447   0.0000
price                  74       3    2474.593    0.3154    16.35382   0.0000

                      Coef.   Std. Err.      t     P>|t|     [95% Conf. Interval]

weight
      length       31.44455    1.601234    19.64   0.000     28.25178    34.63732
     foreign      -133.6775    77.47615    -1.73   0.089    -288.1605    20.80555
        _cons      -2850.25    315.9691    -9.02   0.000    -3480.274   -2220.225

price
      length       90.21239   15.83368     5.70    0.000     58.64092    121.7839
     foreign       2801.143    766.117     3.66    0.000     1273.549    4328.737
        _cons     -11621.35   3124.436    -3.72    0.000    -17851.3    -5391.401

Correlation matrix of residuals:

              weight     price
weight       1.0000
 price       0.5840    1.0000

Breusch-Pagan test of independence: chi2(1) =      25.237, Pr = 0.0000
```

图 14.4　多元回归结果

根据该结果，我们可以写出拟合的方程：

$$\text{weight} = -2850.25 + 31.44\text{length} - 133.68\text{foreign}$$
$$\text{price} = -11621.35 + 90.21\text{length} + 2801.14\text{foreign}$$

表格的下方给出了两个方程残差的相关系数为 0.584。Breusch-Pagan 检验显示，我们应拒绝两个方程残差独立的原假设。

2. 多元回归模型的系数检验

拟合完多元回归模型后，我们可以对系数进行检验。

例如，我们要检验两个方程的 foreign 系数是否联合为 0，可输入命令：

```
test [weight]foreign [price]foreign
```

test 是进行检验的基本命令，[weight]foreign 代表方程 weight 中 foreign 的系数，[price]foreign 代表方程 price 中 foreign 的系数。这里，我们要检验这两个系数是否同时为 0。图 14.5 给出了检验的结果。

图 14.5　对系数的联合检验结果

根据 F 统计量的 P 值，我们可以拒绝两个系数联合为 0 的原假设。

当然，如果要检验的是所有方程某一变量的系数是否同时为 0，那么可以不必输入方程名，直接在 test 命令后加变量名即可。对于上面的检验，我们还可以通过如下命令实现：

```
test foreign
```

该命令会得到与图 14.5 相同的结果，这里不再展示。

在本实验中，由于各个系数本身都是显著的，因此可以期待任何两个系数也会是联合显著的。对系数检验的详细介绍参见实验 6-1。

3. 多元回归模型的预测

预测命令如下：

```
predict [type] newvar [if] [in] [,equation(eqno [, eqno])statistic]
```

其中，newvar 代表生成的新变量名称，type 代表新变量的类型，if 代表条件语句，in 代表范围语句，选项 equation()指定要预测的方程，eqno 代表方程号或方程名，statistic 代表要预测的统计量。可用的 statistic 统计量与似不相关回归的预测处相同，详见表 14.2。

实验 14-3 联立方程模型

⊚ 实验基本原理

联立方程模型（Simultaneous Equation Model）与似不相关模型的区别在于：在联立方程模型中，一些方程的因变量可能是另一些方程的自变量，因此方程组中的每个方程都有一些变量是内生的。

联立方程模型的结构式可写成如下形式：

$$\Gamma y_t + BX_t = \varepsilon_t$$

其中，y_t 是内生变量，X_t 是外生变量，(Γ, B) 被称为结构参数矩阵。因为存在内生性，所以对各个方程分别用 OLS 估计得不到一致估计量。为此，我们将模型变为如下的简化式：

$$y_t = -\Gamma^{-1}BX_t + \Gamma^{-1}\varepsilon_t = \Pi X_t + \nu_t$$

这样，方程右边的解释变量全部是外生变量，OLS 估计可以得到一致估计。

从简化式确定其结构式的系数问题就是联立方程系统的识别问题。如果方程的结构式参数存在唯一的估计量，就称该结构方程恰好识别；如果结构方程存在多组估计量，就称该结构方程过度识别。我们可以通过秩条件和阶条件来判断模型是否恰好识别。

联立方程模型的估计方法分为两类：单一方程估计法和系统估计法。其区别在于前者是对联立方程组中的每一个方程分别估计，而后者是将其作为一个系统一起估计。单一方程估计法主要包括普通最小二乘法、间接最小二乘法、二段最小二乘法以及广义矩阵估计法；系统估计法则主要包括三段最小二乘法和完全信息极大似然估计法等。

⊚ 实验目的与要求

（一）实验目的

1. 了解联立方程模型的回归原理及其在实际数据分析中的应用。
2. 熟悉 Stata 中拟合联立方程模型的基本操作及相关选项。

3. 熟悉 Stata 中拟合带约束的联立方程模型的基本操作。

4. 熟悉 Stata 中对联立方程模型进行预测的基本命令和相关选项。

（二）实验要求

1. 能够熟练使用 reg3 命令进行联立方程模型分析，熟悉各选项的应用和结果的解读。

2. 能够熟练使用 constraints()选项进行带约束的联立方程模型分析。

3. 能够熟练使用 predict 命令进行预测，并熟知各种选项的含义。

⊙ 实验内容及数据来源

本书下载资源\data\第 14 章\macroeco.dta 工作文件给出了美国的宏观经济数据，主要变量包括：yr（年）、consump（消费，单位：10 亿美元）、profits（私人部门利润，单位：10 亿美元）、profits1（私人部门上一年利润，单位：10 亿美元）、wagepriv（私人部门工资收入，单位：10 亿美元）、wagegovt（政府部门工资收入，单位：10 亿美元）、wagetot（总工资收入，单位：10 亿美元）、invest（投资，单位：10 亿美元）、capital1（上一年的资本存量，单位：10 亿美元）、totinc（总收入，总需求，单位：10 亿美元）、totinc1（上一年的总收入，单位：10 亿美元）、govt（政府支出，单位：10 亿美元）、taxnetx（税收+净出口，单位：10 亿美元）。表 14.4 给出了该文件的部分数据。

表 14.4　macroeco.dta 部分数据展示

yr	consump	profits	wagepriv	invest	capital1	totinc	taxnetx	…	totinc1
1920	39.8	12.7	28.8	2.7	180.1	44.9	3.4	…	
1921	41.9	12.4	25.5	−0.2	182.8	45.6	7.7	…	44.9
1922	45	16.9	29.3	1.9	182.6	50.1	3.9	…	45.6
1923	49.2	18.4	34.1	5.2	184.5	57.2	4.7	…	50.1
1924	50.6	19.4	33.9	3	189.7	57.1	3.8	…	57.2
1925	52.6	20.1	35.4	5.1	192.7	61	5.5	…	57.1
…	…	…	…	…	…	…	…	…	…

利用这些数据拟合 3 个方程，从而分析各种因素对消费、投资和工资收入的影响。考虑到一个方程的被解释变量可能是另一个方程的解释变量，我们使用联立回归模型。

下面利用"macroeco.dta"的数据来讲解联立方程模型的拟合及预测等内容。

⊙ 实验操作指导

1. 拟合联立方程模型的基本操作

拟合联立方程模型的基本命令与似不相关回归类似，命令如下：

reg3($depvar_1 varlist_1$) ($depvar_2 varlist_2$) … ($depvar_n varlist_n$) [if] [in] [weight]

完整的命令格式为：

reg3 ([$eqname_1$:]$depvar_{1a}$[$depvar_{1b}$ … =]$varlist_1$ [, noconstant])

([$eqname_2$:]$depvar_{2a}$[$depvar_{2b}$ … =] $varlist_2$ [, noconstant])

…

$$([eqname_n:]depvar_{na}[depvar_{nb} \dots =] varlist_n [, noconstant])$$
$$[if][in][weight][, options]$$

其中，eqname 代表方程的名称（为可选项，如不设定，Stata 默认用方程的被解释变量作为方程名），depvar 代表被解释变量的名称，varlist 代表解释变量的名称，noconstant 代表方程不包括常数项，if 代表条件语句，in 代表范围语句，weight 代表权重语句，options 代表其他选项。表 14.5 显示了各 options 选项及其含义。

表 14.5 联立方程模型中 options 的内容

选项	说明
ireg3	迭代估计，直至收敛
constraints(constraints)	进行带线性约束的回归
exog(varlist)	指定系统方程中未包括的额外的外生变量
endog(varlist)	指定系统方程中被解释变量之外的内生变量
inst(varlist)	指定全部的外生变量，未指定的变量即被认为是内生变量。不可与选项 exog(varlist)或 endog(varlist)同时使用
allexog	设定所有的右端变量都是外生变量，即便有右端变量是某个方程的被解释变量
3sls	用三阶段最小二乘法估计，为默认选项
2sls	用两阶段最小二乘法估计，该选项包括 dfk、small 和 corr(independent)
ols	用普通最小二乘法进行估计，该选项包括 allexog、dfk、small 和 corr(independent)
sure	用似不相关回归进行估计，与设定选项 allexog 的作用相同
mvreg	进行多元回归，与设定选项 sure 和 dfk 的作用相同
corr(correlation)	设定扰动项的相关结构，correlation 可以是 unstructured 或 independent，默认为 unstructured
small	汇报小样本统计量，即汇报 F 和 t 统计量，而非χ^2和 z 统计量
dfk	计算残差的协方差矩阵时进行小样本调整
dfk2	替代的小样本调整
level(#)	设置置信度，默认为 95%
first	汇报第一阶段的回归
nocnsreport	结果中不显示约束

对于 macroeco.dta 的数据，我们同时拟合 3 个方程，分析各种因素对消费、投资和工资收入的影响。完整的模型如下：

$$consump = \beta_0 + \beta_1 profits + \beta_2 profits1 + \beta_3 wagetot + \varepsilon_1$$
$$invest = \beta_4 + \beta_5 profits + \beta_6 profits1 + \beta_7 capital1 + \varepsilon_2$$
$$wagepriv = \beta_8 + \beta_9 totinc + \beta_{10} totinc1 + \beta_{11} yr + \varepsilon_3$$
$$totinc = consump + invest + govt$$
$$profits = totinc - taxnetx - wagepriv$$
$$capital = capital1 + invest$$
$$wagetot = wagegovt + wagepriv$$

其中，前 3 个是行为方程，后 4 个是恒等式，说明了系统中的其他变量与行为方程中变量的会计关系。对于这个模型，毫无疑问，consump、invest 和 wagepriv 是内生变量。此外，还有一些右端变量由于是被解释变量的线性组合，故也是内生变量，如 totinc、wagetot 和 profits。此外，系统中还有一些外生变量出现在恒等式中而未出现在行为方程中，故需要我们额外设定，如 govt、wagegovt 和 taxnetx。

若要拟合这个模型，则输入命令：

```
reg3 (consump profits profits1wagetot) (invest profits profits1 capital1)
(wagepriv totinc totinc1 year), endog(totinc wagetot profits) exog(govt wagegovt
taxnetx)
```

第 1 个方程的被解释变量为 consump，解释变量为 profits、profits1 和 wagetot；第 2 个方程的被解释变量为 invest，解释变量为 profits、profits1 和 capital1；第 3 个方程的被解释变量为 wagepriv，解释变量为 totinc、totinc1 和 year。选项 endog() 给出了左端项不包括的内生解释变量，exog() 给出了行为方程不包括的其他外生变量。需要注意的是，选项 endog() 必须设定，如果不设定，Stata 就会默认 totinc、wagetot 和 profits 为外生变量；选项 exog() 也必须设定，因为变量 govt、wagegovt 和 taxnetx 是系统的一部分，但未出现在任何行为方程中。

图 14.6 给出了该命令的结果。

```
. reg3 (consump profits profits1 wagetot) (invest profits profits1 capital1) (wagepri
> v totinc totinc1 year), endog(totinc wagetot profits) exog(govt wagegovt taxnetx)

Three-stage least-squares regression
```

Equation	Obs	Parms	RMSE	"R-sq"	chi2	P
consump	21	3	.9443305	0.9801	864.59	0.0000
invest	21	3	1.446736	0.8258	162.98	0.0000
wagepriv	21	3	.7211282	0.9863	1594.75	0.0000

方程名称　　观测值个数　解释变量个数　均方误差　R2　方程整体显著性的chi2检验　chi2检验的p值

	Coef.	Std. Err.	z	P>|z|	[95% Conf. Interval]
consump						
profits	.1248904	.1081291	1.16	0.248	−.0870387	.3368194
profits1	.1631439	.1004382	1.62	0.104	−.0337113	.3599992
wagetot	.790081	.0379379	20.83	0.000	.715724	.8644379
_cons	16.44079	1.304549	12.60	0.000	13.88392	18.99766
invest						
profits	−.0130791	.1618962	−0.08	0.936	−.3303898	.3042316
profits1	.7557238	.1529331	4.94	0.000	.4559805	1.055467
capital1	−.1948482	.0325307	−5.99	0.000	−.2586072	−.1310893
_cons	28.17785	6.793768	4.15	0.000	14.86231	41.49339
wagepriv						
totinc	.4004919	.0318134	12.59	0.000	.3381388	.462845
totinc1	.181291	.0341588	5.31	0.000	.1143411	.2482409
year	.149674	.0279352	5.36	0.000	.094922	.2044261
_cons	1.797216	1.115854	1.61	0.107	−.3898181	3.984251

```
Endogenous variables:   consump invest wagepriv totinc wagetot profits   →内生变量
Exogenous variables:    profits1 capital1 totinc1 year govt wagegovt taxnetx →外生变量
```

图 14.6　联立方程模型的估计结果

根据该结果，我们可以写出拟合的模型：

$$\text{consump} = 16.44 + 0.12\text{profits} + 0.16\text{profits1} + 0.79\text{wagetot}$$
$$\text{invest} = 28.18 - 0.01\text{profits} + 0.76\text{profits1} - 0.19\text{capital1}$$
$$\text{wagepriv} = 1.80 + 0.40\text{totinc} + 0.18\text{totinc1} + 0.15\text{year}$$

当然，也可以使用选项 inst() 来列出全部的外生变量，而不使用选项 endog() 和 exog()。对于这个回归，相应的命令为：

```
reg3 (consump profits profits1 wagetot) (invest profits profits1 capital1)
(wagepriv totinc totinc1 year), inst(profits1 capital1 totinc1 year govt
```

```
wagegovt taxnetx)
```

这里，选项 inst()中列出了模型全部的外生变量，而未被列出的变量即被认为是内生变量。该命令的结果与图 14.6 相同，在此不再列出。

需要说明的一点是，为了保证模型满足实验原理处所讲的参数识别的阶条件，我们可以在回归之前先进行简单的检验。对第 i 个方程而言，假设方程右端项中内生变量的个数为m_i，外生变量的个数为k_i，所有结构方程的外生变量加上 exog()所设定的外生变量个数为 K（如果设定了选项 inst()，即 inst()中外生变量的个数）。如果满足$m_i \leqslant K - k_i$，第 i 个方程就是可识别的。对本例的第 1 个方程而言，$m_i = 2$，$k_i = 1$，$K = 7$，从而满足阶条件。对于其他的方程，读者可自行检验。

2. 带约束的联立方程模型

对于前面拟合的模型，可以将总工资收入的恒等式代入第一个行为方程中，从而第一个方程变为：

$$consump = \beta_0 + \beta_1 profits + \beta_2 profits1 + \beta_3 wagegovt + \beta_{12} wagepriv + \varepsilon_1$$

但由于恒等关系的存在，我们要求拟合时有$\beta_3 = \beta_{12}$，因此可以设定约束，进行约束回归。定义约束：

```
constraint 1 [consump]wagepriv = [consump]wagegovt
```

这里，我们将约束命名为 1，且令方程 consump 中变量 wagepriv 的系数等于变量 wagegovt 的系数。需要注意的是，由于 reg3 是系统估计，因此定义约束时必须在变量名前用中括号括起方程的名称。

下面进行模型的估计。输入命令：

```
reg3 (consump profits profits1wagegovtwagepriv) (invest profits profits1
capital1) (wageprivtotinc totinc1 year), endog(totinc profits) exog(govt wagegovt
taxnetx) constraints(1)
```

其中，选项 constraints(1)表明在回归中使用约束 1。图 14.7 给出了该命令的结果。

```
. reg3 (consump profits profits1 wagegovt wagepriv) (invest profits profits1 capital1) (wagep
> riv totinc totinc1 year), endog(totinc profits) exog(govt wagegovt taxnetx) constraints(1)

Three-stage least-squares regression

Constraints:
 ( 1) - [consump]wagegovt + [consump]wagepriv = 0

Equation          Obs   Parms      RMSE     "R-sq"       chi2        P

consump            21      3    .9443303   0.9801      864.59   0.0000
invest             21      3    1.446736   0.8258      162.98   0.0000
wagepriv           21      3    .7211283   0.9863     1594.75   0.0000


                    Coef.   Std. Err.      z    P>|z|    [95% Conf. Interval]

consump
    profits      .1248905    .108129     1.16   0.248   -.0870385    .3368195
    profits1     .1631439   .1004382     1.62   0.104   -.0337113    .3599991
    wagegovt     .7900809   .0379379    20.83   0.000    .715724     .8644379
    wagepriv     .7900809   .0379379    20.83   0.000    .715724     .8644379
    _cons        16.44079   1.304549    12.60   0.000    13.88392    18.99766

invest
    profits     -.013079    .1618962    -0.08   0.936   -.3303897    .3042317
    profits1     .7557238   .1529331     4.94   0.000    .4559804    1.055467
    capital1    -.1948482   .0325307    -5.99   0.000   -.2586072   -.1310893
    _cons        28.17784   6.793769     4.15   0.000    14.8623     41.49339

wagepriv
    totinc       .4004919   .0318134    12.59   0.000    .3381388    .462845
    totinc1      .181291    .0341588     5.31   0.000    .1143411    .2482409
    year         .149674    .0279352     5.36   0.000    .094922     .2044261
    _cons        1.797216   1.115854     1.61   0.107   -.3898179    3.984251

Endogenous variables:   consump invest wagepriv totinc profits
Exogenous variables:    profits1 wagegovt capital1 totinc1 year govt taxnetx
```

图 14.7　约束回归的结果

和前面的回归结果进行对比可以发现，所有的系数和标准差等估计量都没有改变。

3. 联立方程模型的预测

预测命令如下：

```
predict [type] newvar [if] [in] [,equation(eqno [, eqno])statistic]
```

其中，newvar 代表生成的新变量名称，type 代表新变量的类型，if 代表条件语句，in 代表范围语句，选项 equation()指定要预测的方程，eqno 代表方程号或方程名，statistic 代表要预测的统计量。可用的 statistic 统计量与似不相关回归的预测处相同。表 14.2 列出了各选项的含义。

复习与习题

本章回顾

1. 进 行 似 不 相 关 回 归 的 基 本 命 令 为 ： sureg(depvar$_1$ varlist$_1$) (depvar$_2$ varlist$_2$) ... (depvar$_n$ varlist$_n$) [if] [in] [weight]。可通过选项 corr 进行 Breusch-Pagan 自相关检验，通过 small 汇报小样本统计量，通过 dfk 对残差的协方差矩阵进行小样本调整。

2. 对似不相关回归模型进行预测的基本命令为：predict [type] newvar [if] [in] [,equation(eqno [, eqno])statistic]。可用的统计量包括 xb、stdp、residuals、difference 和 stddp。

3. 拟合多元回归模型的基本命令为：mvregdepenvars=indepvars [if] [in] [weight] [, options]。

4. 对多元回归模型进行预测的基本命令为：predict [type] newvar [if] [in] [,equation(eqno [, eqno])statistic]，可用的统计量包括 xb、stdp、residuals、difference 和 stddp。

5. 拟合联立方程模型的基本命令为：reg3(depvar$_1$ varlist$_1$) (depvar$_2$ varlist$_2$) ... (depvar$_n$ varlist$_n$) [if] [in] [weight]。可以通过选项 exog(varlist) 指定系统方程中不包括的外生变量，通过 endog(varlist) 指定被解释变量之外的内生变量，或用 inst(varlist) 指定全部的外生变量，还可通过选项 constraints(constraints) 进行带线性约束的回归。

6. 对多元回归模型进行预测的基本命令为：predict [type] newvar [if] [in] [,equation(eqno [, eqno])statistic]。可用的统计量包括 xb、stdp、residuals、difference 和 stddp。

习题

1. 利用本书下载资源\exercises\第 14 章\chinamacro.dta 工作文件进行小型中国宏观经济模型的拟合，主要变量包括：gdp（国内生产总值 GDP，单位：亿元）、y（减去净出口的总产出，单位：亿元）、cu（城镇消费，单位：亿元）、cr（农村消费，单位：亿元）、i（固定资产形成总额，单位：亿元）、iu（城镇居民人均可支配收入，单位：元）、ir（农村居民家庭人均纯收入，单位：元）、dl（固定资产贷款，单位：亿元）、M2（广义货币，单位：亿元）、y1（第一产业增加值，单位：亿元）、ig（存货增加，单位：亿元）、M1（狭义货币供给量，单位：亿元）、cg（政府消费，单位：亿元）、t1（农业税，单位：亿元）、ia（农业固定资产投资占全社会固定资产投资的比重）、rl（一年期贷款利率）、rd（一年期存款利率）、pu（城镇人口）、pr（农村人口，单位：亿人）、p1（第一产业平减指数）、p2（GDP 平减指数）、p3（城镇居民消费价格指数）、p4（农村居民消费价格指数）、p5（固定资产投资价格指数）、p6（居民消费价格指数）。表 14.6 列出了该文件的部分数据。

表 14.6　chinamacro.dta 的部分数据

year	gdp	y	cu	i	M2	cg	t1	rl	pu	⋯	p6
1978	3605.6	3617	666.7	1073.9	1064.12	480	28.4	5.04	1.72	⋯	1
1979	4092.6	4112.6	758.6	1153.1	1362.06	622.2	29.51	5.04	1.85	⋯	1.02
1980	4592.9	4607.6	920.2	1322.4	1743.45	676.7	27.67	5.04	1.91	⋯	1.1
1981	5008.8	4991.7	1024.1	1339.3	2231.62	733.6	28.35	5.04	2.02	⋯	1.12
1982	5590	5499	1115.4	1503.2	2670.94	811.9	29.38	7.2	2.15	⋯	1.15
1983	6216.2	6165.4	1220.6	1723.3	3190.55	895.3	32.96	7.2	2.23	⋯	1.17
⋯	⋯	⋯	⋯	⋯	⋯	⋯	⋯	⋯	⋯		⋯

利用这些数据来拟合小型中国宏观经济模型。模型的方程包括：

$$\ln(cu_t/p3_t) = \beta_{10} + \beta_{11}\ln(iu_t/p3_t pu_t) + \beta_{12}\ln(cu_{t-1}/p3_{t-1}) + \varepsilon_{1t}$$

$$\ln(cr_t = \beta_{21}\ln(ir_t/p4_t pr_t) + \beta_{22}\ln(cr_{t-1}/p4_{t-1}) + \beta_{23}d1_t + \varepsilon_{2t}$$

$$\ln(i_t/p5_t) = \beta_{31}\ln(y_{t-1}/p2_{t-1}) + \beta_{32}rl_{t-1} + \beta_{33}\ln(dl_t/p5_t) + \beta_{34}\ln(i_{t-1}/p5_{t-1}) + \varepsilon_{3t}$$

$$\ln(ir_t/p4_t) = \beta_{40} + \beta_{41}\ln((y1_t/p1_t - tr_t/p4_t)/pr_t) + \beta_{42}\ln(ir_{t-1}/p4_{t-1}) + \varepsilon_{4t}$$

$$\ln(y1_t/p1_t) = \beta_{51}\ln(i_{t-1}ia_{t-1}/p5_{t-1}) + \beta_{52}\ln(y1_{t-1}/p1_{t-1}) + \varepsilon_{5t}$$

$$\ln(iu_t/p3_t) = \beta_{61}\ln((y_t/p2_t - y1_t/p1_t)/pu_t) + \beta_{62}\ln(iu_{t-1}/p3_{t-1}) + \beta_{63}d2_t + \varepsilon_{6t}$$

$$\ln(dl_t/p5_t) = \beta_{71}\{rl_t - [100(p6_t/p6_{t-1} - 1)]\} + \beta_{72}\ln(M2_t/p6_t) + \varepsilon_{7t}$$

$$\ln(M2_t/p6_t) = \beta_{80} + \beta_{81}\{rd_t - [100(p6_t/p6_{t-1} - 1)]\} +$$
$$\beta_{82}\ln(y_{t-1}/p2_{t-1}) + \beta_{83}\ln(M1_t/p6_t) + \varepsilon_{8t}$$

$$y_t = cr_t + cu_t + ig_t + cg_t + i_t$$

其中，前 8 个方程为行为方程，最后一个方程为恒等式。利用联立方程模型的估计方法对该模型进行估计。

2. 仍然利用本书下载资源\exercises\第 14 章\usaauto.dta 工作文件进行三方程模型的估计。对数据的具体描述见实验 6-1。

模型的第 1 个方程考察汽车的产地、重量、长度对价格的影响，第 2 个方程考察汽车的产地和重量对每加仑油所行驶的英里数的影响，第 3 个方程考察汽车的产地和重量对内燃机气缸的工作容积（Displacement）的影响。

第15章 自助法

计算机模拟可以帮助我们有效地解决一些问题，例如在某些方程没有解析解的时候，可以通过模拟获得数值解。计量经济学中常用的两种模拟方法是蒙特卡洛法和自助法。蒙特卡洛法依赖于从已知分布的总体中抽取大量随机样本，这就要求对总体模型做出假定，且所得到的结论只适用于那个特定的数据生成过程。自助法（Bootstrap）通过对原始样本进行多次抽样可以有效解决这个问题。若要全面了解自助法，则先要了解随机数的生成和重复抽样的一些方法。本章将介绍随机数的生成、重复抽样以及自助法的操作等内容。

实验 15-1 随机数的生成

⊙ 实验基本原理

利用 Stata 可以很方便地生成随机数，但需要注意的是，就像任何其他可以生成随机数的程序一样，我们生成的只是伪随机数，因为这些看似随机的数实际是由递推公式产生的。但这一特征很有用，例如可能希望以后抽样或别人抽样也能得到完全一样的样本，这时，如果能知道我们用的是哪一个伪随机数序列就会很有帮助。

为了以后可以多次重复当前的随机数，在生成随机数时通常需要设定种子，即随机数的初始值。如果不设定种子，Stata 就会自动选择种子，这样就不能保证每次抽样的样本是相同的。

⊙ 实验目的与要求

（一）实验目的

1. 熟悉随机数的概念。
2. 熟悉 Stata 中生成各种随机数的基本操作。
3. 熟悉 Stata 中设定随机数种子的基本操作。

（二）实验要求

1. 能够熟练使用 runiform()生成各种随机数。
2. 能够熟练使用 set seed 设定随机数的种子。

⊙ 实验内容及数据来源

在本实验中将介绍如何生成均匀分布和正态分布的随机数，以及如何设定随机数的种子。

⊘ 实验操作指导

1. 随机数的生成

基本而常用的随机数序列是均匀分布随机数序列，生成均匀分布随机数序列的基本命令为：

```
generate newvar=runiform()
```

其中，newvar 为新变量的名称，runiform()是生成均匀分布于区间[0, 1)随机数的函数。需要注意的是，runiform()中没有参数，但括号必不可少。

如果要生成位于其他区间的均匀分布，那么可以进行简单的变形。例如，要生成均匀分布于区间[a, b)的随机数，相应的函数为：

```
a+(b-a)*runiform()
```

若要生成均匀分布于区间[a, b]的随机数，则相应的函数为：

```
a+int((b-a+1)*runiform())
```

其中，函数 int()表示取整。

生成标准正态分布的随机数的函数为：

```
invnorm(uniform())
```

若要生成均值为 m、标准差为 s 的正态分布的随机数，则可使用函数：

```
m+s*invnorm(uniform())
```

例如，我们要生成一个均值为 3、方差为 5 且服从正态分布的序列，可输入命令：

```
set obs 80
gen norm=3+5*invnorm(uniform())
```

这里，第 1 步为设定观测值的个数为 80；第 2 步生成一个均值为 3、方差为 5 且服从正态分布的序列，并将新生成的变量命名为 norm。需要说明的一点是，若不设定观测值个数，则新变量的观测值个数会与原序列的观测值个数相同；而未打开任何数据文件时，原观测值个数显然为 0。

下面我们看一下变量 norm 的描述统计量。输入命令：

```
sum norm
```

得到如图 15.1 所示的结果。

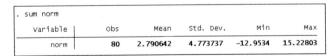

```
. sum norm

    Variable |        Obs        Mean    Std. Dev.        Min         Max
-------------+--------------------------------------------------------------
        norm |         80    2.790642    4.773737    -12.9534    15.22803
```

图 15.1 变量 norm 的描述统计量

可以看到，虽然 norm 的均值和标准差与我们设定的不完全相同，但基本一致。

对 norm 的分布进行制图，输入命令如下：

```
hist norm, normal
```

hist 表示绘制直方图，选项 normal 表示绘制出相应的正态分布。图 15.2 给出了该命令的结果。

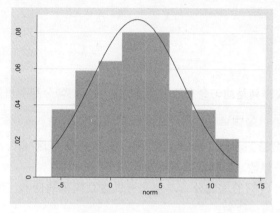

图 15.2　norm 的直方图

2. 种子的设定

设定种子的基本命令为：

```
set seed {#|code}
```

其中，"#"是正整数，代表 runiform()迭代的初始值， Stata 的初始设置是 123456789。code 是字符串，代表随机数生成器 runiform()的状态，我们可以用 c(seed)来查看其当前值。输入命令：

```
disp c(seed)
```

这里，disp 表示"显示"，c(seed)表示种子的当前值。图 15.3 显示了该命令的结果。

```
. disp c(seed)
X075bcd151f123bb5159a55e50022865746ad
```

图 15.3　种子的编码

图 15.3 所示的编码等价于 123456789。而每生成一次随机数，初始值和编码就会相应地改变一次。此外，需要注意的是，我们所选的种子只会影响序列的具体值，不会影响其伪随机性。

例如，我们先设定种子，然后生成随机数序列，可输入如下命令：

```
set seed 1001
set obs 60
gen r=runiform()
```

这里，第 1 步设定种子为 1001；第 2 步设定观测值个数为 60；第 3 步生成位于[0, 1)的随机数序列，并将其命名为 r。

实验 15-2　重复抽样

实验基本原理

自助法的基本思想可以看作是从经验分布函数中不断抽样，利用有放回的抽样样本对总体进行统计推断。之所以可以利用经验分布函数，是因为在大样本的情况下，经验分布函数会收敛到真实的分布函数。

因为自助法要使用有放回的抽样样本，所以先介绍一下重复抽样的方法。

实验目的与要求

（一）实验目的

1. 熟悉重复抽样的含义。
2. 熟悉 Stata 中各种重复抽样操作。
3. 熟悉条件函数 cond(x, a, b)的含义。
4. 熟悉 Stata 中扩展样本容量的操作。

（二）实验要求

1. 能够熟练使用 bsample 命令进行各种重复抽样。
2. 能够熟练使用 bsample 的各种选项进行抽样设定。
3. 能够熟练使用 expand 命令扩展样本容量。
4. 能够熟练使用 expandcl 命令对分组数据扩展样本容量。

实验内容及数据来源

本书下载资源\data\第 15 章\gender.dta 工作文件是为了讲解重复抽样而编制的文件。该文件包括 5810 个观测值，只有一个变量 gender，表示性别。其取值为 1 时表示女性（Female），取值为 0 时表示男性（Male）。在该文件中，女性观测值个数为 3418，男性观测值个数为 2392。

此外，还将利用本书下载资源\data\第 15 章\resample.dta 来介绍重复抽样部分选项的应用。该文件也是人为构造的，主要变量包括：group（分组变量，取值为 A、B、C、D、E）、strid（分层变量，取值为 1 或 2，表明被调查者属于哪种类型）、x（观测值）。表 15.1 给出了该文件的部分数据。

表 15.1　resample.dta 的部分数据

group	strid	x
A	2	1.079094
A	1	0.00954
A	2	−1.33487
A	1	−0.64047
A	2	−1.12914
A	1	−1.27863
…	…	…

实验操作指导

1. 重复抽样的基本命令

重复抽样使用的基本命令为 bsample，语法形式如下：

```
bsample [exp] [if] [in] [, options]
```

其中，if 代表条件语句，in 代表范围语句，options 代表其他选项。exp 为表达式，用于指定抽取的样本个数。表 15.2 列出了各 options 选项及其含义。

表 15.2　重复抽样的 options 内容

选项	说明
strata(varlist)	设定分层变量 varlist，在每个分层上单独抽样
cluster(varlist)	设定再抽样的分组（聚类）变量 varlist
idcluster(newvar)	生成新变量 newvar，用来为每一个抽到的组进行单独标识
weight(varname)	将抽样频数保存到变量 varname 中

需要说明的是，对于样本容量 exp，如果进行简单分层抽样，就要求样本规模小于等于数据的观测值个数；如果进行分层抽样，exp 就不能超过各层中的观测值个数；如果设定选项 cluster()，exp 就不能超过组的个数；如果同时设定选项 cluster() 和 strata()，exp 就不能超过各层内组的个数。

此外，默认情况下，命令 bsample 会将内存中的数据替换为抽样的观测值，但设定选项 weight() 会将抽取的样本频数存放在变量 varname 中，也就是说，这时只有 varname 的值改变，原数据不会改变。但选项 weight() 和选项 idcluster() 不能同时设定。

另外，在 bsample 命令之后，选项 weight(varname) 中的 varname 可以用在 Stata 的其他命令中作为 fweight（如果该命令允许设定 fweight）。

下面结合 gender.dta 和 resample.dta 数据对各选项进行进一步的说明。

2. 简单随机抽样

对于 gender.dta 的数据，假设我们要采用简单随机抽样法抽取 300 个样本，可输入命令：

```
bsample 300
```

来看一下数据文件现在的样本容量。输入命令：

```
count
```

得到如图 15.4 所示的结果。

```
. count
  300
```

图 15.4　样本容量

可以看到，原来有 5810 个样本，现在只有 300 个，也就是说，命令 bsample 会将内存中的数据替换为抽样的观测值。

如果只对男性进行简单随机抽样，那么可以利用如下条件语句：

```
bsample 200 if gender==0
```

这里，我们对 gender 取值为 0（表示 male）的观测值抽取了 200 个随机样本。需要注意的是，在条件语句中，gender 后为两个等号。另外，需要说明的一点是，读者若要复制这个操作，则需要在前面简单随机抽样后重新打开一次数据；否则，这里的分层抽样就会在原来抽样结果的基础上进行。

下面看一下抽取的样本情况。输入命令：

```
tab gender
```

这里，命令 tab 表示显示变量 gender 的频数分布表。图 15.5 给出了该命令的结果。可以看到，抽取的 200 个样本都是男性。

3. 分层抽样

如果要令样本中包括 100 个女性和 100 个男性，就可以采取分层抽样。输入命令：

```
bsample100, strata(gender)
```

这里，100 表示每一层的样本容量都是 100，选项 strata(gender)表示按变量 gender 的不同取值来分层。下面看一下分层抽样的样本情况。输入命令：

```
tab gender
```

图 15.6 给出了分层抽样的结果。

```
. tab gender

    gender |      Freq.     Percent        Cum.
-----------+-----------------------------------
      male |        200      100.00      100.00
-----------+-----------------------------------
     Total |        200      100.00
```

图 15.5　带条件语句的抽样

```
. bsample 100, strata(gender)
. tab gender

    gender |      Freq.     Percent        Cum.
-----------+-----------------------------------
      male |        100       50.00       50.00
    female |        100       50.00      100.00
-----------+-----------------------------------
     Total |        200      100.00
```

图 15.6　分层抽样

可以看到，样本中 female 和 male 分别为 100 个。

读者可能注意到原来的数据中有约 3000 个为女性，2000 个为男性。这样，我们可以考虑按照原数据的男女比例进行抽样；也就是说，抽取 300 个女性，200 个男性。要做到这一点，应该先生成一个新变量，令 gender 为 female 时新变量的值为 300，gender 为 male 时新变量的值为 200。输入命令：

```
gen st = cond(gender,300,200)
```

新变量命名为 st，对于条件函数 cond(x, a, b)，其含义为：若 x 为真（或取值不是 0），则返回 a 的值；若 x 为假（或取值为 0），则返回 b 的值。对于本例，若变量 gender 的值为 female（1），则令变量 st 的值为 300；若变量 gender 的值为 male（0），则令变量 st 的值为 200。

下面利用变量 st 作为 exp 来进行分层抽样。输入命令：

```
bsamplest, strata(gender)
```

这句命令的含义为：按变量 gender 的值进行分层抽样，且变量 gender 各个取值对应的样本容量为 st 的值。也就是说，对于 gender 取值为 female 的观测值，对应的抽样样本容量为 300；对于 gender 取值为 male 的观测值，对应的抽样样本容量为 200。

下面看一下样本的情况。图 15.7 给出了该分层抽样的结果。

```
. tab gender

    gender |      Freq.     Percent        Cum.
-----------+-----------------------------------
      male |        200       40.00       40.00
    female |        300       60.00      100.00
-----------+-----------------------------------
     Total |        500      100.00
```

图 15.7　不同容量的分层抽样

可以看到，在抽取的样本中，男性人数为 200，女性人数为 300。

4. 扩展样本容量

首先要说明的一点是，如果不设定要抽取的样本容量，样本容量就会与原数据相同。而如果同时设定了选项 strata()，各层中抽取的样本个数就会与原数据相同。

此外，如果要抽取的样本容量超过现有的观测值个数，那么可以先对样本容量进行扩展。输入命令：

```
expand 2
```

可以将样本容量扩展为原来的 2 倍（当然，也可以选择将样本容量扩展为原来的 3 倍或更多，但对于本实验，2 倍就足够了）。需要说明的是，该命令后也可以加条件语句，选择对分层变量的某个取值扩展样本容量。

接着，重新进行分层抽样，且不设定样本容量 exp。输入命令：

```
bsample, strata(gender)
```

下面来看一下抽取的样本频数情况。输入命令：

```
tab gender
```

得到如图 15.8 所示的结果。

```
. tab gender

    gender      Freq.     Percent        Cum.

      male      4,784       41.17       41.17
    female      6,836       58.83      100.00

     Total     11,620      100.00
```

图 15.8　扩展样本容量后的抽样

可以看到，样本中男性与女性的个数分别为原数据的两倍。

5. 生成频率权重

在前面的几个例子中，原样本都被新抽取的样本所替代，但我们也可以使用选项 weight() 将抽取的样本频数放到一个新变量中，并保留原来的样本。例如，抽取 200 个男性样本，并将频数放到一个新变量中。为此，我们先生成一个变量，用于存放频数。输入命令：

```
gen fweight=.
```

这里，我们生成一个新变量，将其命名为 fweight，并令其初始值缺失（即为“.”）。
下面进行抽样。输入命令：

```
set seed 1111
bsample 200 if gender==0, weight(fweight)
```

第 1 步命令设定种子，这是为了复制结果的方便。第 2 步，对 gender 取值为 0 的观测值抽取了 200 个随机样本，选项 weight(fweight) 表明，我们将抽取的样本频数存放在变量 fweight 中。
下面看一下样本的频数分布情况。输入命令：

```
tab fweight gender
```

生成变量 fweight 和 gender 的二维交互表。图 15.9 给出了该命令的结果。

```
. tab fweight gender

                     gender
    fweight      male     female       Total
         0       2,200     3,418        5,618
         1         184         0          184
         2           8         0            8

     Total       2,392     3,418        5,810
```

图 15.9　生成频数权重的结果

可以看到，2200 个男性和所有 3418 个女性的频数权重为 0，有 184 个男性的频数权重为 1，另有 8 个男性的频数权重为 2。可以计算，184×1+8×2=200。

6. 分组抽样

对于分组数据，可以设定选项 cluster()，则 Stata 会按组来进行抽样。

下面利用 resample.dta 的数据重点讲解要抽取的组多于原来的组时该如何处理。

resample.dta 的数据只有 5 组，而我们想要抽取 7 组样本。显然，应该先对样本进行扩容。但请注意，命令 expand 在这里是不恰当的。这是因为，expand 命令不能为新生成的组设置其自身的标记。这样，Stata 会认为数据还是只有 5 组，从而抽取 7 组样本仍不可能。若要解决这个问题，则可以使用分组数据的复制命令 expandcl（注意最后一个字母是小写字母 l，而非数字 1）。该命令的基本格式如下：

```
expandcl [=] [exp] [if] [in], cluster(varlist) generate(newvar)
```

其中，表达式 exp 用于指定复制为原来的几份，if 代表条件语句，in 代表范围语句。选项 cluster()用于指定分组变量，选项 generate()用于生成新的变量来保存各个组的识别标志。

在对样本进行扩容之前，我们先看一下原来的数据情况，方便与后面进行对比。输入命令：

```
tabstat x, stat(n mean) by(group)
```

tabstat 表示用表格显示数据的描述统计量，x 表示我们要得到变量 x 的统计量。选项 stat(n mean)表示我们要获得 x 的观测值个数和均值，by(group)表示按组来获得相应的统计量。

图 15.10 给出了该命令的结果。

```
. tabstat x, stat(n mean) by(group)

Summary for variables: x
     by categories of: group

group          N          mean

    A         15    -.3073028
    B         10      -.00984
    C         11     .0810985
    D         11    -.1989179
    E         29     -.095203

Total         76    -.1153269
```

图 15.10　各组中变量 x 的描述统计量

可以看到，A 组中有 15 个观测值，x 的均值为-0.307。

下面对 resample.dta 的数据进行扩容。输入命令：

```
expandcl 2, generate(newg) cluster(group)
```

这里，我们将数据复制为原来的两份。选项 cluster(group)指定原来的分组变量为 group，选项 generate(newg)表示生成新变量 newg 用于保存复制后的各个组的识别标志。

接下来，我们就生成一个新变量用于保存抽样频数，并进行分组抽样。输入命令：

```
gen fweight= .
set seed 1111
bsample7, cluster(newg) weight(fweight)
```

首先生成用于保存频数的变量 fweight，并将其值设定为缺失值。第 2 步设定种子为 1111，以方便结果的复制。第 3 步进行抽样，以 newg 为分组变量，抽取了 7 组，并将抽取的频数保存在变量 fweight 中。

下面看一下抽取的各组频数情况。输入命令：

```
tab fweight group
```

结果如图 15.11 所示。

```
. tab fweight group

                           group
  fweight       A       B       C       D       E      Total
        0      15      20      11       0       0         46
        1      15       0      11      11      58         95
        2       0       0       0      11       0         11

    Total      30      20      22      22      58        152
```

图 15.11　分组抽样的结果

结合图 15.10 所示的各种观测值个数可以知道，抽取的样本中有 1 份 A 组、1 份 C 组、3 份 D 组和 2 份 E 组，共计 7 组。

7. 分层分组抽样

对于 resample.dta 的数据，我们知道变量 strid 分为两层，且每层中有 5 组。但两层之间的分组变量不能被唯一地识别。因此，要在每一层中获得 7 组样本，我们可以先使用 expandcl 命令进行扩展，并生成新变量唯一地识别每层的各个组。

为了与后面的结果进行比较，我们先看一下各组各层的频数分布情况。输入命令：

```
tab group strid
```

我们得到如图 15.12 所示的表。

```
. tab group strid

               strid
   group       1       2      Total
       A       7       8         15
       B       5       5         10
       C       5       6         11
       D       5       6         11
       E      14      15         29

   Total      36      40         76
```

图 15.12　各组各层频数表

可以看到，第一层 A 组有 7 个观测值，B 组有 5 个观测值，以此类推。

下面对数据进行扩展。输入命令：

```
expandcl 2, generate(newg) cluster(groupstrid)
```

注意，我们这里使用了选项 cluster(groupstrid)，表明为每一个 group 和 strid 的组合设置一个组别的标识。

接下来，进行分层分组抽样。输入命令：

```
gen fweight= .
set seed 1111
bsample7, cluster(newg) strata(strid) weight(fweight)
```

其中，第 3 步的选项设定分组变量为 newg，分层变量为 strid。这样，我们会在每一层中抽取 7 个组。下面看一下各层分别抽到了哪些组。输入命令：

```
by strid: tabulate fweight group
```

其中，tabulate fweight group 表示绘制 fweight 和 group 的二维表，前缀 by strid 表示为各层分别绘制表格。

图 15.13 显示了该命令的结果。

```
. by strid: tabulate fweight group

-> strid = 1
                          group
   fweight       A       B       C       D       E     Total
         0       7      10       5       0      14        36
         1       0       0       5       5      14        24
         2       7       0       0       5       0        12
     Total      14      10      10      10      28        72

-> strid = 2
                          group
   fweight       A       B       C       D       E     Total
         0       8       5       6       6       0        25
         1       8       5       6       6      15        40
         2       0       0       0       0      15        15
     Total      16      10      12      12      30        80
```

图 15.13　分层分组抽样结果

可以看到，第 1 层中有两个 A 组、1 个 C 组、3 个 D 组和 1 个 E 组；第 2 层中，有 1 个 A 组、1 个 B 组、1 个 C 组、1 个 D 组和 3 个 E 组。

实验 15-3　自助法

❯ 实验基本原理

自助法（Bootstrap）是一种对原始样本多次再抽样的方法。通过多次有放回的抽样，且每次样本容量相同，就可以得到自助样本。自助法的优点在于：不必对模型的数据生成过程做出具体假定。只有在观测到的样本分布与总体分布近似时，自助法的估计才比较准确。

对于 Stata 而言，其自助法标准差的默认估计公式为：

$$\widehat{se} = [\frac{1}{k-1}\sum(\hat{\theta}_i - \bar{\theta})^2]^{1/2}$$

其中，$\hat{\theta}_i$ 使用第 i 个自助样本计算的估计值，k 是抽样次数，$\bar{\theta}$ 是抽样估计值的平均数。但需要注意的是，统计量的估计值 $\hat{\theta}$ 是根据初始观测值计算的，而非 $\bar{\theta}$。事实上，如果 $\hat{\theta}$ 有偏差，自助抽样就会夸大这种偏差，偏差的估计值为 $\bar{\theta} - \hat{\theta}$。

此外，Stata 还提供了另一种形式（MSE）的标准差估计：

$$\widehat{se} = [\frac{1}{k}\sum(\hat{\theta}_i - \hat{\theta})^2]^{1/2}$$

⊙ 实验目的与要求

（一）实验目的

1. 熟悉自助法估计的基本原理。
2. 熟悉 Stata 中自助估计的基本操作。
3. 熟悉 Stata 中获得各种置信区间的基本操作。

（二）实验要求

1. 能够熟练使用 bootstrap 命令进行自助估计，并熟知各种选项的使用。
2. 能够熟练使用 estat bootstrap 命令获得多种置信区间。

⊙ 实验内容及数据来源

本书下载资源\data\第 15 章\usaauto.dta 工作文件给出了美国的汽车业相关数据。对数据的详细描述参见实验 6-1。

利用该数据来分析各因素对每加仑油所行驶的里程数的影响，并讲解自助估计的基本操作以及多种置信区间的获得等内容。

⊙ 实验操作指导

1. 自助估计的基本操作

进行自助法估计的基本命令为 bootstrap，语法形式如下：

```
bootstrap exp_list [, options]: command
```

其中，exp_list 表示要保存结果的表达式，command 是指定一次抽样中执行的命令，options 代表其他可选项。

需要说明的一点是，如果命令 command 每次改变的是估计的模型系数，exp_list 就为可选项且默认值为_b。

表 15.3 列出了主要的 options 选项。

表 15.3 自助法估计的 options 内容

选项	说明
reps(#)	设定自助抽样的次数，默认为 reps(50)
strata(varlist)	设定分层变量 varlist，在每个分层上单独抽样
size(#)	设定样本容量，默认为_N。要求 "#" 小于 strata(varlist)中的观测值个数
cluster(varlist)	设定分组变量 varlist
idcluster(newvar)	生成新变量 newvar 来为每一个抽到的组进行标志
saving(filename…)	将结果保存到数据文件 filename 中
bca	计算各变量的 BCA（Bias Corrected Acceleration，偏差加速）置信区间
mse	设定方差估计的公式为 MSE 公式
level(#)	设定置信度，默认为 level(95)
nodots	不显示模拟过程中的点
seed(#)	设定随机数的种子为 "#"
group(varname)	重新生成变量 varname，作为 cluster()中各组的识别变量。要求同时设定选项 idcluster()

值得注意的是，很多命令提供了选项 vce(bootstrap)。对于这种情况，我们推荐直接使用选项 vce(bootstrap)，而不是自助估计命令 bootstrap，因为那些命令通常都考虑了聚类和其他模型设定问题。而 bootstrap 前缀命令主要用于那些非估计类的命令，如 summarize、用户自己编写的程序或系数的函数等。此外，bootstrap 可简写为 bs 或 bstrap。

另外，对于自助抽样的次数 reps(#)，Stata 的默认值为 50。但对于正式的研究而言，这个数值一般不够。针对 5%的显著性水平，如果使用自助法估计标准差，那么 "#" 为 50~200；如果进行区间估计或假设检验，那么 "#" 为 1000 左右。

还有一点，如果数据中有很多缺失值，那么最好在实行自助法之前将其去掉。这是因为对于观测值为 n 的样本，自助法会重复抽样 n 次，而不是按照无缺失值样本的个数进行抽样。如果缺失值太多，就会导致过多的观测值被重复抽样。此外，由于缺失值的存在，每次抽取的有效样本数会不相等。

下面利用 usaauto.dta 的数据来讲解自助法估计的相关操作。

首先，进行 OLS 回归，获取回归系数和标准差，以方便和后面的对比。输入命令：

```
regress mpg weight gear foreign
```

得到如图 15.14 所示的结果。

```
. regress mpg weight gear foreign

      Source |       SS       df       MS              Number of obs =      74
-------------+------------------------------           F(  3,    70) =   46.73
       Model |  1629.67805     3  543.226016           Prob > F      =  0.0000
    Residual |  813.781411    70  11.6254487           R-squared     =  0.6670
-------------+------------------------------           Adj R-squared =  0.6527
       Total |  2443.45946    73  33.4720474           Root MSE      =  3.4096

-------------+----------------------------------------------------------------
         mpg |      Coef.   Std. Err.      t    P>|t|     [95% Conf. Interval]
-------------+----------------------------------------------------------------
      weight |   -.006139   .0007949    -7.72   0.000    -.0077245   -.0045536
   gear_ratio |   1.457113   1.541286     0.95   0.348    -1.616884    4.53111
     foreign |  -2.221682   1.234961    -1.80   0.076    -4.684735    .2413715
       _cons |   36.10135   6.285984     5.74   0.000     23.56435    48.63835
------------------------------------------------------------------------------
```

图 15.14 OLS 回归结果

接下来，采取自助法进行回归。输入命令：

```
bootstrap, reps(100) seed(123): regress mpg weight gear foreign
```

这里，reps(100)表示进行 100 次重复抽样，seed(123)表示设置种子为 123，冒号后为回归的命令。图 15.15 给出了该回归的结果。

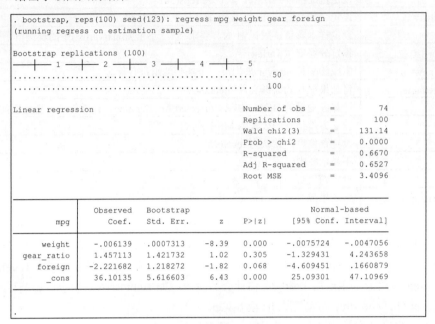

```
. bootstrap, reps(100) seed(123): regress mpg weight gear foreign
(running regress on estimation sample)

Bootstrap replications (100)
——+——— 1 ——+——— 2 ——+——— 3 ——+——— 4 ——+——— 5
..................................................    50
..................................................    100

Linear regression                        Number of obs    =        74
                                         Replications     =       100
                                         Wald chi2(3)     =    131.14
                                         Prob > chi2      =    0.0000
                                         R-squared        =    0.6670
                                         Adj R-squared    =    0.6527
                                         Root MSE         =    3.4096

                Observed    Bootstrap                     Normal-based
         mpg      Coef.     Std. Err.      z    P>|z|    [95% Conf. Interval]

      weight   -.006139    .0007313    -8.39   0.000    -.0075724   -.0047056
  gear_ratio   1.457113    1.421732     1.02   0.305    -1.329431    4.243658
     foreign  -2.221682    1.218272    -1.82   0.068    -4.609451    .1660879
       _cons   36.10135    5.616603     6.43   0.000    25.09301    47.10969

.
```

图 15.15　自助法回归结果

对比该结果和 OLS 估计结果，我们可以看到模型的系数完全没有改变，但标准差有一定的变化。此外，在自助法的结果中，置信区间显示为 Normal-based，也就是说，假定抽样的分布为渐近正态分布。如果要获取其他类型的置信区间，那么可在自助回归后使用命令 estat bootstrap 来实现（详见后面的讲解）。

如果假定 usaauto.dta 的数据按照变量 rep78（汽车在 1978 年的修理次数）来聚类，那么可以使用 cluster()选项来进行适当的修正。另外，若想获得变量 weight 和 gear_ratio 的系数之差，则可输入命令：

```
keep if rep78 < .
bootstrap diff=(_b[weight]-_b[gear]), seed(123) cluster(rep78): regress mpg
weight gear foreign
```

第 1 步表示删除变量 rep78 的缺失值，这是因为命令 bootstrap 不允许选项 cluster()中的变量存在缺失值。第 2 步进行自助法回归，我们将变量 weight 和 gear_ratio 的系数之差命名为 diff，并设置种子为 123，聚类变量为 rep78。图 15.16 给出了该命令的结果。

可以看到，自助法获得的两个变量系数之差为-1.91。

对于上述回归，下面的命令也可以得到相同的结果：

```
bootstrap diff=(_b[weight]-_b[gear]), seed(123): regress mpg weight gear
foreign, vce(cluster rep78)
```

我们在回归中设置了选项 vce(cluster rep78)，表明按变量 rep78 聚类；这样，bootstrap 命令就会按照变量 rep78 的类别进行抽样。

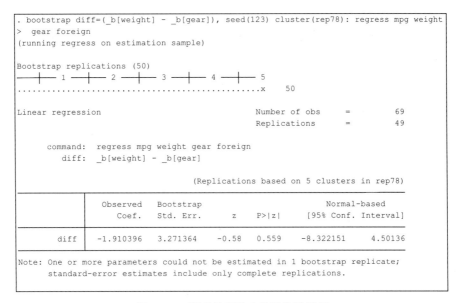

```
. bootstrap diff=(_b[weight] - _b[gear]), seed(123) cluster(rep78): regress mpg weight
> gear foreign
(running regress on estimation sample)

Bootstrap replications (50)
——+—— 1 ——+—— 2 ——+—— 3 ——+—— 4 ——+—— 5
.........................................x    50

Linear regression                          Number of obs     =          69
                                           Replications      =          49

        command:  regress mpg weight gear foreign
           diff:  _b[weight] - _b[gear]

                                          (Replications based on 5 clusters in rep78)

                  Observed    Bootstrap                          Normal-based
                    Coef.     Std. Err.      z    P>|z|      [95% Conf. Interval]

          diff   -1.910396    3.271364    -0.58   0.559     -8.322151      4.50136

Note: One or more parameters could not be estimated in 1 bootstrap replicate;
      standard-error estimates include only complete replications.
```

图 15.16　聚类数据的自助法估计结果

需要注意的是，对于面板数据，自助法回归要求每个被抽到的截面有自己的标识，因此有必要设定选项 idcluster()为每个抽到的截面进行标记，并且，在面板命令回归中，要通过选项设定 idcluster()中的变量为截面变量，也就是说，基本命令应类似于如下形式：

```
bootstrap seed(#) cluster(varname) idcluster(newvar): xtregress depvar indepvars,
i(newvar)
```

其中，选项 i()用于设定面板数据的截面变量。此外，在对面板数据进行自助法回归之前有必要清除当前的时间和截面变量设定，可以通过如下命令实现：

```
xtset, clear
```

2. 多种置信区间的获得

自助回归之后，可使用 estat bootstrap 命令来获取多种置信区间。命令 estat bootstrap 会给出统计量的观测值、偏差的估计、自助法标准差以及相应的置信区间。其语法格式如下：

```
estat bootstrap[, options]
```

表 15.4 列出了各个 options 选项及其含义。

表 15.4　获取多种置信区间的 options 内容

选项	说明
bc	误差修正置信区间（默认情况）
bca	误差修正加速的置信区间
normal	渐进正态的置信区间
percentile	分位数置信区间
all	显示所有可行的置信区间

对于图 15.15 的自助回归，我们要获得多种置信区间。先输入如下命令：

```
qui bootstrap, reps(1000)saving(bs)bcaseed(123): regress mpg weight gear foreign
```

选项 reps(1000)表明抽样次数为 1000。正如我们前面所讲的，若要比较可靠地获得置信区间的估计值，则抽样次数要大一些。saving(bs)表示将自助估计的结果保存到文件 bs.dta 中。qui 表明不显示回归结果。

输入命令：

```
estat bootstrap, all
```

选项 all 表示显示所有可行的置信区间。图 15.17 给出了该命令的结果。

```
. qui bootstrap, reps(1000) saving(bs) bca seed(123): regress mpg weight gear foreign

. estat bootstrap, all

Linear regression                              Number of obs    =        74
                                               Replications     =      1000

                Observed              Bootstrap
     mpg          Coef.      Bias     Std. Err.   [95% Conf. Interval]

   weight      -.00613903  .0000265  .00064056   -.0073945  -.0048836   (N)
                                                  -.0072979  -.0048495   (P)
                                                  -.007319   -.0048529   (BC)
                                                  -.007437   -.0049397   (BCa)
 gear_ratio    1.4571134   .0623267  1.4014386    -1.289656  4.203883    (N)
                                                  -1.187038  4.17879     (P)
                                                  -1.196093  4.148799    (BC)
                                                  -1.185641  4.179035    (BCa)
  foreign      -2.2216815  -.0079273 1.2236195    -4.619932  .1765687    (N)
                                                  -4.458205  .1960199    (P)
                                                  -4.344425  .5514268    (BC)
                                                  -4.389701  .3659052    (BCa)
   _cons       36.101353   -.2717768 5.2590922    25.79372   46.40898    (N)
                                                  25.23402   45.79381    (P)
                                                  25.59785   45.90267    (BC)
                                                  25.99381   45.92556    (BCa)

(N)    normal confidence interval
(P)    percentile confidence interval
(BC)   bias-corrected confidence interval
(BCa)  bias-corrected and accelerated confidence interval
```

图 15.17　各种置信区间

可以看到，结果给出了正态、百分比和偏差修正的置信区间。那么，在实际中究竟该使用哪种方法来计算置信区间呢？如果统计量无偏差，那么分位数（P）和偏差修正（BC）法的结果应该类似。当统计量有偏差时，偏差修正法的置信区间比分位数法更好。而如果统计量的方差是参数的函数，偏差修正加速法（BCA）获得的置信区间就比其他的方法更好。

此外，当自助分布为渐近正态时，随着抽样次数变得很大，所有的方法都会给出相似的置信区间。使用渐近正态方法的主要优点在于：它比其他方法要求较少的抽样次数。当然，这种方法应该在自助分布呈正态分布时使用。

前面，我们将自助估计的结果保存到了文件 bs.dta 中。下面利用该文件检验各系数的自助分布是否为渐近正态。输入命令：

```
use bs, clear
```

打开数据文件 bs.dta，看一下该文件的变量情况。输入命令：

```
describe *
```

这里，"*"表示各个变量。图 15.18 给出了该命令的结果。

```
. describe

Contains data from bs.dta
  obs:          1,000                          bootstrap: regress
  vars:             4                          9 Mar 2019 11:59
  size:        16,000

              storage   display    value
variable name   type     format    label      variable label

_b_weight       float    %9.0g                 _b[weight]
_b_gear_ratio   float    %9.0g                 _b[gear_ratio]
_b_foreign      float    %9.0g                 _b[foreign]
_b_cons         float    %9.0g                 _b[_cons]

Sorted by:
```

图 15.18　自助估计的保存结果

可以看到，Stata 自动给各个估计系数进行了命名，其命名方式为在变量名前加上"_b_"。
现在，我们可以对系数自助分布的正态性进行检验，输入命令：

```
pnorm _b_weight
```

这里，pnorm 是通过绘制标准整体概率图来检验变量的正态性的。图 15.19 给出了该命令的结果。

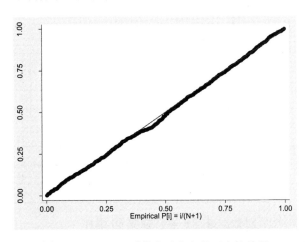

图 15.19　weight 系数自助分布的正态性检验

可以看到，两条线非常接近，这表明_b_weight 很接近正态分布，对其他系数的检验也有类似的结果。

复习与习题

本章回顾

1. 生成均匀分布随机数序列的基本命令为：generate newvar=runiform()。
2. 生成均值为 m、标准差为 s 的正态分布的随机数的函数：m+s*invnorm(runiform())。
3. 设定随机数种子的基本命令为：set seed {#|code}。

4. 重复抽样的基本命令为：bsample [exp] [if] [in] [, options]。可用选项包括 strata(varlist)、cluster(varlist)、idcluster(newvar)和 weight(varname)。

5. 对分组数据扩展样本容量的基本命令为：expandcl [=] [exp] [if] [in], cluster(varlist) generate(newvar)。

6. 进行自助法估计的基本命令为：bootstrap exp_list [, options eform_option]: command。主要选项包括 reps(#)、strata(varlist)、size(#)、cluster(varlist)、idcluster(newvar)、saving(filename…)、bca、mse、level(#)、nodots、seed(#)、group(varname)等。

7. 自助回归之后，获取多种置信区间的命令为：estat bootstrap[, options]。可用的选项包括 bc、bca、normal、percentile 和 all。

习题

1. 本书下载资源\exercise\第 15 章\lowbirth2.dta 工作文件给出了按母亲年龄进行匹配的 56 对婴儿体重的配对数据，主要变量包括：pairid（每组的编号）、low（婴儿是否体重偏低，1 表示体重偏低）、age（母亲的年龄，单位：岁）、lwt（母亲怀孕前体重，单位：磅）、smoke（母亲怀孕期间是否抽烟，1 表示抽烟）、ptd（母亲之前是否有早产婴儿，1 表示有）、ht（母亲是否患有高血压，1 表示是）、ui（母亲是否有子宫炎，1 表示有）、race（母亲的种族，1 表示白人，2 表示黑人，3 表示其他）。表 15.5 给出了该文件的部分数据。

表 15.5　lowbirth2.dta 的部分数据展示

pairid	low	age	lwt	smoke	ptd	ht	ui	race
1	0	14	135	0	0	0	0	1
1	1	14	101	1	1	0	0	3
2	0	15	98	0	0	0	0	2
2	1	15	115	0	0	0	1	3
3	0	16	95	0	0	0	0	3
3	1	16	130	0	0	0	0	3
…	…	…	…	…	…	…	…	…

首先抽取 30 组样本，然后对数据进行扩容，抽取 80 组样本。

2. 仍然利用习题 1 的数据，利用自助法分析 lwt、smoke、ptd、ht、ui、race 等各因素对婴儿体重是否偏低的影响，以 pairid 为分组变量，因为被解释变量为二值变量，数据又是配对数据，所以考虑建立条件 logit 模型。注意，因为每组数据可能被多次抽样抽到，所以需要通过选项 idcluster()为每组抽取的样本重新进行标识（提示：可以采用命令 bootstrap, seed(1) cluster(pairid) idcluster(newpairid): clogit low lwt smoke ptdhtui race, group(newpairid)）。

第16章 Stata编程基础

有些时候，你可能需要多次用到一些命令，或者希望日后可以方便地复制一些冗长的数据分析过程，这时可以将相关命令存放在一个 do 文件中，然后直接运行 do 文件即可。另一些时候，你需要自己编写程序，例如为一种新的计量方法编写函数，或者将反复使用的多个命令汇总为一个更为方便的命令等。这时，可以通过 Stata 的程序语句来完成这些操作。

本章介绍 Stata 编程的一些基础，首先介绍 Stata 中程序的基本形式以及宏、版本和临时变量的定义，然后介绍程序的定义、语法和标记变量的应用，以及参数解析和结果保存，最后介绍程序中的控制语句。

实验 16-1　基本概念与工具

❯ 实验基本原理

如果我们需要反复执行一些命令，就可以将相关命令存放在一个 do 文件中，然后保存并运行相应的 do 文件即可。相比一遍一遍地输入命令，这种方式既方便又不容易出错。另外，我们有时需要编写程序，也可以将其写入 do 文件，从而能用一个命令来实现某种结果。

在 Stata 中程序应以 program 开头，以 end 结束。也就是说，应呈现如下的形式：

```
program 程序名
相应的命令
end
```

当然，这其中还可能有一些更复杂的语法和命令。若要执行一个程序，则直接输入程序名即可。

我们可以采取交互的方式定义程序（在 Stata 命令窗口中输入程序的各行命令），但实际应用中，程序经常被保存到一个 do 文件或 ado 文件中，从而方便以后的应用。

在程序或 do 文件中，可能需要加入注释，以便以后或他人阅读。通常，我们还会声明版本，使得程序能够在以后更高版本的 Stata 中继续使用。此外，局部宏、全局宏、临时变量、临时矩阵和临时文件等也会经常被使用。

❯ 实验目的与要求

（一）实验目的

1. 熟悉 Stata 中 do 文件的创建和执行方法。

2. 熟悉 Stata 中程序和 do 文件中修改定界符的基本操作。

3. 了解 Stata 中程序和 do 文件的联系。

4. 了解 Stata 中 ado 文件的创建、执行和保存。

5. 熟悉 Stata 程序中声明版本的基本操作。

6. 熟悉 Stata 程序和 do 文件中添加注释的多种操作方法。

7. 熟悉 Stata 中局部宏和全局宏的定义、引用和清除。

8. 熟悉 Stata 中临时变量、临时矩阵、临时文件的定义和使用。

（二）实验要求

1. 能够熟练使用 Do 文件编辑器创建 do 文件。

2. 能够熟练使用 do filename 命令来执行 do 文件。

3. 能够熟练使用 cd 命令查看及修改当前目录。

4. 能够熟练使用#delimit 命令设置换行符。

5. 能够编写并执行简单程序。

6. 能够熟练创建并保存 ado 文件。

7. 能够熟练使用 version #命令声明版本。

8. 能够熟练使用 "*" "/*…*/" "//" 和 "///" 为程序和 do 文件添加注释。

9. 能够熟练使用 local 命令定义局部宏并熟悉局部宏的引用。

10. 能够熟练使用 global 命令定义全局宏并熟悉全局宏的引用。

11. 能够熟练使用 tempvar 命令定义临时变量。

12. 能够熟练使用 tempname 命令定义临时矩阵或临时标量。

13. 能够熟练使用 tempfile 命令定义临时文件。

⊙ 实验内容及数据来源

本实验讲解 do 文件的创建和执行方法、定界符的修改、程序和 do 文件的联系、ado 文件的创建和保存、注释的添加方法、版本的声明、局部宏和全局宏的定义与引用、临时变量/临时矩阵/临时文件的定义和使用等内容。

这些内容都属于编写程序的基本操作，不需要使用数据。

⊙ 实验操作指导

1. do 文件

do 文件是一种文本文件，其扩展名为 ".do"。在 Stata 中创建 do 文件，可以通过菜单栏中 Window 的下拉选项 Do-file Editor 实现，也可以直接单击工具栏上的图标 📝 来打开 Do 文件编辑器，然后编写程序即可。若要执行一个 do 文件，则可以输入以下命令：

```
do filename
```

这里，filename 是指相应的 do 文件的文件名。但需要注意的一点是，这个 filename.do 文件需要放在当前目录下，只有这样才可以不写文件的路径；否则，需要在文件名前写出完整路径（如果路径中有中文字符，就一定要将全部路径和文件名置于英文双引号之间）。

若要查看当前目录，则可输入命令：

```
cd
```

当然，也可以先将当前目录更改到一个文件夹下，再将do文件存放其中。例如，下面的命令可以将当前目录更改到D盘data文件夹下：

```
cd "D:\data"
```

需要注意的是，cd 命令要求其后的文件夹原来就存在。

对于 do 文件中的命令，值得注意的是，每一行命令都需要结束于一个硬回车（包括最后一行），除非通过"#delimit"命令设置其他符号为换行符。例如，输入命令：

```
#delimit .
```

则设置以英文的句号作为换行符，也就是说，Stata 只有遇到英文句号才会认为这一句命令结束。设置其他的换行符对于将很长的命令分成几行很有帮助，因为这时我们可以在想分行的地方输入回车符，而 Stata 又不会认为这是一句命令的结束。

如果想重新以硬回车（Carriage Return）为换行符，那么可输入以下命令：

```
#delimit cr
```

2. Stata 程序和 Do 文件

Stata 处理程序和处理 do 文件的方式是一样的，包括参数的传递、结果的表达等。但 do 文件和程序也存在一些小的差别。例如，要激发一个 do 文件，需要输入"do filename"，而要激发一个程序，我们只需要输入程序名称即可。此外，输入"do filename"之后，Stata 会显示 do 文件中的命令以及执行结果；而输入程序名之后，Stata 只会显示其执行结果。

下面重点讲解将程序放到 do 文件中时需要注意的问题。

例如，我们编写了一个简单的程序：

```
program examp
display "this is an example"
end
```

并把它保存到名为 examp.do 的文件中，且把文件置于当前目录下。若要执行这个 do 文件，则可在 Stata 命令窗口输入如下命令：

```
do examp
```

得到如图 16.1 所示的结果。

```
. do examp

. program examp
  1. display "this is an example"
  2. end

.
end of do-file
```

图 16.1　文件 examp.do 的执行结果

可以看到，执行这个 do 文件就相当于创建（或者说加载）了程序 examp，但它并没有执行程序的内容。下面在命令窗口输入：

```
examp
```

也就是说，我们要执行程序 examp。这时，Stata 就会显示：

```
this is an example
```

此后，如果还想显示"this is an example"，直接输入命令"examp"即可。

这里，我们展示了共同使用 do 文件和程序的一种方式，即先在 do 文件中写出程序的命令并保存，再输入"do filename"，然后就可以在随后的时间使用该程序命令了。

当然，我们也可以采取一种更为简洁的方式，即在 do 文件的最后一行加上程序名，这样，当输入"do filename"的时候，Stata 就会在加载完程序后立即执行。但需要注意的是，程序一旦被定义，Stata 就不允许对其进行重新定义，即如果我们随后又输入一遍"do filename"，Stata 就会显示错误提示。若要解决这个问题，则可以在 do 文件的第一行输入如下命令：

```
program drop 程序名
```

在定义该程序之前，如果内存中已有这个程序，就会先将其从内存中删除。但此解决方案也存在一个问题：在打开 Stata 的期间第一次运行这个 do 文件，Stata 会显示错误提示。因为这时还没有定义程序，所以没有办法将其删除。我们继续修正该命令为：

```
capture program drop 文件名
```

将命令 capture 置于其他命令之前，就表示无论该命令是否作用，Stata 也不显示错误提示，且能继续执行下面的命令。事实上，在包含程序的 do 文件中，我们经常可以看到程序的定义之前有这样的命令。

综上所述，前面的 do 文件可以修改为如下形式：

```
capture program drop examp
program examp
display "this is an example"
end
examp
```

第 1 行先检查是否有已定义的 examp 程序，如果有就将其从内存中删除。第 2~4 行是定义程序 examp，最后一行是执行程序 examp。

3. Ado 文件

如果想自动加载并运行程序内容，那么可以将程序保存到 ado（automatically do）文件中（同样是利用 do 文件编辑器，保存时选择扩展名为.ado），以后，直接输入程序名就可以使用该程序。但需要注意的是，ado 文件的文件名和其中的程序名必须一致。

事实上，当用户输入任意的一个命令时，Stata 会先检查这是不是一个内置的命令，如果是，该命令就立即被执行；如果不是，Stata 就会接着检查这是不是一个已定义的程序。如果是，程序立即被执行；如果还不是，Stata 就会继续检查是否存在一个名为这个命令的 ado 文件。如果存在，就执行其中同名的程序。如果不符合以上几种情况，Stata 就会显示错误信息。

值得注意的是，如果在 Stata 运行的过程中改变了某个 ado 文件的命令语句，在重新运行这个

ado 文件前，就要先将 Stata 内存中的 ado 文件清除，即输入命令：

```
discard
```

否则，Stata 还是会运行原来的那个 ado 文件。

个人编写的 ado 文件通常被存放在两个地方：一个是当前目录；另一个是个人 ado 目录。个人 ado 目录通常位于 "C:\ado\personal"，若要查看其具体位置，则可输入命令：

```
personal
```

4. 版本

随着 Stata 版本的变化，相应的命令也会有些变化。较早版本的命令可能没办法在现在的版本中使用，而现在的某些命令可能也没办法在以后的版本中使用。为了让现在的程序能够在其他的版本中继续使用，可以在程序中声明所使用的版本，这样在更新版本的 Stata 中运行这个程序，Stata 就会进行相应的调整，按当前版本的方式来翻译程序的命令。若要声明版本，则可输入命令：

```
version 10.1
```

这里，我们使用的是 10.1 版的 Stata。对于其他版本的 Stata，在 version 后面输入相应的版本编号即可。

5. 注释

有时，我们想在命令中加入注释，从而方便以后阅读。若要在 do 文件或 ado 文件中加入注释，则可采取如下几种方式：

- 以 "*" 来开始一行。这样，该行就会被当作注释。
- 将注释放在 "/*" 和 "*/" 之间。这种格式可以置于句中的任何位置。此外，在行末使用 "/*"，并在下一行行首使用 "*/"，可以将很长的命令分成两行。
- 将注释置于双斜线 "//" 之后。如果双斜线之前有命令，那么双斜线与命令之间至少要有一个空格。
- 将注释置于三斜线 "///" 之后。如果三斜线之前有命令，那么斜线与命令之间至少要有一个空格。此外，对于 "///"，其下一行的命令会被认为是前面命令的继续。三斜线也可单独置于行尾，从而将很长的命令分成几行。

例如，我们可以编写这样一段命令：

```
*this is an example
use /*get data*/ "C:\Stata10\data\sample.dta"
summarize age education ///
occupation
tab region // obtain summary statistics
```

如果去掉注释，上面的命令即为：

```
use "C:\Stata10\data\sample.dta"
summarize age education occupation
tab region
```

此外，对于交互方式的命令，注释只可采取第一种方式，即在句首加上 "*"。

6. 宏

宏是 Stata 程序的变量，它用一个字符串（宏的名称）来代表另一个字符串（宏的内容）。宏分为局部宏（Local Macro）和全局宏（Global Macro）。局部宏只属于其所定义的程序，不能从其他程序中调用。而全局宏一旦被定义，就会留在内存中，且可以被其他程序使用。

局部宏的名称最多有31个字符，它的定义方式为：

```
local 宏的名称宏的内容
```

或：

```
local 宏的名称=表达式
```

例如，我们输入命令：

```
local nv"this is a newvar"
```

就定义了一个叫作 nv 的局部宏，其内容为 this is a newvar。如果我们要引用这个局部宏的内容，其格式为：`nv'。注意，左边的引号为标准键盘左上角的重音符（数字 1 左边的键），右边的引号为通常的单引号。定义完毕之后，输入：

```
`nv'
```

也就相当于输入了：

```
this is a newvar
```

例如，我们可以输入如下命令来显示这个宏的内容：

```
display "`nv'"
```

注意，这里宏`nv' 外面的双引号必不可少，因为如果不加引号，就相当于输入了如下命令：

```
display this is a newvar
```

Stata 会显示错误提示：this not found。只有加上外面的双引号，才表示要显示一个字符串。否则，Stata 会将其当作变量来处理。当然，如果宏的内容确实为存在的变量名，而我们要显示这个变量，就不必加上双引号。

对于定义局部宏的命令，宏内容上的引号可以省略。也就是说，我们在定义时，可以采用如下的命令：

```
local nv this is a newvar
```

这与前面是等价的。当然，加上引号能使命令的可读性更强。

下面来看一下定义宏的两种形式的区别。例如，对于如下两种形式：

```
local one 3+2
local two=3+2
```

在第 1 种形式中，局部宏`one' 的内容为字符串 3+2；而第 2 种形式中，Stata 会先计算表达式的结果（3+2=5），然后将 5 保存到宏`two'中。在第 2 种形式中，表达式可以是数值表达式或字符串表达式。这里，3+2 是数值表达式（如果想令其为字符串型，在外面加双引号就可以）。当然，我们也可以输入如下形式的字符串表达式：

```
local three=substr("this",1,2) + "at"
```

函数 substr(x,a,b)的含义为：从字符串 x 的第 a 个字符开始，取 b 个字符。substr("this",1,2)就表示字符串"th"。这样，局部宏`three' 的内容就是字符串"that"。

此外，还可以对宏进行计算。例如，输入命令：

```
local i=3
local i=`i'+2
```

其中，第 1 步定义了宏`i' 的值为 3，第 2 步将宏`i' 的值增加为 5（3+2）。注意第 2 步引号的位置。

局部宏（以及全局宏）也可以组合使用。例如，局部宏`i' 为数值 6，宏`x'为字符 newvar，宏`x`i'就指代字符 newvar6。另外，在组合时，我们可以通过大括号来设定运算的优先级。

如果要清除一个局部宏，那么可将其内容设置为空。可以通过如下 3 种方式实现：

①local macname

②local macname ""

③local macname = ""

这里，macname 是指宏的名称。

而如果我们在程序中直接使用了一个没有被定义的宏，Stata 就会将其当作一个内容为空的宏来处理。

对于全局宏而言，其名字最多可以有 32 个字符。全局宏的定义方法与局部宏类似，只需要将 local 改为 global 即可。此外，引用全局宏时，应在其名字前加上美元符号$。即便程序中的全局宏和局部宏有相同的名称也没有关系，因为它们的引用方法不同，Stata 可以将其区分。

值得注意的是，如果我们要显示的内容的第 1 个字符为美元符号，为了和全局宏进行区分，我们可以在该字符前加上反斜线。例如：

```
display "\$that"
```

这就表示要显示字符串$that，而不是全局宏 that 的内容。

7. 临时变量、临时矩阵和临时文件

有些时候，程序在运行的过程中需要产生一些临时的变量、矩阵等，而一旦程序运行结束，这些变量、矩阵等就不再需要。在这种情况下，我们可以生成临时变量。

生成临时变量的命令格式为：

```
tempvar var1 var2 …
```

这里，tempvar 是生成临时变量的基本命令，var1、var2 代表临时变量的名称。确切地说，命令 tempvar 生成的是临时变量的名称，我们后面可以使用这些名称来生成临时变量，这些临时变量在程序结束时会被自动删除。此外，tempvar 生成的变量名被保存在局部宏内，在后面引用时需要加引号。

临时变量的一个优点在于，即便内存中已存在相同名称的变量，也不必先将其删除，不会影响我们定义临时变量。

例如，我们要定义并生成两个临时变量 x 和 y（可能内存中已有变量是这个名称，但没有关

系），可输入命令：

```
tempvar x y
gen 'x'= …
gen 'y'=…
```

第 2 步和第 3 步是生成相应的临时变量。这里没有给出具体的表达式，因为这完全视具体情况而定。需要注意的是，在命令 tempvar 之后，我们引用临时变量时都需要加上局部宏的引号。

类似的，定义临时矩阵或临时标量的命令为：

```
tempname ms1 ms2 …
```

tempname 是定义临时矩阵或临时标量的基本命令，ms1、ms2 等代表临时矩阵或临时变量的名称。

同样的，定义临时文件的命令为：

```
tempfile file1 file2 …
```

这里，file1、file2 代表临时文件的名称。例如，在程序中可能会出现这样的命令：

```
preserve        //保存初始数据
tempfile males females  //定义临时文件 males 和 females
keep if sex==1      /*保留变量 sex 取值为 1 的观测值*/
save "`males'"      /*将这些观测值保存到临时文件 male 中*/
restore, preserve    //恢复原始数据
keep if sex==0      //保留变量 sex 取值为 0 的观测值
save "`females'"    //将这些观测值保存到临时文件 female 中
```

与临时变量相同，在程序结束时，Stata 会自动删除临时矩阵、临时标量或临时文件。

实验 16-2　程序文件的基本格式

▶ 实验基本原理

在编写程序时，我们需要遵从一定的格式。一种基本的格式为：

```
program [define] 程序名, …
version #
syntax …
…
end
```

其中，第 1 行表示定义程序，第 2 行表明所用的 Stata 版本，第 3 行表明语法格式，后面是其他的一些命令，最后一行表明该程序结束。

当然，version 和 syntax 都不是必选项。但 syntax 等命令的应用在很多时候能使得程序的编写变得比较方便。而当我们不使用语法的时候，有时也会需要对输入的参数进行解析，可以通过 tokenize 或 gettoken 命令来实现。

此外，命令中使用的观测值有时需要被标记，例如程序设定了条件语句、范围语句，需要确

认其所使用的观测值等。由于很多程序的错误产生于在程序的不同部分使用不同的样本，因此我们强烈建议在程序的开始处对样本进行标记。

最后，很多程序需要保存一些结果，并且可以在运行程序时返回相应的结果。对于这些，我们也会进行讲解。

实验目的与要求

（一）实验目的

1. 熟悉定义程序的基本操作和相关选项。
2. 熟悉显示内存中程序的基本操作。
3. 熟悉删除内存中程序的基本操作。
4. 熟悉显示程序内容的基本操作。
5. 熟悉定义变元和引用变元的基本操作。
6. 熟悉定义语法的基本操作和相关选项。
7. 熟悉标记命令中使用的观测值的基本操作。
8. 熟悉解析输入参数的基本命令。
9. 熟悉保存结果的 3 种程序类型，熟悉结果的保存和返回。

（二）实验要求

1. 能够熟练使用 programdefine 定义程序，熟悉相关选项的应用。
2. 能够熟练使用 program dir 命令来显示内存中的程序。
3. 能够熟练使用 program drop 命令删除内存中的程序，熟悉各选项的含义。
4. 能够熟练使用 program list 命令显示程序内容，熟悉各选项的含义。
5. 能够熟练使用 args 命令定义变元，熟悉变元的引用。
6. 能够熟练使用 syntax 命令定义语法，熟悉语法中各项的含义及应用。
7. 能够熟练使用 marksample 命令生成标记变量。
8. 能够熟练使用 mark 命令定义某临时变量为标记变量。
9. 能够熟练使用 markout 命令对标记变量进行调整。
10. 能够熟练使用 markin 命令寻找选定观测值的范围。
11. 能够熟练使用 tokenize 命令将宏分解成多个部分。
12. 能够熟练使用 gettoken 命令解析输入参数。
13. 能够熟练使用 return list 命令来查看 r 类命令的保存结果。
14. 能够熟练使用 ereturn list 命令来查看 e 类命令的保存结果。
15. 能够熟练使用 return、ereturn 和 sreturn 命令将结果保存到 r()、e()和 s()中。

实验内容及数据来源

本实验主要讲解程序的定义、程序的删除、程序内容的显示、变元的定义和引用、语法的定义、标记变量的生成和调整、输入参数的解析、结果的保存和返回等内容，在最后我们将给出一个具体的程序例子。

本实验的部分命令会用到本书下载资源\data\第 16 章\usaauto.dta 工作文件。该文件给出了美国汽车产业的横截面数据，主要变量包括：price（汽车的价格）、mpg（每加仑油所行驶的英里数）、weight（汽车的重量）、length（汽车长度）、turn（转弯圆周）、displacement（内燃机气缸的工作容积）、foreign（是否进口车，0 代表是国产车）。在本实验中，我们主要关心的是变量名而非实际数据，若要获得对数据的具体描述，则可参见实验 6-1。

⊙ 实验操作指导

1. 程序的定义

定义程序的基本命令为 program define，完整语法形式如下：

```
program [define] program_name [, [nclass|rclass|eclass|sclass]
byable(recall [,noheader]| onecall)properties(namelist) sortpreserve
plugin]
```

其中，define 可以省略（所有中括号内的内容都是可选项），program_name 是程序名。选项 nclass 是默认选项，用于表明程序的类型，其表示程序不保存任何结果；rclass、eclass 和 sclass 分别表示程序结果保存在 r()、e()和 s()中。

选项 byable()表示程序在运用时允许 by: varlist 前缀，而默认情况下这是不允许的。byable()主要有两种运用形式：by(recall)和 by(onecall)。其中，by(recall)最为常用。

需要注意的是，如果程序中生成新变量（是指永久变量而非临时变量），或者没使用 marksample 或 mark 来限制相关的子样本，那么仅仅使用选项 by(recall)是不恰当的。了解 by(recall) 的作用机理有助于我们理解这一点：如果程序在运用时使用了 by: varlist 前缀，程序就会被执行 k 次（k 是分组变量 varlist 的类别数），而每次运行时，marksample 会标记出不属于当前组的观测值。因此，如果程序中生成永久变量，第 1 次运行时就会生成，而第 2 次再运行时，因为相应的变量已经存在，故会出错。而如果没有用 marksample 来标记相关样本，就会导致过多的观测值被使用，也会出错。

by(onecall)的主要作用是用于类似 generate 和 egen 这一类的程序，且生成一个变量来保存不同组的结果。如其名字所示，这类程序只执行一次。

properties()表示程序的特征，比如运行 stepwise 或 svy 前缀。

sortpreserve 表示程序会改变数据的排序，但程序结束时，就恢复初始顺序。该选项会使 Stata 在程序开始时通过临时变量_sortindex 记录当前数据的排序情况，并在程序结束时通过该变量恢复数据的排序。这样，即便程序中使用命令 sort 对数据进行了重新排序，程序结束时数据也会恢复初始的顺序。需要注意的一点是，必须保证临时变量_sortindex 在程序结束时还存在，只有这样，程序才能恢复原来的排序。因而，如果程序结尾处有这样的命令：

```
keep 'id''varlist'
```

我们应该修改为：

```
keep 'id' 'varlist' '_sortindex '
```

此外，如果程序中还有 preserve 命令，程序运行结束后，就会首先恢复到 preserve 所保存的状态，然后恢复到 sortpreserve 所保存的状态。

最后，选项 plugin 表示动态载入插件程序。

2. 程序的显示和删除

显示内存中程序的命令为：

```
program dir
```

删除内存中程序的命令为：

```
program drop { program_name [program_name […]]| _all| _allado}
```

这里，program_name 是指要从内存中删除的程序名，_all 表示删除所有内存中的程序，_allado 表示删除内存中所有从 ado 文件加载的程序。

显示程序内容的命令如下：

```
program list [program_name [program_name […]]| _all]
```

同样，_all 表示显示所有内存中的程序内容。

3. 变元

有些时候，我们需要在程序中使用某些变量（变元）。这些变量从外界输入，并且在每次运行程序时进行修改。定义并命名变元最简单的方式是使用 args 命令，定义之后，变元被保存到局部宏中。下面通过一个简单的程序来说明该命令的应用，程序如下：

```
program argexamp
args arg1 arg2 arg3 arg4
display "The 1st argument is: `arg1'"
display "The 2nd argument is: `arg2'"
display "The 3rd argument is: `arg3'"
display "The 4th argument is: `arg4'"
end
```

这里，我们定义了 4 个变元，即 arg1、arg2、arg3 和 arg4，定义之后，它们将被传递到局部宏 `arg1'、`arg2'、`arg3'和`arg4'中，并在后面的命令中被引用。执行程序时，在程序名之后依次输入各变元的内容就可以。

下面运行程序。输入命令：

```
argexamp this is an argument
```

可以得到如图 16.2 所示的结果。

```
. argexamp this is an argument
The 1st argument is: this
The 2nd argument is: is
The 3rd argument is: an
The 4th argument is: argument
```

图 16.2　argexamp 的执行结果

也就是说，局部宏`arg1'的内容是 this，`arg2'的内容是 is，等等。如果我们输入以下命令：

```
Argexamp "this is an argument"
```

字符串"this is an argument"就被看作是一个变元的内容。该命令结果如图 16.3 所示。

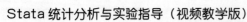

```
. argexamp "this is an argument"
The 1st argument is: this is an argument
The 2nd argument is:
The 3rd argument is:
The 4th argument is:
```

图 16.3　命令执行结果

这里只有局部宏`arg1'有定义，其他的内容都是空。

以上变元的内容是字符串。当然，它也可以是变量名等内容。

此外，我们也可以不通过命令 args 来定义变元名，而直接在运行程序时，在程序名后面写上各变元的内容。这时，Stata 将依次把各变元的内容传递到局部宏`1'、`2'等之中，而且，宏`0'会按照用户输入的形式来保存所输入的内容（包括引号等），宏`*'则相当于将宏`1'、`2'等依次排列，且两两之间有一个空格。

例如，有下面这样一个程序：

```
program xycorr
  correlate `1'`2'
end
```

此程序计算第一个输入的变元和第二个输入的变元的相关系数。如果我们要计算变量 consume 和 income 的相关系数，就可以输入命令：

```
xycorr consume income
```

也就是说，在不使用命令 args 的情况下，我们也可以在程序语句中利用局部宏`1'、`2'等来引用相应的变元。但这样做的一个缺点是，变元的含义往往不够明确，程序的可读性比较低。事实上，在调用 args 命令之后，Stata 把局部宏`1'、`2'的内容又传递到 args 新定义的变元中，而这时，我们仍可在程序中通过局部宏`1'、`2'等来引用相应的变量。

最后，如果在执行程序时，命令后面的变元个数多于 args 定义的变元个数，我们可以通过数字形式的宏来引用多出来的变元。

4. 语法

通过在程序中设置命令的语法（Syntax）格式，我们可以不必设定变元，直接按照语法来使用该程序即可。

标准的语法格式如下：

```
[by varlist:] command [varlist] [=exp] [using filename] [if] [in] [weight]
[, options]
```

这里，by varlist 表示按照变量 varlist 的类别分别运行命令，command 表示命令的名称（程序名），varlist 代表命令中的变量，=exp 表示运算表达式，using filename 使用数据文件 filename，if 代表条件语句，in 代表范围语句，weight 代表权重语句，options 代表其他可选项。

在写语法时，我们选取需要的部分进行组合，也可以将某些项用中括号括起来，表明该内容为可选项；或者不使用中括号，表明该项为必选项。但需要注意的一点是，在程序中写语法之前，必须写上命令 snytax，表明该命令是语法格式。而 by varlist 和 command 则不必出现在 syntax 之后，它们是在运行程序时使用的。

另外，执行程序时，语法中各项内容都会被保存在相应的宏中。例如，条件语句会被保存在宏'if'中，范围语句会被保存在宏`in'中等。

下面对语法格式中的几项进行进一步的说明。

对于 varlist，我们可以进行多种形式的设置，例如：

```
syntax varlist                (表示执行程序时，变量名 varlist 必须设置)
syntax [varlist]              (表示变量名 varlist 为可选项)
syntax varlist (default=none) (设置默认的变量个数为 0)
syntax varlist (min=3)        (表示变量 varlist 必须设置，且最少要有 3 个)
syntax varlist (min=2 max=5 numeric)    (表示变量 varlist 最少要有两个，最多有 5 个，且
必须为数值型。括号中还可设定：string (只允许字符变量)、ts (允许时间序列算子) 等)
syntax [varname]              (只允许设置一个变量，且该变量为可选项)
```

对于 varlist 的位置，我们也可以设置为 newvarlist 或 newvarname，表明生成新变量。此外，如果设置为 namelist 或 name，就表明输入的对象可以不是变量名。若想进一步放宽要求，则可采用 anything，这时在命令后输入表达式或一串数字等都没有关系。

如果不设定 varlist，该程序命令就会不允许输入变量。

对于语法格式的选项 weight，它必须用中括号括起来，因为 weight 永远是可选项。此外，我们可以设定多种权重形式，包括 fweight、aweight、pweight 和 iweight。例如，可以设定：

```
syntax … [fweightpweight] …
```

表明 fweight 和 pweight 是可选的。

下面是定义的一个包含语法的程序：

```
program mysyn
syntax varlist(min=1) [if] [in] [, title(string)]
*设定变量名为必选项，且至少要有一个变量，if、in、title()为可选项
display "varlist contains |`varlist'|"
*显示字符串 "varlist contains |变量名|"，变量名被保存在宏`varlist'中
display " if contains |`if'|"
*显示字符串"if contains |条件语句|"，条件语句保存在宏`if'中
display " in contains |`in'|"
display " title contains |`title'|"
end
```

在打开数据文件 usaauto.dta 的情况下，我们执行这个程序。输入命令：

```
mysyn mpg weight length if foreign ,title("my syntax")
```

这里，mysyn 为命令名（程序名），mpg、weight 和 length 为变量，if foreign 为条件语句，title()指标题。mysyn 后的各项是按照程序中指定的语法结构所编写的。图 16.4 给出了该命令的结果。

```
. mysyn mpg weight length if foreign ,title("my syntax")
varlist contains |mpg weight length|
 if contains |if foreign |
 in contains ||
 title contains |my syntax|
```

图 16.4　mysyn 的执行结果

可以看到，因为我们在该命令中没有设定范围语句，所以范围语句的宏内容为空。

5. 标记使用的观测值

有时，我们需要对命令中使用的观测值进行标记。例如，程序要对不包含缺失值的观测值计算统计量（例如线性回归），或程序设定了条件语句、范围语句等，需要确认其所使用的观测值。由于很多程序错误产生于在程序的不同部分使用不同的样本，因此强烈建议在程序的开始处对样本进行标记。

Stata 有专门的命令来生成标记变量，对使用的观测值进行标记。这种变量为临时变量，取值为 0 或 1。如果观测值在随后的编码中被使用，临时变量取值就为 1；若未被使用，则取值为 0。下面对相关命令进行介绍。

（1）生成标记变量

在语法（Syntax）命令之后生成标记变量，命令格式如下：

```
marksamp lelmacname [, novarli ststrok zeroweight noby]
```

其中，lmacname 为局部宏的名字，该宏用于保存临时变量的信息，如果某观测值的标记变量取值为 1，就表示该观测值在命令执行中被使用；选项 novarlist 表示不排除包含缺失值的观测值；strok 表示 varlist 中的变量可以是字符串（string is OK）；zeroweight 表示不排除权重为 0 的观测值；选项 noby 只有在程序设定了 byable(recall)选项时才可以使用，它表示在标记样本时，分组限制被忽略，也就是说，marksample 会像未设定 by 前缀那样来生成标记变量。

marksample 的通常使用形式如下：

```
program...
syntax …
marksampletouse
rest of code … if `touse'
end
```

这里，我们使用局部宏 touse 作为标记变量，这是一种惯例，而非要求。但为了保持程序间的一致性，我们推荐使用该名字。此外，倒数第二行的命令含义为，如果宏 touse 的值为 1（样本被使用），就对其进行相关的操作，rest of code 指相应的操作命令。

此外，我们在应用该命令时可以生成多个标记变量，分别为其设定不同的选项，从而标记不同的观测值。

（2）设定临时变量为标记变量

如果已生成临时变量，且要将观测值是否被使用的信息保存到该临时变量中，就可设定临时变量为标记变量，使用命令如下：

```
mark newmarkvar [if] [in] [weight] [, zeroweight noby]
```

其中，newmarkvar 是已生成的临时变量名称，if 代表条件语句，in 代表范围语句，weight 代表权重语句。选项 zeroweight 和 noby 的含义与 marksample 处相同。需要说明的一点是，相比起 marksample，该命令较少被使用。因为如果之前的语法中设定了条件语句等，mark 命令就需要设定相应的语句，且往往还要通过 markout 来设定 varlist，而 marksample 可自动完成这些，不容易有遗漏项。

（3）调整标记变量

在命令 mark 或 marksample 之后，如果在 varlist 的变量之外又有了新的变量，或者 varlist 中变量包含缺失值的观测值都要被排除掉（令标记变量为 0），那么可使用如下命令：

```
markout markvar [varlist] [, strok sysmissok]
```

其中，markvar 是前面设定的标记变量名称，varlist 代表相关的变量名，选项 strok 表示允许字符串变量。最后，选项 sysmissok 表示系统缺失值（.）是允许的，但扩展缺失值（形如.a、.b 等）会被排除，默认包含任何类型缺失值的样本都会被排除。

下面给出一个同时利用 mark 和 markout 命令的例子：

```
program myprog
version 10
syntax varlist [if] [in]
tempvar touse
mark `touse' `if' `in'
markout`touse' `varlist'
…
end
```

这里，mark 命令依据条件语句和范围语句来生成临时变量 touse；而如果没有条件语句或范围语句，那么每个观测值的 touse 值都是 1。之后，markout 命令会对标记变量进行更新，对于 touse 值为 1 的变量，Stata 会检查 varlist 的值是否缺失，如果有缺失值，就将相应观测值的 touse 值修正为 0。

在后面的数据管理或统计量计算的命令中，加上条件语句 "if `touse'" 即可将命令的执行限制在合适的样本中。

（4）标记变量的适用规则

无论使用的是 marksample 还是 mark，以及它们后面有没有 markout，如下的一些规则都适用：

● 观测值的权重为 0 时，标记变量被设定为 0（设定选项 zeroweight 除外）。
● 如果权重 weight 无效（例如某些观测值的权重小于 0，或者频率权重不是整数等），程序会被停止，且 Stata 会返回错误信息。
● 如果观测值不满足条件语句（if），标记变量就被设为 0。
● 如果观测值不满足范围语句（in），标记变量就被设为 0。
● 如果 varlist 中的任何一个数值变量包含数值缺失值，标记变量的值就为 0。
● 如果 varlist 中有变量为字符串型，那么所有观测值的标记变量为 0（设定选项 strok 除外）。
● 其他情况下，标记变量的值为 1。

（5）寻找选定观测值的范围

寻找选定观测值的范围的基本命令为 markin，语法形式如下：

```
markin [if] [in] [, name(lclname) noby]
```

这里，选项 name()用于指定新生成的局部宏的名字，如果不设定该选项，名字 in 就会被使用。

命令 markin 用在 marksample、mark 或 markout 之后，且在使用时要很小心，因为该命令虽然不是必需的，但如果前面命令的条件语句需要选取很多观察值的一个很小的样本（例如，从 58000 个中选择 10 个），且这些观测值的序号又比较接近，那么使用 markin 命令能使程序执行得更快。

使用该命令的一种方法是：先写出一个不带该命令的程序，然后在定义标记变量之后加入这样的语句：

```
markin if `touse'
```

并在后面所有使用 if `touse'的命令后面（这里，我们假定标记变量被命名为 touse），同时加上`in'（假定没有指定新的局部宏的名字）。

6. 输入参数的解析

有时可能想要对宏进行分解，而只获取所需的部分，可以通过 tokenize 或 gettoken 命令来实现。相比起语法（Syntax）命令，这种解析方式也被称为低水平语法分析。下面对这两个命令分别进行介绍。

（1）tokenize

通过 tokenize 将宏分解成几部分的基本命令为：

```
tokenize [[`]"] [string] ["[`]] [, parse("pchars")]
```

其中，string 代表要分解的宏的名称，选项 parse("pchars")表示用 pchars 作为各个部分的分隔符，默认为空格。tokenize 命令会将指定的宏分解为几个记号（Token），并依次将各部分保存在局部宏`1'、`2'中，以此类推。

下面通过一个例子来说明该命令的应用，输入命令：

```
local str "A strange++string"              (定义局部宏 str)
tokenize `str', parse(" +")                (将 str 进行分解，设定分隔符为空格和加号)
di "1=|`1'|, 2=|`2'|, 3=|`3'|, 4=|`4'|, 5=|`5'|, 6=|`6'|"   (显示分解的各个部分)
```

我们得到如下的结果：

```
1=|A|, 2=|strange|, 3=|+|, 4=|+|, 5=|string|, 6=||
```

通过这个例子可以看出，多个符号可以同时被用作分隔符（这里是空格和加号）。空格被用作分隔符时不会被保存在数值宏中，但其他字符被用作分隔符时会被保存在数值宏中（这里是宏`3'和`4'）。

对于分解语法（Syntax）命令输入的参数使用 tokenize 命令也很方便，例如：

```
program myprog
version 10
syntax [varlist] [if] [in]
marksample touse
tokenize `varlist'       //对输入的变量进行分解
local first `1'          //将分解后的第一个变量的局部宏命名为 first
macro shift              //宏转移，即原来第 i 个宏现在变为第 i-1 个
local rest `*'           //将剩余的宏命名为 rest
…
end
```

（2）gettoken

gettoken 命令提供了解析输入参数的另一途径，基本命令格式为：

```
gettoken emname1 [emname2] : emname3 [, parse("pchars") quotes qed(lmacname)
match(lmacname) bind]
```

该命令会获取宏 emname3 分隔符之前的记号（Token），并将其存储在宏 emname1 中。如果同时设定了宏 emname2，Stata 就会将剩下的记号存储在宏 emname2 中。宏 emname1 和 emname3，或者宏 emname2 和 emname3，可以有相同的名字。

宏 emname 可以有如下 3 种形式：

①macroname 局部宏

②(local) macroname　局部宏

③(global) macroname 全局宏

对于其他的选项，quotes 表示宏 emname1 内容的外引号被保留，该选项不影响宏 emname2，因为它总是保留其内容的外引号。qed(lmacname)表示生成一个局部宏 lmacname，若返回的记号（Token）在初始字符串中为引号所包围，则其值为 1，否则为 0。match(lmacname)表示，在决定记号时，括号会被匹配；此外，在记号被存储至宏 emname1 之前，括号会被移除。而如果有括号，局部宏 lmacname 的值为"("，否则，就是空串。bind 表示小括号"()"或中括号"[]"中的内容会被当作一个记号，即便分隔符不是括号。

通常情况下，gettoken 命令的运用方式是这样的：

```
gettoken emname1 : 0 [, options]
```

或：

```
gettoken emname1 0 : 0 [, options]
```

这里，宏`0'包含用户所输入的内容。第 1 种方式会将取出的第一个 token 保存到宏 emname1 中；而第 2 种方式将剩下的部分再保存到宏`0'中。

下面通过一个交互式例子来进一步加深对 gettoken 命令的理解。

首先，我们定义一个局部宏 str。输入命令：

```
local str "panel+data time++series"
```

这里，str 的内容为 panel+data time++series。下面对其进行解析并显示结果。输入命令：

```
gettoken left : str
display "`left'"
```

第 1 个命令对 str 进行解析，以空格为分隔符，并将获得的 token 放到宏 left 中。第 2 个命令显示宏`left'的内容。结果为：

```
panel+data
```

下面来看一下宏`str'的内容。输入命令：

```
display `"`str'"'
```

注意，我们在宏`str'之外用了复合双引号`"""。这里，中间的双引号为了表示字符串，是必需的；而外面的局部宏单引号不是必需的，但它能在一些情况下避免很多双引号导致的配对混乱。上面命令的结果为：

```
panel+data time++series
```

可见，取出一个 token 之后，原序列没有改变。

下面继续对 str 进行解析，并显示结果。命令如下：

```
gettoken left str : str, parse(" +")
display `"`left'"'
```

此处我们以空格和加号为分隔符进行解析，同样将获得的 token 放到宏 left 中，剩余的 token 还放到 str 中。第 2 步是显示宏`left'的内容。结果为：

```
panel
```

再来查看一下宏`str'的内容：

```
display `"`str'"'
```

结果为：

```
+data time++series
```

也就是说，当原序列的宏名称和剩余符号的宏名称相同时，该宏的内容会被更新为剩余符号，即原来的字符串减去获取的字符串之后的内容。

下面对 str 继续进行解析，以空格和加号为分隔符，将获得的 token 放到宏 next 中，剩余的 token 还放到 str 中：

```
gettoken next str : str, parse(" +")
display `"`next'"'
```

结果为：

```
+
```

也就是说，空格之外的分隔符也会被获取，并保存到局部宏内。最后，我们来看一下剩下的 str 内容：

```
display `"`str'"'
```

结果为：

```
data time++series
```

7. 程序结果

正如我们在实验 16-1 中所讲的，保存结果的程序（或者说相应的命令）可分为 3 种类型：r 类、e 类和 s 类。下面分别对其进行讲解。

- r 类命令，如 summarize，其结果被保存在 r()中。大部分命令都是 r 类命令。
- e 类命令，如 regress，其结果被保存在 e()中。e 类命令是 Stata 的模型估计命令。
- s 类命令。其结果被保存在 s()中。这类命令比较少见，有时在编程中会使用。

在运行完一个 r 类命令之后，我们可以输入如下命令来查看 Stata 保存的结果：

```
return list
```

类似的，运行完一个 e 类命令后，如下命令可用来查看 Stata 保存的结果：

```
ereturn list
```

对于 e 类命令而言，用于估计的命令名称被保存在 e(cmd)中。例如，OLS 回归之后，regress 被保存在 e(cmd)中。

而完整的命令被保存在 e(cmdline)中。例如，OLS 回归的完整命令为"regress mpg weight displ"，则 e(cmdline)会返回"regress mpg weight displ"。

估计中使用的观测值个数被保存在 e(N)中，而各观测值是否在估计中被使用则被保存在 e(sample)中。例如，输入命令：

```
summarize if e(sample)
```

我们会获得估计中使用的各观测值的描述统计量。

系数向量和方差协方差矩阵分别被保存在 e(b)和 e(V)中。

若想获得系数及其标准差，则可通过_b[name]和_se[name]，这里，name 是指变量名。

其他保存在各命令 e()结果中的标量、宏或矩阵可参见相应的命令说明。在命令窗口输入：

```
help 命令名
```

我们将得到相应命令的帮助文件，其中就列出了各个保存的结果。

（1）将结果保存在 r()中

在编写程序的过程中，我们也会希望将一些结果保存下来。而对于这 3 种类型的程序，保存结果的命令稍有不同。下面进行详细的讲解。

在程序中，将结果保存在 r()中的命令有：

```
return scalar name = exp
return local name …
return matrix name matname
```

其中，第 1 种是保存标量（Scalar），第 2 种是保存局部宏（Local），第 3 种是保存矩阵（Matrix）。

例如，我们要编写一个程序，汇报某变量的均值和标准差。我们可以写出如下的一些命令：

```
program meanse, rclass              (令程序名为 meanse，程序类型为 r 类)
quietly summarize `1'               (计算输入的第一个变量的描述统计量，不显示结果)
local mean = r(mean)                (将该变量的均值 r(mean)保存到局部宏 mean 中)
local se = sqrt(r(Var)/r(N))        (将该变量的标准差保存到局部宏 se 中)
display " mean = " `mean'           (显示字符串"mean="和局部宏`mean'的值)
display "SE of mean = " `se'        (显示字符串"SE of mean="和局部宏`se'的值)
return scalar mean = `mean'         (返回标量 mean，其值等于局部宏`mean'的值)
return scalar se = `se'             (返回标量 se，其值等于局部宏`se'的值)
end
```

可以将上面的程序输入命令窗口中，或保存到 do 或 ado 文件中（若保存到 do 文件中，则需要先执行 do 文件，然后才可以应用命令）。然后，打开数据文件 usaauto.dta，我们来看一下变量 price 的均值和标准差。

输入命令：

```
meanse price
```

我们得到如图 16.5 所示的结果。

```
. meanse price
 mean = 6165.2568
SE of mean = 342.87193
```

图 16.5　变量 price 的均值和标准差

可以看到，price 的均值为 6165.26，标准差为 342.87。

下面看一下该程序的返回值。输入命令：

```
return list
```

得到如图 16.6 所示的结果。

```
. return list

scalars:
            r(se) = 342.8719320889989
          r(mean) = 6165.256756756757
```

图 16.6　程序的返回值

当然，对于前面的程序，我们也可以不定义局部宏，而直接使用 return 命令。等价的程序为：

```
program mymeanse, rclass
quietly summarize '1'
return scalar mean = r(mean)
return scalar se = sqrt(r(Var)/r(N))
display " mean = " return(mean)
display "SE of mean = " return(se)
end
```

需要注意的是，程序内容的后面使用了 return(mean) 和 return(se)。这里，函数 return() 和 r() 的含义是一样的，但 Stata 在程序的运行过程中会将返回的结果保存在 return() 中，而当程序运行结束后，才由 return() 传递到 r() 中，因而，在程序运行过程中，如果要使用程序的返回值，应使用函数 return() 而非 r()。

（2）将结果保存在 e() 中

将结果保存在 e() 中的命令如下：

```
ereturn scalar name = exp
ereturn local name …
ereturn matrix name matname
```

其中，第 1 种是保存标量（Scalar），第 2 种是保存局部宏（Local），第 3 种是保存矩阵（Matrix）。

e 类程序大多数地方都与 r 类程序类似，但也有几点不同。在命令 ereturn scalar 或 ereturn local、ereturn matrix 之后，估计结果立刻就被保存到 e() 中，而不需要中间的传递。这就要求我们在编写程序的过程中更有条理，并在程序的结尾处返回结果。

在 e 类程序中，当我们估计出结果之后，并且准备保存结果时，一般需要先清除之前的估计结果，设定 e(b)、e(V) 和 e(sample)，再保存其他的结果。至于究竟要不要先清除结果，要看我们的估计结果是如何得到的。如果我们在估计的过程中使用了 Stata 的最大似然函数（ml），就不必先清除结果并保存参数向量，因为 Stata 已经为我们做好了这一步。如果结果是从现有的 e(b)、e(V) 和 e(sample) 中获得的，那么也不会想将其清除。但是，如果从头到尾通过其他编码获得估计结果，那么需要先将已有的 e()结果清除，并保存系数向量等内容。可以通过如下命令实现：

```
ereturn post `b' `V', esample(`touse')
```

这里，`b'是估计中用于保存系数向量的宏，`V'是保存协方差矩阵的宏，`touse'是保存各观测值是否在估计中被使用的宏（如果被使用，`touse'的值就为 1，否则为 0）。命令 ereturn post 会清除之前保存的 e()内容，并将系数向量、协方差矩阵和观测值的使用情况依次传递到 e(b)、e(V)和 e(sample)中。

在如上的操作之后，我们可以通过 ereturn scalar、ereturnlocal 或 ereturn matrix 命令来将其他想要保存的结果保存到 e()中。

此外，我们也可以将用户输入的命令保存到 e(cmdline)中，即在程序中包括如下命令：

```
ereturn local cmdline `"`0'"'
```

这里，局部宏`0'就包含用户输入的完整命令。这句命令不是必需的，但被认为是一种很好的做法。

最后，必须指出的是，e 类程序的最后一行一定是如下命令：

```
ereturn local cmd "cmdname"
```

也就是说，将程序名保存到 e(cmd)中。只有输入这句命令，Stata 才会认为保存结果是完整的。而另一方面，如果这句命令设置得过早，Stata 可能会在结果没有保存完全的情况下认为结果已保存完整。

（3）将结果保存在 s()中

与其他类型程序不同的是，s 类只能返回宏。将结果保存在 s()中的命令为：

```
sreturn local name …
```

这种类型的程序很少被使用，只是偶尔才会被用在一些子程序中。

8. 程序举例

根据汉密尔顿在《应用 Stata 做统计分析》中的一个例子，我们编写程序进行多变量的回归，然后列出残差绝对值最大的"#"个观测值。

程序的基本内容如下（在每句命令后，我们给出了命令的解释）：

```
*perform simple regression and list observations with # largest
absolute residuals
（此句为注释，表明本程序的内容和作用）
capture program drop maxres      （如果程序 maxres 已经存在，就将其删除）
program maxres, sortpreserve    （定义程序 maxres。选项 sortpreserve 表明，程序结束
    时，恢复数据的初始顺序）
version 15.0                              （定义程序命令对应的 Stata 版本）
syntax varlist(min=1) [if] [in], number(integer)        （定义程序的语法格式。在 varlist 中，
变量至少为一个，if 和 in 为可选项，选项 number()用于设定列出的观测值个数）
marksampletouse    （对满足条件的非缺失观测值进行标记，标记变量为 touse）
quietly regress `varlist' if `touse'（对变量 touse 取值为 1 的观测值进行回归，被解释变量
和解释变量按 varlist 的设定，quietly 表明不显示回归结果）
capture drop yhat    （如果名为 yhat 的变量存在，就将其删除）
capture drop resid（如果名为 resid 的变量存在，就将其删除）
```

```
    capture drop absres        （如果名为 absres 的变量存在，就将其删除）
    quietly predict yhat if `touse'   （对 touse 取值为 1 的观测值进行预测，预测变量名为 yhat）
    quietly predict resid if `touse', resid  （对 touse 取值为 1 的观测值计算残差，将残差命名为
resid）
    quietly gen absres=abs(resid)      （生成名为 absres、其值为变量 resid 的绝对值）
    gsort-absres  （对 absres 从大到小进行排序，缺失值排在最后）
    drop absres   （删除变量 absres）
    list `id'`1'yhatresid in 1/`number'        （对 1 到`number'的观测值，列出变量的序号、被解
释变量、yhat 和 resid。这里，宏`1'表示 varlist 的第一个变量，即被解释变量；宏`number'表示选项
number()所设定的数值）
    end
```

将这个程序保存到名为 maxres 的 do 文件中，置于当前目录下，然后运行 do 文件。输入命令：

```
do maxres
```

这样，程序即被定义。之后，我们利用 usaauto.dta 的数据进行价格 price 对每加仑油行驶的里程数（mpg）、汽车重量（weight）和是否国产（foreign）的回归，并列出残差绝对值最大的 5 个观测值。输入命令：

```
maxres price mpg weight foreign, number(5)
```

这里，maxres 是我们定义的程序名，price 是被解释变量，mpg、weight 和 foreign 是解释变量，选项 number(5)表明列出残差绝对值最大的 5 个观测值。结果如图 16.7 所示。

```
. maxres price mpg weight foreign, number(5)

         price      yhat      resid

  1.    14,500   7964.607   6535.393
  2.    15,906   9468.818   6437.182
  3.    13,466   7722.078   5743.922
  4.     4,389   994.6757   3394.324
  5.     4,425   1125.797   3299.203
```

图 16.7　程序 maxres 的运行结果

可以看到，结果给出了残差绝对值最大的 5 个观测值的序号、被解释变量值、被解释变量的预测值以及残差值。

实验 16-3　程序控制语句

▶ 实验基本原理

与其他很多软件或程序语言类似，Stata 的程序语句也包括循环语句和条件语句。循环语句主要有 while、foreach、forvalues，条件语句为 if。在程序中合理地运用这些语句能使得计算等变得更为简单。

与很多其他命令类似，这些控制语句可以用在程序或 do 文件中。

实验目的与要求

（一）实验目的

1. 熟悉 Stata 中 if 语句的基本格式和应用。
2. 熟悉 Stata 中 while 语句的基本格式和应用。
3. 熟悉 Stata 中 foreach 语句的基本格式和应用。
4. 熟悉 Stata 中 forvalues 语句的基本格式和应用。
5. 熟悉 Stata 中跳出循环的基本操作。
6. 熟悉 Stata 中确认变量或参数类型的基本操作。
7. 熟悉 Stata 中忽略错误信息的基本操作。

（二）实验要求

1. 能够熟练使用 if 语句编写条件命令。
2. 能够熟练使用 while 语句编写循环命令。
3. 能够熟练使用 foreach 语句编写按条目循环命令。
4. 能够熟练使用 forvalues 语句编写连续数值循环命令。
5. 能够熟练使用 continue 命令跳出循环。
6. 能够熟练使用 confirm 命令确认变量或参数类型。
7. 能够熟练使用 capture 命令忽略错误信息。

实验内容及数据来源

本实验主要讲解 Stata 中条件语句（if 语句）和循环语句（while、foreach 和 forvalues 语句）的格式及使用。此外，我们还会讲解如何跳出循环、如何在程序中确认变量和参数类型以及如何忽略错误信息等内容。

本实验的部分内容也会用到本书下载资源\data\第 16 章\usaauto.dta 工作文件，对变量的具体描述见本章实验 16-2。

实验操作指导

1. if 语句

if 语句的基本格式为：

```
if exp {
multiple_commands
}
else {
multiple_commands
}
```

这里，exp 为表达式，如果表达式内容为真（非 0），就执行 if 下面的命令语句

（multiple_commands）；如果表达式为假（取值为 0），就执行 else 下面的命令。需要注意的一点是，左括号 "{" 必须与 if 或 else 位于同一行上，且其后不能有内容（但注释是允许的）；此外，右括号 "}" 必须自己占一行。

另外，如果有多种情况，那么可使用 else if 命令，即在 if 语句的右括号结束之后，else 开始之前，插入如下命令语句：

```
else if exp2 {
multiple_commands
}
```

最后，如果命令语句只有一句，那么可以采取一种比较简单的形式，即：

```
if exp single_command1
else single_command2
```

这里，如果表达式为真，就执行 single_command1 命令；如果为假，就执行 single_command2 命令。

考虑生成一个函数 z，其输入参数为 x 和 n，如果 n>0，那么 $z = x^n$；如果 n=0，那么 $z = \ln(x)$；如果 n<0，那么 $z = -x^n$。此外，我们还要给变量加上相应的标签。编写程序如下：

```
program power
if `2'>0 {
generate z=`1'^`2'                    (计算 z 的值)
label variable z "`1'^`2'"            (为变量 z 加标签)
}
else if `2'==0 {                      (注意为两个等号)
generate z=log(`1')
label variable z "log(`1')"
}
else {
generate z=-(`1'^(`2'))
label variable z "-`1'^(`2')"
}
end
```

2. while 语句

while 语句的基本格式为：

```
while exp {
命令语句
}
```

同样，如果表达式 exp 的值为真（非 0），就执行下面大括号内的命令，程序会重复这个过程直到表达式 exp 的值为假（0）。while 可以嵌套于其他 while 当中。此外，如果 exp 为变量名，其第一个观测值就会被使用，除非通过下标指定为哪一个观测值。

例如，下面一段命令：

```
program dwh
local i = `1'
while `i'>0 {
```

```
display "`i'"
local i = `i' - 1
}
end
```

这里，程序 dwh 的第一步定义局部宏 i，其值等于输入的第一个参数的值。在循环语句中，如果 i 的值为正，显示字符串就表明其现在的值，然后令局部宏 i 的值减 1，继续这个循环，直至 i 不大于 0。若要执行这个程序，则可输入：

```
dwh 3
```

结果会依次显示 3、2、1。

实际上，对于这种循环，我们可以使用后面的 foreach 或 forvalues 来更方便地实现。

3. foreach 语句

foreach 语句将按照各个条目（Item）进行循环。其基本命令格式为：

```
foreach lname {in| of listtype} list {
关于`lname'的相关命令
}
```

该命令将局部宏 lname 依次设置为 list 中的各个元素，并对其执行大括号中的命令。如果 list 为空，该命令就会执行 0 次。此外，当循环结束后，局部宏`lname'会自动被删除。另外需要注意的是，左括号"{"必须与 foreach 位于同一行上，且其后不能有内容（但注释是允许的）；而右括号"}"必须自己占一行。

下面对 foreach 的几种具体形式进行讲解。

（1）foreach lname in anylist {}

该种形式允许一般形式的列表（List），列表中的各个元素用空格分开。

例如：

```
foreach x in mpg weight-turn {
summarize `x'
}
```

这时，循环会执行两次，即令局部宏 x 依次为 mpg 和 weight-turn 来计算其描述统计量。

（2）foreach lname of local lmacname {}或 foreach lname of global gmacname {}

第 1 种是对局部宏 lmacname 中的各项进行循环，第 2 种是对全局宏 gmacname 中的各项进行循环。因为很多时候，我们事先并不知道具体要循环的元素，而是将这些元素存储在宏中，所以这种形式很常见。此外，在所有的循环方式中，这两种方式的执行速度最快。

例如，我们可以输入这样的命令：

```
local grains "rice wheat flax"
foreach x of local grains {
display "`x'"
}
```

这里，第一步定义了局部宏 grains，其内容包括 rice、wheat 和 flax。第二步为循环语句，令局部宏 x 依次为 grains 的各项，并执行下面的语句（显示局部宏 x 的内容）。该命令的结果就是分行显示 rice、wheat 和 flax。

而对于这个命令，我们也可以采取（1）的形式进行循环，即输入命令：

```
foreach x in`grains' {
display "`x'"
}
```

但这样比前面的形式执行速度慢。

此外，foreach 常使用的两种方式即为（1）和（2），其他的形式都是在特定的场合使用。

（3）foreach lname of varlistvarlist {}

这里，of 和第一个 varlist 是命令格式的一部分，第二个 varlist 是具体的变量列表。该种形式表示我们按照变量的方式来对第二个 varlist 进行解读。例如，输入下面的语句：

```
foreach x of varlist mpg weight-turn {
summarize `x'
}
```

这里，循环会执行 4 次，依次对 mpg、weight、length 和 turn 进行操作。这里，weight-turn 表示从 weight 到 turn 的变量，对于 usaauto.dta 的数据，即包括变量 weight、length 和 turn。

（4）foreach lname of newlistnewvarlist {}

这里，foreach…of newlist…是命令格式的一部分，lname 是局部宏的名称，newvarlist 是新变量列表。Stata 会检查指定的新变量名是否有效，但 Stata 并不自动将其生成。例如，下面一段命令：

```
foreach var of newlist z1-z5 {
gen `var' = runiform()
}
```

这里，循环会执行 5 次，将生成服从均匀分布的 5 个变量：z1、z2、z3、z4 和 z5。

（5）foreach lname of numlistnumlist {}

这里，foreach …of numlist…是命令格式的一部分，lname 是局部宏的名称，numlist 是数字列表。这时，Stata 会按照数字的方式对 numlist 进行解读。

例如：

```
foreach num of numlist 1/3 5 6/10 {
… `num' …
}
```

表示对数字 1~3、5、6~10 分别执行下面的循环。

此外，对于 foreach 的这几种形式，宏`ferest()'将包含当次循环中未被处理的元素。而一旦循环全部结束，宏`ferest()'就会被自动删除。

4. forvalues 语句

forvalues 语句用于对连续的数值进行循环，基本格式为：

```
forvalues lname = range {
关于`lname'的相关命令
}
```

这里，lname 是局部宏的名称，用于存储每次循环的数值，range 代表数值的范围。这里同样要求左括号"{"与 forvalues 位于同一行上，且其后不能有内容（但允许注释）；而右括号"}"要自己占一行。

range 主要有如下几种形式：

① #1(#d)#2　　表示从数值#1 到#2，步长为#d
② #1/#2　　　表示从数值#1 到#2，步长为 1
③ #1 #t to #2　表示从数值#1 到#2，步长为#t-#1
④ #1 #t : #2　表示从数值#1 到#2，步长为#t-#1

例如，输入如下命令：

```
Forvalues i = 10(-3)1 {
display `i'
}
```

结果依次显示 10、7、4、1。

而对于如下的命令：

```
Forvalues i = 15 20 :30{
display `i'
}
```

结果依次显示 15、20、25、30。

最后，需要说明的是，循环的上界在循环第一次执行时就被确定，且不会改变。这样，即便随后的命令试图修改其上界，也是无效的。

5. continue 语句

continue 命令用于循环语句 while、foreach 或 forvalues 之内，其作用是跳出循环。continue 语句的基本命令格式为：

```
continue [, break]
```

这里，选项 break 为可选项。默认情况下，continue 表示略过当前循环的剩余命令，并开始下一次循环，但如果设定 break 选项，程序就会直接执行循环后面的命令。

例如，编写一段命令判断 1~5 中哪些是奇数、哪些是偶数，命令如下：

```
forvalues x = 1/5 {
if mod(`x',2) {
display "`x' is odd"
}
else {
display "`x' is even"
}
}
```

函数 mod(a,b)表示取 a 除以 b 的余数。在这段命令中，我们采取 if 语句来判断，如果 x 除以 2 的余数为 1（真），就显示 x 为奇数；否则，显示 x 为偶数。

采用 continue 命令也可以实现相同的效果。相应的命令如下：

```
forvalues x = 1(1)4 {
if mod(`x',2) {
display "`x' is odd"
continue
}
display "`x' is even"
}
```

这段命令的含义为：如果 x 除以 2 的余数是 1（满足 if 的条件），就显示 x 为奇数，而其后的 continue 表明，不执行该循环后面的语句，直接从头开始下一次循环，即对 x 的下一个值进行检验。如果 x 为偶数，if 的条件就不能满足，程序会直接跳过 if 后面大括号内的命令，显示 x 为偶数。

6. confirm 语句

在编写程序的过程中，有时你会希望输入的变量或参数为特定的类型，这时我们可以通过 confirm 命令进行确认。如果不匹配，Stata 就会显示错误提示。confirm 命令主要包括如下几种形式。

（1）confirm existence string

用于确认字符串 string 是否存在。

（2）confirm [new] file filename

confirm file 用于确认文件 filename 存在且可读；confirm new file 用于确认文件 filename 不存在且可被创建并写入。

（3）confirm [numeric | string | date] format string

confirm format 用于确认字符串 string 是指定的格式。其中，confirm numeric format 要求 string 是 numeric 格式，包括 general、fixed 和 exponential；confirm string format 要求 string 是字符串格式；confirm date format 要求 string 是日期格式。

（4）confirm names names

confirm names 用于确认第二个 names 是符合命名规则的有效名字。

（5）confirm [integer] number string

confirm number 用于确认 string 是有效的数字；confirm integer number 用于确认 string 是整型的。

（6）confirm matrix string

confirm matrix 用于确认 string 是一个矩阵。

（7）confirm scalar string

confirm scalar 用于确认 string 是一个标量。

（8）confirm [new | numeric | string| type] variable varlist [, exact]

type 可以是 {byte | int | long|float|double|str# }。选项 exact 表明，varlist 中的变量必须完全匹配，默认情况下，varlist 中的变量有缩写也没有关系。

confirm variable 即用于确认 varlist 是有效的变量。类似的，confirm numeric variable 用于确认 varlist 都是数值型变量。

此外，在实际应用中，命令 confirm 经常与 capture 共同使用。

7. capture 语句

在命令之前加上 capture，则该命令的结果会不显示，包括可能的错误信息。这时，即便该语句执行时有错误，程序也会继续。这在程序及 do 文件中都非常有用。命令 capture 的应用主要有两种形式：

```
①capture [:] command
②capture {
   stata commands
   }
```

其中，第一种是直接在命令前加 capture；第二种是将一系列我们不想显示结果的命令写入大括号中。

在命令前加 capture 时，命令的返回码会被保存在标量_rc 中。如果程序正常运行，返回码_rc 就会是 0。

capture 命令可以应用在很多方面，例如，在程序中可能要创建一个变量 var1，但有可能变量 var1 已经存在，这时我们希望将其删除。因此，在程序开始时，可以输入这样的命令：

```
capture drop var1
```

这时，如果 var1 确实存在，Stata 就会将其删除；而如果 var1 不存在，就不会返回错误信息，程序会继续执行。

需要注意的是，如果我们同时删除 3 个变量：var1、var2 和 var3，千万不可以想着输入下面的命令：

```
capture drop var1 var2 var3
```

因为这时，即使只有一个变量不存在，Stata 也不会删除其他存在的变量。正确的做法是输入 3 行命令：

```
capture drop var1
capture drop var2
capture drop var3
```

另外，如前面所讲的，capture 经常会与 confirm 一起应用。考虑下面一段命令：

```
capture {
confirm var '1'
confirm integer number '2'
confirm number '3'
}
if _rc!=0 {
display "Syntax is variable integer number"
exit 198
}
```

这里，我们要确认第一个输入的参数是变量，第二个输入的参数为整数，第三个输入的参数为数字。如果 capture 后大括号内的任何一句命令不满足，大括号内的命令就不会被执行，但括号外的 if 语句还可以被执行。当要确认的 3 个条件有不满足的（也就是说_rc 不为 0）时，根据 if 语句，程序就会显示字符串 "Syntax is variable integer number" 并退出。

复习与习题

本章回顾

1. 创建 do 文件或 ado 文件需要通过 Do 文件编辑器实现。

2. 执行 do 文件的命令为：do filename。

3. 查看和修改当前目录的命令为：cd。

4. 设置回车符之外的其他符号为换行符的命令为：#delimit。

5. 程序的基本格式为：

```
program 程序名
相应的命令
end
```

6. 定义程序之前，删除可能存在的同名程序的命令为：capture program drop 文件名。

7. 查看个人 ado 目录具体位置的命令为：personal。

8. 声明版本的命令为：version #。

9. 为程序和 do 文件添加注释的方式有：*、/*…*/、//和///。

10. 局部宏的定义方式为："local 宏的名称宏的内容"或"local 宏的名称=表达式"。

11. 清除局部宏的命令为：local macname、local macname ""或 local macname = ""。

12. 全局宏的定义和局部宏类似，只需将 local 改为 global。

13. 局部宏的引用格式为：`lmacroname'，全局宏的引用格式为：$gmacroname。

14. 定义临时变量的命令为：tempvar var1 var2 …。

    定义临时矩阵或临时标量的命令为：tempname ms1 ms2 …。

    定义临时文件的命令为：tempfile file1 file2 …。

15. 保存初始数据的命令为：preserve，恢复初始数据的命令为：restore, preserve。

16. 定义程序的基本命令为：program [define] program_name [, [nclass|rclass|eclass|sclass] byable(recall [, noheader]| onecall)properties(namelist) sortpreserveplugin]。

17. 显示内存中程序的命令为：program dir。

    删除内存中程序的命令为：program drop{program_name [program_name […]]| _all| _allado}。

    显示程序内容的命令为：program list [program_name [program_name […]]| _all]。

18. 定义变元的命令为：args 变元名 1 变元名 2…。

19. 标准的语法格式为：[by varlist:] command [varlist] [=exp] [using filename] [if] [in] [weight] [, options]。

    定义语法的基本命令为：syntax 语法内容。

20. 生成标记变量的基本命令为：marksamplelmacname [, novarliststrokzeroweightnoby]。

    设定已定义的临时变量为标记变量的命令格式为：mark newmarkvar [if] [in] [weight] [, zeroweightnoby]。

    调整标记变量的命令格式为：markoutmarkvar [varlist] [, stroksysmissok]。

    寻找选定观测值的范围的命令格式为：markin [if] [in] [, name(lclname) noby]。

21. 将宏分解为几部分的基本命令为：tokenize [[`]"] [string] ["[']] [, parse("pchars")]。

解析输入参数的另一种命令为：gettoken emname1 [emname2] : emname3 [, parse("pchars") quotesqed(lmacname) match(lmacname) bind]。

22. 运行完 r 类命令之后，查看保存结果命令为：return list。

运行完 e 类命令之后，查看保存结果命令为：ereturn list。

23. 将结果保存在 r()中的命令有：return scalar name = exp、return local name 和 return matrix name matname。

24. 将结果保存在 e()中的命令有：ereturn scalar name = exp、ereturn local name 和 ereturn matrix name matname。

25. 将结果保存在 s()中的命令为：sreturn local name。

26. if 语句（条件语句）的基本格式为：

```
if exp {
multiple_commands
}
else {
multiple_commands
}
```

27. while 语句（循环语句）的基本格式为：

```
while exp {
    命令语句
}
```

28. foreach 语句的基本格式为：

```
foreach lname {in| of listtype} list {
关于`lname'的相关命令
}
```

29. forvalues 语句用于对连续的数值进行循环，基本格式为：

```
forvalues lname = range {
关于`lname'的相关命令
}
```

30. 跳出循环的命令格式为：continue [, break]。

31. 确认输入参数或变量的形式有：

①confirm existence string

②confirm [new] file filename

③confirm [numeric | string | date] format string

④confirm names names

⑤confirm [integer] number string

⑥confirm matrix string

⑦confirm scalar string

⑧confirm [new | numeric | string| type] variable varlist [, exact]

32. 不显示命令结果及可能的错误信息的命令为 capture，有两种使用形式：

```
①capture [:] command
```

```
②capture {
    stata commands
  }
```

习题

1. 定义全局宏 a，其内容为 newvar；定义全局宏 a2，其内容为 myvar；定义局部宏 i，其内容为 2。思考：宏${a`i'}的内容是什么？

2. 定义局部宏"ADF+PP　unit+root"，使用 gettoken 和 tokenize 对其进行解析。

3. 通过程序生成一个数据集，设定其中的变量为 x，观测值的个数为 n，变量 x 的取值范围是从 a~b（提示：设定变元 n、a 和 b，并利用如下公式来生成 x：x = (_n-1)/(_N-1)*(b-a)+a。这里，_n 为相应的观测值序号，_N 是观测值的总个数）。

4. 在 6~1000 中找出 3、4、5 的最小公因子（提示：采用 forvalues 循环，其中，设定 if 的条件为 x 除以 3、4 和 5 的余数都是 0；如果条件满足，就直接显示结果，并通过"continue, break"跳出程序）。

5. 定义一个程序来进行两个变量的回归，并列出残差绝对值最大的观测案例。完成定义之后，运行这个程序。

第17章　Stata综合案例分析

在前面的各章内容中，用户已经了解了 Stata 进行数据处理、图形绘制、统计和计量分析等相关方面的强大功能。Stata 软件作为现阶段较为流行的统计软件，其应用已经深入经济科学、社会科学、行为科学、生物统计等各个学科领域。本章就通过具体的综合案例来给用户展示如何运用 Stata 进行综合性的分析。我们将介绍 3 个综合案例，第 1 个综合案例介绍 Stata 在社会保障学中的应用；第 2 个综合案例介绍其在公司治理学中的应用；第 3 个综合案例介绍其在生物生态学中的应用。

17.1　综合案例一：社会保障与经济增长关系的实证研究

17.1.1　问题背景和数据描述

随着人均 GDP 水平超过 3000 美元，中国的经济社会进入了一个相对较新的发展阶段。在此阶段，不仅要注意发展的速度，更要注意发展的质量，其中一个重要的问题就是要完善我国的福利制度，健全我国的社会保障体系，以期更好地促进经济的发展。

尤其自 2007 年次贷危机爆发以来，引起了美国经济及全球经济增长的放缓，对中国经济的影响也不容忽视，而这其中最主要的是对出口的影响。出口的锐减不仅导致了大量中小型加工企业的倒闭，还加剧了失业的严峻形势，大量的外汇储备也因美元的贬值而急剧缩水。面对这种形势，我们不得不重新思考中国的经济发展战略，外向型的经济发展方式已不能持久，依靠国内市场的壮大才能促使经济的可持续发展，而内需增长缓慢的一个重要原因就是社会保障制度的落后。

此外，根据民政部有关资料显示，支持中国经济崛起的"人口红利"时代即将结束，中国将成为一个典型的"未富先老"的国家。目前我国 60 周岁以上的老年人口已经达到 1.53 亿，老龄化率为 11.6%。但是，中国目前的社会保障体系极不完善，以养老问题为例：我国目前各类养老服务机构有 4 万个、床位有 200 多万张，平均每千名老人只有 11 张床位，不但与发达国家相比差距甚远，而且与发展中国家平均每千名老年人拥有养老床位 30~50 张相比，差距也十分明显。加快发展社会保障事业已经是迫在眉睫的紧要任务。

面对严峻的社会现实，社会保障问题应得到足够的重视，社会保障与经济增长关系也逐渐成为一个具有现实意义的研究课题。进行本案例分析的主要目的是证明社会保障支出和经济增长之间是否存在相关关系。

根据中国统计年鉴资料，我们得到了名称为 shebao.dta 的数据文件，部分数据显示如图 17.1 所示。

	year	agdp	ass	lnass	lnagdp	ak	1
1	1978	3645.2	18.91	2.939691	8.201166	.	.
2	1979	3986.85	21.69774	3.077208	8.290756	.	.
3	1980	4151.233	18.54795	2.920359	8.331161	.	.
4	1981	4355.833	19.34105	2.96223	8.379272	.	.
5	1982	4645.201	18.69983	2.928514	8.44359	.	.
6	1983	5100.685	20.56458	3.02357	8.53713	.	.
7	1984	6006.75	20.96667	3.042934	8.700639	.	.
8	1985	6877.193	23.76049	3.168024	8.835966	.	.
9	1986	7360.458	25.48711	3.238173	8.903877	.	.
10	1987	8049.8	24.96662	3.21754	8.993402	.	.
11	1988	8451.012	23.46629	3.155565	9.042042	3087.079	54334
12	1989	8091.571	23.61905	3.162054	8.998578	2902.381	55329
13	1990	8626.525	25.43438	3.236102	9.062597	2977.819	56740
14	1991	9732.573	30.08043	3.403875	9.183233	3358.802	58360

图 17.1　shebao 数据文件

社会保障从传统意义上来讲包括社会保险、社会救济、社会福利和社会优抚 4 大部分，随着经济社会的发展，各种社会保障补助支出越来越多，也被视为社会保障范畴。本案例所采用的衡量社会保障水平的指标来源于《中国统计年鉴》中所统计的"社会保障支出"（SS）这一指标，ASS 表示经过 CPI 调整后的数据。

有关经济增长的衡量，以前的学者大多采用 GDP、GDP 的增长率和人均 GDP 等作为经济增长的替代指标，本案例选取 GDP 作为衡量经济增长的指标，AGDP 代表经过 CPI 调整后的数据。

根据资料的可得性，本案例将时间跨度定位在 1978—2007 年，所有数据均来源于《中国统计年鉴》。为了剔除物价因素的影响，社会保障支出、GDP 和资本总量均用 CPI 指数进行了调整。同时，为了剔除社会保障支出与经济增长之间可能存在的异常关系，我们对样本数据进行了对数处理，以平滑时间序列的指数关系和消除异方差。

17.1.2　统计方法与 Stata 实现

1. 变量的单位根检验

在进行协整检验前，首先应对时间序列进行单位根的平稳性检验。本节采用增广的迪基-富勒（ADF）方法，该检验法的基本原理是通过 n 次差分法将非平稳序列转化为平稳序列，所使用的命令为 dfuller。

首先要对 lnagdp 和 lnass 两个变量进行原序列的 ADF 检验，通过观察可以发现两个序列都有常数项和时间趋势，输入命令如下：

```
dfuller lnagdp, trend
dfuller lnass, trend
```

执行结果如图 17.2 所示，根据结果显示，两个检验的 P 值分别为 0.9043 和 0.9025，不能拒绝原序列存在单位根的假设。

```
. dfuller lnagdp, trend

Dickey-Fuller test for unit root                    Number of obs   =       29

                          ----------- Interpolated Dickey-Fuller -----------
                  Test        1% Critical       5% Critical      10% Critical
               Statistic          Value            Value            Value
--------------------------------------------------------------------------------
 Z(t)           -1.229           -4.343           -3.584           -3.230
--------------------------------------------------------------------------------
MacKinnon approximate p-value for Z(t) = 0.9043

.
. dfuller lnass, trend

Dickey-Fuller test for unit root                    Number of obs   =       29

                          ----------- Interpolated Dickey-Fuller -----------
                  Test        1% Critical       5% Critical      10% Critical
               Statistic          Value            Value            Value
--------------------------------------------------------------------------------
 Z(t)           -1.238           -4.343           -3.584           -3.230
--------------------------------------------------------------------------------
MacKinnon approximate p-value for Z(t) = 0.9025

.
```

图 17.2 原序列单位根检验

接下来，对原序列进行一阶差分处理，然后再次进行 ADF 检验：

```
gen lnagdp1=d.lnagdp
gen lnass1=d.lnass
```

这两个命令的作用就是分别生成 lnagdp 和 lnass 的一阶差分序列，通常经过这种处理，序列一般就不存在时间趋势和常数项了。本实验中 lnagdp1 仍然存在常数项，所以接下来继续使用 dfuller 进行单位根检验：

```
dfuller lnagdp1
dfuller lnass1, noconstant
```

再次检验的结果如图 17.3 所示，根据结果显示，第一个检验的 P 值为 0.0543，第二个检验值的绝对值 1.802 大于临界值的绝对值 1.601，可以拒绝此序列存在单位根的假设。

```
. dfuller lnagdp1

Dickey-Fuller test for unit root                    Number of obs   =       28

                          ----------- Interpolated Dickey-Fuller -----------
                  Test        1% Critical       5% Critical      10% Critical
               Statistic          Value            Value            Value
--------------------------------------------------------------------------------
 Z(t)           -2.829           -3.730           -2.992           -2.626
--------------------------------------------------------------------------------
MacKinnon approximate p-value for Z(t) = 0.0543

.
. dfuller lnass1, noconstant

Dickey-Fuller test for unit root                    Number of obs   =       28

                          ----------- Interpolated Dickey-Fuller -----------
                  Test        1% Critical       5% Critical      10% Critical
               Statistic          Value            Value            Value
--------------------------------------------------------------------------------
 Z(t)           -1.802           -2.655           -1.950           -1.601
--------------------------------------------------------------------------------
```

图 17.3 一阶差分序列的单位根检验

2. 变量的协整检验

协整检验的基本思想在于：尽管两个或两个以上的变量序列为非平稳序列，但它们的某种线性组合可能呈现稳定性，这两个变量之间便存在长期稳定关系，即协整关系。前面的检验表明，lnAGDP 和 lnASS 序列的一阶差分均已平稳，满足协整检验的前提条件，可以运用 E-G 两步法进行协整检验。我们以 lnASS 为自变量，以 lnAGDP 为因变量，对时间序列进行最小二乘回归，并得到残差序列 e。输入命令：

```
regress lnagdplnass
predict e, residual
```

对此残差序列进行单位根检验：

```
dfuller e, noconstant
```

结果如图 17.4 所示。ADF 检验值为-1.900，显著性水平为 10%时的临界值-1.602，前者的绝对值大于后者，所以残差序列通过了置信度为 90%的平稳性检验，说明 lnAGDP 和 lnASS 序列具有协整关系。

```
. regress lnagdp lnass

      Source |       SS           df       MS      Number of obs   =        30
-------------+----------------------------------   F(1, 28)        =    135.64
       Model | 14.7933327          1  14.7933327   Prob > F        =    0.0000
    Residual | 3.05370537         28  .109060906   R-squared       =    0.8289
-------------+----------------------------------   Adj R-squared   =    0.8228
       Total | 17.8470381         29  .615415106   Root MSE        =    .33024

------------------------------------------------------------------------------
      lnagdp |      Coef.   Std. Err.      t    P>|t|     [95% Conf. Interval]
-------------+----------------------------------------------------------------
       lnass |   .4760719   .0408765    11.65   0.000     .3923402    .5598037
       _cons |   7.398792   .1835801    40.30   0.000     7.022745    7.774839
------------------------------------------------------------------------------

.

. predict e, residual

. dfuller e, noconstant

Dickey-Fuller test for unit root                   Number of obs   =        29

                               ---------- Interpolated Dickey-Fuller ---------
                  Test         1% Critical       5% Critical      10% Critical
               Statistic          Value             Value             Value
------------------------------------------------------------------------------
 Z(t)            -1.900            -2.654            -1.950            -1.602
```

图 17.4　残差序列的 ADF 检验结果

3. 格兰杰因果关系检验

协整检验只能告诉我们变量之间是否存在长期的均衡关系，但是要想证明其是因果关系，还必须通过格兰杰因果关系检验。这种检验的基本原理是：在做 Y 对其他变量（包括自身的滞后值）的回归时，如果把 X 的滞后值包括进来能显著地改进对 Y 的预测，我们就说 X 是 Y 的格兰杰因，反之亦然。我们采用基于 VAR 模型的格兰杰检验法对各变量之间的关系进行检验，最优滞后期确定为 2 期，使用命令如下：

```
var lnagdp lnass
vargranger
```

命令执行后可以得到如图 17.5 所示的结果，结果表明，lnASS 并不是 lnAGDP 的格兰杰因，而 lnAGDP 却是 lnASS 的格兰杰因，即经济增长对社会保障支出的贡献更为明显。

```
. var lnagdp lnass

Vector autoregression

Sample:  1980 - 2007                       Number of obs     =        28
Log likelihood =   72.74486                AIC               = -4.481776
FPE            =   .0000391                HQIC              = -4.336323
Det(Sigma_ml)  =    .000019                SBIC              = -4.005989

Equation          Parms      RMSE     R-sq      chi2     P>chi2

lnagdp               5      .037085   0.9979  13159.82   0.0000
lnass                5      .143038   0.9924   3661.158   0.0000


                   Coef.    Std. Err.      z     P>|z|     [95% Conf. Interval]

lnagdp
    lnagdp
       L1.      1.470596    .1672427     8.79    0.000     1.142806    1.798385
       L2.     -.4775009    .1693611    -2.82    0.005    -.8094426   -.1455592

    lnass
       L1.      .0127609    .0357406     0.36    0.721    -.0572895    .0828112
       L2.     -.0044521    .0352196    -0.13    0.899    -.0734813    .064577

    _cons      .0774145    .1584038     0.49    0.625    -.2330513    .3878804

lnass
    lnagdp
       L1.     -.5890881    .6450668    -0.91    0.361    -1.853396    .6752196
       L2.      .8372326    .6532378     1.28    0.200    -.4430899    2.117555

    lnass
       L1.      1.495974    .1378542    10.85    0.000     1.225785    1.766164
       L2.     -.5965082    .1358445    -4.39    0.000    -.8627585   -.3302578

    _cons     -1.781578    .6109748    -2.92    0.004    -2.979067   -.5840897


.
. vargranger

   Granger causality Wald tests

      Equation        Excluded      chi2     df Prob > chi2

      lnagdp            lnass      .66813      2    0.716
      lnagdp            ALL        .66813      2    0.716

      lnass             lnagdp    9.9767      2    0.007
      lnass             ALL       9.9767      2    0.007

.
```

图 17.5　格兰杰检验结果

4. 多元线性回归模型

虽然判断出了二者的格兰杰因果关系，但是我们并不能确切地知道社会保障支出对于经济增长的影响程度，所以下面通过建立多元线性回归模型来具体测算这一问题。

根据较为常用的 C-D 生产函数的一般形式 $F = Af(K, L)$，其中资本与劳动力是两个基本要素，我们分别使用资本形成总额（AK）和社会就业人数（L）两个指标进行衡量，另外在此采用社会保障支出（ASS）部分代替技术对产出的作用，因为其是人力资本投资的显著方式，可以看作是一种技术水平的提高。建立回归模型如下：

$$\ln AGDP = \alpha_0 + \alpha_1 \ln ASS + \alpha_2 \ln AK + \alpha_3 \ln L$$

由于数据文件中并不存在变量 lnAK 和 lnL，因此应先使用命令生成，然后进行回归，就可以生成如图 17.6 所示的回归结果了，所使用的命令语句为：

```
gen lnak=log(ak)
gen lnl=log(l)
regress lnagdp lnass lnak lnl
```

```
regress lnagdp lnass lnak lnl

      Source |       SS       df       MS              Number of obs =      20
-------------+------------------------------           F(  3,    16) = 3202.92
       Model |  6.12878434     3  2.04292811           Prob > F      =  0.0000
    Residual |  .010205339    16  .000637834           R-squared     =  0.9983
-------------+------------------------------           Adj R-squared =  0.9980
       Total |  6.13898968    19   .32310472           Root MSE      =  .02526

------------------------------------------------------------------------------
      lnagdp |      Coef.   Std. Err.      t    P>|t|     [95% Conf. Interval]
-------------+----------------------------------------------------------------
       lnass |   .0708032   .0098686     7.17   0.000     .0498826    .0917238
        lnak |   .5833126    .027269    21.39   0.000     .5255049    .6411203
         lnl |   .9204431   .1372621     6.71   0.000     .6294606    1.211426
       _cons |  -5.899765   1.376964    -4.28   0.001    -8.818799   -2.980732
------------------------------------------------------------------------------
```

图 17.6　回归结果图

采用 OLS 估计方法可以得到如下回归结果：

$$\ln\text{GDP} = -5.90 + 0.07\ln\text{SS} + 0.58\ln\text{K} + 0.92\ln\text{L}$$
$$(-4.28) \quad (7.17) \quad (21.39) \quad (6.71)$$
$$R^2 = 0.9983, \qquad \overline{R}^2 = 0.9980, \qquad F = 3202.92$$

本案例使用的基本分析方法是时间序列数据的分析，其中最严重的问题是如果存在序列相关，就会造成伪回归。但是我们采取以下方法进行了部分修正：一是对所有数据取对数，部分消除经济数据指数化增长的趋势；二是对其进行单位根检验，发现基本都是一阶单整的；三是回归后，对残差进行单位根检验，发现其是平稳的。这说明回归模型并不是伪回归，回归结果在一定程度上可信。

由回归结果可以得出结论：社会保障支出对经济增长有促进作用，社会保障支出每增长 1%，大约可以带动实际 GDP 增长 0.07%。

17.1.3　结论

本案例的实证检验从数据上对社会保障的理论提供了支撑，从中国实际出发证明了社会保障支出有利于促进经济增长，所以在中国还应该继续促进社会保障制度的发展与完善。为此，我们提出以下政策建议：

- 坚持效率优先，兼顾公平的原则。从本节的实证结论中可以看出社保支出与经济增长之间存在着双向因果关系，即经济发展水平决定社会保障水平，而社会保障又会在一定程度上促进经济发展。虽然建立社会保障的初衷是为了维护社会公平，但是绝对不能因此忽略效率问题，只有坚持效率优先、兼顾公平的原则，才能正确处理好二者的关系。

- 完善法律基础和政策环境。我国目前的社会保障体系还处于初级阶段，尚不完善，法律和政策制定方面还存在着许多漏洞，所以要想建立适合我国国情的社会保障制度，必须要为其创造良好的法律基础和政策环境。西方国家大都制定了有关社会保障的法律法规，通过这些法律，储备基金的性质、资金来源、用途都很清楚，管理架构、管理机构的职责、投资运作模式也有明确规定。

- 扩大社保基金的规模。我国目前的社会保障不仅覆盖面窄，而且保障水平较低，造成这一现实的主要原因就是我国的社保基金规模过小。完全依赖国家财政拨款的方式已经不能适应当今的经济发展了，所以应该想方设法扩大社保基金的来源，使个人、企业以及社会组织都能积极地参与进来，这样社保基金的规模才能不断得到扩大。

- 提高社保基金的盈利能力。我国社保基金的盈利能力与发达国家相比还处于较低水平，而降低风险、提高收益最好的办法就是扩大投资渠道。从国际经验来看，实业投资和信托投资已经成为世界上社保基金投资的重要领域，这些投资与证券投资的相关性较低，可以有效分散风险，而且投资期限较长，收益较稳定，符合社保基金投资所要求的风险收益特征，所以说提高社保基金的盈利能力是我国社会保障发展的一个重要途径。

17.2　综合案例二：外部竞争环境不同的公司治理
对绩效影响的实证研究

17.2.1　问题背景和数据描述

经济学家和法律学者对公司治理最基本的定义是对股东权利的维护机制，所以公司治理主要就是解决现代企业制度两权分离带来的高管和大股东的代理问题。我们认为面临外部市场竞争强度不同的公司其对公司治理的敏感度不同。例如，行业竞争性强度较大的公司由于市场份额较小，面对的市场竞争压力很大，这时如果高管有较严重的代理问题会使得此公司的绩效很差甚至为负值，公司在市场上的生存就会受到威胁，自然高管的就业问题也会受到威胁，所以在竞争性行业中高管的代理问题较小；而对于一个面临外部较弱竞争环境的公司，由于价格上的垄断性等，高管的代理问题不会使此公司的绩效为负值，生存就不会受到威胁，只是股东的利益受到侵占而已，因此垄断性行业的代理问题会更加严重。在这样的行业中公司治理对绩效的影响较为显著，相反若公司面临的市场竞争性很强，由于原来的代理问题比较小，公司治理的改善使公司绩效变化不显著。Milton Friedman（1953）的文章曾经指出如果企业的竞争性很高，经济学家和管理者就不需要担心现代企业制度所带来的代理问题。Hicks（1935）也曾提出垄断行业的代理问题更加突出的观点，因为相比竞争性行业，垄断行业的高管缺少一种竞争压力（市场约束），更容易滥用自己的权利构筑自己的"帝国大厦"。Barry J. Nalebuff and Joseph E. Stiglitz（1983）则通过构建模型论证了在竞争性行业里，高管的薪酬更加合理，而且竞争性行业的竞争压力会减少高管的懒散，从而减少高管的代理成本；而垄断性行业在薪酬的制定上会产生大量代理的成本。在 BC 法通过之后，美国多位经济学家对竞争性和非竞争性行业的价值进行了实证分析，GiroudX., MuellerH.（2008）使用美国上市公司以 BC 法通过为外生解释变量进行验证，从而得到了竞争性可以减少高管懒散的结论。

本案例利用中国上市公司的有关数据来探究公司面临的外部环境的竞争强度不同时，公司治理给他们带来的不同影响。

案例的研究有两个主要假设。

1. 假设一：竞争可以通过减少高管的懒散来降低代理成本

Giroud X., Mueller H.（2008）这篇文章已经验证了竞争可以通过减少高管的懒散来降低代理成本这个假设在美国上市公司中是成立的，本节重新利用中国上市公司的相关数据对该假设进行验证。此假设的成立依赖于国家完善的破产机制来保障竞争约束机制在约束高管代理问题的作用。如果竞争引起的破产可能性在一个国家仍然是非常小的，此假设的成立就会动摇。

2. 假设二：董事会的独立性可以作为一个公司治理的有效衡量指标

在董事会中有效引入独立董事可以在一定程度上制约大股东在董事会上利用其控制地位做出不利于中小股东的决定，对于中小股东来说该公司的价值会提高；另外，独立董事可以独立地监督高管的行为和决定，从而减少公司的代理问题。在这个意义上董事会的独立性可以提高公司的价值。美国投资者责任研究中心的研究也发现了公司董事会的独立性与一个公司的股价表现是正相关的，这与案例的假设是一致的。

对于本案例指标的选取，将应收账款周转率、主营业务利润率、存货周转率的倒数进行简单算术平均得到企业的竞争指标 CP。这样竞争指标中就包含公司业绩的基本信息。CP 越大表示企业面临的竞争环境越激烈，因为一个企业的主营业务利润率越小，公司面临的外部环境竞争压力越大，同样应收账款周转率和存货周转率越小，企业面临的外部环境也越差，此时 CP 值越大。

对于公司业绩的衡量指标，我们选择普遍使用的 ROA（资产收益率）。

对于企业公司治理水平的衡量，本节选取的指标是董事会中独立董事所占的比例 IR。

我们将使用企业的资产规模 lnA、资产负债率 lev 作为模型的控制变量，以独立董事比例这个公司治理程度衡量指标为解释变量对 ROA 进行回归。

对于此实证研究样本公司的选择，本节使用 CCER 色诺芬数据库 2005—2006 年上市公司的财务数据。董事会的独立性要求 2005—2006 年我国上市公司的公司治理变化很大，所以选取这两年的数据样本能够更好地看出公司治理变化对各公司或者行业的影响。

由于本节的研究目的是探究在中国企业面对不同的竞争环境时，企业绩效对公司治理的敏感性是不同的，为了使实证分析更准确、更具代表性，对样本公司做了如下筛选：第一，选择在 2005 年上市的企业，剔除 2006 年上市的企业；第二，选择在样本期间未出现经营异常，即未被列为 ST 或 PT 的上市公司；第三，选择董事会独立性和业绩同时进行披露的上市公司；第四，由于金融类上市企业的经营状况与一般公司有着较大区别，不予考虑。经过上述筛选，最后得到面板数据 2480 个，图 17.7 显示了部分数据。其中，roa 表示企业的 ROA（资产收益率），ir 表示企业董事会中独立董事的比例，a 表示企业的总资产，lna 表示总资产的对数，lev 表示企业财务杠杆，p2、stock、money 分别表示调整的主营业务利润率、存货周转率、应收账款周转率，id 表示企业的编号。

	roa	ir	p2	stock	money	lev	cp	a	lna	id
1	.072	.5714286	.3872078	.5422	28.0688	.6098	1.487519	2.20e+10	23.81396	2
2	.0611	.5714286	.384216	.4907	48.1137	.6494	1.553797	4.85e+10	24.60499	2
3	.0034	.5	.5441186	1.5156	1.7224	.4504	1.026075	2.04e+08	19.13512	4
4	-.0734	.5	.4851954	2.119	1.1084	.3588	1.145049	1.56e+08	18.86452	4
5	.0346	.5	.4621967	.7581	20.4422	.5408	1.177196	1.53e+09	21.14742	5
6	-.1042	.5	.4289064	.1324	7.0068	.5983	3.342366	1.64e+09	21.22032	5
7	.079	.5	.4116312	.6209	18.8369	.5455	1.364337	2.92e+09	21.79448	6
8	.0336	.6	.2955566	.803	3.3775	.5575	1.641618	2.55e+09	21.66056	6
9	-.1103	.5714286	.6373652	.6183	10.6901	.9787	1.09328	8.06e+08	20.50744	7
10	.0087	.5	.4700749	.8331	34.2805	.8729	1.118943	8.54e+08	20.56578	7
11	-.0581	1	.3269239	9.003	227.4094	.2493	1.058096	9.06e+07	18.3224	8
12	.0193	.6	.3528876	.758	18.8698	.6464	1.402007	5.51e+09	22.43002	9
13	.0146	.6	.3835429	.6015	19.4713	.6498	1.44038	4.89e+09	22.31008	9
14	.0241	.5555556	.5328237	1.2326	2.2691	.6457	1.04293	2.44e+08	19.31276	10
15	-.1337	.5	.334604	1.7436	2.0173	.7912	1.352615	3.53e+08	19.68326	10
16	.054	.5	.41809	6.3448	10.102	.5657	.8828096	6.77e+09	22.6361	12

图 17.7　corporate.dta 部分数据

17.2.2　统计方法与 Stata 实现

1. 模型及变量描述

根据要研究的问题，本节建立模型 ROA=α+β1* IR +β2*CP*IR+ε

模型中的变量定义参见表 17.1。系数 β1 表示独立董事比例对该类公司业绩 ROA 的影响的敏感程度，β2 表示特定的竞争程度下，IR 变化对 ROA 的影响的敏感程度。在回归中，假设 x=CP*IR。

表 17.1　模型变量定义

变量名	变量	变量定义
资产收益率	ROA	每年利润总额占资产的比重
竞争强度指标	CP	应收账款周转率的倒数、存货周转率的倒数以及主营业务利润率的倒数的简单算术平均
独立董事比例	IR	每个公司独立董事占总董事的比例
资产规模衡量指标	lnA	资产总规模的对数
财务杠杆比率	lev	负债占总资产的比重

2. 变量的统计特征

由于样本数量众多，因此首先计算样本的统计特征，观测样本中变量的特征。

使用的命令是 "sum var,d"，例如对于变量 ROA 2005 年的统计值，使用 corporate.dta 数据，在命令窗口中输入如下命令，就会将面板数据中 2005 年的数据摘出，然后进行统计，可以得到如图 17.8 和图 17.9 所示的结果。

```
keep if year==2005
sum roa,d
sum (roa)
```

```
. sum roa,d

                              ROA

         Percentiles     Smallest
 1%        -.3632        -1.6826
 5%        -.162         -1.4848
10%        -.0831        -1.029       Obs              1246
25%         .0038        -.6894       Sum of Wgt.      1246

50%         .01915                    Mean          .0038846
                         Largest      Std. Dev.      .110076
75%         .0419         .1934
90%         .0773         .2172       Variance      .0121167
95%         .1005         .2213       Skewness     -6.739937
99%         .1567         .2602       Kurtosis      82.98884
```

图 17.8　ROA 的统计特征 1

```
sum roa

 variable |      Obs        Mean     Std. Dev.       Min         Max

      roa |     1246    .0038846     .110076     -1.6826       .2602
```

图 17.9　ROA 的统计特征 2

从结果中可以看到 ROA 的各项统计特征，运用上述命令将 IR、CP、lnA、lev 的统计量计算出来得到表 17.2。

表 17.2　变量的统计特征

统计量		均值	中值	最大值	最小值	标准差
ROA	2005	0.0038846	0.01915	0.2602	−1.6826	0.11
	2006	0.01406	0.02285	0.3581	−1.7174	0.1104
IR	2005	0.5358	0.5	1	0	0.1087
	2006	0.556	0.5	1	0.1429	0.1248
CP	2005	2.78	2.052	413.513	−465.183	22.436
	2006	2.665	2.0319	328.59	−465.184	40.57
lnA	2005	21.22	21.14	26.978	17.1219	1.016
	2006	21.2856	21.23	27.111	14.9375	1.102
lev	2005	0.564	0.532	9.7	0.0347	0.4916
	2006	0.6261	0.5461	43.07	0.0002	1.32

上面的各统计指标显示 IR 的中值是 0.5，均值在 2005 年是 0.5358，在 2006 年是 0.556，显然从 2005—2006 年，样本公司的董事独立性从总体来看是增强的，而且中值和均值接近说明大部分样本公司的董事会的独立程度都集中在 0.5 附近。

另外，衡量上市公司面临的市场竞争强度的指标 CP 取值最小，是一个较大的负值，从大小程度上似乎说明其竞争程度很小，而经观察发现是由于很多上市公司在该年度内主营业务利润率是负值导致的，如果主营业务利润率是负值，那么会使这个指标失去意义，因为主营业务利润率为负值说明该公司面临的市场竞争环境是极端恶劣的，所以 CP 失去意义。我们的修正方法是将主营业务收益率统一上调 10%，然后重新计算 CP 值，调整后主营业务利润率仍然是负值的公司先暂时搁置，其面临的竞争环境异常恶劣的可以单独分析。

按上面的方法调整后的 CP 最小值是 0.298557，最大值是 113.7761，这样 CP 指标就可以完全反映市场面临的竞争程度。

另外，ROA 的中值和均值均有所上升，IR 的均值显示上市公司的整体公司治理更加完善，这似乎也显示了 IR 与 ROA 有一种同向变动的趋势。

3. 固定效应回归模型的确定

由于样本为面板数据，因此对样本进行豪斯曼检验确定回归时是使用固定效应模型还是随机效应模型。首先在 Stata 命令窗口中输入如下命令对模型进行固定效应模型回归，得到的结果如图 17.10 所示。

```
xtset  id year
xtreg roa IR lev x lna, fe
est store fe
```

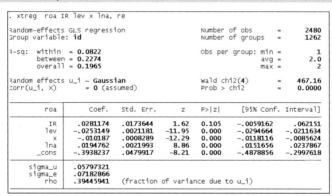

```
. xtreg  roa IR lev x lna, fe

Fixed-effects (within) regression          Number of obs     =      2480
Group variable: id                          Number of groups  =      1262

R-sq:  within  = 0.2815                      Obs per group: min =         1
       between = 0.0871                                     avg =       2.0
       overall = 0.0932                                     max =         2

                                            F(4,1214)         =    118.92
corr(u_i, Xb)  = -0.9224                     Prob > F          =    0.0000

        roa │     Coef.   Std. Err.      t    P>|t|     [95% Conf. Interval]
────────────┼────────────────────────────────────────────────────────────
         IR │  .0161582   .0256376     0.63   0.529    -.0341407    .0664571
        lev │ -.2464853   .0121894   -20.22   0.000    -.2703998   -.2225707
          x │  .0020867   .0011965     1.74   0.081    -.0002607     .004434
        lna │  .0163584   .0099331     1.65   0.100    -.0031295    .0358463
      _cons │ -.2040468   .2108925    -0.97   0.333    -.6178009    .2097074
────────────┼────────────────────────────────────────────────────────────
    sigma_u │ .30247077
    sigma_e │ .07182866
        rho │ .94661699   (fraction of variance due to u_i)
────────────────────────────────────────────────────────────────────────
F test that all u_i=0:      F(1261, 1214) =    2.45          Prob > F = 0.0000
```

图 17.10　固定效应模型回归结果

将以上回归结果存储为 fe。

然后对模型使用随机效应模型法进行回归，在 Stata 命令窗口中输入如下命令，得到图 17.11。

```
xtreg roa IR lev xlna, re
```

```
. xtreg  roa IR lev x lna, re

Random-effects GLS regression              Number of obs     =      2480
Group variable: id                          Number of groups  =      1262

R-sq:  within  = 0.0822                      Obs per group: min =         1
       between = 0.2274                                     avg =       2.0
       overall = 0.1965                                     max =         2

Random effects u_i ~ Gaussian                Wald chi2(4)      =    467.16
corr(u_i, X)       = 0 (assumed)             Prob > chi2       =    0.0000

        roa │     Coef.   Std. Err.      z    P>|z|     [95% Conf. Interval]
────────────┼────────────────────────────────────────────────────────────
         IR │  .0281174   .0173644     1.62   0.105    -.0059162     .062151
        lev │ -.0253149   .0021181   -11.95   0.000    -.0294664   -.0211634
          x │  -.010187   .0008289   -12.29   0.000    -.0118116   -.0085624
        lna │  .0194762   .0021993     8.86   0.000     .0151656    .0237867
      _cons │ -.3938237   .0479917    -8.21   0.000    -.4878856   -.2997618
────────────┼────────────────────────────────────────────────────────────
    sigma_u │ .05797321
    sigma_e │ .07182866
        rho │ .39445941   (fraction of variance due to u_i)
────────────────────────────────────────────────────────────────────────
```

图 17.11　随机效应模型回归结果

输入以下命令将以上回归结果存储为 re：

```
est store re
```

然后进行豪斯曼检验，在命令窗口中输入命令：

```
hausman fe re
```

我们可以得到如图 17.12 所示的检验结果。

```
. hausman fe re

                 ---- Coefficients ----
                  (b)          (B)            (b-B)     sqrt(diag(V_b-V_B))
                  fe           re           Difference        S.E.

        IR     .0161582     .0281174        -.0119593        .0188617
       lev    -.2464853    -.0253149        -.2211704        .0120039
         x     .0020867     -.010187         .0122737        .0008628
       lna     .0163584     .0194762        -.0031178        .0096866

            b = consistent under Ho and Ha; obtained from xtreg
            B = inconsistent under Ha, efficient under Ho; obtained from xtreg

   Test:  Ho:  difference in coefficients not systematic

            chi2(4) = (b-B)'[(V_b-V_B)^(-1)](b-B)
                    =      358.50
            Prob>chi2 =    0.0000
```

图 17.12　豪斯曼检验结果

显然豪斯曼检验的结果是应该对模型使用固定效应模型回归，图 17.10 就是此模型的回归结果，我们对回归结果汇总得到表 17.3。

表 17.3　固定效应回归结果

变量类型		ROA
解释变量	IR	0.01616
	CP*IR	0.002087*
控制变量	lnA	0.0195***
	lev	−0.247*

分析表 17.3 列出的实证分析结果，可以有以下几个推断：

- 第一，若使用所有调整后的样本进行模型回归，IR 对 ROA 的解释是正相关的，但不是十分显著（显著水平是 0.12），则说明 IR 确实是按照预期对 ROA 有一个正的解释力，但是在所有样本中是不显著的。
- 第二，CP*IR 的实证结果显示其对 ROA 的解释力在计量意义上是显著正相关的，说明在 CP 相同时（面临的竞争强度相同时），更完善的公司治理（IR 更高）可以提升公司的绩效，同时说明 IR 相同时（公司治理相同时），面临竞争强度更高（CP 更高）的公司绩效表现更好，这与我们的假设是一致的，我们假设竞争可以通过减少高管懒散来减少代理成本，所以在相同的公司治理下，竞争性强度高的公司代理成本更小，所以绩效更高。
- 第三，控制变量 lnA 和 lev 对 ROA 有一个显著的解释关系，lnA 对 ROA 有一个正的解释关系，lev 对 ROA 有一个显著的负解释力。这说明模型的控制变量选取是很成功的。

4. 取前 1/5 与后 1/5 的样本分别进行回归

取 CP 指标前 1/5 的样本数据"cp 指标前五分之一.dta"，在命令窗口中输入如下命令进行回归，得到的结果如图 17.13 所示。

```
xtset id year
xtreg roa IR lev x lna, fe
```

```
. xtreg roa IR lev x lna, fe

Fixed-effects (within) regression              Number of obs      =        477
Group variable: id                             Number of groups   =        292

R-sq:  within  = 0.3498                         Obs per group: min =          1
       between = 0.2245                                        avg =        1.6
       overall = 0.1996                                        max =          2

                                                F(4,181)           =      24.34
corr(u_i, Xb)  = -0.8567                         Prob > F           =     0.0000

         roa │      Coef.   Std. Err.      t    P>|t|     [95% Conf. Interval]
─────────────┼────────────────────────────────────────────────────────────────
          IR │   .0781833   .0390384     2.00   0.047     .0011544    .1552122
         lev │  -.2816685   .0333837    -8.44   0.000    -.3475399   -.2157971
           x │  -.0011235    .001076    -1.04   0.298    -.0032465    .0009996
         lna │   .1039762   .0213951     4.86   0.000     .0617603     .146192
       _cons │  -2.067884   .4494256    -4.60   0.000    -2.954672   -1.181097
─────────────┼────────────────────────────────────────────────────────────────
     sigma_u │  .16293976
     sigma_e │  .04238935
         rho │  .93661036   (fraction of variance due to u_i)
────────────────────────────────────────────────────────────────────────────
F test that all u_i=0:    F(291, 181) =     5.39            Prob > F = 0.0000
```

图 17.13　回归结果

可以看到模型通过了显著性检验，参见表 17.4。

表 17.4　回归结果

变量类型		ROA
解释变量	IR	0.0782**
	CP*IR	−0.0011
控制变量	lnA	0.104***
	Lev	−0.282***

回归结果与本节的假设是一致的，因为 CP 值较小说明这部分样本面临的外部市场环境竞争较小，在这部分样本中，公司高管的代理问题较为严重，IR 相比第一个回归总体样本而言，假设对 ROA 有一个更加显著的正的解释变量，实证结果显示解释力更加显著，说明中国的上市公司的外部竞争性越弱，公司绩效对公司治理的改善越敏感。

同样，使用"cp 指标后五分之一.dta"数据文件对样本后 CP 值的 1/5 进行相应回归，得到的回归结果参见图 17.14 和表 17.5。

```
xtset id year
xtreg roa IR lev x lna, fe
```

```
. xtreg  roa ir lev x lna, fe

Fixed-effects (within) regression              Number of obs      =        496
Group variable: id                             Number of groups   =        329

R-sq:  within  = 0.6576                         Obs per group: min =          1
       between = 0.1475                                        avg =        1.5
       overall = 0.2147                                        max =          2

                                                F(4,163)           =      78.27
corr(u_i, Xb)  = -0.5483                         Prob > F           =     0.0000

         roa │      Coef.   Std. Err.      t    P>|t|     [95% Conf. Interval]
─────────────┼────────────────────────────────────────────────────────────────
          ir │   .0606528   .0642164     0.94   0.346    -.0661504    .1874561
         lev │   -.241527    .015064   -16.03   0.000    -.2712728   -.2117813
           x │   .0021195   .0013424     1.58   0.116    -.0005312    .0047702
         lna │  -.0316446   .0162551    -1.95   0.053    -.0637424    .0004532
       _cons │   .7616988   .3469727     2.20   0.030      .076558     1.44684
─────────────┼────────────────────────────────────────────────────────────────
     sigma_u │  .15441472
     sigma_e │   .0740854
         rho │  .81288207   (fraction of variance due to u_i)
────────────────────────────────────────────────────────────────────────────
F test that all u_i=0:    F(328, 163) =     3.69            Prob > F = 0.0000
```

图 17.14　最大样本回归值

表 17.5　最大样本回归结果

变量类型		ROA
解释变量	IR	0.0607 (0.346)
	CP*IR	0.00212 （0.116）
控制变量	lnA	−0.0316**
	lev	−0.2415***

可以看到模型通过了显著性检验，回归结果是最大 CP 值的部分样本的回归。结果显示 IR 对 ROA 有一个不显著的正相关关系（P=0.346），且系数小于前面实证分析的结果，说明 CP 值越大的行业对公司治理越不敏感，这也与我们的假设相一致，因为本节假设竞争可以减少高管代理问题，进而推导公司治理对绩效的影响是不显著的。

CP*IR 对 ROA 有一个正的不显著解释力，说明在竞争强度最大的 1/5 样本中，在公司治理相同的情况下，CP 越大（面临的市场竞争强度越大），公司绩效的不显著性越大，这与我们的假设是一致的，因为高的竞争强度通过减少代理问题而增大公司绩效。

5. 本节暂时搁置的面临竞争环境十分恶劣的样本分析

本节认为主营业务利润率小于−10%的上市公司面临的外部竞争环境极端恶劣，不适用于以上的模型分析，对于这部分公司运用模型 ROA=α+β1* IR +ε 来分析公司治理与其绩效的关系。

观察极端的样本数据文件"极端值.dta"可以发现，此部分样本非面板数据，所以此部分数据可以直接用 OLS 进行回归。在 Stata 命令窗口中输入如下命令，得到图 17.15 和表 17.6 所示的回归结果。

```
reg roair lev lna
```

```
. reg roa ir lev lna

      Source |       SS       df       MS              Number of obs =      31
-------------+------------------------------           F(  3,    27) =    8.30
       Model |  1.74868877     3  .582896258           Prob > F      =  0.0005
    Residual |  1.89571235    27  .070211568           R-squared     =  0.4798
-------------+------------------------------           Adj R-squared =  0.4220
       Total |  3.64440112    30  .121480037           Root MSE      =  .26497

------------------------------------------------------------------------------
         roa |      Coef.   Std. Err.      t    P>|t|     [95% Conf. Interval]
-------------+----------------------------------------------------------------
          ir |  -.5782016   .3842868    -1.50   0.144    -1.366693    .2102898
         lev |  -.0851324   .0289509    -2.94   0.007    -.1445348    -.02573
         lna |   .0211738   .0499212     0.42   0.675    -.0812561    .1236037
       _cons |  -.1909587   1.116499    -0.17   0.865    -2.481824    2.099907
------------------------------------------------------------------------------
```

图 17.15　极端样本的回归结果

表 17.6　极端样本的回归结果

变量类型		ROA
解释变量	IR	−0.5782 (0.144)
控制变量	lnA	0.0211 （0.675）
	lev	−0.0851***

结果显示对于外部竞争环境极端恶劣的上市公司，公司治理对于公司的绩效有一个不显著的

负的解释力，这其实是与本节的假设相符。因为根据本节的假设，高度竞争的公司高管的代理问题已经不显著，这个时候公司治理对于这家公司来说是一种资源浪费，所以对公司治理是负向的影响。

6. Logit 模型实证结果分析

事实上，我们也可以对案例问题使用 Logit 模型进行实证分析：

- 将样本公司中 2005—2006 年 ROA 增加的 roa 取值为 1，若两年内 ROA 不变或者下降，则 roa 取值为 0。
- 样本公司中两年内 IR 增加的 ir 取值为 1，代表公司治理改善，若 IR 不变或者减少，则 ir 取值为 0，代表公司治理相对恶化。
- 对于控制变量 lev，当 lev 下降时，取值为 1，反之取值为 0，lnA 上升时取值为 1，反之取值 0。

得到 logitcor.dta 数据文件，图 17.16 所示为 logitcor.dta 的部分数据。我们以 roa 为被解释变量，ir 为解释变量。

	year	roa	ir	lev	lna	size	cpp
1	2006	0	1	0	0	5	.2985574
2	2006	1	0	0	1	4	.3732514
3	2006	0	0	0	1	6	.4066219
4	2006	1	1	0	1	4	.4067938
5	2006	0	1	1	1	5	.4204936
6	2006	1	0	0	1	6	.4306249
7	2006	1	0	1	1	10	.4563669
8	2006	0	0	0	0	6	.462453
9	2006	0	0	0	0	6	.4777153
10	2006	1	0	0	1	7	.4840024
11	2006	0	0	1	1	8	.4925505
12	2006	0	0	1	1	9	.5101582
13	2006	0	0	0	1	6	.5108745
14	2006	0	1	0	1	7	.5145972
15	2006	1	0	0	1	9	.5176148
16	2006	1	0	0	1	6	.5388117
17	2006	0	0	0	1	6	.5499954
18	2006	1	0	0	10	.5591672
19	2006	1	0	0	1	4	.573278
20	2006	1	0	0	1	6	.5746713
21	2006	1	0	0	1	7	.5810395
22	2006	0	1	0	1	9	.5842916

图 17.16　logitcor.dta 的部分数据

首先对所有的 2006 年的样本进行回归，在 Stata 命令窗口中输入如下命令可以得到如图 17.17 所示的回归结果图。

```
logit roa ir lev lna
```

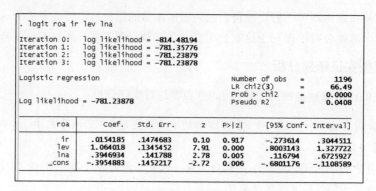

图 17.17　所有样本的 Logit 回归结果图

可见模型很好地通过了显著性检验，其回归结果参见表 17.7。

表 17.7　所有样本的回归结果

变量类型		ROA
解释变量	ir	0.0154
		(0.851)
控制变量	lnA	0.3947***
	lev	1.064***

Logit 模型回归显示董事会的独立性对所有上市公司的绩效有一种正的不显著影响，即 ir 的改善（董事会的独立性增强）使 roa 上升的概率是 0.0154。控制变量 lnA、lev 对 roa 均有显著的正向影响。

然后对样本按照竞争指标 CP 进行排序，仍然是取样本的前 1/5、后 1/5 进行回归。

取得 Logit 模型的前 1/5 样本数据文件"前五分之一 logit.dta"，在 Stata 命令窗口中输入如下命令，得到如图 17.18 所示的回归结果。

```
logit roa ir lev lna
```

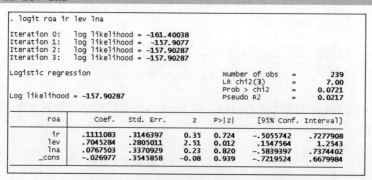

图 17.18　CP 前 1/5 样本的 Logit 回归结果图

可见模型在 10%的置信度下通过了模型的显著性检验，有关变量情况参见表 17.8。

表 17.8　CP 前 1/5 样本的 Logit 回归结果图

变量类型		ROA
解释变量	ir	0.1111
		(0.724)
控制变量	lnA	0.0768
	lev	0.7045**

　　CP 值最小的 1/5 样本就是样本中面临的市场竞争强度最小的公司，在这些公司中，实证结果表明，ir 对 ROA 有一个正的不显著的影响。

　　对 CP 值最大的 1/5 样本数据"后五分之一 logit.dta"进行相同的回归，回归结果如表 17.9 所示，可见 CP 值最大的 1/5 样本即为样本中面临市场竞争强度最大的公司，ir 对 ROA 也有一个不显著的正的影响。

表 17.9　CP 最大 1/5 样本的回归结果

变量类型		ROA
解释变量	ir	0.2763
		(0.385)
控制变量	lnA	0.6529**
	lev	1.682***

17.2.3　结论

　　本案例以企业外部竞争程度为外部治理机制，检验外部治理机制强弱不同的公司对公司治理的敏感度，通过选取 2005—2006 年 1225 家上市公司的有关数据得出竞争性越强的公司对于公司治理的敏感度越差，因为通过数据进行模型回归发现在中国上市公司中甚至存在着面临的竞争性越弱，这个公司对公司治理越敏感的事实。但是在使用 Logit 模型进行回归时，发现董事会的独立性对 ROA 的影响均是不显著的。其实这在一定程度上证明了假设一在中国上市公司的情况，这与 Giroud X., Mueller H.（2008）以美国上市公司为数据所做的研究结论基本是一致的。总体来看，外部竞争机制的总体作用在中国上市公司中是明显的，说明中国市场的竞争机制在发挥一定作用。但是观察数据可以发现，上市公司中存在一部分资不抵债却仍未破产的公司，那么竞争约束高管代理问题的作用就会受到影响，这也可能是本节 Logit 模型检验不显著的原因之一，Logit 模型不显著的原因可能还有中国的董事会建设，正如本节采用的独立性指标，只是从架构上反映了董事会的独立性，在一定程度上未从形似达到神似。

　　所以经本案例研究表明，中国公司治理的完善应该更多地在外部竞争环境较弱的公司或者行业展开，使公司治理作为一种内部约束机制来约束高管行为，减少高管的代理问题。另外，建设好我国的竞争环境，使竞争机制更好地作为一种外部约束机制来约束高管行为，从而减少代理问题。

17.3　综合案例三：农民焚烧秸秆意愿的实证研究

17.3.1　问题背景

秸秆焚烧问题的日益严重使得政府部门开始重视研究农民这一行为主体在秸秆焚烧行为中的意愿和所得。从经济学的角度来讲，农民选择焚烧秸秆与否一定是遵循了"收益大于成本"这一基本原则，因此，对于农民焚烧秸秆的意愿和影响因素的研究可以从研究农民焚烧秸秆的收益和成本出发。这一研究对于政府制定解决秸秆焚烧问题的政策有着重要的理论意义。

农业发达国家（如美国、德国、瑞典等国家）在农民处理农作物秸秆的研究方面已经形成了一套较为成熟的理论体系和实证方法。J．Ekboir（1985）分析了德国农户处理农作物秸秆的行为，分析认为德国农户由焚烧秸秆到利用秸秆行为的改变与政府出台的各项措施密不可分。J．Hellin&Schrader（1993）分析了瑞典农户处理秸秆的行为，并且探讨了几种可供农户选择的秸秆利用方式。Ilia Collina& RobertHoltzer（1997）则研究了美国加州农场主处理稻草行为及其影响因素，发现农场主是否焚烧稻草受农场主收入、知识结构、政策措施等多种因素影响。

在国内，由于秸秆焚烧是近年来才出现的一个问题，故对这方面的研究较少。陈新锋（2001）的研究表明，在没有外部干预和技术突破的条件下，农民收入水平与秸秆焚烧量成正比。

本部分在参考了以上文献后，以某市郊区的农户为研究对象，实证分析了农民焚烧秸秆的意愿。

17.3.2　相关假设

根据 17.3.1 小节所列的参考文献以及作者自己所做的调查分析，将农民处理秸秆方式的意愿所受的影响分为 4 类。

1. 受农民自身特征的影响

（1）教育程度

农民的自身素质在很大程度上决定了农民处理秸秆焚烧的行为方式。Schuhz（1975）的研究表明，农民的受教育程度与农民的信息接受能力呈正相关关系。根据这一理论，可以认为受教育程度较高的农民容易认识到秸秆焚烧的危害性和由此将要承担的法律责任，因此，我们假设农民的教育程度与农户焚烧秸秆意愿呈负相关关系。

（2）年龄因素

宋军等（1998）的研究表明，年纪轻的农民比年龄大的农民更愿意选择节约劳动力的生产方式。而焚烧秸秆相对于其他的秸秆处理方式无疑节约了更多劳动力，因此，我们假设农民的年龄与农户焚烧秸秆的意愿呈负相关。

（3）收入水平

陈新锋（2001）的研究表明，农民的焚烧秸秆量与收入水平成正比，因此，我们假设农民种粮收入在其总收入中所占比重与其焚烧秸秆的意愿呈负相关。

（4）作物季度

在多熟制情况下，夏（秋）收、夏（秋）种的时间紧，为了赶种下一季农作物，农民容易产生焚烧秸秆行为，因此，假设在多熟制情况下农民具有更强烈的焚烧秸秆意愿。

（5）经营规模

Klindt（1985）研究表明，农民农作物的经营规模与其采用技术的动力密切相关。农作物经营规模越大，秸秆产量越大，农民更倾向于利用秸秆，因此，我们假设农户的种植粮食规模与其"焚烧"秸秆的意愿呈负相关。

（6）饲料选择

由于小麦秆和玉米杆是牛、马、羊等牲畜的传统饲料，因此，我们假设农民饲养牛、马、羊等牲畜的头数与其焚烧秸秆的意愿呈负相关。

2. 受农民的预期收益影响

按照经济学的基本理论，预期收益是个人在做选择的时候所参考的一个重要因素。作为理性的农民，当面临几个可供选择的方案时，总会选择能够给他或其家庭带来效用最大化的方案。由于农民参与政府禁烧秸秆的制度建设既可能给他带来收益，也可能给他带来成本，只有当他参与禁烧活动的预期收益大于其成本时才有禁烧秸秆的意愿。由此，我们假设农户对政府禁烧秸秆活动的预期收益与其焚烧秸秆的意愿呈负相关。

3. 受农民对焚烧秸秆危害性认知程度的影响

虽然在农民的教育水平部分已经讨论过农民所受教育程度与其焚烧秸秆的意愿成反比关系，但是为了更直接地进行数据调查，又将这项因素进行讨论。这里调查农民对秸秆焚烧分别会造成的环境污染、对交通运输的影响和对土壤墒情影响的危害性的认识程度。

4. 受外部环境因素的影响

该因素包括相关政策、法律环境、机械化作业水平、秸秆加工业发展情况和同伴的影响力等。为治理农民焚烧秸秆问题，国家颁布了多部行政法规，新修订的《大气污染防治法》也对焚烧秸秆行为的法律责任做了明确规定，各级政府也采取了各种措施（如制定相应的地方行政法规、扶持秸秆加工业发展、促进秸秆还田补贴、严厉查处焚烧秸秆行为等），这些都会影响农户焚烧秸秆的机会成本，因此，我们假设政府宣传禁烧政策及其查处农民焚烧秸秆的力度、秸秆加工业发展状况、"秸秆还田"补贴政策等与农户焚烧秸秆的意愿呈负相关。由于农业机械化程度的提高一方面减轻了农民的劳动强度，另一方面又提高了收种作业进度。因此，假设农业机械化水平情况会影响农户焚烧秸秆的意愿，这种影响可能是积极的，也可能是消极的。农户的有限理性和受信息成本的影响，其他农户的"示范效应"会对农户处理秸秆的意愿有重要影响。由此，我们假设同伴焚烧秸秆的行为会激发其焚烧秸秆的意愿。

17.3.3　数据来源及描述

本案例的数据内容参考了一项调查数据，该数据调查在某市郊区抽调完成，采取调查员直接

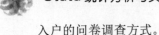

入户的问卷调查方式。

调查内容包括农户特征（教育程度（edu）、年龄（age）、收入结构（inc）、种植制度（cro）、种植规模（acr）、饲养牲畜情况（ani））、农户对参与政府"禁烧"秸秆活动的预期收益（exp）、对焚烧秸秆危害性的认知情况（农民了解焚烧秸秆对环境的危害（env）、对交通运输的危害（tra）、对土壤结构的危害（soi））和外部环境因素影响（政府政策（pro）、法律环境（pun）、当地机械化作业水平（mec）、秸秆的利用（uti）、秸秆业的补贴（sub）和同伴的影响力（fri））4 方面。

17.3.4 统计分析与 Stata 的实现

1. 农民样本特征的基本统计描述

农民的样本特征主要包括文化程度（edu）、年龄（age）、收入结构（inc）、作物季度（cro）、种植规模（acr）、饲养牲畜情况（ani）等。在进行综合分析的过程中，为得到变量的基本统计特征，可以在命令窗口中输入如下命令：

```
sum
```

命令执行之后，我们得到如图 17.19 所示的结果。在这个结果图中，可以看到每一个变量的均值、标准差、最大值和最小值等变量的基本信息。例如，代表受教育水平的变量（edu）的最大值为 4、最小值为 1，样本均值为 1.616667，样本标准差为 0.7831。

```
. sum
    Variable |     Obs        Mean    Std. Dev.       Min        Max
-------------+--------------------------------------------------------
         edu |      60    1.616667    .7831199         1          4
         age |      60    2.533333    .7694741         1          4
         inc |      60         2.2    .6839566         1          4
         cro |      60        1.65    .4809947         1          2
         acr |      60         4.9    1.068818         2          8
-------------+--------------------------------------------------------
         ani |      60    .9166667    1.356612         0          7
         exp |      60    2.416667    .8086747         1          3
         env |      60    2.166667    .7847415         1          4
         tra |      60    2.183333    .8128557         1          4
         soi |      60    1.616667     .804472         1          4
-------------+--------------------------------------------------------
         pro |      60    2.183333    .6762726         1          4
         pun |      60        2.15    .7089022         1          4
         uti |      60    1.383333    .5551505         1          3
         sub |      60    1.983333    .5963637         1          3
         mec |      60        2.35    .7324211         1          4
-------------+--------------------------------------------------------
         fri |      60        2.25    .6541912         1          4
         wil |      60         .65    .4809947         0          1
```

图 17.19 农民样本特征图

为了更为直观地观察数据的特征，也可以使用统计图形对相关数据进行分析，例如绘制变量 acr 的直方图，在命令窗口中输入如下命令：

```
histogram acr
```

命令执行之后，可以得到如图 17.20 所示的直方图，从这个图形中可以看到变量 acr 的分布情况，便于用户对数据的把握。

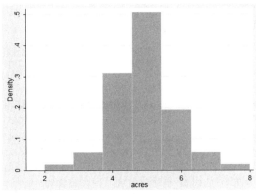

图 17.20　acr 变量的直方图

2. 方差分析

首先可以对数据进行方差分析，从而对哪些因素对于农户焚烧秸秆的意愿有显著影响有一个初步了解。这里我们利用协方差分析的方法分析 edu、inc、ani、pun 这 4 个变量对居民焚烧秸秆的愿望 wil 变量的影响，其中 ani 变量是连续变量。

在命令窗口中输入如下命令：

```
anova wil edu inc c.ani pun
```

输入命令之后可以得到如图 17.21 所示的结果，结果显示 inc 和 ani 两个变量的 P 值分别为 0.0206 和 0.0488，通过了置信度为 95% 的 F 检验，说明收入结构和饲养牲畜情况对农户焚烧秸秆的意愿有重要影响。

```
. anova wil edu inc c.ani pun

                        Number of obs =          60   R-squared     =  0.2751
                        Root MSE      =    .449358   Adj R-squared =  0.1272

        Source │ Partial SS          df          MS          F      Prob>F
       ────────┼──────────────────────────────────────────────────────────
         Model │   3.755783          10    .3755783       1.86      0.0745
               │
           edu │  .53495997           3   .17831999       0.88      0.4564
           inc │  2.1606731           3   .72022435       3.57      0.0206
           ani │  .82414264           1   .82414264       4.08      0.0488
           pun │  1.1367491           3   .37891637       1.88      0.1458
               │
      Residual │   9.894217          49    .2019228
       ────────┼──────────────────────────────────────────────────────────
         Total │      13.65          59   .23135593
```

图 17.21　方差分析图

此外，用户还可以对其他变量的组合进行方差或协方差分析，从而基本确定哪些变量对 wil 变量有重要影响，以便做进一步的分析。

3. Logistics 模型分析

在进行统计分析之前，可以根据已有的理论知识和统计数据对回归的结果进行一定的预测，预测结果如表 17.10 所示。

表 17.10 Logistics 模型变量说明以及解释变量对被解释变量的预期作用方向

变量	取值范围	变量含义	对农民焚烧秸秆意愿的预期方向
农民焚烧秸秆意愿	0~1	0=不愿意焚烧，1=愿意焚烧	
农民特征			
文化程度	1~4	1=文盲，2=小学，3=初中，4=高中及以上	负
年龄	1~4	1=35 岁以下，2=36~45 岁，3=46~55 岁，4=56 岁以上	负
收入结构①	1~4	1=25%以下，2=25%~49%，3=50%~75%，4=76%及以上	负
种植规模	连续变量		负
作物季度	1~2	1=一年一季，2=一年两季	正
牲畜饲养情况	连续变量		负
收益预期	1~3	1=有收益，2=零收益，3=负收益	负
对焚烧秸秆危害性的认识			
对环境的危害性	1~4	1=不了解，2=有点了解，3=较了解，4=很了解	负
对交通运输的危害	1~4	1=不了解，2=有点了解，3=较了解，4=很了解	负
对土壤墒情的危害	1~4	1=不了解，2=有点了解，3=较了解，4=很了解	负
外部环境			
当地政府宣传力度	1~4	1=基本没影响，2=有些影响，3=影响较大，4=影响很大	负
当地政府查处力度	1~4	1=基本没影响，2=有些影响，3=影响较大，4=影响很大	负
当地秸秆加工业	1~4	1=没有，2=有，较少，3=一般，4=较多	负
对秸秆还田补贴	1~4	1=没有，2=有，较少，3=一般，4=较多	负
当地机械化作业水平	1~4	1=没有，2=有，较低，3=较高，4=很高	正/负
同伴焚烧秸秆行为影响	1~4	1=没影响，2=有影响，3=较有影响，4=很有影响	正

本节利用 Stata 15.0 对 60 个有效农户调查样本统计数据进行了 Logistics 回归处理，得到了农民处理秸秆方式意愿的影响因素估计结果，所使用的命令如下：

```
logit wil edu age inc cro acr ani exp env tra soi pro pun uti sub mec fri
```

对 16 个变量的 Logistics 回归处理结果如图 17.22 所示。

---

① 农业收入占总收入的百分比。

```
Logistic regression                          Number of obs  =         60
                                             LR chi2(16)    =      24.91
                                             Prob > chi2    =     0.0715
Log likelihood = -26.392679                  Pseudo R2      =     0.3206

      wil |      Coef.   Std. Err.      z    P>|z|     [95% Conf. Interval]
      edu |  -.9465854   .4994548    -1.90   0.058    -1.925499    .0323279
      age |  -.2148332    .470447    -0.46   0.648    -1.136892     .707226
      inc |  -2.212532   .8806579    -2.51   0.012     -3.93859   -.4864747
      cro |    .964347   .8961003     1.08   0.282    -.7919774    2.720671
      acr |   .0284656   .3945859     0.07   0.942    -.7449085    .8018398
      ani |   1.063174   .4959065     2.14   0.032     .0912153    2.035133
      exp |   .9186362   .5800519     1.58   0.113    -.2182447    2.055517
      env |   .6029303   .4779373     1.26   0.207    -.3338095     1.53967
      tra |    .320109    .529849     0.60   0.546    -.7183759    1.358594
      soi |   .3854173   .5153753     0.75   0.455    -.6246998    1.395534
      pro |   .1027061   .6788239     0.15   0.880    -1.227764    1.433176
      pun |  -.9557387   .5586802    -1.71   0.087    -2.050732    .1392544
      uti |   .6152583   .7759519     0.79   0.428    -.9055795    2.136096
      sub |   .7111682   .6718753     1.06   0.290    -.6056832     2.02802
      mec |   .8523943    .645513     1.32   0.187    -.4127879    2.117576
      fri |   .6894831   .7220951     0.95   0.340    -.7257973    2.104763
    _cons |  -3.675806   5.582315    -0.66   0.510    -14.61694    7.265332
```

图 17.22　秸秆焚烧结果图

由图 17.22 可以看出，在影响农民焚烧秸秆的 16 个因素中，只有 4 个因素的 P>|z|值满足置信度为 90%的假设，分别是文化程度（edu）、收入结构（inc）、牲畜饲养情况（ani）和当地政府查处力度（pun），其他的影响因素均不能满足检验。

根据模型的估计结果，将各种因素对农户处理秸秆方式意愿的影响情况归纳如下。

（1）文化程度

文化程度这一解释变量的相关系数为负数，说明农民文化程度越高，其焚烧秸秆的意愿越小，这符合前面的假设。

（2）收入结构

收入结构这一解释变量的相关系数为正数，说明农业收入在家庭收入中所占的比例越高，其焚烧秸秆的意愿越强烈，这也符合前面的假设。

（3）牲畜饲养情况

牲畜饲养情况这一解释变量的相关系数为正数，说明牲畜饲养较多的农户，更愿意把秸秆当作牲畜饲料，而不是烧掉。

（4）当地政府查处力度

当地政府查处力度这一解释变量的相关系数为负数，这是显而易见的，因为随着政府查处力度的扩大，农民焚烧秸秆被逮住的风险越大，其焚烧秸秆的意愿也就随之减少。

结合以上的计量结果和分析，可以认为目前多数农民仍有焚烧秸秆的意愿，这一意愿分别受到农民的文化程度、收入结构、牲畜饲养情况、预期收益和政府查处力度的影响。

17.3.5　结论

结合前面的分析，防止农民焚烧秸秆的最佳选择是开展秸秆综合利用技术革新。只有符合农民收益最大化原则，农民的行为才会为之改变。要从根本上解决秸秆焚烧问题，关键在于如何提高秸秆的经济价值。目前，我国利用秸秆的方式主要有还田利用、饲料化处理和能源化处理、政府出台优惠政策等。

1. 还田利用

实践证明，秸秆还田能有效增加土壤的有机质含量，改良土壤，培肥地力，特别有利于提高土壤中的磷、钾养分。由于我国人均占有耕地面积少，机械化程度低，耕地复种指数高，倒茬时间短，给秸秆还田利用带来困难，常因翻压量过大、土壤水分不够、翻压质量不好等原因，出现妨碍耕作、影响幼苗生长等现象。由于这些限制因素和不良影响，目前秸秆直接还田利用的推广阻力大，从经济利益的角度考虑，这是无可非议的，因此在推行秸秆还田技术时，必须考虑各地的实际条件。

秸秆还田技术主要包括秸秆机械粉碎还田、保护性耕作、快速腐熟还田、堆沤还田等方式以及生物反应堆等方式。

2. 饲料化处理

秸秆饲料利用主要是指通过青储、微储、揉搓丝化、压块等处理方式，把秸秆转化为优质饲料。青储、微储是指利用储藏窖等对秸秆进行密封储藏，经过一定的物理、化学或生物方法处理制成饲料，饲喂牛、马、羊等大牲畜，并将其粪便还田，即过腹还田。对提高秸秆饲料的营养成分等作用显著，具有简单易行、省功省时、便于长期保存、全年均衡供应等特点，既解决了冬季牲畜饲料缺乏等问题，又节省了饲料粮，具有广阔的推广应用前景。揉搓丝化可有效改变秸秆的适应性和转化率。秸秆压块饲料便于长期保存和长距离运输。

3. 能源化利用

秸秆能源化利用技术主要包括秸秆沼气（生物气化）、秸秆固化成型燃料、秸秆热解气化、直燃发电和秸秆干馏等方式。

从可持续发展的角度看，秸秆是可利用且洁净的能源，将在未来能源结构中起到重要的作用。事实上，将秸秆转化为高品位能源，建设中小规模的集中供气系统，不仅能够减少对矿物燃料的依赖，而且在技术上也日趋成熟，经济上切实可行。当然，在推广过程中也会出现一些问题，例如投资费用、秸秆原料供应的季节性。对于投资费用这一使推广效果不理想的问题，政府很有必要给予经费支持，提供启动资金，从税收、贷款和财政补贴方面给予支持，并开展技术培训。

4. 政府出台优惠政策

政府可以出台优惠政策，建立秸秆收集处理体系，扶持秸秆综合利用的企业。秸秆纤维作为一种天然纤维素，生物降解性好，可以作为工业原料，如纸浆原料、保温材料、包装材料、各类轻质板材的原料，可降解包装缓冲材料、编织用品等，或从中提取淀粉、木糖醇、糖醛等。其中，主要作为纸浆原料，可用于造纸纤维原料的秸秆为禾草类，包括稻草、麦秆、高粱秆、玉米秆等。其中，麦秸是造纸重要的非木纤维资源，其他秸秆尚未大量使用。因此，通过扶持企业，进行企业与农民交接的方式来处理秸秆，提高秸秆的综合利用率也是有效的方式之一。